存在から生成へ　フッサール発生的現象学研究

存在から生成へ

フッサール発生的現象学研究

山口一郎 著

知泉書館

はじめに

フッサールの発生的現象学は、「現象学」とあるように、宇宙や生命の発生に関する自然科学や、それらの創造や生成に関する形而上学的思弁の遂行を意図するものではありません。現象学は、「物質と精神」という二元性に基づく学的探求ではなく、その二元性そのものの生成を、概念分析や思弁を通してではなく、私たち各自の意識に、「そうとしてしか与えられようがない、疑いようがない、必然的な明らかさ（「必当然的明証性（apodiktische Evidenz）」と呼ぶ）において与えられていることがら（所与）を出発点にして、解明しようとします。したがって、現象学の問う「発生」は、「事実と本質」、「事実性と妥当性」、「客観と主観」、「物質と精神」、「個と普遍」といった二元性に発する「事実の生成」や「絶対精神の自己生成」に関わるのではなく、現象学的還元を通して与えられる「時間と連合と原創設（Zeit, Assoziation, Urstiftung）」の必当然的明証性を、その原理的探求の立脚点にしています。つまり、フッサール発生的現象学は、「生き生きした現在における生成の起源である原創設という事態が、連合による時間化である」と表現されねばならない、そのような意味での「発生ないし生成（Genesis）」という探求領域を開示し、「脱構築（Abbauen）」という現象学の方法を通して、この領域を解明しようとしているといえるのです。

この発生的現象学という探求領域が、フッサール自身にとって、次第に明らかになってくるには、現象学が「意識の現象学」から、「無意識」をも包摂せねばならないような現象学であること、すなわち、意識に必当然的に与えられた所与から出発しつつ、その所与をその所与にしているのが、それ自身、意識に登ることのない、また意識を起源にするのでもない「無意識の規則性」であることが、露呈してくるという経過を経ています。

　この経過の歩みを最も適切に表現できるのが、先に述べた「時間と連合と原創設」という鍵概念です。というのも、歩みの第一歩は、フッサールが、現象学的還元を通して、意識に直接与えられている時間意識を解明する際、時間意識を時間意識にしている感覚内容の自己合致（自己同一化、自己構成）という事態にぶつかるという、決定的に重要な一歩であったからです。そこでは、「耳をうつ蝉の声」の、到来し、過ぎ去り行く音の持続が「ただそのままそう聞こえている」という事態は、「感覚素材（Empfindungsdatum）」を活性化する「意識作用（Bewusstseinsakt）」による「意識内容（Bewußtseinsinhalt）」の構成という構成の構図では理解できず、「音が聞こえている」というそのままの意識を、感覚の原意識と過去把持（ここでは、過ぎ去りゆく感覚内容が意識に保たれてあること）によってしか表現できないことが明らかになりました。感覚の原意識と過去把持は、音という感覚素材を活性化する意識作用なのではありません。意識の構成論（「ヒュレー―ノエシス―ノエマ」論）が、感覚内容そのものの成立を問題にする、ヒュレー的（自己）構成という「意識生の先構成」ないし、「無意識の自己構成」という根源領域に開かれることになったのです。

　そして、次の歩みは、感覚内容の原意識と過去把持の成り立ちが「意識生の先構成」ないし、「無意識の自己構成」として解明されるということは、感覚内容そのものの生成が、受動的綜合の原理である「連合と触発」によって解明されるということを意味するのであり、受動的綜合の分析への歩みでした。特定の音や色など、五感に与えられる感覚がそのままの感覚として原意識され、過去把持されている感覚内容とは、実は、私たちの意識に登ることのない、感覚素材と潜在的な意味連関（「空虚表象」ともいわれる）との間の相互の覚醒（「相互覚起」という「対《つい》化《か》連合」）を通して、自我による意識作用の介在なしに、その意味で、受動的に自己構成（「受動的綜合」と呼ぶ）が生じ、それを通して意識されずに（無意識的に）先構成されたものに、自我の関心が向かう（「自我の対向」が生じる）とき、その「向かうことそのこと」が意識されることが原意識（正確には、後述されるように、原意識IIである）とされ、過去把持を通して先構成された意識されていない感覚内容が、この自我の対向を通して意識（構成）にもたらされているという事態を意味するのです。こうして、原意識と過去把持において必当然的に与えられている感覚内容は、受動的綜合である「連合」と先構成されたものの自我への働きかけとしての「触発」を通して、その生成が問われることになるのです。

三つ目の「原創設」は、『受動的綜合の分析』において「「生き生きした現在」における原印象そのものの成り立ち、生起」として導入されている概念であり、最晩年の『危機書』において、生活世界論で語られる重要な概念でもあります。この概念は、さまざまな生活世界の中で、学的理念化以前に、諸活動の只中で、事後的反省が届かないだけでなく、遂行意識としての自覚にもたらされることもない、言葉による表現以前に生成してくること（原創設）とその内実を指しています。通常、「何らかの機関の創設」といった場合の創設は、人間の自覚を伴うものですので、原創設は、その創設の根底に働く、そのまま意識されることのない創設という意味で、原創設と呼ばれるのです。新たに生成してくることとその内実に気づかない、何であるかと言語表現できない、出来上がってくるもの（先構成されたもの）に気づくのである、ということから、原創設は、受動的綜合をその基本原理とする、ということができます。また、原創設とは、生活世界という間身体性と相互主観性においての原創設であることから、そもそも受動的綜合による原創設は、徹底して、間身体的で相互主観的であり、「沈黙した具体化」において、間モナド的に生起していることが露呈されます。この露呈にあたって、決定的役割を果たすのが、具体的時間内容の生成である「生き生きした現在」を、根底層において、根源的に構成しているのが、徹底して先自我的な、原触発という受動的綜合としての、間モナド的な「衝動志向性」である、とする時間化の究明です。かくして、発生的現象学の基礎原理である「時間、連合、原創設」は、徹底的に、その根底からして間モナド的、間身体的、相互主観的であるということができるのです。

ここで、「時間、連合、原創設」を通して開示されているフッサール発生的現象学の探求と、自然科学の「事実の発生」の探求との関係を、はっきりさせておかねばなりません。

現象学は、本質直観の方法を通して、自然科学の研究に根本的に開かれています。自然科学の研究の成果を積極的に取り込むのが現象学であり、この点に関して、いかなる制限が加わることもありません。しかし、自然科学における事実の研究は、「事実を出発点にし、前提にする」ことではあっても、「事実がいかにして事実になるのか」という問いに関心をもちません。事実は、客観的時間と空間に与えられている事実にすぎないからです。他方、フッサールが一九三〇年代、「超越論的原事実」という言葉で表現しようとしていた次元は、発生的現象学の次元に属するのであり、従来の「事実と本質」という二元性（自然科学の探求は、この二元性を前提にしています）において理解できない次元です。ですから、簡潔に述べれば、発生的現象学は、静態的現象学の方法である本質直観を通して自然科学の成果を最大限に生かし、そのようにして、自然科学の研究を包摂するという原理的構造をもつということができるでしょう。フッサールは、当時の生物学の提示する「遺伝資質」や「個体発生と系統発生」の事実を、静態的現象学を通して、発生的現象学の本質規則性の探求に組み込んでいました。

もちろん、自然科学の研究は、時々刻々進展し、新たな豊かな内実を提供しており、それを最大限にいかす本質直観の遂行は、自然科学の歩みに即したものでなければなりません。現今の現象学者は、現象学的探求を志す以上、当時、フッサールが『イデーンII』で試みた領域的存在論の提示の努力を、継承するものでなければなりません。

この書物で発生的現象学の領域確定が試みられました。その領域確定が、この領域の現象学的考察、つまり、本質直観と脱構築による、全体的な「構成－先構成」論の相乗的解明を通して、生成する生活世界のアプリオリの内実が、豊かに展開される段階に到達していることを示すことができるのであれば、本書の目的は、達成されたことになります。いいかえれば、フッサール発生的現象学の探求の出発点を確立することこそ、本書の目的なのです。

目　次

目　次

第二部　受動的発生

第三部　触発と衝動

第四部　相互主観性論と間文化哲学

存在から生成へ

――フッサール発生的現象学研究――

序論

ニーチェのGenealogie der Moral（『道徳の系譜学』）のもつ衝撃性とフッサールのGenealogie der Logik（『論理の発生学』）の革新性は、同一の語であるGenealogieのもつ「発生、生成、創生」の意味に起因していることは明らかです。しかし、「論理の発生」ということを字義通りに受け取る哲学とは、いかなる哲学を意味しうるのでしょうか。カントが妥当性と事実性、形式と内容という二元性のもとに哲学を構築していることは、よく知られていますが、論理が、通常、事実性に属する原理とされる発生という起源をもつことを主張すること自体、カントにとって、考えることさえ不可能なことです。発生という原理の基礎をなす時間と論理の超時間性とがいかなる関係にあるというのでしょうか。フッサールは、しかし、この近代哲学に由来する「認識論的な起源と発生的起源の原理的な分離」[2]を根本的に間違った、時代精神に拘束された「支配的ドグマ」として論難します。

フッサールは、なぜ、このようにきっぱりとドグマとして批判できるのか、「論理の発生学」を超越論的論理学として展開できるその根拠は、どこにあるのでしょうか。弟子のフィンクが、師であるフッサールの後期の思想を性格づけるに当たって、「本質と事実、主観と客観、内と外、形式と内容」といった二元性の枠組みでは思考不可能な第三の次元が問題になっていた、と指摘しています。[3]一九二〇年代には、論理学の講義が、繰り返される中で、フッサールは、「論理的な明証化の能力を不明のままにしておくような論理学は、みずから絶望的な不明瞭さにとどまることになる。この中心的な課題を前にして無能でないようにと思えば、まず第一に、すべての能動的な確証の根底にある受動的な確証綜合の基底層を解明しなければならない。……われわれは、普遍的な本質規則性を洞察しようとしているのである。すなわち、超越論的な内的生の統一についての普遍的な構造規則性、および発生に関する普遍的な規則性をこれから洞察するのである」(4)と述べています。つまり、論理的判断、矛盾律、同一律などの能動的判断の根底に、受動的な確証綜合がすでに働いており、この綜合の本質規則性が、上で述べられた第三の次元を意味する「超越論的現実性の意識の発生」(5)に向けて究明されなければならないのです。

発生的現象学で探求の対象である発生の普遍的な本質規則性は、「時間意識と連合、再生産の覚起、そして原創設(Urstiftung)など」の本質規則性である、(6)というフッサールの言及がみられます。また、三〇年代の「生き生きした現在」の分析をめぐって、「時間化とは原連合的綜合として生じる」という端的な原則的言明にもみられるように、時間の分析は連合の分析であり、連合の分析は時間の分析といえるほど、時間と連合は不可分離な関係にあるといわねばなりません。さらに、そもそも、このような発生的現象学の研究領域は、時間意識の分析、とりわけ、絶対的時間流と過去把持的変様との間の関係の解明を通して開示されたのであり、その探求経過を振り返って明らかになる探求の歩みは、問題領域の開示において問題領域の特性が明らかにされる、という意味で、重要な確認事項といえます。

本著はこの探求の歩みに即して、第一部「時間と感覚」を出発点にとります。時間と感覚がそれぞれ直接意識に与えられている所与の分析に向かうとき、その分析は、現象学研究者にとって自明とされる現象学的還元という方法を取ります。しかし、この方法によるフッサールの時間論の特徴は、カントやアリストテレス等、他の哲学者の時間論との対照を通してこそ、明確になること、つまり、すべての現象学的考察にとって、現象学的還元を行使せねばならない必然性が、その必然性を認めない立場との対照を通してこそ、より明確になる、といえます。なぜ、日常生活で当然とされる客観的時間の存在を括弧にいれ、その成り立ちを問わねばならないのか、この問いが、第一部、第一章「感覚からの時間への接近——カントとフッサールの時間論」での論究課題となります。こうしてできる現象学的分析の領野の共有の後、第二章において「改めて時間の逆説」が問われ、絶対的時間流の自己構成という逆説が解明されます。そこで中心の問題となるのは、過去把持という特有の、後に、受動的と称せられる志向性です。過去把持の縦の（受動的）志向性は、時間内容（感覚内容が原初的な時間内容です）の自己合致（Selbst-deckung）として記述され、これまでの「現在（原印象－過去把持－未来予持）－過去－未来」という直線的時間図式による表現が、解釈しなおされることを通して、この自己合致の仕方が『受動的綜合の分析』において展開されるという明確な筋道が提示されます。そこでは、旧来の図式に代わって、感覚素材と、過去地平に含蓄的志向性として眠る「空虚表象」との「相互覚起」が、この自己合致の内実である、という新たな構図が描かれます。こうして、第三章「「生き生きした現在」の感覚位相に働く衝動志向性」では、さらに時間内容と感覚内容の根源的関係が、詳細に分析され、感覚位相の内実が、時間化の超越論的根拠とされる衝動志向性によって、刻一刻、先触発を通して生成していること、また、この感覚位相には、衝動志向性の形成そのものが文化という背景（個々の生活世界）において生成するという、それぞれの文化の差異化が現出していることが言及され、本著の後半の記述の大きな方向づけを提供することになります。

第一部第四章「衝動志向性による時間化と神経現象学の時間論」では、この時間化の超越論的条件である衝動志向性とヴァレラの提唱する「神経現象学」の企図との関係が問題にされます。この試みは、現象学の研究と自然諸科学との関係を見定めること、とりわけ、発達心理学や、諸生命科学とフッサールの発生的現象学との関係の解明につながるものです。ヴァレラの「神経現象学」の企てをどうみるかに関して、時間構成の問題領域は、この関係を見極めるのに最も重要な事例となります。その際、ヴァレラは、認知科学にとって自明とされる物理的－客観的時間の存在を、まずは、現象学的還元という厳密な方法を通して考察せねばならないと言います。認知科学者が、現象学を学ぶための必然的な訓練の一つとして現象学的還元を要請するのです。ヴァレラは、現象学を、現象学的還元、生活世界論、相互主観性論といったその中核的見解をそのまま受け入れることを通して、第三人称的観察の立場からする個別生命科学研究との相補的関係に位置づけ、神経現象学の設立を意図します。他方、この大変興味深い企図は、現代の現象学研究者に対して、「現象学者は、第二の『イデーンII』と第二の『危機書』を著述すべきである」という要請ないし要求と理解すべきなのです。その要求に答えるためにも、これまで展開されている発生的現象学の研究領域とその方法論を的確に確定しておく必要があります。

第二部は、受動的綜合の領域確定とそこで働く意識の能作の分析が展開されます。その第一章「発生的現象学からみた構成の問題」では、現象学的考察の中軸をなす「意識作用－意識内容」という相関関係として分析される「意識の構成」という概念が、どのように、「先構成」という、構成以前にそのつど生成する能作にまで深化されていったのかを跡づけ、それによって「受動的構成」、「受動的同一化」という能作の働く領域が開示されます。その際、最近公刊された「ベルナウアー草稿群」は、『時間講義』期の時間論から、『受動的綜合の分析』期の時間論への橋渡しの役割を果たしていることが明らかにされます。第二章「受動的発生からの再出発」では、これまでなされてきた受動的綜合についての様々な誤解が一掃され、受動性の原理的把握が明確にされます。自我の活動がその綜合に関与していないというのが、受動的綜合の原義をなしています。また、ここで開示される先触発の次元は、意識下で受動的綜合を通して生起しています。意識と、通常の意味での志向性とされる「能動的志向性」の分析のみを、現象学に特有な志向分析と考える、狭い意味での「認識と行為」という近世哲学の二項図式は、狭い意味での「意識の現象学」から「意識と無意識の現象学」へと包摂され、現象学の構成分析に統合されているのです。さらに、受動的綜合の根本的形式である「対化」の現象が、感覚素材と過去地平の空虚表象との間の相互覚起として作動していることに対して、原印象と過去把持とを分離して、原印象の内容が過去把持的変様を経るという解釈が対置されますが、第三章「存在から生成へ――発生的現象学とその可能性」で、この後者の解釈の不適切性が明示されます。それによって、内的意識（原意識、とも呼ばれます）の必当然的明証性が、過去把持と原印象との相互覚起による内的意識の必当然的明証性であることが確証されます。この相互覚起によってこそ、相互主観性において働く間身体性の形成があらたな論拠を獲得し、間身体的衝動志向性を基盤にする相互主観性の再構築が可能となります。

発生的現象学の遡及的問いは、時間化の原連合的綜合の規則である、相互覚起で働く「空虚表象」そのものの由来に向かいます。第二部第四章「非直観的なものの直観化」では、空虚表象の成立が幼児の原共感覚からの個別的感覚野の分岐的派生として解明され、間身体的衝動志向性の働きの中で、空虚表象の先構成体としての「空虚形態（Leergestalt）[7]」の形成が定題化されます。空虚形態の形成そのものは、直観以前の先構成において与えられ、それが直観され、原意識されるとき、空虚表象が表象としての生成をみせるのです。

第三部「触発と衝動」では、触発と衝動志向性が考察の中心となります。衝動志向性は、受動的志向性として、しかも自我の関心に向かう先触発を統合する原触発として理解されなければなりません。しかも衝動志向性は、当然のことながら、超越論的本質規則性として必当然的明証性格を有しています。第一章「原触発という受動的綜合としての衝動志向性」では、このことが明確に理解されるように、一九三一年に書かれた「超越論的事実性」に関するテキストに依拠しつつ、原事実性の本質規則性としての衝動志向性が明確にされます。第二章の「触発の過剰としての暴力」では、触発の概念がテーマとなり、先触発という原連合的綜合としての時間に属する現在と過去の逆説的同一性の次元と、出来事の生起が事後的に、触発による自我の対向を経て反省にもたらされ、意識化された逆説の次元を対比させることにより、発生的現象学によって解明される先触発の領域にその淵源を持つような精神疾患の現象を対象として、現象学的分析を遂行します。そして、同一の方向性をさらに徹底して、自閉の現象に接近することを試みたのが、第三章「原触発としての衝動と自閉」です。ここでは、まず、発生的現象学の探求領域をさらに明確にするために、カントの超越論的構想力とそれ関するハイデガーの解釈が批判的に考察され、「時間化とわれ思う（Ich denke）」とを同一視する解釈に対して、「時間化の超越論的制約は、衝動志向性にある」とするランドグレーベの見解が、明確に対峙されます。発生的現象学が開示する受動的綜合の領域（実は、謎のままに留まっていたカントの超越論的構想力の解明に他なりません）においてこそ、自閉にみられる感覚野の機能障害が原共感覚的間身体性における「空虚形態」の形成の未熟性という視点から解明する可能性が開けてくるのです。この二つの論文で「自閉症」を取り上げるのは、発生的現象学の考察対象である、様々な能動的綜合と受動的綜合による構成層と先構成層の生成を問うとき、いわゆる健常な成人の構成層の全体から出発して、健常な幼児における構成層の発生的秩序をめぐる考察になりますが、実は、この健常さ、いわゆる常態性（Normalität）は、健常ではない事態、ないし非常態性との対比においてこそ、その健常性の本質と同時に、非健常性の本質が明らかになるからであり、非健常性に秘められた創造性の展開の可能性を示唆することもできるのです。常態性の成立を問うことは、なにゆえその常態性が、それとして成立しないのかという、いわば、生成のための前提になるのは何か、基づけ関係において、基づけているのは、いかなる構成、ないし、先構成の層であるのかを問う、発生的現象学の脱構築の方法の活用ともいえるのです。
第四部「相互主観性論と間文化哲学」では、これまでの受動的綜合と発生的現象学の見地からする、相互主観性論と間文化哲学の方法論、そして、個別問題としての技術の問題が取り扱われます。第一章「汝の現象学にむけて」では、フッサールの相互主観性論の再構築が試みられます。この試みは、すでに拙著『他者経験の現象学』で遂行されましたが、その解釈の方向が、ここでは、いっそう豊かな超越論的経験の基盤と論証を通して、確証されます。第二章の「文化差の生成学にむけて」では、文化差とは、個々人の文化差の経験を出発点にして、発生的遡及の問いを通してこそ、はじめて差異の内実とその現出の仕方が明確になること、また、発生的現象学における間身体性と相互主観性の生成の解明を通してしか、その真の解明に至りえないことを、確証するものです。西洋と東洋という文化の背景の異なる生活世界において、共通の課題となっているのが、技術と人間の生との関係性の解明です。この技術の問題を扱う第三章「人間存在の全体性における技術」では、汝の現象学の視点を提供するブーバーの「我－汝－関係」と、仏教哲学での中心概念である無我、無心の概念との対照考察において明瞭になる人間の技術への関わりを論究してみたいと思います。

ここで、本著の全章に渡っての論述の要旨を、あえて、過不足の不十分さを覚悟しつつ、命題としてまとめておきたいと思います。

1　現象学のすべての考察は、現象学的還元の遂行をその前提とし、直接的意識所与に基づく現象学の分析として遂行される。（第一部第一章）

2　時間の考察にあたって、誰にでも妥当するとされる客観的時間の存在は、現象学的還元を経た内的時間意識において、その生成が問われなければならない。（同上）
3　内的時間意識に直接経験される「生き生きした現在」は、「過去把持－原印象の現在－未来予持」という、過去と未来の両継起を内に含む統一的な三項構造をもつ。（第一部第二章）
4　絶対的時間流は、過去把持を通して、自己構成しており、そこに、自我による反省作用の介在はない。内的時間意識の時間内容として自己構成する絶対的時間流は、過去把持の縦の受動的志向性における時間内容の自己合致であり、それが内的意識（原意識）に、明証的に与えられている。時間形式とは自己構成する時間内容の痕跡である。（同上）
5　絶対的時間流の自己構成は、原印象（ヒュレー的契機）と過去把持の空虚表象との相互覚起（対化連合）を通して原初的流れとなり、その流れの上層の構成層として、実在措定や対象構成が加わりつつ流れ行く。（同上）
6　時間流の中に、自我極が生成してくるのであり、超越論的統覚の自我が時間流を構成するのではない。自我の自己分割と自己同一化という形而上学的構築による「生き生きした現在」の解釈は、時間の事象分析に即さない。（同上）
7　いわゆる五感は、内的時間意識に、直接、そのつどの時間内容として与えられているが、その五感は、幼児の原共感覚からの個別的な諸感覚野への分岐的派生という生成過程をもつ。（第一部第三章）
8　五感を身体の個別器官（目、耳等々）に対応づけ、それらを単位による計測が可能とされる個別的感覚質として前提にし、その生成を問わない近世哲学の基本的見解は、現象学的還元にもたらされ、発生的現象学の分

析にもたらされねばならない。(同上)
9　五感の感覚質が刻々生成する感覚位相には、母子関係の間身体的交流における本能の覚醒と衝動志向性の形成の歴史が、間身体的-含蓄的志向性として、常に、隠れて働いている。(同上)
10　現象学とヴァレラのオートポイエーシス論との相補的探求が可能である。特に興味深いのは、過去把持の縦の受動的志向性における時間内容の自己合致(受動的綜合)とカップリングとの対応関係である。(第一部第四章)
11　ドゥルーズの「強度」の概念は、過去地平における潜在的な触発的力の増強として、発生的現象学のモナドロギーに包摂することができる。ドゥルーズの「過去把持の過去は、細胞レヴェルでの遺伝のなかに現われる」という直観内容は、受動的綜合の分析を通して、初めて、その哲学的確証性を獲得しうる。(同上)
12　構成と先構成が区別されねばならず、構成を「意識作用(ノエシス)-意識内容(ノエマ)」の相関関係として、先構成を超越論的事実性の「ヒュレー的先構成」として捉えることができる。(第二部第一章)
13　『ベルナウ草稿』を通して、時間流の無意識的原プロセスと根源的感性の深層領域が開示され、時間構成における能動的志向性による無限遡及の問題解決の方向が示され、受動的綜合の分析の端緒が示されている。(同上)
14　ヒュレー的先構成は、受動的綜合として、対象構成である能動的綜合としての構成に先行し、それを基づける。(同上)
15　受動的志向性とは、自我極をへた自我の活動(作動)を媒介にしない、ヒュレー的先構成としての受動的綜合である相互覚起を通して働く、意識生の覚醒と世界地平を原創設する無意識的方向づけ(志向性)である。

通常、多くの現象学者によって志向性と名づけられるのは、自我の活動をともなう能動的志向性であり、両者は、峻別されねばならない。(第二部第二章)
16 ヒュレー的先構成による受動的綜合が生成し、それが自我を先触発し、それに対して自我が対向するとき、触発(自我の自己触発ともいう)による構成が生じる。先触発が触発に先行し、それを基づけるのは、先構成と構成の関係に等しい。先構成の次元は、「意識の現象学」を基づける「無意識の現象学」を開示することにより、意識の現象学にその基盤を与える。(同上)
17 フッサールの「発生」は、「妥当と事実」、「形式と内容」、「主観と客観」、「内在と超越」といった二元構造を時代的制約による支配的ドグマとして退け、それらに先行し、それらを基づける超越論的事実性という絶対的時間化の原創設を意味する。その意味でフッサールの発生的現象学は、従来の観念論/実在論の二元構造を通底し、その構造そのものに先行し、基づける領域に到達している。(第二部第三章)
18 時間化は、原連合の受動的綜合をその基盤とし、そこでは、原印象と過去地平の空虚表象との間の相互覚起が生起している。この相互覚起における両者の不可分離性を理解せずに、原印象を分離、独立させる抽象は、超越論的事実性の必当然的明証からの遊離に他ならない。(同上)
19 他者の他者性を具体的時間化から抽象した原印象の原受動性に託すことは、いつもすでに生成している真の他者との「触れ合い」の現象学的分析による理解を退けることになってしまっている。(同上)
20 発生的現象学の方法である「脱構築」は、静態的現象学の方法である本質直観を通して獲得された構成層の全体から、一部の層を、働かないものとして解体して、発生の時間的順序を問う方法であり、それによって、それまで生きられてはいても、隠れたままに働いていた動機連関(構成層)が露呈されてくる。脱構築は、積

極的で発見的な方法である。(同上)
21　受動的綜合の相互覚起は、その働いている動的プロセスがその働きのままに直観されることはない。空虚表象は、空虚形態から生成するが、空虚形態そのものの形成も、その形成のプロセスが直観されることはない。(第二部第四章)
22　空虚形態は、間モナド的－間身体的な本能の覚醒と衝動志向性の形成を通して生成し、充実の欠損を機に、空虚表象として直観(原意識)されるが、それは、再想起の遠隔覚起の対象とはならず、常に近接覚起として働き、現在に恒常的に臨在する過去地平の間モナド的－含蓄的空虚表象となることによって、身体記憶の基盤となっている。(同上)
23　衝動志向性は、超越論的規則性であり、さまざまな先触発的綜合を統合する原触発と定義される。「生き生きした現在」の「立ち留まり」と「流れ」は、衝動志向性によって、超越論的に制約され、規則づけられている。衝動志向性は、その本質上、間モナド的－間身体的であり、それにより自己構成している時間化は、本質上、間モナド的－間身体的、したがって、相互主観的原構造をもつ。(第三部第一章)
24　衝動志向性は、「世界におけるわれ有り」という超越論的事実性に属する必当然的明証性にあって、超越論的規則性の目的論の枠組みにおいて与えられている。(同上)
25　発生の問いは、意識生の衝動を基盤にする、普遍的理性に向けたモナドロギーの目的論を開示し、この目的論のなかにおいて、静態的考察と発生的考察の相乗的交錯を通して全体的構成論の発展をうながす。(同上)
26　「現在と過去の同時性」というパラドクス(逆説)は、先触発の次元で生きられ、触発の次元で表象にもたらされる。「生きられたパラドクス」は、「表象されたパラドクス」に先行し、受動的に後者を基づける。前者

の段階で加えられた身体的暴力は、身体記憶をめぐる独自の力動性をもつ。（第三部第二章）
27　受動的綜合の分析は、同時に、謎に留まっていたカントの生産的構想力の規則性の解明でもあり、カントの超越論的統覚の自我を前提にしない、間モナド的原交通（コミュニケーション）の次元を開示する。（第三部第三章）
28　自閉症の情動的コミュニケーションの不成立を、受動的綜合が十分に形成されていない事態と解釈することができる。対化連合が形成されるためには、本能の覚醒と衝動志向性の形成による空虚形態の生成が前提とされる。（同上）
29　相互主観性は、受動的綜合による間モナド的間身体性において、その等根源性の基盤が生成し、能動的相互主観性において、自他の根源的差異性が成立し、能動的相互主観性の無私的究極性の実現である汝との出会い（「我－汝－関係」）において、その自他の差異が、逆説的に統合され、真の我と真の汝が生成する。自己存在と他者存在が真の「我と汝」へと生成する。（第四部第一章）
30　異文化理解の主要な問題は、間身体的－情動的コミュニケーションの不成立にあり、それに加えて、それぞれの文化における言語表現と動作や表情との特有な交錯の仕方が、様々に異なっていることにある。（第四部第二章）
31　間身体性という受動的綜合の生成を問うことのできる発生的現象学を通して、それまで自覚されることのなかった、差異の存在として初めて自覚される自他の文化の間身体的コミュニケーションの内実とその生成が、問われ、解明されうる。（同上）
32　技術は、人間存在の全体性と創造性に根ざすのでなければならず、技術を包摂しうる倫理的決断は、この全

体性と創造性においてのみ生成する。(第四部第三章)
以上の命題を通して明示したいことは、静態的現象学で解明される領域存在の構成分析が、発生的現象学でその構成層そのものの生成を問う問いへと、深化進展し、その発生的現象学の成果が、再度の静態的現象学の本質直観へともたらされ、その成果が、さらに発生の問いの深化にいたるという、フッサールの構成論の全体的運動です。「存在から生成へ」という本著の題名は、この全体的運動にあてた名称に他なりません。このようなフッサール哲学の力動的展開の一端が示されることになれば、本著の役割が果たせたことになります。

第一部　時間と感覚

第一章　感覚からの時間への接近

――カントとフッサールの時間論の方向性――

わたしたちは、時間をどのように感じ、体験し、考えているのでしょうか。この問いに対して、フッサールは、まず、「今、過去、未来」といった時間の意味が「各自の意識」に直接与えられる与えられ方と、意識されているその意味内容の二側面から明らかにしようとしました。ここで「各自の意識」といわれているのは、一般的に想定しうる誰かの意識からというのではなく、それぞれの個人個人の意識から、例えば、今、考察し始めているこの個人である私、山口一郎に直接与えられている意識から始めることを意味します。ということは、私に直接与えられている意識活動とその描写が、読者各個人の意識に与えられている意識活動のあり方に通じるかどうか、読者の判断が決定的であるということです。この描写の内容が、私個人の意識に妥当するだけではなく、私の記述を読んで了解し、納得し、読んだ人との共有する見解になるとき、それは、その人と私との間に妥当する見解となります。当たり前のことではありますが、哲学の客観性は、こうしてこそ、はじめて獲得されてゆくものであり、それは、哲学に限らず、すべての学問分野に共通にいえることだと思います。

1-1　感覚からの時間への接近

現象学の時間論において問われるのは、この私個人に直接与えられている時間についての意識、いわゆる主観的に与えられているとされる時間と、日常、私も使っている「時計で測る時間」、つまり誰にでも妥当するとされる客観的時間といわれる時間とは、どのような関係にあるか、という問題です。現象学は、すべての問題の解明にあたって、哲学上の明確な立場と方法論をもっています。現象学のとる立場は、例えばこの時間の問題解明にあたって、私が現に「時計の時間」を使って生活してはいても、それがどのように自分の意識に与えられて、それをどのように使用しているかが、明らかになるまでは、その問題とされている客観的時間を用いて、つまり、基準にして、自分の時間意識の与えられ方そのものを計測したり、分析したりすることはしない、という立場です。つまり、先に述べた「各自の意識」から出発するということは、自分にとって疑いきれないほど明白であると思える意識内容から出発することです。哲学史上、よく知られているデカルトの自己意識の明証性である「絶対に疑えないわれ思うの明証性」から出発するという原理的出発点を取ります。この意識に直接与えられている明証的な体験と経験という、各自にとって疑いきれない明白さ（そのつどいかなる体験内容となっているかは、まさにそのつど与えられており、そのつど、現象学の方法論に即して記述されていくことになります）にこそ、すべての考察が結び付けられなければならないと考えるからです。この考察方法は、自分にとって疑いえない直接的意識にすべてを立ち返らせる考え方として、「現象学的還元」の方法といわれるものです。このようにフッサール現象学は、大まかな方向づけとして、デカルトの「われ思う」の明証性と同様の出発点に立つといえるのですが、実は、このデカルトのいう「われ思う」の明証性とまったく同一の明証性に立つのではないことが、次第に明確にされていきます（特に第二部二章、三章を参照）。

ところが、他の諸哲学の時間論を概観していえることは、「時間とは何か」を哲学上の問題にするとき、この現象学の出発点と方向づけは、いまだ、哲学の他の諸立場も共有しうる共通の立場となってはいない、という事実です。実は、哲学上の時間論の大勢を占めているのは、「時計の時間」の基礎となっている客観的時間と空間を前提したまま、時間とは何かを考えようとする立場なのです。したがって、この立場との徹底した議論なしに、つまり、この立場の前提のもつ意味と現象学的還元の持つ意味についての、読者との間に共有できる見解が獲得できずに、現象学の時間論を一方的に展開しても、結局、それは、諸立場の異なった前提が明らかになるだけで、相互に批判的で、哲学上の客観性を獲得しうるような議論とはならないでしょう。

そこで、そのような生産的な議論が成立するように、客観的時間を前提にする諸哲学の代表として、カント哲学を基盤にする中島義道氏と植村恒一郎氏の時間論を対論の対象とし、現象学の時間論の展開における現象学的還元の意味とその必然性を論証してみたいと思います。この章でのこの考察は、先にあげた現象学的時間論における、意識に直接与えられて時間意識と客観的時間との関係という問題を正面から扱う前の、準備的考察ということができます。

I　カントに即した中島氏の時間論

第一節　感覚という体験の流れと時間意識

現象学で、時間の意識が、自分に与えられる与えられ方を考察するとき、フッサールが例として挙げる典型的な事例は、「鳥のなく声」、「犬のほえる声」、「郵便馬車の警笛（馬車が到着した事を知らせるラッパ）」だったり、特定の音の連続や、持続です。このとき大切なのは、それらの音の持続を知覚する場合と、その音をただ感覚している場合の区別です。つまり、「チッ、チッ、チッ」にしろ、「ワン、ワン、ワン」にしろ、「プー、プー」にしろ、それぞれの音を「鳥が鳴いている、犬がほえている、郵便馬車がきた」というように、何がどうしているという対象認知、いわゆる知覚が働く場合と、それらの音に聞きほれ、「チッ、チッ、チッ」の瞬時の音や他の音そのものに感じいっている場合、いわゆる、ただただ聞いて感じている感覚の場合が区別されるということです。知覚の場合、音を聞くと同時に、何が起こっているか分かればいい、というのと、「チッ、チッ、チッ」と「ワン、ワン、ワン」と「プー、プー」で音楽を作ろうとして、その音そのものに聞き入っている感覚の場合とは、意識の働かせ方が、異なっているということです。

フッサールが上記の例を例として取り上げるのは、後者の「音の感覚」としてです。「チッ、チッ、チッ」は、生きた鳥の声だろうと、ラジオから聞こえてくる鳥の声だろうと、夢で聞こえている鳥の声だろうと、また、幻聴であろうと、どうでもかまいません。その音そのものが聞こえているありのままは、疑っても意味がない、直接意識に与えられている絶対的な与えられ方をしています。この絶対的に与えられている感覚としての声は、「ほんものの鳥の声」、「ラジオから聞こえてくる鳥の声」というように、世界に実在するものに結び付けて、対象認知を行っている知覚以前の、感覚として絶対に疑えない与えられ方をしているのです。この絶対的な疑えなさを読者のみなさんは、私と共有できるでしょうか。実は、この共有こそ、みなさんが、フッサールのいう「現象学的還元」をともに遂行して、獲得しうることに他ならないのです。仮に、この一点を共有できるとしても、これを一貫して考察の原理とすることの困難さは、これからの議論で明確になると思います。

この絶対に疑えない意識の与えられ方に戻るとき、まずは、はじめの「チッ」に続いて、次の「チッ」が聞こえ、それに続く三番目の「チッ」が聞こえるという経験をもつ、ということができると思います。初めの「チッ」が聞こえて、次の「チッ」が聞こえるとき、初めの「チッ」は、もう聞こえていませんが、聞こえたばかりとしてそこに残っていることも分かっています。もし、そうでなければ、つまり、はじめの「チッ」がそこに残っていなければ、「チッ、チッ」の連続として聞こえず、次に続いた「チッ」が、二回目の「チッ」とは聞こえず、改めて初めての「チッ」としてしか聞こえないからです。残るものが何もなければ、すべては、初めて与えられものでしかありえません。フッサールは、この「残っている」ことを、「過ぎ去りゆく感覚が残ること」として、「過去把持」と名づけました。

この感覚の連続や変化に、過ぎ去るという時間の意識を認めることに対して、中島氏は、異議をとなえます。どういう異議かというと、このような感覚の連続や変化には、時間の意識はいまだ生じておらず、それらは、「知覚に与えられた現象の連続的変化」にすぎず、いまだ「時間以前の持続＝X」であるといいます。このまとまりを「何か」として「想起」するときはじめて、現在と過去の意識が、同時におこる、というのです。つまり、その想起そのものは、想起するそのつど、その現在に起こることからして、その想起するそのときの現在が、現在として意識されています。そして、想起することによって想起された「時間以前の持続＝X」が、過去の何かとして意識されるときの過去の意識であり、まさに「時間以前の持続＝X」を想起するとき、その過去の意識が同時に生じるのだ、というのです。ですから、氏にとって、フッサールの言う過去把持は、単なる「現象の連続的変化」の領域に属していて、時間の意味をもつ時間の意識として成立しているのではない、とされます。

さらに、このような想起を通して意識される「現在と過去」といった主観的な時間意識は、実はいまだ、完全な時間の意識を成立させるには至らず、その主観的時間意識が、客観的な外にある事物の運動に関係づけられて数えられるとき、そのときはじめて、もはや、主観的時間意識ではない完全な時間が成立する、というのです。

この中島氏の主張を詳細に検討してみましょう。まず、問題にしなければならないのは、過去把持がそこに属するとする「現象の連続的変化」には、時間意識が生じておらず、想起によって初めて時間意識が成立する、という論点です。中島氏は、サッカーをするときを例にして、「私がわれを忘れてボールを蹴っている時、私は現在という時間を開いていない。時間のうちにはなく、時間以前の状態のうちにあるのだ。あとでそうした状態を思い出す時、はじめて私は自分が「時間のうちにあった」ことを知る」(1)と述べます。あるいは、「何も想起せずただ漠然と湯に漬かっている場合、すなわち過去を登場させない時、私は同時に現在を開いてはいない。私は時間以前の状態にある」(2)とも述べます。

これに対して、過ぎ去る出来事が、まさに「過ぎ去る」と意識される場合を例にしてみましょう。同じサッカーでも、PK戦のときは、シュートの一つ一つが「入ったか、はずされたか」、一発のシュートは、取り返しがつかないものです。蹴る当人、キーパー、全聴衆が、蹴る一瞬に集中するそのとき、「入った」、「はずれた」という取り返しのつかない出来事の前後関係という経過を見極めるのは、はたして、知覚でしょうか、それともそれを想起と呼ばなければならないのでしょうか。蹴る当人が助走をはじめ、ボールを蹴って、ゴールのネットを揺らすか、キーパーに阻まれるか、瞬時に関心をもって、見つめるような場合を、中島氏は、「現象の連続的変化、時間以前の持続=X」に〈区切り〉を入れることだ、といいます。(3)ではこのとき、関心をもって〈区切り〉を入れるのは、「入った」と見る知覚でしょうか、それとも、「入った」と思い起こす想起でしょうか。私には、「入ったか、入らないか」を、知覚として見極めているのであって、想起しているとは、どうしても思えません。

私は、普通、そのような「想起」という言葉づかいはしません。静かに垂れ下がっていたネットと、ボールで揺らぐネットとの感覚の変化に、取り返しのつかない時間の流れを意識します。これに対して、中島氏は、ＰＫ戦のような、限りなく狭い〈いま〉の区切りが問題になる例として、銃殺の状況を取り上げます。銃殺の場合、当人が「生きているとき」と「死んだとき」という人間の根本的関心が、極端に狭い〈いま〉を区切る、「一つ前の〈いま〉とそのことの一つ後の〈いま〉とのあいだには一秒もないのだ。しかし、私はここに二つの〈いま〉を区別する。なぜなら「生きている時」と「死んでしまった時」とを区別したいからである」[4]と述べます。そして、この区別、すなわち区切りを起こしているのは、あくまでも「現にあったと」想起することだ[5]、というのです。あくまでも、「現にあると」知覚することと、「現にあったと」想起することが区別されるのでなければならない、というのです。

では、百歩譲って、仮に想起するとして、いったい、誰が想起するのでしょうか。銃殺されて死んでしまった当人は、想起はできないでしょう。とすると、銃殺を外から大きな関心をもって、客観的世界に生ずる「現象の連続」を第三者的視点から眺めている観察者が想起することになります。外から観察する人の場合、そこに、観察する視点が含まれているような客観的時間が実は前提にされているのですが、中島氏は、この例にあって、銃殺される当事者から、観察者へと視点を変えていることにはたして、気づいているのでしょうか。撃たれる当人にしてみれば、撃たれる前と撃たれた後を繋ぐ想起の可能性は与えられていません。しかし、想起という以上、意地悪な質問をすれば、「今起こった」と想起することは、現実だったのか、夢だったのか、正しく思い起こしているのか、間違って思い起こしているのか、「銃殺されたのは、夢なのか現実なのか」の保証は、いったい、どこにあるといえるのでしょうか。「右に飛んで、シュートが左に入る」瞬間、「しまった！」というキーパーの思いは、「実は、本当は、右にボールが飛んできて、私がシュートを阻んだのだ」と一生懸命、想起しようとしても、動かすことのできない時間内容の経過と時間の不可逆性を表現しているのではないでしょうか。これは、知覚されるものではあっても、想起するとはいえません。知覚の場合、想起の際の誤謬は、排除されているのです。

第二節　時間意識以前の客観的物理的時間と構想力

わたしにとって、いかにも不自然な、想起と知覚の言葉づかいをする中島氏には、その〈区切り〉をつけているのは、想起でなければならないとする、その理論的背景があります。先に述べた主観的時間と客観的時間という二重の時間構造が前提されていることと、カントの認識論、とりわけ、対象認識の理論がそれです。その概略をまず先に述べてみます。中島氏の理解する過去把持は、現象の連続的変化の領域で働いており、それは、実は、二重構造の一構造として前提にされている「客観的=物理的時間」に配置され、現象の連続的変化は、実は、そこで生じているとされます。想起によるとされる「過去」とそれによって区別される知覚の「現在」の時間意識は、「客観的=物理的時間」に属する現象の連続的変化に対して、主観的関わりに依存する主観的時間に属する、という主張です。暗黙の内に前提される客観的物理的時間位置に、主観的時間意識以前の現象の統一的秩序が成立し、それに想起が、知覚の際の対象認識のための主導的機構として働き、カントの超越論的構想力を通して、客観的時間における対象の同一性が成立することによって、本来的な意味の時間が始めて成立する、というのです。他の言い方をすれば、「しまった!」と思えるのは、ある特定の対象認識が働いており、この対象認識は、認識の際の「再生」や「再認」という想起の働きを媒介にして、始めて成立するということです。つまり、知覚には、はじめから想起が働いており、想起が働いて始めて知覚が知覚になるという主張です。

このとき、時間に関する重要な論点に限って、二重構造とされる主観的時間と客観的時間を結びつけるという「超越論的構想力」を問題にしてみなければなりません。カントの構想力は、「把捉と再生と再認」の三つの機能の分離しがたい働きとされています。その際、中島氏は、先に述べた「現象の連続的変化」、言い換えると、表象の統一性の成立を、「把捉と再生」に認めます。次に、再認において、把捉と再生による表象の同一性以上の、表象の「対象」の同一性が成立し、真の対象認識が成り立つとされます。

仮にこのように、暗黙の内に前提されている客観的物理的時間に位置する現象の連続的変化に、想起を通して〈区切り〉をつけて、過去と現在を構成するという構図を、上記の「チッ、チッ、チッ」の鳥の声の例に適用してみましょう。時間の意識以前の現象の連続的変化が、時間意識以前の客観的物理的時間位置の秩序に与えられている、としてみます。（図1を参照）そのとき、初めの「チッ$_1$(A)」と次の「チッ$_2$(B)」とそれに続く「チッ$_3$(C)」の現象の側に属する前後関係が、主観的時間意識として、時間の前後関係として与えられるためには、最後の「チッ$_3$(C)」が聞こえた（知覚された）とき、客観的物理的時間に与えられているはずの、一番初めの「チッ$_1$(A)」と二番目の「チッ$_2$(B)」が想起され、区切られるのでなければなりません。

そして、ここで、「チッ$_1$(A)－チッ$_2$(B)－チッ$_3$(C)」の客観的時間上の経過を正確にそれとして聞けるためには、「チッ$_3$」の知覚の現在の時点に、「チッ$_1$(A)－チッ$_2$(B)」の時間間隔と「チッ$_2$(B)－チッ$_3$(C)」の時間間隔の二つが正しく想起される、つまり、「チッ$_3$(C)」の知覚と「チッ$_1$(A)－チッ$_2$(B)」と「チッ$_2$(B)－チッ$_3$(C)」の二つの想起が、同時に、結び付けられるのでなければなりません。というのも、「チッ$_1$(A)－チッ$_2$(B)－

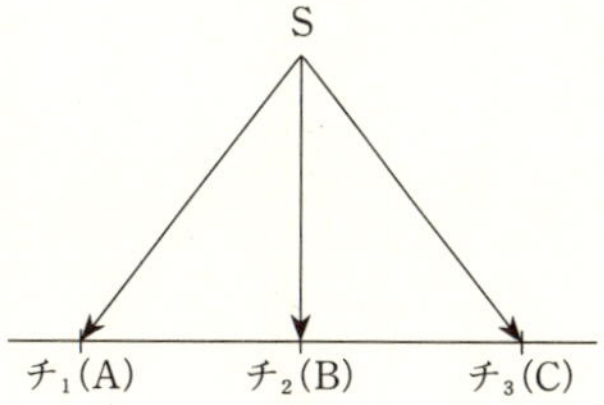

図1

チッ$_3$(C)」の関係性を正確に知るには、「チッ$_1$(A)－チッ$_2$(B)－チッ$_3$(C)」の経過を通じて、絶えず同一にとどまる極としてのS（Subjekt 主観）がその関係性の結合点、ないし、結束点として存在せねばならないだけでなく、ここで問題になっているのは、時間の間隔に関するのですから、もし、同時に起こるのでなければ、つまり、知覚と想起が前後するのでは、時間の正確な間隔にズレが生じることになってしまいます。

このような結合点が必然的に存在するのでなければならないとき、ここで大きな問題となるのは、はたして、「チッ$_3$(C)」の知覚と、「チッ$_1$(A)－チッ$_2$(B)」の想起と「チッ$_2$(B)－チッ$_3$(C)」の想起ないし、「チッ$_1$(A)－チッ$_2$(B)－チッ$_3$(C)」全体の想起がその結束点において、本当に同時に生じうるのか、という問題です。もし、知覚や想起や、数理に関する判断が起こるとき、それが生じるのにまったく時間がかからないという、超時間的な次元で知覚や想起が生じるというのなら、いかなる、問題も生じないでしょう。時間が流れない永遠の今の一点において、無数の知覚や想起を同時に楽しんでいるといった形而上学的想定をしてみることは不可能なことではないでしょう。しかし、私たちの意識に直接与えられている与えられ方の疑いなさから出発しようとするとき、ある特定の人の顔（A）をじっと見つめる知覚と、同時に思い出したい他の人の顔（B）を思い出す（想起する）ことは、本当に同時に起こっていると意識されているのでしょうか。私には、二つの意識活動は、決して正確に同時に、つまり、時間点の同時性の正確さにおいて生じてはいない、と意識されています。Aを見て（知覚して）Bを思い出すとか、Bを思い出して、改めてAを見るということはあっても、Aを見ることとBを思いだすことが、まったく同時に与えられるのであれば、そこに与えられているのは、AでもBでもない、AとBの重なった、知覚でも想起でもない幻覚に似たABといったものになってしまうでしょう。

このような、知覚（チッ$_3$(C)の知覚）と物理的時間軸上の時間位置の想起（「チッ$_1$(A)－チッ$_2$(B)－チッ$_3$(C)」の想起）を組み合わせるモデルによっては、「チッ$_1$(A)」、「チッ$_2$(B)」、「チッ$_3$(C)」の音の前後の時間意識がどのように与えられているかについて、納得のいく説明は与えられません。論理的に複数の意識活動の同時性を認めなくてはならないとして、仮にそれを認めても、現実の同時性にあっては、複数の意識活動の同時性は、与えられようがなく、しかし、同時性を認めなくては、論理的に、この正確な時間間隔に関する時間意識は成立しえないのです。とすると、この収束点において、知覚と想起という二つの意識作用が同時に起こっているのではなく、知覚は疑いえないので、その知覚と、意識作用としての想起ではない何かが起こっているといわねばならないのです。

しかし、中島氏は、この知覚と想起の同時成立といった問題は取り上げることなく、対象認識という知覚に含まれている想起の契機を中心にして、時間意識の成立を説明しようとします。そのとき、同一の対象の認識が成立する以前に、「構想力の把捉と再生」でまとまっている表象の統一、つまり、氏にとっての「現象の連続的変化の秩序」（氏にとって「チッ$_1$(A)」、「チッ$_2$(B)」、「チッ$_3$(C)」の音の前後は、この現象の連続的変化を意味する）に他なりませんが、いったい、この統一はいかなる統一なのか、ということを正面から問題にして、フッサールのいう過去把持との関係を明瞭にせねばなりません。

そのとき氏は、まず把捉の総合において、「色であろうと音であろうと任意の小さな単位を把捉する[6]」とします。ここで述べられているのは、五感のそれぞれの感覚が単位として、把捉されるということです。私たちの例でいえば、音の「チッ」が、たとえば「青の広がり」といった色としてではなく、音の「チッ」として、五感の単位として把捉される、というのです。そして、この単位は、「その内部にすでに多様を含むような一である。……それは、認識以前のカオスであり、認識の質料として私に与えられているものである[7]」とされます。ということは、認識以前の「カオスを含む一」ということですので、まず問われなければならないのは、認識以前のカオスがどうして一というまとまり、すなわち、単位となっているのか、という問いです。色は色、音は音というまとまりをどのようにして獲得しているのか、現在の例でいえば、「チッ」「チッ」とどのように音として聞こえているのか、という問いです。このような問いは、中島氏において、問いとして立てられることはなく、単位は単位として前提にされたままであるということを、まずは、ここで明記しておく必要があります。

この中島氏の単位の前提という立場に対して、フッサールの場合、過去把持とその過去把持の仕方の解明そのものが、この感覚が感覚として成立する仕組み（つまり、単位が単位となる仕組み）が解明されることになる発生的現象学の考察に直結しています。しかし、まずは、この議論には向かわずに、中島氏が行う「把捉」の説明をさらに、批判的に取り上げてみます。

氏は、カントを引用して、把捉とは、「概観し総括する（durchlaufen und zusammennehmen）」ことによって、私は一つの表象（eine Vorstellung）を得る(8)」ことだ、としています。では、「概観」とはいかなることで、「総括」とはいかなることなのでしょうか。概念を与えれば、その働きがそれとして保証されると主張することはできません。ここで、カントは、概観し総括することを同時に行うといっているのでしょうか。これは、知覚と想起の同時的生起以上に、同時に、簡単にやってのけることが困難なことではないでしょうか。また、概観し、総括する主体は、カントの場合、明らかに、私（自我）ということになります。そしてそこで一つの表象をえるということは、音は音、色は色という表象を持つということを意味するのであり、音の単位としての「チッ」は、表象として理解されることを意味しています。

そして、その一つの表象が獲得されたとしても、そのままでは、「単位としての諸表象は次々に消えていく。それを保持し再生する能力が私の「うち」になければ、一つの表象系列はできないであろう。こうした、諸表象を再生し、つないでいく能力が再生の綜合である[9]」とされます。機能上、フッサールの過去把持に類似しているように見えるこの再生は、「表象をつなぎ合わせる」というのですから、音の表象としてか、色の表象としてか、というように、同一の表象か、異なった表象かを区別しながら、総合しているわけです。その間の事情を、中島氏は、「把捉の総合における単位が絶対的な単一性ではなく多様を含んだ単一性であるかぎり、その幅は任意である。……いかなる（多様を含んだ）単位を消えたもの＝再生するものとみなすかは、いかなる（多様を含んだ）単位を消えないもの＝把捉するものとみなすかに依存している[10]」と述べます。つまり、単位として成立するそのつど、多様なものが音としての単位（表象）となるか、色としての単位（表象）となるか、「チッ」が音として聞こえた後に、次の「チッ」が単位として続くのか、それとも、初めの「チッ」が聞こえた次の瞬間に、目覚ましの文字盤に目がいき、視覚上の数字の形の単位を見るのかは、「消えたものとみなすか、消えないものとみなすか」による、「みなし」に依存するということになります。それは、言い換えると、「新たな時間単位 E2 を産出し同時に以前の時間単位 E1 を消し去ることによって、しかも E1 を E2 から区別しながら保存する[11]」とされるのです。

以上の記述には、問題にされてさえいない、疑問にさえもたらされていない多くの問題が含まれています。まずは、「多様を含んだ単一性」とその単位がとる時間の「幅」という見解です。ということは、音や色などの単位の時間単位は、物理的客観的時間に一定の幅として与えられていることを前提にし、それらを再生するか、把捉するかは、主観の「みなし」に依存するということになります。では、「消えた」、「消えない」とみなすのは、主観に依存するとした場合、それでも、主観の恣意性によって、「消えない単位」を消し去ったり、「消えた単位」を消えないものにすることはできないはずです。特定の人の顔が色や形の単位として与えられているにもかかわらず、それを消し去り、他の人の顔の色や形の単位を再生することは、現実に可能であっても、それは、特定の現実の単位の実在を前提にして初めて、つまり、「単位として与えられているにもかかわらず」ということがいえて初めて、可能になることです。

また、いったい、ここで「消し去る」とか、「区別する」、「保存する」という言葉でいわれていることは、いかなることなのでしょうか。そう言えばそれで済むはずはありません。統一や差異が成立している以上、そこに何らかの規則性が働いているはずです。表象と表象を結びつけるというとき、どのように結び付けているのでしょうか。ある単位を産出し、以前の単位を消し去るというのは、はたして、どのように、生じうることなのでしょうか。中島氏の説明では、「単位を区別しながら」ということは、音は音、色は色という区別をするというのですが、その区別は区別としてどのように生じうるのでしょうか。また、保存するといいますが、保存とはいかなることなのでしょうか。これらの問いに関して、これ以上の説明やさらなる根拠は、一切、与えられず、単位は単位として与えられているという個々の単位としての感覚質の実在（具体的には五感という現実）が示唆されるだけにとどまります。氏は、それらは、結局、実在性の連関の問いであり、生物学、医学、心理学が解決するとみなしているのでしょう。つまり、諸感覚は、身体の諸感覚器官に実在的に対応しているとみなすのです。この点にフッサールのカント批判の一端を確認しておく必要があります。フッサールは、カントを批判して、カントは、客観的実在世界を前提にしたままであり、世界そのものが相互主観的に構成されている「志向的な相互内在の関係[12]」にあるとする生活世界という問題と、客観的学問がその生成の基礎を生活世界にもつという新たな学問の基礎づけの問題に覚醒していない、というのです[13]。

第三節　過去把持という特別な志向性の内実

（1）誰もが自分の聞く「チッ、チッ、チッ」の体験は、多くの問題点を含んだカントの構想力という認識論上の構図では、解明されません。実は、カントにとって謎のままにとどまったこの構想力を、超越論的に解明しえたのが、フッサールが展開した「受動的綜合」の分析なのです。フッサールは、初めの「チッ$_1$」と次の「チッ$_2$」が順番に、「時間の前後関係の意識を伴いつつ残る」という過去把持の働きの疑いなさを主張しますが、この過去把持という現象をフッサールの記述をたどりながら細かく説明し、受動的綜合としての過去把持を次第に明確にすることができます。
普通、五感を通しての知覚や想起、想像や類推、判断など、様々な意識活動（意識作用）が生じて働くとき、その働きに即して、どのような意識作用であるか、分かっている（意識されている）ことが認められると思います。日常、自覚といわれるものがそれであり、「今、何をしているのか、昨日何をしたのか」、と聞かれて、それに答えられるのは、「何をしているのか」、「何をしていたのか」、当のことをしているとき、そのことが意識されているばかりか、それが翌日の記憶にも残っているからです。しかし、このような自覚にあたる意識は、そのつど起こっている当の意識作用とは、働き方を異にしています。通常の意識作用の場合、それが起こるのに一定の時間の幅を必要とする、言い換えれば、時間がかかり、一定の時間の幅で自分が特定の意識作用を生きていることが、直観されています（自分がテレビを見ているとき、見ることに時間がかかっていることは、どのぐらいか、正確にわからなくても、かかっていること自体に疑いをもつ人はいないでしょう）。しかし、この何かをしていることの自覚に当たる意識は、それらの個々の意識作用に付随しつつ生じているので、この自覚にあたる意識が働くのに、それぞれの意識作用にかかる時間を別にして、それより別の時間を必要とはしません。

また、この自覚にあたる意識は、その自覚が生じているそのとき、なんらかの意識作用の場合のように、それがもう一度、随伴的に意識されているというあり方では与えられてはおらず、つまり、自覚の自覚は働いておらず、それ以上遡る必要のない根源の意識として「原意識」と呼ばれたり、「内的意識」と呼ばれたりしています（それぞれ原意識と内的意識が正確に何を意味するかは、第二章を参照）。ここで問題とされている過去把持は、このような意識作用ではない、意識作用に随伴するような原意識と同様に生じている、とフッサールはまずもって、過去把持について語ります。

ですから、自分が何かを知覚しているときは、知覚していることを原意識でき、想起しているときは、想起していることを原意識できています。ここで、この自覚ないし、原意識と、知覚や想起などの意識作用を同一視して、つまり、原意識も意識作用の一つとした場合、中島氏の主張に即して、「チッ$_3$(C)」の知覚と、「チッ$_1$(A)－チッ$_2$(B)」と「チッ$_2$(B)－チッ$_3$(C)」の想起が生じるとするとき、最後の「チッ$_3$(C)」を聞いて知覚するときには、その知覚のための（T1）と、初めの「チッ$_1$(A)」と次の「チッ$_2$(B)」との間隔（「チッ$_1$(A)－チッ$_2$(B)」）を想起するときの（T2）と、そして次の「チッ」と最後の「チッ」との間隔（チッ$_2$(B)－チッ$_3$(C)）を想起するときの（T3）、というように、それらがその通り生じるためには、すくなくとも、それらの意識作用が生じるための三つの時間の幅（T1, T2, T3）が必要になります。上に述べたように、知覚と想起がまったく同時に生じることは、不可能であることは、このことからも明らかであり、私たちの「チッ、チッ、チッ」の体験は、そのような複数の意識作用の同時性として与えられていないことも、明白といえましょう。

（2）　フッサールの過去把持は、その働き方が明らかになるにつれ、『受動的綜合の分析』を通して、実は、カントの構想力の説明の際、不可解な機能として解明されないままであった「概観する」ことや「統括すること」、「区別すること」、「保存すること」などの働きを、より厳密に現象学的に解明したものであることが判明します。ですから、過去把持は、中島氏の解釈にあるように、現象の連続的変化を説明するための「論理的構築物」や「論理的構成物[14]」などでは、まったくなく、謎のままに留まっていたカントの生産的構想力の、意識に直証的に与えられている直観内容の解明なのです。
さて、フッサールは、「チッ、チッ、チッ」と順番に聞けている音の連続を次のように説明します。この説明には、分析の経過からみて、二段階の展開がみられます。まず第一に『時間講義』の時期においては、「チッ、チッ、チッ」の音が音として（中島氏の単位として）聞こえる感覚質の同一性の根拠は、いまだ、指摘されずに、初めの音「チッ」が音として聞こえることから出発して、過去把持の機構が説明されています。第二の段階において、音が音として聞こえる根拠が、過去把持の経過を詳細に分析して、感覚野の現象学が展開される『受動的総合の分析』の時期に明確に、論ぜられていきます。したがって、ここで、両時期にまたがりながらの過去把持の説明をすることになります。

まず、『時間講義』の時期において音として「チッ」が聞こえることから出発しましょう。まず、初めの「チッ$_1$」が聞こえて、聞こえることと同時に、残るということが始まります。そして、次の「チッ$_2$」が聞こえるとき、残っていた初めの「チッ$_1$」と今聞こえた「チッ$_2$」との間に、今の「チッ」が聞こえると同時に感覚内容（質）に関する「合致（Deckung）」が生じる、つまり、過去把持されて残っている初めの「チッ$_1$」の感覚質と次に到来する「チッ」の感覚質との間に、感覚質上の合致（同一性）が成立する、といいます。

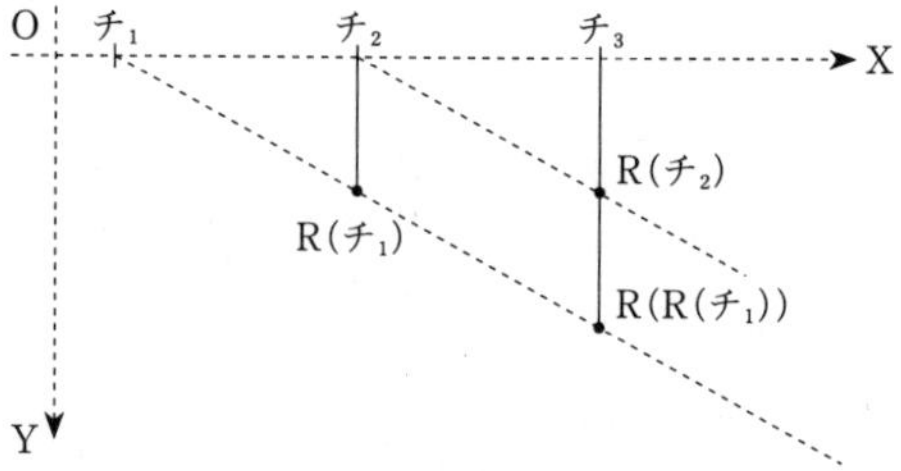

図2

ここで、大切なのは、このときの合致（同一性）が意味するのは、次の「チッ$_2$」を知覚すること（意識作用）と初めの「チッ$_1$」を想起すること（意識作用）とを自我の働きが、同時に成立させている、すなわち、二つを自我が綜合によって結びつけ、同一化することによって成立させているのではない、（すなわち、意識作用としての能動的志向性による能動的綜合ではない）ということです。そもそも二つの意識作用が同時に起こることは不可能であることはすでに述べられています。そうではなく、過去把持は、通常の意識作用とは違って、内的意識（原意識）として働き、自我の働きではないからこそ、「特有の志向性」をもつとされます。つまり、そこに残っている初めの「チッ$_1$」と今聞こえる「チッ$_2$」とが、自我の働きを媒介にせずに、特有な志向性としての過去把持（後に明確に受動的志向性としての過去把持と規定されます）を通して、同一性が成立している、ということです。そして、今聞こえた2番目の「チッ$_2$」も、同様に過去把持され、最後の「チッ$_3$」が聞こえるときに、それと合致し、「チッ」として同一性が成立していきます。

また、ここで重要なのは、一番初めの「チッ$_1$」の過去把持は、二番目の「チッ$_2$」の過去把持とは、過去把持に与えられている鮮明さ（残っている直観の飽和度）に関して異なっていることです。はじめに「チッ$_1$」と聞こえたときの直観として与えられる鮮明さ（直観力）は、たった今聞こえた「チッ$_2$」の鮮明さより、薄れている、そして、まさに、この直観力の強弱の違いに、時間の前後関係が直接、意識されることになる、というのです。少し説明が込み入っているので、図で説明しましょう。

この図2を読むとき、最も注意しなければならないのは、「チッ$_1$、チッ$_2$、チッ$_3$」の連続が点線で線状に表現されてはいても、この横の線（O－X）は、その存在がはじめから前提されるような、中島氏の場合の、現象の連続的変化が位置づけられるような物理的＝客観的時間の実線による表現なのではないことです。このような物理的＝客観的時間の線の上に、「チッ$_1$、チッ$_2$、チッ$_3$」の連続が与えられ、位置づけられ、それが想起されるのではないのです。フッサールの時間の考察において、このような物理的＝客観的時間は、前提にされていません。使用されずに括弧にいれられています。これが、フッサールの時間論解釈上の最も重要な論点です。実は、この横の線は、縦の線で表現される感覚質の「合致」という同一性が成立することを前提にして始めて、成立します。つまり、横の線は、縦の線が成立するにつれ、それが流れの経過として客観化され（これがいかなることかは、後に詳論されます）、表象化されるときに初めて成立する、と説明されているのです。

一番目の縦の線に表現されている、感覚素材が印象として与えられる「チッ$_2$」と過去把持された「チッ$_1$」、つまり「R(チッ$_1$)」との間の合致が表現され、二番目の縦の線には、印象としての「チッ$_3$」と過去把持されたR(チッ$_1$)との合致と、そのR(チッ$_1$)とR(R(チッ$_1$))〔R(チッ$_1$)が続けて過去把持されていることを表現している〕との合致と、それによる、「チッ$_3$」とR(R(チッ$_1$))との合致が表現されています。これらの合致は、過去把持の縦の志向性（特有な志向性、O－Yという縦軸で表現）における自己合致（Selbstdeckung）といわれ、ここにすでに、時間の流れという表象以前の一次元的な、時間に似た「擬似時間的秩序」が成立している、とフッサールは主張します。ここに、縦の志向性における感覚質の自己合致において、過去把持における直観の鮮明さの違い、つまり、印象の「チッ$_3$」が最も鮮明に、そして、R(チッ$_2$)はその直観度が薄まり、R(R(チッ$_1$))がさらに鮮明度を喪失していることが、直接、意識されることを通して、感覚の前後関係が意識されているのです。この縦の志向性における感覚の前後関係が、時間の流れとして「チッ$_1$チッ$_2$チッ$_3$」の時間の前後の順番として聞かれることを表現したのが、縦の志向性で成立した感覚の自己合致が原意識され、それが表象化され、客観化されることを通して成立するという、過去把持の横の志向性（特有な志向性）、すなわち、横軸（O－X）の表現なのです。

ですから、実は、過去把持の縦の志向性の重なりに、時間の前後の秩序がすでに表現されていて、この音「チッ$_1$チッ$_2$チッ$_3$」の自己合致（自己構成ともいいます）こそ、音が音として感覚されていること、カントでいえば、音の単位（表象）が単位として、成立し、つながっていくことの解明になっているのです。以上の論述は、第一段階の『時間講義』で、すでにその原理的骨格が明示されているといえます。では、この過去把持の縦の志向性における感覚内容の自己合致とは、いったい、どのように生じているのでしょうか。フッサールは、『受動的綜合の分析』において、過去把持の働きをさらに詳細に分析し、過去把持の解明の第二段階が提示されます。

（3）フッサールは、ある特定の感覚が特定の感覚として成立する（単位となる）のは、自我の働きを媒介することなく、過去把持を通して過去に沈積しているある特定の感覚の空虚な表象（空虚表象〔Leervorstellung〕）と感覚の素材（感覚素材〔Empfindungsdatum〕）との間の相互の覚醒のし合い（相互覚起〔wechselseitige Wekkung〕）を通して、「対《つい》」を形成するからだ、と説明します。その際、このように相互覚起を通して成立する感覚内容の成立は、綜合する自我の働きとは、無関係であり、その意味で自我の関与しない、受動的綜合が成立しているといわれます。過去把持が特有の志向性といわれていたのは、実は、自我の関与しない、受動的志向性として働いていたからなのです。
この受動的志向性と受動的綜合というときの、「受動」の意味は、誤解されやすい言葉ですので、まずその誤解の可能性を排除しておかねばなりません。カントのいう受容性（Rezeptivität）は、自我が受け取るという意味で、受容性といわれ、受け取るのは、自我の働きとされますから、その意味で自我の受動的関与が前提となっており、フッサールのいう、そもそも自我が、受け取るという意味でさえ機能していない、自我の関与がない受動性とは異なります。通常、能動－受動というとき、「褒める－褒められる、批判する－批判される」というように、いずれにしても、当事者の自我の意識が前提となっていますが、フッサールは、そのような意味での、自我の関与をまったく含まない場合を「受動性」といっているのです。このような受動性がどのように働いているか、そのもっとも明確に記述されているのは、『受動的綜合の分析』においてであり、触発という現象と共に解明されています。

触発というのは、先ほど述べた、過去把持の縦の志向性における感覚内容の自己合致が生成し、それが、自我がそれに注意を向ける以前に、つまり、気づく以前に、自我に向けて、自我の関心を引きつけようと働きかけていることを意味します。自我に向かっているという点で、自我に関与しているとはいえますが、自我がその向かってきている感覚内容に関心をむけて、それに向き合う（自我の「対向（Zuwendung）」と呼びます）以前を、「先触発」の段階と呼び、自我の対向という、自我が直接関与する能動性以前に、すでに、受動性が先触発として働いているといいます。これが、「能動性以前の受動性（Passivität vor der Aktivität）」と呼ばれ、自我の対向が生じ、先触発していた、受動的に前もって構成されていた（先構成という）のであり、気づかれる以前の感覚内容の意味のまとまりが、まずもって成立し、それが、能動的に意識され、気づきにもたらされるのです。

したがって、過去把持は、根源的には、能動性以前の受動性として、触発される（気づく）以前に先触発という先構成の領域で働いており、この根源的に働く過去把持と、触発されて対向が生じた段階で、能動性の内部に含まれる受動性として働く、すなわち、感覚にしろ、知覚にしろ、気づかれ、意識された意識内容の過去把持とは、段階的に区別されなければなりません。『時間講義』の時期には、後者のみ考察対象とされ、前者は、『受動的綜合の分析』を通して、解明されました。この過去把持の段階的差異は、重要ですので、ここに、明記しておく必要があります。

また、ここでより重要なのは、根源的過去把持が働く「能動性以前の受動性」としての過去把持であり、受動性がまったく自我の働きを介在していない、純粋な受動性としての過去把持の働き方が、はっきりと示されています。このような感覚が感覚として気づかれる以前に、受動的に感覚内容の意味（言語的意味を媒介にしない感覚位相の意味内容）を形成しているという説明は、いったい、私たちの日常生活とどんな関係があるというのでしょうか。この説明は、「チッチッチッ」という鳥の声の十分な説明になっているのでしょうか。気づかれる以前の過去把持が、日常生活においていかに体験されているというのでしょうか。このような状況は、後に受動的綜合の解明の際、詳しく論ぜられますので、一つだけ、ここで、例を挙げておきましょう。

例えば、「ふと周りが暗くなったことに気づくとき」といった例をあげることができます。「ふと」というのですから、それまでは、「明暗」の違いは、気にならず、それに気づいていませんでした。しかし、「ふと」違いに気づくというとき、「暗くない以前」と「暗くなった今」との違いに気づくということであるはずです。では、気づく前の「暗くない以前」は、気づく以前ですから、意識されてはいませんでした。しかし、それでもそれが残っているのでなければ、「暗くなった今」との違いが、違いになりません。違いが違いになるには、対比される二項があくまでも前提にされます。この場合の、この気づかずに過去把持されていた根源的な過去把持が働いていて初めて、「暗くない以前」が（中島氏の言葉で言えば、意識されない「単位」として）そこに残っているのであり、この過去把持された「暗くない以前」があって、はじめてふと、暗くなったことに気づけるのです。また、意識に上らない背景意識に残されていた何かが、後になって思い起こされる例は、数え上げればきりがありません。この根源的過去把持の働きは、このように、その働きの結果がのちに意識されるというあり方で、直接、疑いなく、明証的に与えられているといえるのです。

ここで重要なことは、「気づく以前に何かが残っていなければならない」というのは、認識が成り立つための論理的要請なのではない、ということです。論理的要請ではなく、現に残っていることが、意識されつつ残っている場合（通常の音の持続の感覚の場合）と意識されずに残っている、すなわち、気づかれない過去把持が事後的に意識される場合とに分けて、記述されており、わたしたちが、それら二つの場合を疑いなく、明証的に直観できるのだ、ということが決定的に重要なのです。

では、感覚の単位は、空虚表象と感覚素材の相互の覚起によって成立する、というときの「空虚表象」とは、いかなるものなのでしょうか。重要なのは、特定の感覚質の空虚表象が、初めから、単位として与えられているのではないことです。空虚ではあっても「表象」と呼ばれる空虚表象は、実は、発生の観点からすると、表象化される以前に形成される「空虚な形態（Leergestalt）」をその基盤としています。そして、この空虚な形態は、自分の身体と他者の身体の区別がつかない、癒合的で匿名的な間身体性（宇宙的身体性）において形成されることを、フッサールの発生的現象学が解明し、提示しています。このような空虚な形態が、癒合的間身体性において、原意識されるとき、特定の感覚質の空虚表象が空虚表象として成立する、というのが、フッサールの発生的現象学の基本的見解なのです。つまり、感覚の単位は、癒合的間身体性にその起源をもっているというのです。この論点は、後に（特に第二部第四章『非直観的なものの直観化』で）詳論されることになります。つまり、ここで確認されておかねばならないのは、感覚単位の空虚な形態からの生成という論点と同時に、カントやヒュームが個別的主観の独我論において、時間や感覚を解明しようとするのに対して、フッサールの場合、生活世界のアプリオリとしての「相互内在という関係性」、つまり相互主観性から、解明されているのだという論点です。

第四節　客観的＝物理的時間が現象学的還元にもたらされねばならない必然性

フッサールは、カントの主張する、意識の同一性を論理的に根拠づける「超越論的統覚の自我」を、形而上学的構築として退けます。この形而上学的な自我の想定と、客観的＝物理的世界の前提は、私たちに直接与えられた時間意識の解明をかえって妨げてしまうのです。感覚の単位といわれるものが、時間意識以前の客観的＝物理的時間に与えられ、それを自我が把捉し、再生し、再認するから、対象把握が客観的時間上の位置づけを獲得する、という理論は、取り返しのきかない出来事が過ぎ去り行くという私たちの時間体験と一致しません。そこでは、感覚の単位の生成が問われることなく、感覚の単位は、実在的に把握された人間の感覚器官に対応する既成の事実として受け取られ、それを自我が統率するとみなされているからです。つまり、自我の働き以前に感覚の単位が単位として形成されるといった、自我の形成以前の感覚内容の感覚内容としての形成が、テーマとならなくなる理論的枠組みであるからです。

中島氏は、この点に関して、幼児期の時間意識の問題を取り上げるとき、幼児に与えられているのは、過去形の言語使用が可能でない限り、時間意識ではなく、想起による現象の連続的変化に対する〈区切り〉が生じず、時間意識も形成されない、と主張します。ということは、そもそも、現象の連続的変化に属する感覚の単位と自我の形成とは、どう対応しているのかという問題が問われなければならないにもかかわらず、この問いは、中島氏にあって、問われることがないのです。これは、問いの射程の限界といわねばならないでしょう。それに対してフッサールは、自我極の形成という事態をとりあげ、能動的志向性の働きの中心となる自我極は、誕生の初めから形成されているわけではないことを主張します。自我極は、匿名的間身体性において、本能が覚醒され、さまざまな衝動として形成されてくるにつれて形成されてきます。自我極は、それら受動的な本能志向性と衝動志向性に相関的に先構成される、幼児にとっての周囲世界との先触発的関係の中で形成されます。しかも、その際、その先触発的な幼児の原共感覚（内部感覚と外部感覚がいまだ、十分分岐せず、各感覚野が個別的感覚野として形成されてくる土壌といえる感覚基盤）において次第に、その先触発に対応しつつ形成されてくることが、現象の連続的変化の形成に関連して、重要な論点といわねばなりません（この点については、第二部第三章と第四章を参照）。

この自我極の形成と対象認識の形成が並行して生成するのだという視点を欠くと、哲学が精神医療に対してもちうる積極的な哲学的視点の欠如を意味することになります。なぜなら、現今大きな問題として取り上げられている様々な精神疾患の病因論が、幼児期の自我形成期を中心的テーマとしていることを哲学的考察の課題とすることができなくなってしまうからです（第三部、第三章を参照）。自我の形成や言語以前の心身関係の形成などを哲学的問題に含みうる「生活世界」の現象学的解明からこそ、これらの問いに解答を与えることができるといわねばならないでしょう。フッサールが『危機書』の生活世界論において、カントが客観的世界を自明なものと前提して、生活世界の問題に盲目であったことを論難しているのは、時間意識の構成に関していえば、以上に示されたように、カントの場合、客観的時間と客観的空間が生活世界のアプリオリにおける生成の起源をもつこと、とりわけ、生活世界における相互主観的時間化という根源に、まったく気づいていない、ということを意味しているのです。

したがって、以上の考察から、客観的時間を現象学的還元にもたらされねばならない必然性は、以下の五項目にまとめられると思います。
①　客観的時間軸上の位置の順序だけでは、「今過ぎたばかり」という過去の意識は、与えられようがないこと。
②　この客観的時間位置を前提にして、主観的時間意識としての過去の意識を想起に依拠するとした場合、想起は、「たった今過ぎたばかりのチッ」であるか、「それ以前にすぎたチッ」であるかという時間の前後を区別できる時間間隔の幅として直接意識することはできない。想起によって成立するのは、「チッ」という音の意味の同一性だけである。この意味の同一性には、過去の意識はそなわっていない。
③　客観的時間位置を前提にして、現在の知覚から時間意識の成立を解明しようとして、知覚に内在する再生と再認に、対象構成における主観的時間と客観的時間との間の架橋の機能をあてがおうとしても、知覚と想起の同時点における両立は不可能であるだけでなく、すでに成立済みの感覚単位の区別を前提にしたままでの把捉と再生の機能では、現象の連続の解明にはまったく至りえない。
④　客観的時間位置は、根源的に、過去把持の縦の志向性における感覚質の自己合致を通して成立した先構成が自我に触発力を及ぼし、自我の対向が生じて意識されたとき、過去把持の横の志向性（横軸）として客観化され、表象化されたものとして与えられることをその起源としている。
⑤　客観的時間そのものは、内在的時間意識の分析で展開された、過去把持の縦の志向性による感覚内容の自己合致が、究極的には、間身体性を通して、相互主観的に構成されていることが解明されうる。しかし、このような見解に至りうるためには、まずは、客観的時間そのものを括弧（カッコ）にいれて、それをそのまま使用することなく、絶対的に疑えない内在的時間意識から時間意識の構成を解明することが必須である。そのときはじめて、客観的時間が間身体的起源をもつことが哲学的に解明され、共有の知見となる。しかし、この論証

を共にするには、①から④の論拠による客観的時間の現象学的還元を、少なくとも、試みることが必須の条件なのである。

Ⅱ　「体験の流れ」と「大地の同時性」による植村氏の時間論

植村氏の時間論の骨子は、アリストテレスの共通感覚を通して、知覚の現在を解明し、カントの時間論に即しつつ、「体験の流れ」を担う主体が「大地の同時性を歩く」というモデルによって、時間論を展開するというものです。

そこでまず、植村氏の述べる、大地の同時性を生きる「体験の流れ」の理解の仕方を、問題にしてみましょう。氏は「体験の流れ」を知覚の現在から捉えようとする、知覚の現在における同時性に関して、アリストテレスの見解に即しながら、「同一の知覚に含まれる客観的契機と主観的契機の同時性こそ、あらゆる同時性の一番根底にある同時性であり、知覚の現在の厚みと奥行きを形成している。……この同時性は、因果説にも志向性による説明にも含まれることができない。なぜなら、因果説は知覚の成立過程に沿った時間の経過が含まれるから、同時ではなく前後する異なった時間になるし、また志向性による意味的連関は、逆にあらゆる時間を超越してしまうので、知覚が現在経験の核心であることを明らかにすることができない[15]」と述べられています。この見解には、志向性と因果性の概念に関する、多くの、また頻繁に行われていて、誤解とさえ気づかれていない一面的理解が含まれており、まずこのことから明確にしなければなりません。

第五節　知覚の現在と志向性

まず植村氏の指摘する「志向性」は、バークリに即して、「超時間的な意味的連関を成立させている」[16]とされるものです。先に述べた特定の音が同一の音として知覚されたり、想起されたりするときの、意味の同一性のことです。しかし、志向性が能動的な高次の段階で、言語的意味を構成していることは確かであっても、単に、志向性に関わる意味を、言語的な情報としての知に制限し、「意味の同一性は、超時間的である」とするバークリに即した志向性の理解は、フッサールの志向性の概念とかけ離れた、受動的志向性のもつ感覚位相内容の意味に関わる志向性を含みえない、大変狭隘な志向性の理解です。このような志向性の理解が、先に述べた、フッサールの、時間意識を構成する受動的志向性としての過去把持の特有な志向性の理解にいたっていないのは、当然といわなければなりません。植村氏の議論において、志向性の理解をめぐって、まず第一に、感覚、時間、空間、身体、知覚の領域に働く言語的意味以前の、先言語的な志向的意味内容に関する視点が欠落しているといわねばならないのです。このような志向性の働きによる言語的意味構成の「超時間性」という氏の主張は、先言語的意味の構成と同時に内在的時間意識の構成を遂行している過去把持という受動的志向性に至らないだけではありません。このような志向性の理解は、時間意識の構成のみならず、身体に関わる、キネステーゼや感覚野が言語的意味以前の意味を構成しているとする志向性の解明、つまり、これらの志向性がやはり、時間の構成原理でもある、連合の規則性に則って開示されていることを含みえない、狭隘な志向性の理解によるものなのです。

さらにそれだけでなく、再想起によって、意味的連関が成立するというときの自我の作用を伴う能動的志向性の働きでさえ、実は、植村氏の主張するように、その志向性が時間に直接関わらず、時間を越えて「超時間的」に働くということは決していえないのです。なぜなら、能動的志向性によるノエマ的意味は、時間を越えて形成されているのではなく、時間を通してこそ、その意味が構成されているのであり、フッサールの主張する志向性は、理念的なもの、論理的なものの志向とその充実の際にさえ、時間を越えることはなく、時間化を通して、「遍時間的(allzeitlich)」に働いています。したがって、志向性と時間化は、原理的に不可分離といわねばならないのです。

特に強調されねばならないのは、これまでの議論で明確にされたように、受動的志向性としての過去把持は、まさに、時間の流れが感覚の変化として直観されることとして、時間の流れの原意識的感覚であるということです。現在が過ぎ行くことの、植村氏のいう「現在の知覚」といえる、過去と未来の契機をうちに含む「生き生きした現在」の知覚なのです。

現象学の志向性の分析による「生き生きした現在」の見解と「現在の知覚」についての植村氏の見解には、今述べたこととは別の共通点と相違点があります。共通点は、時間の主観的契機と客観的契機をアリストテレスの知覚論に即して、知覚の現実態という現在から考え、主観と客観の二元をはじめから前提にすることはない、とする点です。しかし、この点に関する氏の論述をよく読むと、氏の「知覚の現在からの出発」という立場は、不徹底であり、単に、後に二元論の立場から時間を述べるための、その立場に至るための途上の経過の意味しかもっていないことが明らかになります。

この共通点に関し、植村氏は、知覚の現在の現実態の例として「音が聞こえる」場合をとりあげ、聞くことのできる耳という主観的契機である可能態と、聞こえうる音という客観的契機としての可能態が、同時に現実態になる、と説明します。この説明を、フッサールの知覚の現在の成り立ちと関係づけることができます。つまり、可能態としての空虚表象と可能態としての感覚素材との間の相互覚起が、「音として聞こえる」という現実態となると考えることができるわけです。ただし、この相互覚起は、受動的志向性の働きですので、植村氏の主張する、知覚の現在の同時性が志向性によらないという見解とは、明らかに異なっており、現象学の側からすれば、受動的志向性によるといわねばなりません。フッサールの場合、この同時性は、受動的志向の充実と考えることができるばかりか、そうとしてしか考えられないことが後ほど明確になるでしょう。

第六節　アリストテレスの「共通感覚」とフッサールの感覚の同時性

植村氏が、アリストテレスの「共通感覚の同時性」を語るとき、氏の考える同時性の本質とフッサールの受動的綜合による知覚の現在の成り立ちとの違いがより明確になります。この「共通感覚の同時性」の例として植村氏は、砂糖を「白」くて「甘い」と知覚するとき、「二つの現実態を引き受けなければならない」[17]ことを取り上げ、この同時性が成立しうるのは、アリストテレスにならって、「類比関係」という形式上の共通性に即して初めて可能になるとしています。

この同時性を論じるにあたって、氏は、「白くて甘い」という複数の感覚の違いが、そもそも違いとして成立するのは、「二つの項が、同じ人に同時に与えられなければ、二つが違うとさえ言うことができない」[18]と主張します。この論旨は、先に、私が、根源的な意識に上らない過去把持について論じたときの論旨と同じです。「ふと、特定の感覚の変化に気づく」とき、根源的過去把持が、意識に上らずとも、背景意識において、感覚野の個別的意味を成立させていることを示しました。気づく以前に過去把持されていた感覚位相と新たに到来する感覚位相という二つの項が同時に与えられていなければ、感覚の変化が変化として成立しないという論点と同じです。

ただ問題は、植村氏が、この同時性は、「二つが比較という仕方で「関係づけられ」て、二つの項が何らかの適切な「一つの関係」のもとに置かれている場合[19]に成立する、とするときの「一つの関係」のもつ意味です。なぜ問題なのかといえば、ここで「一つの関係」といわれるのは、最終的には、イギリス経験論で、「第一性質」とされるもの、すべての感覚に共通する「第一性質[20]」、形式上の共通性、つまり、「形、数、運動、静止、大きさ」であり、近世哲学の主観と客観の二元論の客観の契機に他ならないことになってしまっているからです。植村氏は、主観と客観の契機を前提にしないアリステレスの現実態から出発するとしながらも、同時性の解明に際して、旧来の「主観－客観」の客観の契機への還元という不徹底さに陥っているのです。

この植村氏の「一つの関係」という「第一性質」の主張は、共通感覚に関するアリストテレスの次の文章に依拠しています。砂糖の白さと甘さという共通感覚の場合、「つまり、複数の感覚能力に分割されない〈分離できないあるもの〉としての主体が、複数の感覚の現実態を〈分離できない時間において〉、すなわち新しい「同時性」において、複数の感覚の現実態を受容している[21]」という文章です。このような共通感覚の同時性において「類比関係」とされるものは、すべての感覚に共通する形式としての時間の同時性、「第一性質」、つまり、知覚の客観的契機である事物の「第一次性質」におかれたのでした。

したがって、ここで問題にされなければならないのは、
(1)　まず、この形式上の共通性である「第一性質」といわれる抽象的性質そのものが、それ独自に、複数の感覚の現実態の共存という同時性を可能にしているとはいえない、ということです。むしろ、この形式上の共通性は、実は、まずもって、複数の感覚の現実態の共在を前提にした上で、そのときの複数の感覚から共通の形式的側面を

抽象して構築されたものに他なりません。問題は、共通感覚について述べるとき、複数の感覚の現実態そのものが、本当に現実態になっているのか、いないのか、という問題なのです。私の意識には、「砂糖は白くて甘い」というとき、「白さ」と「甘さ」の現実態が、正確に同時に感じられている、というようには、決して与えられてはいません。私の意識には、視覚と味覚のそれぞれの可能態が、それぞれ時間を別にしつつ現実態になること、つまり、そのつど、「白い」と見ることと「甘い」と味わうことは、白いとみて、甘いと味わうか、甘いと感じて、白いとみるか、いずれにしても、時間の前後において現実態になっている、としてしか、与えられていないからです。この論点は、先に、知覚と想起という二つの意識作用が同時には両立しえないと述べた論点と類似しています。
（2）　ここでいわれている感覚の違いが成立するためには、確かに、〈分離できない時間〉である「同時性」において「一つの関係性」が成立しているのですが、この同時性は、個別的に「白い」や「甘い」と感じている、その二つの感覚が二重に重なるという意味での同時ではありえません。むしろ、この同時性は、継起の同時性における関係づけであって、複数の現実態の同時性とはいえないと思います。ここで継起の同時性という場合、ヒュームの場合の客観的時間を前提にしたままの、「隣接する」時間の前後関係を意味するのではないことに、まず注意しなければなりません。「白くて甘い」というときの白さを感じて、その後、甘さを感じるというときの時間の継起において関係づけられているのは、過去把持されている「白さ」（すでに可能態に変容して、背景意識に与えられている）と到来する「甘さ」（そのときの現実態として意識の前景に出る）とが、「甘さ」の到来するその時点で、継起の関係にあるということを意味します。「白さ」に「甘さ」が継起するとき、過去把持を通して成立している過去把持の空虚表象としての「白さ」に「白さ」という感覚素材によって充実されないということが生じています。もし、充実されるのであれば、「白さ」の感覚が継続することになります。そうではなく、そこに「甘さ」の感覚素材が与えられ、過去地平に沈殿している「甘さ」の空虚表象との相互覚起による連合を通して、甘さの現実態が成立するのだ、ということができます。したがって、ここでいわれている同時性とは、可能態としての質と現実態としての質とが継起する継起の同時性を意味すると理解すべきなのです。
（3）「白さ」と「甘さ」は、「分離できない時間において」互いに接しているとはいえても、同時には感じていない、現実態にはなっていないことは、植村氏のあげる「椅子に座って、コーヒーを飲みながらテレビをみる」という例でも明確になります。私の意識に与えられているままを語れば、テレビの内容に関心をもって見入っているのであって、椅子に座っていることや、コーヒーを飲んでいることは、いわば、意識の背景に退いているのであり、自分の関心の中心は、テレビの内容であるはずです。フッサールは、現在の意識野を触発と連合という受動的綜合の働く野として、とりわけ、触発してくる前景意識と先触発的背景意識の重層的構造においてみています[22]。
（4）このような砂糖の「白さ」と「甘さ」を例にして、「触覚」、「味覚」、「視覚」、「聴覚」等の漠然とした同時性を、第一次性質を介して許容するのと、フッサールの場合のように、諸感覚の現実態の前後関係を厳密に考察するのとでは、意識における直接的所与性をいかに厳密な学の根底としてとらえるのかに関して、大変大きな違いがみられます。客観的時間を前提にする第一次性質に依拠した場合、知覚の現実態そのもののあり方をより深く分析することにはつながりません。なぜなら、知覚の現実態の客観的契機を中心に据える考察は、実在の形式的な抽象的契機の探求、つまり、物の探求に向かうと同時に、その客観的契機に対峙する主観的契機の探求にすすみ、自我の構成能作の探求として展開し、Ⅰで述べた中島氏の展開するカントの時間論にみられる、主観的時間と客観的時間の関係の問題として、時間を捉える方向が確定し、Ⅰで示した限界を提示することになるからです。
（5）それに対して、フッサールが企てたのは、まさに、知覚の現実態そのものの成り立ちを問うことを通して、意識に直接与えられている所与からの出発を、一貫してとる哲学の立場としたことです。これにより、音の持続の例にみられるように、聞こえた音が瞬時にして過去になる、不可逆的時間秩序の解明が、このような漠とした複数の感覚の同時的現実態といったあいまいさ（中島氏の提示する、「想起が介在することなく、ぼんやり湯船につかっている」という例や、植村氏の語る「椅子に座ってテレビを見ながらコーヒーを飲むといった」漠然とした感覚の同時性の描写に共通のあいまいさ）を完全に払拭し、感覚質の変化と持続という事態を明証的に捉えることを可能にしました。この方向性に対して、カントのとりあげる、「川を下る船」の例や、中島氏が現象の連続的変化の例として語る、「海岸に迫ってくる波頭」の例は、いずれも、第一次性質が取りまとまっている大地の同時性という客観的契機を前提にしたままであることを、如実に語っています。そこでは、過去が過去になる、一つの時間の幅を唯一の意識作用が占有して流れるという時間の不可逆性が、大地の客観性という同時性に飲み込まれてしまうような理論化が展開しているのです。
（6） 植村氏が知覚の現在を語るために援用しているアリストテレスの「共通感覚」に対して、フッサールにおいて展開する知覚の現実態そのものの解明が、個別的感覚野（いわゆる五感）の成立以前の、また、そこから、個別的感覚野が分岐発生してくる乳幼児期の「原共感覚」に遡り、ここから、成人の知覚の現在の成り立ちを解明していることを対置させることができます。この原共感覚は、個別的感覚野が生成した後も、それらに通底する共通の基盤として働き続けていることも重要な論点です。だからこそ、例えば、フッサールがいうように、「光信号のリズムと心臓のキネステーゼのリズムが連合する」(23)ということが現実のこととなっているのです。
（7） さまざまな感覚野の、いわゆる同時性の現実の事態は、次のように記述することができます。諸感覚の同時性というのは、個別的に「白い」や「甘い」と感じている、その二つが同時というのではありません。実は、

「白さ」と「甘さ」になる以前に、原共感覚としての感覚素材の群れが、「程度差（Gradualität）」や、強弱の変化において、原共感覚の基盤における受動的綜合を通して生起しているときに、私たちの意識生の関心が、ある特定の感覚野の感覚質である「白さ」や、「甘さ」に向かうとき、そのつど「白さ」が意識されたり、「甘さ」が意識されたりします。つまり、「白さ」と「甘さ」は、それらの原共感覚の受動的綜合において与えられており、この原共感覚に「白さ」と「甘さ」がいわば上層としてずれて重なる衝（状断）層化（Überschiebung）が生じる、と見るべきだとおもいます。原共感覚の変化は、受動的綜合の基礎原理としての「類似性とコントラスト」を内実とする連合と触発によって規則だって生成しています。先に述べた「ふと暗くなったのに気づく」場合のように、気づかずに感じられていた明るさに、「暗さ」が接するとき、その過去把持されていた「明るさ」と「暗さ」が接する一刻を同時にもつとき、「明るさと暗さの違い」が成立するその違いが現実態となります。ここでの関係づけとは継起的同時性であって、複数の現実態の同時性とはいえません。ですから、そこで関係づけられているのは、過去把持されている「明るさ」（すでに可能態に変容している）と到来する「暗さ」（そのときの現実態）が、過去把持を通して残されている「明るさ」に「明るさ」という感覚素材によって充実されることなく、「暗さ」の感覚素材が与えられることによる「予期外れ」が自我を触発し、それに自我が対向し、気づくのだ、と説明されるのです。
（8）　このことは、「白さ」と「甘さ」を前後して感じる場合も、同様に妥当します。料理をしていて、砂糖を探すとき、白いものを見ますが、砂糖か塩か分からない場合、砂糖と思って塩だった場合とか、諸ケースが考えられます。白いものを砂糖と見た場合、「白さと甘さ」が同時に感じられている、といえるでしょうか。実際に、甘さを感じているのではなく、むしろ、砂糖は白くて甘いという、砂糖の対象認識が、そこに成立しているとみなすべきでしょう。時間の流れから対象認識が成立することを分析すれば、「砂糖」という特定の対象志向が働き、その対象の意味のネット状の関連（「意味地平」ともいえますが、言語以前の感覚上の意味内容として、白さと甘さの意味連関はすでにまとまった形成済みの意味連関として過去地平に控えています）が未来予持として働きます。そのとき、「白いもの」（感覚与件の受動的綜合によるまとまり）が視覚にもたらされると、その未来予持の「白さ」の意味を充実し、それと同時に、白さと甘さの意味連関のもとにあたえられている「甘さ」をも充実することになります。しかし、この充実は、白さの場合の感覚与件が与えられた場合の充実とは異なり、意味連関上の対象的意味連関に与えられている「甘さ」という意味であって、甘さの感覚与件ではなく、甘さがそこで現に感じられているのではありません。だからこそ、砂糖と塩を間違えるという経験が可能になっているのです。

第七節　間身体的に構成される客観的時間——カントの独我論を批判する

さて、ここで、問題にしたいのは、植村氏の考える、「体験の流れ」を知覚の現在としてもつ主体が「大地を歩く身体」として、いかに考えられているのか、という問題です。というのも、植村氏の語る「大地を歩く主体」は、あのケーニヒスベルクを毎日、午後定刻に一人で散歩するカントを思い浮かべることができ、また、うまく着地できるように地平線を操縦席で一人、凝視するギブソンを思い浮かぶことはできても、弟子のフィンクとフライブルグのロレットの丘を共に散歩するフッサールと結びつけることはできないと思えるからです。植村氏の語る大地は、フッサールの語る「生活世界」とは、相互主観性を基礎づける間身体性に関して、対立しているといわねばならないでしょう。

植村氏は、「大地の同時性を共有する異なった人間の現在同士は、決して因果関係で結ばれることがない。因果関係は上下の時間差においてしか働かない。（……）各人の現在はその本質においてそれぞれ孤立している。私の現在に働きかけることのできるのは、何らかの意味における過去であり、大地の同時性にある自然や他者は私の現在に決して触れるができない[24]」と述べていますが、この文章に植村氏の根本的立場が明瞭に述べられています。

大地の同時性は、各主観に依存しない客観的現在であるようにみえます。しかし、「各人の「現在」を構成する知覚内容は、人間の身体が互いに重なることができないゆえに、知覚はすべてパースペクティブが異なり、原理的に他者とは共有できない[25]」とされます。つまり、各人の現在は孤立していて、その現在を担う「人間の身体」は、客観的時間と空間における客観的位置づけのもとに存在している、とされるのです。これに対して、フッサールは、各自の知覚の現在は、根源的に間（相互）主観的である、すなわち、各自は、現在を共有していると主張します。この主張を検討するには、いわゆる相互主観性の問題系による周到な根拠づけが必要となりますが（第四部、第一章を参照）、ここでは、植村氏の論拠の批判に対応する論点だけ指摘したいと思います。
（1）　氏にとって、大地の同時性において間主観的に共有される現在はありえません。主観的契機と客観的契機が不可分離な知覚の現在は、個々人孤立したままであるとされます。一緒に手をつないで大地を歩く二人の手の暖かさは、一人一人の皮膚を境に孤立して感じられる個々人別々の「自分の感覚」にすぎないと氏は主張します。それに対して、フッサールのいう生活世界（大地での生活）は、徹頭徹尾、間主観的であり、そのことは、「共有されている体験の流れ」という、もっとも根源的な時間化の次元で、衝動的システムとしての間身体的時間化として解明され、現象学的還元を経た超越論的本質規則性の次元において、根拠づけられています。
（2）　体験の流れを担う主観の孤立が、当然のこととして主張されていますが、その根拠は、知覚を担う身体の位置が他人のそれと重なる事はない、いいかえれば、空間内に実在する個々別々の身体とそこを流れる個々別々の体験の流れということになります。ここでは、そこで個別的身体が実在するような客観的世界が前提にされたまま、相互主観性の成立の問いが立てられていないのです。つまり、この問いの内実である客観的時間と空間ならびに、他我主観の構成の可能性が、デカルトの懐疑の徹底である現象学的還元を経ずに、真の哲学的明証性の理念に即して探求されていないのです。
（3）ということは、個々人の体験の流れが、流れそのものとして成立するその成り立ちが解明されてはいないことを意味しています。例えば、流れにおける知覚のみならず、記憶がどのように働いて、主観的過去が形成されるのかが徹底して問われていません。記憶は、植村氏の言うように、簡単に「因果的作用」と規定することはできません。フッサールは、体験の流れの過去の契機を過去把持として解明し、それを問い詰めることを通して、自我の超越論的統覚（カント）による体験流の統一と、それに基づく外的事物の多様性の統一という認識図式を、根底から突き崩し、受動的志向性としての過去把持が露呈され、過去把持の経過の分析を通して、想起の際に働く、感覚素材と空虚表象との間の相互覚起、受動的綜合としての連合と触発の解明をへて、間身体的衝動志向性による匿名的で共同的な間モナド的時間化という根源に至りました。高次な能動的志向性としての記憶の働きそのものは、この根源的時間の流れの解明なしには、働きとして解明しえないのです。
（4）フッサールの場合、この間身体的時間化から、自他の身体が区別されることを通して、個々の身体における体験の流れが分岐してきます。この分岐した個々人の体験の流れにおいて、再想起の機能と共に対象構成が可能になり、持続する事物の世界が構成され、それにともない、間身体性に基づく間主観性が成立します。この間主観性を基盤にして客観的世界の構成が可能となります。このように一貫した構成の理論が展開し、理性の目的論において体系的に構築され、そこに間主観性の構成の領域が明確に位置づけられています。それに対して、植村氏の時間論では、現象学的還元が遂行されないため、個々の体験の流れは、実は、その根源を間身体的時間化にもってい て、この間身体的時間化の基盤の上にこそ大地を動く事が可能になっていることが、開示されえないのです。

Ⅲ　現象学的還元の必然性

さて、これまでの議論を通して、明確になった論点をまとめてみたいと思います。

まずもって、ここで指摘したかったのは、主観と客観という二元論の枠組みにおいて、客観的時間と超時間的な主観の機能という認識論的な構図においては、私たちの意識に直接与えられている時間意識を、つまり、その与えられているがままのあり方を、私たちに納得いくような疑いない論証にもたらすことはできない、ということです。仮に客観的時間の流れを仮説としてたてるとき、超時間的主観が客観的時間の流れに位置づけられたデータを結び付けようにも、複数の意識作用の同時生起では説明がつかないことが判明しました。そのとき想起されることがらに、仮に、取り返しのつかない出来事の意味が与えられうるとしても、また、その出来事の経過が鮮明に記憶に残っているにしても、その取り返しのつかない出来事の起こる経過そのものは、それが起こったときに構成されたのであり、その構成そのものは、想起においてではなく、知覚の生き生きした現在に構成されたのです。ここで言われている「想起」は、フッサールの用語では、「再想起」と呼ばれ、生き生きした現在において働く機能ではありません。知覚の生き生きした現在における過去を先構成する機能が、過去把持なのであり、これによって、感覚素材との相互覚起を通して、出来事の生起が生起として生成するのです。したがって、客観的時間の流れと想起によっては、過去の意識は構成されえないのです。

それでは、知覚の現在の領域で、客観的時間の流れと対象認識を遂行する主観という組み合わせで、過去の時間を意識できるのでしょうか。カントに即して、対象認識する主観の機能に超時間的な統覚の自我と超越論的構想力を想定し、表象の統一と表象の同一対象の統一を論証しようとしても、現象の連続的変化の個々の感覚単位は、ただそこに前提にされたままで、白くて甘い砂糖なのか、白くてしょっぱい塩なのか、「甘さ」が現れるとみなすのか、「しょっぱさ」が現れるとみなすのか、単位をあてがう主観の一面性が際立つばかりです。

知覚の現在を考えるとき、そこに与えられている共在する複数の感覚単位は、アリストテレスの共通感覚の同時性という、複数の感覚の現実態の共在とは考えられません。あまりに漠然とした感覚の共在の規定は、私たちの身体が五感に相応する諸器官を同時に携えているというように、身体の機能の客観的規定に還元しているだけにすぎません。

私たちが直接体験する、過ぎ去る時間の体験が含まれた生き生きした現在の同時性は、客観的事物の因果関係という客観的時間の前後関係で捉えきれないのは当然ですし、かといって、バークリ流の超時間的意味を構成する大変狭隘な意味での志向性によって、意味の同一性を形成する想起を通して理解できないのもまた、当然です。しかし、それは、アリストテレスに即した共通感覚の同時性としても理解できません。「たった今起こった」という現象の前後関係を、客観的時間軸上の、因果関係に還元することによって、「たった今起こった」という「過ぎ去る」という時間意識」が成り立つわけではありません。知覚の現在の幅と厚みは、複数の現実態の共在ではなく、一つの現実態と複数の可能態の共在によって成立しており、漠然とした複数の現実態の共在は、「たった今」の前後の意識によって許容されえません。許容されているとみなすのは、複数の現実態の第一次性質という形式上の契機を客観的世界の共通性格として抽象しているからに他ならず、そこで客観的世界の前提から出発していることを自明のこととして疑わないというドクサ（憶断）に居座っているからなのです。

客観的世界の自明性から出発することの中には、他者の身体と他者の主観も含まれています。この自明性には、知覚の現在は、個々の身体と主観に個別的に与えられることが自明のこととして含まれているのです。そのとき、個別主観に与えられる感覚は、まったく個々人別々であり、知覚の現在の独在論が主張されることになります。知覚の現在の厚みと幅は、個人の想起による個々の身体内部の歴史性と言語を通しての個々の歴史の交換によって成り立っていると考えるのでは、あまりに貧困なものであるばかりか、個人の身体性と歴史性の根源を完全に忘却して、個別性と共同性の関係を反転し、逆に捉えているといわねばなりません。共同性から個別性が成立するのであって、その逆ではありません。また、この共同性とは、客観的世界のことではありません。共同性とは、フッサールの言葉で語れば「生活世界」のことであり、客観的世界とは、この生活世界の共同性から、生活世界を地盤とする間身体性を通して、相互主観的に構成されて、生成してきている世界のことなのです。

知覚の現在には、間身体性がその根底に働いていて、この間身体性は、いわゆる言語を介してのコミュニケーションの基盤として働いている情動的コミュニケーションを、まさにそのコミュニケーションたらしめています。この間身体性で働くのは、当然のことながら、客観的事物間の因果関係ではなく、また、言語機能を前提にする高次の能動的志向性（狭い意味のバークリのいう志向性）でもなく、自我極を通した自我の活動が関与しない、受動的志向性による受動的綜合の働きなのです。

この知覚の現在と大地を歩く身体の具体性と歴史性を十分な考察にもたらすためには、客観的世界と客観的時間をまずもって、括弧にいれ、それがどのように働いているのか、その働き方を働き方にしている規則性を、自分の意識に本当に疑いきれない、明晰判明な間違いないあり方で与えられているかどうかに絶えず注意しながら、解明していかなければならないのです。それが現象学の考察の目指すところです。現象学的還元とは、このような規則性の解明にいたるための方法であり、いかなるものも自明なこととして前提してかからず、各自にとって絶対に疑えないという明証性にいつでも立ち戻る（還元する）という一貫した考察態度のことなのです。こうして、時間とは何かを明らかにするために、自明とされている客観的時間を現象学的還元にもたらさねばならない必然性が幾分なりとも示されたことと思います。

第二章　改めて時間の逆説を問う

現在の出来事が過去のこととなり、過ぎ去ったことが想い出されるということ、また、過去のことがそのつど新しく、現在に甦ってくるという過去と現在の逆説的な生じ方を含む、古くて新しいテーマ、時間をとりあげ、前章の内容を前提にしながら、正面から取り組んでみたいと思います。その際、基礎テキストは、フッサールの『内的時間意識の現象学（以下、『時間講義』と略す）』、『受動的綜合の分析』、『相互主観性の現象学、フッサール全集、第十五巻』、『ベルナウアー時間草稿』とし、ベルネの論文「非現在的な現在、フッサールの時間意識の分析における現存と非現存(1)」での議論を介して、デリダ、レヴィナス、ヘルトのフッサールの時間論解釈を批判的に考察します。

第一節　意識されない原印象と過去把持の意味内容は、そもそも可能か

フッサールにとって時間とは、単なる形式、すなわち、未来、現在、過去という形式であって、その形式がさまざまな内容によってそのつど満たされると考える、カントの場合に述べられる感性の形式に類似した形式を意味するのでしょうか。簡単な肯定の答えが返ってきそうにみえますが、実は、そう容易に答えられる問いではない、複

層した事態を含んだ問いであることが、様々な視点を考慮することによって、はっきりしてきます。

ベルネは、現存のフッサリアーナ第一〇巻の『時間講義』にもかかわらず、第一〇巻内の本文のテキストに至るまでに書かれた論稿を改めて編纂し、マイナー社の一冊として出版しました。(2) その主な出版理由は、すでに、フッサリアーナ第一〇巻の編纂にあたったR・ベームが『時間講義』以前の論稿をまとめる際に重視したある視点を、再度詳細に考察しようとすることにあると思えます。

その視点とは、内的時間意識の構成は、志向性の基本的相関関係である「統握(意識)作用―統握(意識)内容」によっては把握できないという見解です。この見解の要旨は、時間が過ぎ去るという意識は、何かが「過ぎ去るもの」として、通常の意識作用(例えば前章で取り扱った「想起する」ということ)によって構成されている、そのような意識内容(例えば「想起された内容」)ではない、ということにあります。

a 「意識作用―意識内容」の相関関係による音の持続の解明の試み

これまでの例にならって、ある音の持続を例にして、同一の音が持続している、意識されている場合を考えてみます。ある音の始まりをTAとし、その音がTBまで続くとします。もちろん、このとき、TAやTBという物理的な客観的時間位置、ないし時間点が前提されているのではありません。そればかりか、時間意識の現象学の分析にあたって、客観的時間が現象学的還元に付されることの必要性と必然性については、第一章で十分に検討してあります。ですから、TAとTBとは、意識に直接与えられている時間の前後関係の〝位置〟を示すに他なりません。そのとき、重要なのは、同一の音T(A―B)を聞いているという意識内容だけでなく、それと同時にTAの後にTBが聞こえるという前後関係の時間意識が与えられていることです。

このTA－TBの前後関係が与えられているように意識されているそのあり方を、この志向性の「意識作用－意識内容」の相関関係によって記述するとすれば、（1）この志向性を行使する超越論的主観（S）が、A－Bの持続を超えた時間の流れの外に、時間の外部からTAを知覚して、TBを知覚するとき、この知覚されたTAをも思い起こして（想起して）、TA－TBの持続を構成すると想定するか、（2）時間の流れの内部で、TAを知覚し、TBを知覚すると同時に、流れ去ったTAを想起して結びつけるような超越論的主観を想定することができます（図3を参照）。（1）の場合、同一の超時間的な主観SがTAの知覚（意識作用1）とTBの知覚（意識作用2）とTAの想起（意識作用3）の三つの能作（機能）を行使していることになり、（2）の場合も同様に、時間意識を構成しつつ、時間の中を流れてはいても、自己同一性を保っている極としての超越論的主観SがTAの知覚（意識作用1）とTBの知覚（意識作用2）とTAの想起（意識作用3）の能作をそなえている、ということになります。

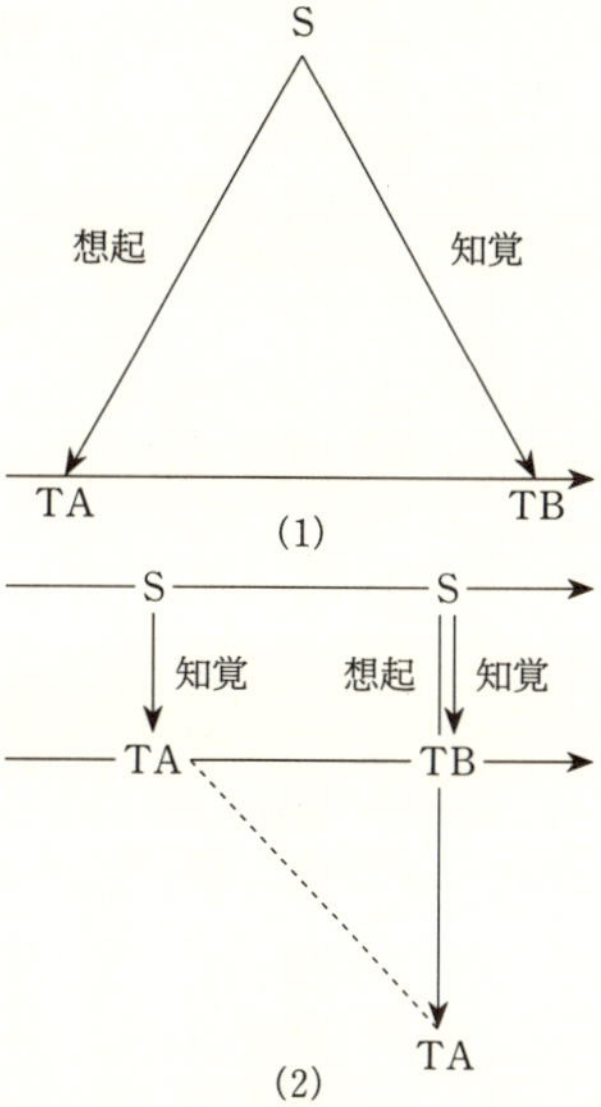

図3

いずれにしても、TBの時間位置におけるTBの知覚と想起されたTAとが正確に同時に生じるのでなければ、TA－TBの正確な間隔は、意識されようがありません。というのも、もし、想起されたTAとTBの知覚の両者が同時にではなく、時間を前後して生じるとした場合、つまり、想起にしろ、知覚にしろ、前後して生じる場合、後の意識作用が生じるためには、短くとも、時間が経ち、その時間のズレが生じて、正確な時間の間隔の意識は構成されえません。なぜなら、TBの時間位置でTBの知覚が起こり、その後にTAの記憶が続くとした場合、TAを想起しようとするとき、TBの知覚が生じるための時間（時間αとする）がすでに経っているため、（TA－TB）＋α（TBが生じるための時間）を想起することになり、TA－TBの時間間隔が正確に聞こえることにはならないからです。また、TBの時間位置で、TAの想起が先に起こり、その後、TBの知覚が生じる場合、TBの知覚のときTBは、実は、TBの時点においてではなく、TB＋β（TAの想起のためにかかる時間）にTBの音を聞くことになるからです。

b　意識作用の本質

したがって、TA－TBの音の前後が正確に聞こえるためには、意識作用2であるTBの知覚と意識作用3のTAの想起という二つの意識作用が同時に生じるのでなければならない、ということになります。では、ここで改めて、ここで言われている意識作用とは、いかなる本質をもつのか、そもそも、複数の意識作用が同時に成立する、ということがありうるのかどうかを明確にするために、フッサールが志向性の本質とする意識作用の本質がいかなるものであるか、さらに明瞭にしてみなければなりません。
まず第一に、フッサールが、知覚や想起という意識作用は、それが生じるためには、一定の時間の幅（持続）の意識を伴っているとする、次のような、明確な言明を指摘しておきます。フッサールによれば、作用（Akt）とは、「過去把持的位相の系列のなかで構成された内在的持続の統一（immanente Dauereinheit）である」(3)。それだけでなく、「すべての統握作用そのものは、ある構成された内在的持続統一である。作用が立ち上がろうとするとき、作用がその客体にしようとすることがらは、すでに過ぎ去ってしまっていて」(4)とあるように、ある意識作用が起こるためには、時間の持続を経ることが必須であり、その持続のなかでこそ、作用は成立している、というのです。このこと自体、日常、何かの意識活動が生じているとき、「本を読む」なり、「音楽を聴く」なり、それに応じた時間が必要とされることは、わたしたちにとって、自明な意識体験といえます。

第二として重要なのは、すべての意識作用に関して、ある意識作用が起こる、ないし、成立するとき、その意識作用が起こること、成立すること自体が、同時に、意識されている、ということです。このことについて、フッサールは、「すべての作用は、何かについての意識であるが、すべての作用は、意識されてもいる。すべての体験は、〝感覚されて〟いて、内在的に〝知覚〟(内的意識)されている。もちろんそれは、措定され、思念されているのではないが、(知覚とはここで、思念し、対向してあること(meinend-zugewendet-sein)、そして把握することなのではない)(5)」といいます。つまり、ここで重要なのは、現象学の基本である、志向性の本質は、何かについての意識であり、措定され、思念され、対向されていることを意味し、意識作用が、その志向性の本質を持っていることが改めて明瞭に指摘されていることなのですが、このテキストでそれ以上に重要なのは、その作用が生じるとき、すべての作用が、その生じることそのものが意識されている、ということです。これが前章で、「自覚」や「原意識」という言葉で表現されているものです。

c　過去把持と原意識の露呈

さて、以上の、第一の「意識作用の持続統一(作用が生じるための時間が意識されていること)」と第二の「意識作用そのものが生じているときのその意識作用の原意識」という二つの原則を踏まえて、TA－TB の音の持続を改めて考察してみましょう。この考察は、予備的に前章ですでに展開しているものではありますが、より厳密で詳しい分析にするつもりです。

上に述べたように、仮に、TBの知覚とTAの想起が二つの意識作用として働いて、TA－TBの前後関係の意識が成立するとした場合、それは、同時に働かなければならないのですが、実はそれが、以上の二つの原則からして、まったく不可能であることが、明確になります。なぜなら、同時に働かなければならないとしても、一つの意識作用、たとえばTBの知覚が意識作用として働くためには、まさにαという時間の幅が必要とされ、そのαはまさにTBの知覚が独占しており、TAの想起のためには、αの後のβという時間に生じることがありえても、αというTBの知覚が生成するときにTAの想起は両立しようがありません。簡単に言えば、想起と知覚がまったく同時に、生じることは不可能であり、仮に同時に生じても、TAの想起とTBの知覚は、同時にTAとTBとしてしか、意識内容になるほかなく、TA－TBの時間間隔は意識されようがないのです。

とするならば、TBの知覚するとき、それがそのとき、意識作用として働いていることは、疑いきれませんので、TAの想起といわれていたものが、実は、生じるために時間が体験されざるをえないような、意識作用としての想起ではない、通常の志向性とされる意識作用ではないような意識の働き方として意識されていることになります。実は、それが知覚の変様とされる「過去把持」に他ならないのです。

この過去把持が作用でないことは、『時間講義』の初期の論稿のなかで次第に明確になってきたことですが、先のテキストの前後の文章を補足しつつ、次のように明確に記述されています。「過去把持それ自身は、〝作用〟(すなわち、過去把持的位相のなかで構成された内在的な持続の統一)ではなく、過ぎ去る位相の瞬時的意識(Momentanbewußtsein)であり、同時に、次の位相の過去把持的意識のための基礎である(6)」とあるように、過去把持は、対象の知覚や想起の場合のように、意識作用なのではないのです。

それだけでなく、まさにこの過去把持を通してこそ、内在的な時間の持続の統一が構成され、「遡って見やる作用（zurückschauender Akt）」[7]の客体が形成されることにより、何かの意識としての作用である志向性（この場合、TA－TB の時間の前後の意識と、同一の音 T（A－B）の意識）が働きうるのです。この過去把持が働いて、はじめて意識作用が可能になる、志向性が志向性として働きうるという事態は、徹底して理解されなければならない最重要事項といえます。

この事態の徹底した理解にとって欠かせないのは、過去把持の働きが意識作用でないという否定的規定だけでなく、過去把持とはどんな働きかについてのその積極的規定です。そして、その際、意識作用の第二の特徴について述べたときの、「意識作用そのものの意識」、「内在的〝知覚〟（内的意識）」という規定が決定的に重要です。このように表現される意識は、次のテキストでは、〝原意識〟ともいわれています。「すべての個々の内容が、そこに向けられた統握作用によってのみ意識されるのであれば、この統握作用そのものが、ある内容である以上、この統握作用が意識されるような意識は何なのかという問いが頭をもたげ、無限後退が避けられない。しかし、すべての個々の〝内容〟がそれ自身において、しかも必然的に〝原意識〟されているのであれば、さらに存在するべき意識への問いは、無意味な問いとなる[8]」。

このテキストには、特有な志向性としての過去把持について大変重要な論点が簡潔な表現で記述されています。
①　まず注目すべきは、ここで、「すべての個々の内容がそこに向けられた統握作用によってのみ意識されるのであれば」と仮定的表現となっているのは、志向性の相関関係の本質を言い表す「統握（意識）作用－統握（意識）内容」を改めて再確認していることに他なりません。「すべての個々の内容」とは「すべての個々の統握内容」のことであり、それが「統握作用によってのみ意識されるのであれば」というのは、「志向性の相

関関係の原理が妥当するとすれば」を意味しています。
② 「この統握作用そのものがある内容である以上」というのは、先に述べた意識（統握）作用の第二の特質である「意識（統握）作用そのものが意識されている」つまり、「統握（意識）内容となっている」ということに他なりません。つまり、統握作用と規定されるTBの知覚やTAの想起が生じると同時にそれが、それとして明確に「知覚」や「想起」として区別されながら「意識される」ことを意味し、そのことが、「統握作用そのものが内容、つまり、統握内容である以上」と表現されているのです。
③ 「この統握作用が意識されるような意識は何なのか」という問いは、次のような事柄を意味しています。例えば、TBの知覚が生じているとき、TBという統握内容〔Bewußtseinsinhalt（意識内容）の略としてBiを使用する〕（Bi－1）を構成する統握作用〔Bewußtseinsakt（意識作用）の略としてBaを使用する〕（Ba－1）が働いていて、その相関関係（Bi－1－Ba－1）が成立している、そして、意識（統握）作用の第二の特質である、構成する統握作用（Ba－1）そのものが意識される、つまり、TBの知覚そのものが意識されるということは、統握内容として意識されるということであり、その統握内容（Bi－2）が意識されているのですから、この統握内容（Bi－2）を構成しているはずの統握作用（Ba－2）が働いていることになるはずです。しかも、すべての意識（統握）作用が意識されている以上、Ba－2という意識（統握）内容を構成する意識（統握）作用Ba－3が求められ、こうして、その後退、ないし、遡及は、無限に続くことになります。このように、「この統握作用が意識される意識は何なのか」という問いは、意識（統握）作用と意識（統握）内容という志向性の相関関係（後に、「ノエシス－ノエマの相関関係」と表現されます）と統握作用そのものが意識されている、つまり、この相関関係のもとで意識されているとする、志向性の本質規定に即する場合に生じてこざ

るをえない「無限後退」に陥らざるをえない、という帰結を導くのです。
④　しかし、「知覚そのものを意識している」とか「想起そのものを意識している」というとき、この意識のされ方は、「何してるの?」と聞かれて、「本読んでる」とか「テレビみてる」と答えられるような、端的に与えられている与えられ方であり、その意識をさらに意識して、というように無限に続いているように与えられていないことは、私たちの意識に明白に与えられていることだと思います。「すべての個々の〝内容〟がそれ自身において、必然的に〝原意識〟される」というのは、まさに、「意識の意識の意識の……」と遡及する必要のない「意識作用の原意識」、そこから先に起源をもたないような原意識を意味しているのです。だからこそ、「さらに存在すべき意識への問いは無意味な問いとなる」と言い切れるのです。(9)
では、①から④までの論点と過去把持の働きそのものが、いかなる関連にあるかを明らかにしてみましょう。その際、注意すべきは、引用されているこのテキストは、もともと、先の「過去把持それ自身は、〝作用〟(すなわち、過去把持的位相のなかで構成された内在的な持続の統一)ではなく、」という文章に続く文章であることです。フッサールは、そこで、観点を変えて、音を聞くといった体験が体験として始まる「始まり」の様相と、作用ではない過去把持の働き、つまり、原印象と過去把持の関係を問うています。作用ではないという点に関して、過去把持と同様、原印象も同様に作用ではなく、両者は、原意識に関係づけられて規定されています。この原意識は、「統握作用そのものの端的な意識」とされ、先の引用文にあるように、統握作用が、「〝感覚されて〟いて、内在的に〝知覚〟(内的意識)されている」とあることから、統握作用の内的意識とか、内在的知覚と同一の事態を指しているものです。

また、原意識とは、実は、後に、『受動的綜合の分析』において、絶対的明証性を有するとする「内在的知覚」

に他なりません。この原意識と過去把持の関係ですが、両者は、『時間講義』の頃には、不可分、すなわち、分離することができないとされながらも、個別的原理として区別されて記述されています。しかし、これが実は事態に即さない区別立てであることが、後に次第に明確になっていきます（後述を参照）。原意識は実は、内在的知覚といわれる生き生きした現在を流れている、持続の基底として、過去把持と不可分離に働いているものなのです。

内的意識ならびに〝感覚されている〟といわれるときの感覚と原意識との関係は、次のテキストに明記されています。「感覚とは感覚内容の内的意識に他ならない。……したがって、私が『論理学研究』で感覚と感覚内容を同一視できたか、明らかである」[10]。つまり、原意識の場合にいわれる「すべての個々の〝内容〟がそれ自身において、しかも必然的に〝原意識〟されている」というときの、原意識とその内容の同一視と同一の事態を表現しているに他なりません。『論理学研究』において、感覚は、志向的体験とは異なった、志向性をもたない体験であるとされ、この「非志向的」ということの内実が、内的意識や原意識として積極的な表現にもたらされているのです。

さて、音の持続の場合の始まりの契機としての原印象と過去把持の内容が、「原意識」されるあり方は、このように、感覚と感覚内容が内的意識として原意識されるあり方と同一です。また、それは、ある特定の統握作用が、内在的な持続の統一として原意識されているあり方とも同一です。ですから、通常、内在的知覚とも呼ばれる「反省」（この呼び方と内的意識としての「内在的知覚」とは次元を異にしていることに注意しなければなりません）はフッサールにとって、統握作用であり、その反省が生じれば、そのこと自体が、そのまま原意識されます。このようにして、初めて、原印象と過去把持を経て原意識されている感覚内容に、意識作用としての「反省の眼差し」が働き、先構成されたものを客観化していることをも原意識できるわけです。

だからこそ、このことをフッサールは、「原意識と諸過去把持があるからこそ、反省のなかで、構成された体験と構成する諸位相を見やる可能性と、そればかりか、原意識のなかでどのように根源的流れが意識された流れであるのか、その流れと、その過去把持的な変様との間の違いにさえ気づきうる可能性があるのだ[11]」と述べているのです。通常の意識作用としての反省は、こうして、すでに原印象と過去把持という、原意識を通して先構成されている非-志向的体験が前提にされているからこそ、それに向けて反省の眼差しを投げかけることができるのであって、このことは、後ほどの問題にされる受動的志向性と能動的志向性との基づけ関係、特に、受動的綜合によって能動的綜合が基づけられているという関係が、明らかにされていることをも意味しています。しかし、ここで同時に、確認しておかねばならないのは、この「基づけ（Fundierung）」とは、受動性から能動性が生じてくる、出来上がってくるという意味で、「基づけ」といっているのではない、ということです。受動性は能動性のための必要条件ではあっても、それがあれば、能動性がそこから派生すると言う意味での十分条件なのではありません。能動性の能作の発現は、受動性の能作の発現とは、生成の根拠とその次元を別のものとしているのです。

d　原意識と無意識

フッサールは、このテキストにおいて、ここで用いられている原意識の概念に関して、原印象と過去把持の関係をめぐって、これからの時間論の解釈上、問題の核となる重要な問題を設定しています。それは、「原意識」と「無意識」との違いに関わる問題です。

ここで、フッサールは、もし、体験の始まりの位相（原印象に他なりません）がその過去把持によってのみ与えられ、意識にもたらされうるとする、そして、仮に原印象のみ与えられ、過去把持される以前に「無意識的に」原印象が与えられていることもありうるかどうか、と問いかけます。しかし、その場合、はっきり意識されたある特定の「今」、つまり、今まさに特定の原印象がもたらされ、過去把持の変様をもつその「今」の位相と、それ以前ないし以後の位相との区別がつかないことになってしまい、それによって、原印象はその時間位置を失い、構成される諸位相の統一が不可能になり、ヒュレーのカオスが帰結してしまうように思われます。

ということは、通常、「今」の意識をともなう原印象と過去把持のあり方は、「過去把持の位相がその位相の前にある位相を対象化することなく意識したように、そのような原素材（所与）が意識されている。――しかも固有な〝今〟の形式において、対象的でないあり方で。……〝無意識的な〟内容があって、それが事後的に意識されるといったことについて語るのは無意味である。……無意識的な内容の過去把持は、不可能である」[12]のでなければならないことになります。

つまり、原印象と過去把持は、必ず、固有な今の形式において「原意識」されているのでなければならない、というのです。当のこの命題をめぐってベルネは、フッサールが原印象の〝今〟意識を主張するために、「〔意識の〕流れの過去把持的自己現出の事後性」並びに、「流れの非時間的で、非対象的構造を十分に一貫して考えぬいていない」[13]と批判しています。それだけでなく、このことで、ベルネは、デリダのフッサールに対する「現前の形而上学」批判に与するのです。

このよく援用される批判に対して、後期のフッサールの時間論では、実は、この「無意識に過去把持される内容」が『時間講義』の時期と異なり、はっきりと肯定されている、しかも、単に様々な視点の一つとして肯定もできるというのではなく、意識流の構成論の体系的必然性において肯定されていることを、次に指摘したいと思います。

第二節　原触発的－原連合的綜合としての時間意識

フッサールの時間意識の分析が含む諸問題のなかで、上に言及された原印象と過去把持との関係は、最も核となる重要な問題です。後期の時間分析を含む『受動的綜合の分析』から一例を引いて、この中核的問題を考察してみましょう。論述の便宜上、前後、二つに分けて引用します。

「一つのメロディーがとくに強い触発力を及ぼすことなく、あるいは可能ならば、まったく触発的な刺激をわれわれに与えずに流れているとする。われわれは、他のことに携わっていて、メロディーが「邪魔になるような雑音」としてさえ触発されていないとする[14]」。

ここでフッサールは、受動的綜合の問題領域において、触発の規則性を分析していますが、ここで触発的力とか、触発的刺激というのは、当然のことですが、経験論的な意味をもつのではなく、現象学では「動機」の概念において解明され、展開されていることを確認しておかねばなりません。つまり、フッサールの連合の概念は、経験論的な因果関係においてではなく、現象学的に「決して恣意的ではなく、その本質の典型に即して先行描出されている……地平的な充足可能性である[15]」動機の概念として理解されているのです。しかも、この触発は、現象学的、超越論的に把握されている自我極の関心（この関心の概念については、後ほど詳論する）を覚起できるか、できないかという視点で考察されます。

上に引用された例の場合、人が本を読んだり、書いたり、何らかの自我の能動的活動に従事していて、メロディーの一部が流れ去っていることに気づかず、触発的刺激は及んでいるのでしょうが、その人の関心を覚起することなく、その人は、それに注意を向けていません。

そして「そこにとくに感動的な音が響き、感覚的な快不快を強く呼び起こすような変化が生じたとする。その時、たんにこの音だけがそれ自身生き生きと触発されるだけでなく、むしろ一度にメロディー全体がその現在野にいきいきと残っている範囲で際立ってくる触発が、過去把持されているものに遡及的に及び、まずもって統一的に際立つように働きかけ、それと同時に、それぞれの個々のものを際立たせ、つまり個々の音に個別的触発を促しながら働きかけるのである(16)」というのです。

まずここで考えられなければならないのは、ここでいわれている、触発が遡及的に及ぶ「過去把持されているもの」の特有なあり方です。ここで「過去把持されているもの」は、「感動的な音が響く」直前に、他のことに従事していた当人に気づかれることなく、いわば、「無意識的（あるいは、前意識的）に」前もって、内容的に他のメロディーと区別されて、先－構成されていたものです。そのとき、当人は、その特定の「今」において、他のこと（例えば、本を読むとか、テレビを見るとか）に携わっており、この特定の「今」の意識は、この他のことに関わる、その自我の能動性に帰属しているのであっても、過去把持的に先－構成されているものには決して属していません。

そして、原印象と呼ばれる、この気づかれていないメロディーの始まりの位相は、今の意識なしに、特定の内容として、しかも非対象的に過去把持と不可分離に先－構成されています。ここでは、無意識的な内容の過去把持と無意識的な内容の原印象が、『時間講義』の時期とは異なり、肯定されているだけでなく、この例が明確に示すように、現に、事後的に意識にもたらされているのです。

このような事例は、この『受動的綜合の分析』においてだけでなく、受動的綜合の分析に関する講義の始まりである一九二〇年、二一年以後の、一九二二年から二三年にかけての冬学期の講義『哲学入門』で、典型的な例として次のように記述されています。「受動的な、いわば、没自我的に流れる、その原初的な自己呈示〔Selbstdarstellung〕における知覚することが、能動的な知覚すること（覚知〔Gewahren〕）の形態を取りうる。……事後的に、逆向きに、わたしは、過ぎたばかりの現在において把捉することのなかった、ないし起こるにまかせた、受動的に際立ちをもつことになったものに、眼差しを向けることができる。……例えば、〔歌を聴くとき〕過ぎ去っていって、それに注意することのなかったピアノの歌の伴奏を、事後的に、その特定の程度で把捉することができる」[17]。つまり、能動的志向としての注意が向かう以前に、受動的に、過去把持を通して原初的に自己呈示されたものに、事後的に能動的志向性としての眼差しが生じて、先構成されたものが能動的構成体の形態をとりうるということが、記述されているのです。

『時間講義』の頃と、この『受動的綜合の分析』の時期とでフッサールの見解が変更しているのは、いったい何を意味しているのでしょうか。偶然このような事例に気づいただけのことなのでしょうか。もちろん、そうなのではなく、フィンクが『危機書』で明確に述べているように、「無意識」の現象学的探求の領域は、「志向的分析の基礎的レベルから「無意識」の志向性の理論へとたどる長期にわたる方法論的道のり」[18]を経て、開示されてきた領域なのです。ここでいわれている「道のり」とは、主に静態的現象学から、「脱構築」という方法による発生的現象学への道のりを意味しています。上に述べられたような事例は、この方法の進展によって、初めて、そもそも事例として際立ちをもち、事例として気づかれ、分析の対象になりえたのです[19]。

さてここで明確に示されたのは、メロディーの一部の非対象的な持続的綜合が過去把持を通して先－構成されていること、そして、過去把持的なものの始めの位相としての原印象も同様に、非対象的に、しかも「今」の意識を伴わずに無意識的に（背景意識において前意識的に）意識されてありうるということです。このことは、次のような場合を想定すれば、さらに明瞭に理解しうるでしょう。もし、上に述べたあるメロディーの、特別に「感動的な音」の部分が、実際に響かないで、それに変わる別の音がなったとすれば、それまでに気づかれずに過去把持されていた部分は、覚起されることなく、当然、今の意識もたずに、触発力をもってはいても、そのまま気づかれずに流れ去っていたことでしょう。また、原印象と過去把持の非対象的な意味内容は、事後的に意識にもたらされることはできても、それが可能なのは、このように過去把持を通して「先－構成」[20]されているものが前提にされ、それに自我の能動的反省が向けられるときなのです。ということは、何らかの意識作用による対象化が起こっているときには、いつもその前提として、非対象的－先構成である受動的綜合が起こっているということの主張にもつながります。

このように、原印象と過去把持による非対象的綜合は、対象化し、理念化する綜合に常に先行しています。ですから、生き生きした現在は、理念的対象が繰り返し再想起されて構成される純粋な現在であるとする「現前の形而上学」というデリダの批判[21]は、フッサール中後期の時間論に当てはまらないことは明らかです。というのも、生き生きした現在において、対象化し、理念化する能動的志向性が働く以前に、原印象と過去把持が、今の意識をもたなくても、非対象的に先－構成されているからであり、それだけでなく、その先－構成そのものを受動的綜合としてさらに発生的現象学の方法に即して分析することができるからです。

ベルネは、最近の『デリダ、フッサール、フロイト、転用の痕跡』[22]という論文で、驚くべき点として、デリダが『声と現象』において、フッサールの超越論的意識とフロイトの無意識を並行関係において考察し、「痕跡」、「差延」や「書字」という概念を展開しているのだと主張しています。『声と現象』の主旨は、ベルネによると、フッサールの超越論的意識の自己現在が、同時に痕跡によって担われている、いやむしろ痕跡によってずらされながらつくり出されている、ということであり、この痕跡の最も適切な範例が、フッサールの過去把持であるというのです。「過去把持こそ、現在の今の根源的所与性であり、この今は、いつもずれて、事後的にのみ現出しうる。……痕跡こそ、現在の自己所与性と不可分に結びついているので、決して還元することのできない、根源的な他性の形式なのだ[23]」としています。

ここで痕跡と過去把持との関係について詳細に考察することはできませんが、上で問題にした、無意識的な過去把持が可能かどうか、という論点を振り返れば、はっきりしているように、デリダは、『時間講義』の時期のフッサールの立場である、無意識的な過去把持の不可能性を、そっくりそのまま受け取り、逆にその可能性をフロイトに即して展開し、痕跡や差延の視点として展開させたと見ることもできます。しかし、デリダには、フッサールの中後期の時間論の無意識的な（ここでは、背景に働く前意識的というのが適切ですが、さらに無意識の領域で確証されていくことになる）過去把持に属する受動的綜合による時間内容についての分析が、――この点ベルネも同様ですが、――考察の視野から落ちていることを、まずここで指摘しておかねばなりません。

第三節　間モナド的−原触発的連合としての時間化

a　過去地平に沈んでいく二種類の空虚表象

受動的な前述定的綜合の分析は、過去把持の先端としての原印象と過去把持そのものとの関係を、さらに、過去把持される位相意味内容に即して展開されます。フッサールは触発の源泉を、一方では、「原印象とそれに固有な、大きかったり小さかったりする触発性[24]」にあるとして、原印象を過去把持から分離して、その原印象にのみ触発の源泉を認めています。しかし、他方では、この原印象には、直接、過去把持が接続しており、触発の現象を原印象と過去把持の間の融合として、つまり、元来この両者は、分離できないのであって、分離は単に事態の抽象に他ならないことを絶えず指摘し続けています。

この不可分離性が、最も明確に、融合の原理によって論ぜられている草稿の一例として、三十年代のC草稿から例をとると、「内容的な原融合が印象とそれに直接する原過去把持の間の同時性（Simultaneität）において生じている[25]」という明確な記述がみられます。

自我に働きかける触発の非対象的な原印象の内容は、実は、過去把持のそれに類似した非対象的意味内容との間の融合として、しかも時間の隔たりのない同時性において、生じているというのです。この大変重要で決定的な意味をもち、しかも含蓄に富むテーゼは、詳細に解明されなければなりません。とりわけ、融合とはいっても、いったいどのような融合なのか、現象学的に連合の規則性を段階的にたどりながら、突き詰められなければなりません。

フッサールは、受動的綜合の分析の際、直観の原理的解明である「空虚と充実」の関係を多面的に活用しています。過去把持は、その直観の鮮度が失われていくと、空虚な過去把持となり、これがいわゆる「空虚表象」の原形式とされます[26]。そのとき過去把持の意味内容は、過去把持の経過を経て、最終的には、一般的で区別のつかない完全な空虚へと消滅していくのですが、それでもまったく消え去るのではなく、「活性力のない、無意識といわれる形式」の背景的意識内の空虚表象として含蓄されていきます。

その際、ヘルトが、フッサールにおいて仮定されているとする過去把持の持続性（過去把持の経過が無限に絶えることなく進んでいくはずであるとする仮定）は、フッサール自身「この仮説は必要がない」と明確に否定しているように、事態には即さないものです。[27] この過去把持の持続性は、遠隔の過去地平において途切れ、断たれることが可能であり、この隔たりを経て、遠隔の過去地平から再想起が生起します。フッサールは忘却について、「自我には、忘却の領域が属しているが、それは、それ以前の生やその生の映像がおさまっている箱のようなものとしてではない。他方、現在から消え去ったものが、無であるとすれば、忘却について語ることがそもそも意味を持たないことになり、現在の流れには、連合の覚起という規則、個人の規則が属しているというべきだ[28]」と明確に述べ、忘却を介した再想起を原理的に連合の覚起の前提にする、と記述しているのです。

問題は当然、この覚起の起こり方そのものですが、まずもって、この空虚表象の意味内容を問うとき、少なくとも二つの意味内容の区別が考えられなければなりません。それは、まず、上の事柄に見られるような、意識に上らない非対象的意味が受動的綜合によって先－構成されたにもかかわらず、その過去把持されたものが、気づかれずに、反省されずに、しかも、時間位置の意識も伴わずに、対象的意味の成立がないまま、近接過去の地平から遠隔過去の地平に沈んでいった、つまり、非対象的な位相の意味内容のままに留まっている空虚表象です。第二には、非対象的な意味内容が先－構成されると同時に、自我から発する意識作用としての反省によって対象化された、対象の意味が特定の「今」という時間位置の意識をともなって触発され、それが遠隔の過去地平に沈んでいく、このような対象的意味内容からなる空虚表象です。つまり、先－構成された非対象的意味内容の空虚表象と構成された対象的意味内容の空虚表象との区別なのです。

b　現在と過去の相互覚起という逆説

次に、問題になっている独特な融合のあり方を問うと、フッサールは、それを生き生きした現在内の触発が連合を通して、近接ないし遠隔の過去地平に沈んでいる空虚表象を覚起すること、と記述しています。となると、この融合は、現在から発する触発的な力が過去の空虚表象を覚起するという、一方的に現在に起因するような融合といわなければならないのでしょうか。そうではありません。フッサールはそれに対して、『受動的綜合の分析』では、まずは、遠隔覚起の再想起の現象を分析するなかで、覚起する触発的な力と覚起される空虚表象との間の「相互の想起関係」を次のように論述しています。

「触発的力の転移によって獲得される触発的交通によって可能となる第一の結合は、もちろん、覚起するものと空虚表象、すなわち覚起されたものとの現勢的に意識された類似性、「相互に想起させる」という本質的なノエマ的様相における類似性なのである[29]」としています。このテキストの表現で注意しておきたいのは、ここで「ノエマ的様相」の「ノエマ」という用語は、通常、すでに対象構成の次元に対応しているのですが、ここでは、対象的構成そのものが非対象的先−構成を根底にしている論点を踏まえたうえでの表現であることです。したがって、「ノエマ的」と表現されているのは、再想起がそもそも能動的志向性による構成作用であるからですが、その能動性が受動性を前提にすることが、基本的原則として妥当していることが見失われてはなりません。

さて、このテキストで述べられている類似性の連合は、さらに類似性の度合いにより、完全な融合であったり、内に抗争を含む不完全な融合だったりしますが、この連合としての融合は、上に述べられた相互の想起というあり方の他に、より明確に、受動的綜合における類似性の成立である、相互に覚起しあう対化（Paarung）として、最も明瞭に記述されています。この対化の現象についてフッサールは、原理的に同一の内容を多くのテキストのなかで述べていますが、次の引用では、対化の現象の本質規則性が大変明確に表現されている、といえます。

「ある現在に似たものが二つ立ち現れたとする。そのとき、その二つが存在して〔前提になって〕初めて、その綜合が成立するのではない。そうではなく、似ているとは、そのような綜合において、共在するものとして、何かが立ち現われることなのだ。基づけるものと基づけられるものとは、相互にともにあることのなかで分離することはできず、必然的に一つなのである。それから、このことは、類似性の対化に際しても、つまり、〝対〟になるときにも同様である、といえるのではないか。なぜなら、まさにそのひとつの項〔対の項〕が新たに立ち現われたからなのである」[30]。つまり、受動的綜合の原形式としての対化とは、すでに実在する二つのものが前提にされて、その二つのものの間の属性として成立している何らかの類似性が、いわば抽象されて成立するのではないのです。気づき、意識される以前に相互の覚起が生じ、その先－構成に気づくのが、意識された、構成の次元での対化なのです。

さらに相互覚起が明確に、用語として使用されている箇所として、「今やわれわれは、〝類似なものが類似なものを指示する〟相互覚起における現象学的統一を持つのであり、……覚起とは、相互のものであり、相互に働く移行の傾向であり、そして全体的事況（Sachlage）は、ある同一の、すなわちそのような移行の前後において、対化、すなわち、距離を持った合致が自己構成される」[31]をあげることができます。したがって、覚起はその定義上、相互的であり、相互覚起と規定され、対化の相互性を規則づけているといえるのです。

ここで、この覚起の相互性の場合の両項の一方は、現在における原印象ですが、他方は無意識という過去地平に眠る過去把持をへた空虚表象であることを、フッサールのテキストに即して確認しておきましょう。フッサールは、「空虚地平（Leerhorizont）」[32]に言及して、「無意識的なものは、あらゆる所に、現在の領域にも、原理的に同様な様式を持って存在する。……忘却の無限の領域は、〝無意識の〟生の領域であり、それは再三再四、覚起されうるのである。……すべての知覚は、過去把持の空虚地平をもち、その地平は、それ自身、差異をもたない、空虚な過去把持である[33]」と述べています。したがって、「すでに諸過去把持をもっているのでないような、いかなる今も考えることはできない[34]」のであり、そればかりか、メルロ＝ポンティがプルーストに依拠する、過去が現在を指示するという観点[35]、つまり無意識の側からの現在への触発的はたらきかけについて、フッサールは、明確に、「したがって、〃無意識〃から絶え間なく、諸触発が現存することができるのである、それは抑圧されたあり方においてであるが[36]」と述べているのです。

さらに重要であるのは、ここで言われている対化現象における「類似性」とは、当然ながら、決して理念化されている類似性なのではないことです。フッサールは、相互覚起の記述と並べて、「受動的に先所与されている類似性は、思惟の形成体（カテゴリーの形成体）ではなく、先ほど言及した理念化や規範化によるものではなく、また、関係づける判断によって、あるいは、述定的な段階以前に遂行されてはいても、関係づけるような作用性によって構成されたような関係性でもない。この類似性は、それ自身、対化の形式に他ならず、相互的な想起し合い（wechselseitige An-einander-Erinnern）、お互いに想起する覚起を通して一致していること（Einigsein）なのである[37]」と述べています。

したがって、現在と過去の「対化という相互覚起」に関して、決定的に重要な論点は、以上の論述にみられるように、
（1）まず第一に、対化とは、一方が他方を基づけるのではなく、相互に基づけ、基づけられる、相互覚起であるということ。
（2）第二にこの対になる意味そのものが、そのつど、ある類似した意味として常に新たに立ち現われ成立するということ。つまり、前もって、二つの能動的志向性による対象認識の意味内容の成立が前提になり、その二

つのすでに成立している意味内容を比較し、抽象することによって類似性が成立するのではなく、理念化された類似性の抽象によるのではないこと。
（3）　第三に、そのつど新たに立ち現われる類似した、根源的時間流の位相意味内容としてのヒュレー的意味は、まずもって、受動的綜合を通して、感覚所与の位相意味内容の先－構成という意味統一として立ち現われており、それが自我の関心に相応して、自我の対向が生じ、反省の眼差しにもたらされて、意識され、対象化される場合と、そうではなく、対向が生じずに、先－構成のまとまりとして過去の地平に沈んでいく場合があるということ。したがって、そのつどの対化現象による非対象的意味の先－構成は、当然ですが、デリダのいうような、すでに出来上がり済みの、特定の対象的で理念的な意味の繰り返しではないのであり、同一の対象的意味が繰り返される能動的意識は、必ず、自我の活動としての自己意識をともなう対象化を通して起こっている、ということです。
以上の三点から帰結する多くの重要な視点がありますが、それに向かう前に、改めて、次のことを確認しておきたいと思います。それは、そのつどの、ある現在における対化現象によって先－構成された感覚素材（所与）の意味内容は、原印象の位相的意味と過去把持の空虚表象（近接する、ないし遠隔の過去地平に潜在する）との間の対化現象を通じて生じていることです。ということは、この先－構成において、常に現在と過去とが非対象的意味を介して遭遇しているということもできる、ということです。この遭遇を「現在と過去の逆説的同時性」、つまり、現在と過去の先時間的で、逆説的な、ヒュレー的先構成による意味の生成を媒介にした恒常的な接触と呼ぶこともできるでしょう。この先時間的接触が、いかなる同一化も許さない絶対的な時間位置の一義性と一過性によって規定され、固定化されるのは、自我の対向による今の意識と対象化が、同時に生じるときに他ならないのです。

c　相互覚起を条件づける衝動志向性とメルロ＝ポンティの作動する志向性

さて、ではここで、覚起する触発的力とは何か、その解明に向かいましょう。触発的力は、上に述べられた「感動的な音」の例にみられるように、自我のもつ関心によって動機づけられた力を意味する、生き生きした現在における触発的な覚起する力として分析されており、フッサールは、この自我のもつ関心について、特に感情や衝動を、その最も根源的な動機として、指摘しています。「最下層の発生の段階を考察するに当たって、……感情の領域に関しては、感覚的な素材と根源的に統一されている感情のみ受け入れることが許され、……根源的で本能的な衝動に即して優先されるということも同様に許容される(38)」のですが、「それらの動機は生き生きした現在にあるのでなければならない。そのさいもっとも有効な動機とは、これまで配慮できなかった広義の意味での、また通常の意味での「関心」、つまり特定の情緒がもつ根源的な価値づけ、ないし習得された価値づけとか、本能的な衝動、ないし、それより上層に属する衝動であろう(39)」とされています。

つまり、発生的現象学で問題にされる最下層に、感情や本能的衝動が位置づけられているのですが、それだけではなく、この最下層でその触発的力が、常に力動的に生成している事態は、次のように記述されます。「空虚な過去把持の領域において、それらの力は貯えられたり、阻止されたりしており、それと共にそれらの予期の力も同様に、ちょうど盲目的な衝動のように変化している(40)」、と述べ、過去地平に沈んでいる空虚表象に属する触発的力の抑圧や促進の現象を指摘しているのです。このことは、これまで確認されてきたように、非対象的に先－構成された感覚素材の意味内容の一部が、自我の対向を受け、対象化され、時間位置をもって過去の地平に沈んでいく場合であれ、気づかれずに時間位置をもたずに流れ去っていく場合であれ、それらはすべて、過去の地平に横たわるすべての無数の空虚表象に、時々刻々、連合の規則による抑圧や促進の影響を与え続けていること、そして、知覚の現在が、このような過去地平の表現でもあるという、逆説的な相互覚起の様相を呈していることを意味しているのです。

このようにしてたどりついた時間化の最も根源的な次元では、時間化は、最下層の関心としての衝動志向性によって、時間内容と時間形式に関して、条件づけられています。上記のように、衝動志向性は、触発する動機として位置づけられていることから、当然のことながら、超越論的現象学の重要な概念として、原触発的な受動的綜合として、規定づけられて、分析されています。この規定づけを詳細に根拠づけることは、ここでは省きますが[41]、とくに時間化と衝動志向性の関係が、誤解の可能性のないほど明確に述べられている草稿を一つ引用して、再確認することができます。これは相互主観性の分析がなされているE草稿（一九三三年）からのものです。「私の超越論的生。生得的な諸本能――〝受動的〟で〝自我を欠く〟原地盤を構成する時間化の流れにおいて覚醒してくる諸本能――それらは、〝順番に覚醒して〟くる。つまり、この原地盤において構成している諸統一から、自我極に向けて諸触発が、向かっている[42]」。したがって、触発の力が、一般的に「自我のもつ関心」といわれても、本能や衝動がそのまま自我の能作に属する、ないし能動的志向性であるということを意味するのではなく、受動的志向性として形成され、先構成されたものに、次第に形成される自我極に発する自我の能作そのものが対向する、とみなさなければならないのです。これらの論点に関しては、後続する第二部、第三部に周到な根拠づけが続きます。

ここで、衝動志向性は、匿名的な志向性の「原触発」として、超越論的に把握され、この匿名的な志向性が間モナド的時間化のなかで覚醒していくことに注視せねばなりません。フッサールは、この本能志向性が覚醒してくる幼児期の時間化を、いまだ再想起が働いていない「過去把持と未来予持をともなう流れる現在[43]」と規定しています。原印象、過去把持、それによる未来予持の構造は、本能志向性が覚醒してくるとき、つまり、感覚素材と覚醒する本能志向性の対化現象が生じるとき、感覚位相の意味内容が生起することによって、意味形成が「立ち留まり」として生起し、それぞれの立ち留まりの本能志向性という根源的関心に即して、それぞれの立ち留まりの契機が条件づけられているのです。

フッサールがここで露呈しえた衝動志向性が生き生きした現在の逆説の超越論的制約として働いている、つまり、「すべての原初的現在を立ち留まる時間化として統一的に成立させ、具体的に現在から現在へと駆り立てる……普遍的衝動志向性」[44]が働いているという見解は、メルロ＝ポンティが、最晩年に記した『見えるものと見えざるもの』でたどりついた時間化についての見解と、深い内容上の一致をみせるばかりか、それを超越論的現象学の分析を通して、さらに現象学として展開しえているといえます。

この点の指摘は、これまでなされてきているフッサールの時間論についての誤解を含めて、新たな時間図式の提示に関しても、重要ですので、メルロ＝ポンティの時間論との異同を確認しておく必要があります。メルロ＝ポンティは、フッサールが一九三三年に、衝動志向性との関連で「普遍的目的論」について述べているテキストに言及して、ここで問題になっているのは、もはや、フッサールの『論研』の時期の「作用としての志向性」ではなく、「作用なしの志向性、作動する（fungierende）志向性[45]」であると指摘しています。作用の領域で遂行されるとみなされる、フッサールの従来の志向分析とは次元を異にする「存在の内部における志向性、すなわち、作動する、ないし、潜在的な志向性が、捉え直しされ、発展させられなければならない[46]」としているのです。そして、メルロ＝ポンティは、このフッサールが衝動志向性に関連して述べる、作用でない、作動する志向性の働く領域は、フッサールの定題化する「経過の現象（Ablausphänomen）」ともみなされ、この現象には、時間論で解明される「同時性（Simultaneität）、移行（Übergang）、nunc stans（立ち留まる今）」が含まれている[47]、としています。

ここでメルロ＝ポンティの主張する「同時性」とは、まさに、フッサールも述べている「過去－現在の》同時性《（»Simultaneität« Vergangenheit-Gegenwart）[48]」のことであり、「相互関係」と「相互透入（Ineinander）[49]」とも表現されるものです。この「相互透入」や「内部」といわれるのは、フッサールにおいては、より厳密に「含蓄（Implikaiton）」、「含蓄的志向性（implizierte Intentionalität）」の視点から、受動的綜合の相互覚起の原則に即して、解明され、その含蓄的志向性の形成に関して、発生的現象学の枠組みで、遡及的探求の領域が開かれているものです。したがって、この「同時性」や「相互透入」にしても、メルロ＝ポンティの場合、概念の指摘に終始するのに対して、フッサールの場合、受動的綜合として覚起（Weckung）を通して、より厳密に、必当然的な超越論的規則性として解明されていることを指摘しなければならないのです。

この「作動する志向性」という作用でない志向性は、メルロ＝ポンティにあって、時間意識に関連づけて、「過去把持を通しての空洞化」ともよばれ、上記の「移行」と関係づけられています。「私は、現在的なものから過去把持へと向かう移行を通して私の中に生じる空洞化の創始者なのではない[50]」といわれるとき、また、「見えないものとは、見えるものの中の空洞化であり、受動性における襞であり、生産ではない[51]」とも述べていることにも注意する必要があります。

つまり、メルロ＝ポンティは、生き生きした現在の「立ち留まる今」において、過去と現在の同時性が成立していることを、フッサールの主張する、作用ではない、作動する志向性の領域に認めている、ということができます。ただし、これまでの議論で明らかなように、フッサールは、この作動する志向性の分析を、実は、メルロ＝ポンティが遂行した以上に、さらに展開して、その作動する、作動の仕方を原触発としての衝動志向性における、空虚表象と感覚素材の相互覚起として、過去と現在の同時性をさらに、発生的現象学の方向性を明確に打ち出す中で、深く、そして、広く解明している（本書の第二部、第三部、第四部を参照）といわねばならないでしょう。

以上、明らかなように、この根源的な生き生きした現在における「立ち留まりと流れの逆説」は、ヘルトの場合にみられる超越論的自我の自己分裂と自己共同化という形而上学的「構築（Konstruktion）」[52]を前提にすることなく、現象学的解明が可能となっているのです。ヘルトがこの構築を必要とするのは、フッサールの原印象と過去把持の「原意識」の次元、つまり意識作用以前の反省としての「原意識」を見落とし、時間流の流れを自我の自己共同化に依拠する他なくなっているからでしょう。

ここで問題にしている原印象と過去把持との関係は、原印象と過去把持の位相内容の類似性の対化連合を意味するのであり、この意味内容は、最も根源的な発生の深層において生得的な本能志向性によって規定され、条件づけられ、より高次の構成層である習得的衝動志向性の土台を形成しています。こうして、「先-存在と先-主観性」[53]が、対化現象という類似性の連合の原初的受動性において遭遇し、交流している超越論的「間の領域」から、超越論的構成のすべての構成層と段階が、間モナド的に発生し、発展してきているのです。

しかし、注意しなければならないのは、フッサールの分析にあるように、この間モナド的発展は、母子関係の例にみられるように、その原初の始まりからして、社会的、文化的に制約されていますが、幼児にとっては、触発の偶然性として、条件づけられていることです。したがって、間モナド的発展の発生的現象学は、受動的綜合と能動的綜合、先述定的綜合、先-反省的綜合と反省的綜合という、受動性と能動性の相互関係、相互の基づけ合いにおいて分析されうるものです。発生的現象学の方法は、この相互基づけを解明するに足る方法であり、このような発生的分析を通してはじめて、間モナド的発展の間文化的現象学の問題領域が解明可能といえるでしょう。

d　新たな時間図式の提示

ここで、これまで多くの誤解を生んできたフッサールの線状的な時間図式に代わる、上述の分析内容に即した新たな時間図式を提示しておくべきでしょう。

この新たな時間図式の描写にとって適切な端緒は、前章で指摘された、過去把持の縦の志向性における時間内容の自己合致（Selbstdeckung）という原理です。偶然に先触発に与えられる原印象は、総じて、特定の感覚位相の意味内容を初めから所持しているのではなく、過去地平に眠る受動的志向性と能動的志向性の空虚表象との遭遇における相互覚起を通して初めて、その感覚位相の意味内容を帯びることになります。とはいっても、原印象は、潜在的志向性の空虚表象のすべてに対応する、たとえて言えば、無数の色を受け入れる白色の紙に喩えられるのではなく、特定の相互覚起となる意味内実の潜在性という制約をもっています。また、潜在的空虚表象は、すべての原印象に同様な触発力をもっているわけではなく、原印象のある特定の潜在的な位相内容を、強力な触発力をもつ別の潜在的空虚表象が、相互に「助長したり、阻止したり、抑圧し合ったり[54]」しながら、それらの潜在的な触発力を恒常的に形成し続けています。

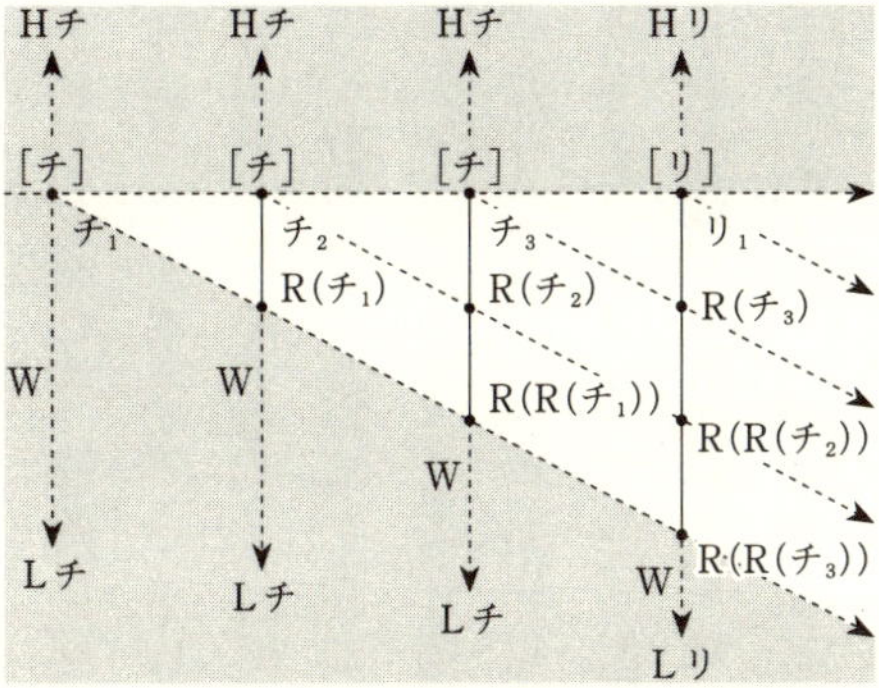

図4

この図にみられるように、Hの領域は、周囲世界のヒュレー的契機（hyletische Momente）であり、Hチが先構成に向けて「先－存在[55]」しており、Lの領域には、過去地平に、本能志向性の覚醒と衝動志向性の形成による空虚表象以前の空虚形態（Leergestalt）や、空虚形態が直観化されて成立した空虚表象（Leervorstellung）Lチが潜在的に、含蓄的志向性として先構成に向けて存在しています。そしてHとLの間には、恒常的に対化としての相互覚起（wechselseitige Weckung）Wが成立しており、その相互覚起を通して、先構成が、ここでは、〔チ〕が成立し、最も根源的な、自我の対向以前の先触発の次元で、時間の留まりが成立し、その留まりの時間の位相内実の変化が、時間の流れを意味するのです。この先構成の領域では、いまだ、時間位置の意識は、生じていません。このように先構成された時間内容は、自我に向かって働きかけ、自我がそれに対向するとき、触発を通した構成の領域、ここでは、明確な時間位置の意識を伴うチ$_1$が成立します。次にHチが与えられ、Lチとの相互覚起Wを通して〔チ〕が成立するとき、聞こえたチ$_1$は、過去把持を通してR（チ$_1$）として与えられており、〔チ〕との時間内容チによる自己合致（自己構成）が過去把持の縦の志向性に成立し、これが自我を触発し、自我がそれに対向するとき、チ$_1$－チ$_2$の継起の意識が過去把持の横の志向性に構成されます。同様にして、チ$_1$－チ$_2$－チ$_3$が継起しえますが、仮に、そこに、リ$_1$という音が聞こえた場合、過去把持R（チ$_1$－チ$_2$－チ$_3$）が成立するに即して生じる未来予持（Protention）P〔チ〕という志向は、Hチというヒュレー的契機による充実に至らず、チによる相互覚起は成立せず、それに代えて、HリとLリとの相互覚起を通して〔リ〕が先構成され、自我の対向とともに、リ$_1$として聞かれる、といえるのです。

ここで、最も重要なのは、この新たな時間図式が、旧来の時間意識に対して、直線的時間図式を克服していること、また、時間内容をもつ原印象が過去把持の変様を通して、過去地平に沈下するという理解が、先構成における相互覚起によって乗り越えられていることといえましょう。

第四節　原印象と過去把持についてのさまざまな解釈

さて、最後の節に当たって、さきほど、フッサールの過去把持についての、ヘルトの解釈を問題としましたが、ここで、ヘルト、デリダ、レヴィナスのフッサールの時間論解釈について幾つか、他の問題点を取り上げたいと思います。

まず、生き生きした現在の流れにおける「流れることと留まること」についてですが、この「留まること」は、「流れること」において、時間流の内容の統一として成立していることは明らかであり、問題はこの統一の成立そのものです。フッサールの場合、上記のように、その成立を、原印象と空虚表象との間の対化現象を通して、最も下層の根源的な本能志向性に動機づけられて成立する、そのつどの非対象的な位相的意味内容とみることができますが、ヘルトは、原印象と過去把持との関係、とりわけその不可分離性を十分に考慮することなく、両者を分離して考察しています。この点、デリダ、レヴィナス、特にレヴィナスの場合、感覚と時間を正面から取り上げるなかで、この不可分離性をフッサールのテキストに即してより詳細に分析しているといえます。

ヘルトは、フッサールの原印象を原刺激（Uranstoß）とみなし、この原印象は、今の意識が不可欠であり、その時間位置をもつ客観的な時間と、その発生が明らかにされねばならないはずの対象的意味内容の統一がすでに前提されているとして、原印象に、流れの留まりを成立させる内容的統一の根拠を否定することになります(56)。ここでヘルトが、今の意識と時間位置をもたない原印象と、過去把持の空虚表象による非対象的意味との融合的連合という事態と、それらのフッサールの分析を無視していることは、明らかです。

ヘルトはそれにかえて、自我極と対象極というデカルト的前提を、隠れて働いているフッサールの形而上学的前提として設定し、原印象だけでなく、通常の志向性を意味してはいないはずの過去把持と未来予持をも、この前提に即して解釈します。過去把持も未来予持も結局、能動的志向性の前形態にすぎず、志向性そのものの起源とする生き生きした現在の内容的統一を解明するには、もはや志向性の分析ではなく、ハイデガーの現存在分析に即した現在の次元性（Dimensionalität）として解釈しなければならないとします。[57] 生き生きした流れの多様性における内容の統一性は、「生と死」という両極性が、一方が現前するとき、他方も共現前しているという両義性によって規定され、そのつどの情態性の変転、つまり、ある情態性Aの終わりが別の情態性Bの始まりであるというあり方で開示される、というのです。[58]
この見解に対して、まずもって強調しなければならないのは、フッサールに隠れたデカルト的な形而上学的前提を読み取ることはできないこと、自我極と対象極の形而上学的前提は、むしろ、生き生きした現在の解釈の際、ヘルト自身が自我極の側に「構築」したものではありえても、フッサールの後期の時間論に前提されているとするのは、フッサールの分析そのものとの整合性が、まったく見られないということです。フッサールの衝動志向性の分析を解読すれば、ヘルトの主張する「フッサールは、彼自身によって露呈された現出の次元を根源的な気分性の開示性として解釈する根源に迫ることに失敗した」[59] といった解釈が成り立つはずはありえません。
さらにヘルトは、情態性の変転そのものを、それ以上たどれない志向性そのものの発生する根源とみなすのに対して、フッサールの本能志向性と習慣化した衝動志向性との分析は、近接的および遠隔的過去地平における空虚表象相互間の抗争、促進といった事態を指摘し、その分析を展開することができていることに注目しなければなりません。そして、フッサールにおいては、この受動的綜合の層が、文化的‐社会的背景という能動性との相互の基づけ関係にあることの指摘と分析によって、生き生きした現在の流れの内容的統一を、無意識、受動性、身体性と文化差に即して、さらに現象学的に分析する可能性に開かれている、ということができるのです。

最近の論文で、ヘルトは、『ベルナウ草稿』の解読をへた、新たなフッサール時間論解釈を提示していますが、人間の実存に関わる驚愕の契機が、フッサールにおいて十分に考慮されていないとして、上述の論文におけるのと同一の批判をフッサールの時間論に向け、『ベルナウ草稿』で展開される未来予持の重視にもかかわらず、ハイデガーに即した「本来的時間」に至っていないと主張しています。[60] この主張に対して、まず、ヘルト自身、指摘する、フッサールの超越論的事実性[61]という原理的見解のもつ意味、つまり、三〇年代のフッサールにあって、「生死」の問題が、世代性（Generativität）の問題として、モナドロギーにおいて定題化されていることを、指摘せねばなりません。そこでは、ヘルトのように、フッサールは、未来予持を理解する際に、「自然的な自明性のもっとも決定的な断絶〔死の断絶〕を考慮しないままに放置する」[62]と主張することはできません。[63] また、この論文でも、いまだなお、過去把持の受動的志向性という特性が開示されていないだけでなく、過去把持の縦の志向性における時間内容の自己合致と絶対的時間流の自己構成、並びに、ヒュレー的契機と過去地平に眠る空虚表象との間に生じる相互覚起を通しての、生き生きした流れの「留まりと流れ」という見解に至っていないことも、指摘しなければなりません。超越論的遺伝資質と、超越論的本能の覚醒と超越論的衝動志向性の形成の働きが、超越論的本質規則性として、開示され、探求されている次元が、見失われているのです。

つぎに、デリダが、無意識の現象学を念頭においていたこと、つまり、上に示唆されている受動的綜合としての衝動志向性とその領野に接近していたことは、先ほど述べたベルネの、フロイトを下敷きにした『声と現象』の解釈で明らかにされています。レヴィナスも同様、「単に能動的に対する受動性といったすべての受動性より、より受動的な受動性による時間の受動的になす働き」というように、「時間の流れと隔たりにおいて生じる、起こるものの〝受動的綜合〟」[64]についても言及しています。

ただ、デリダの場合、原印象と過去把持の解釈が多くの点で偏っていることを指摘しなければなりません。まず、過去把持の解釈ですが、ベルネのデリダ解釈に即して、過去把持が痕跡と対応するとした場合、まず述べねばならないのは、そこでは、過去把持が反復や再想起、想像といった「準現前化」としてのみ性格づけられているということです。

もちろんそのとき、この「準現前化」は、現前化として位置づけられる原印象を受け取るだけではなく、むしろフロイトの無意識のメカニズムを含む、かえって、「現前化」そのものを生み出す積極的根源性をもつものです。デリダにとって、過去把持は、根源的現在をただ単に受け取るのではないばかりか、むしろ、逆に過去把持から根源的現在が考えられなければなりません。原印象と過去把持の根源性の秩序がむしろ逆転するのです。ベルネは、このことを「デリダにとって過去把持は、直前の根源的現在を、過去へと過ぎ去るにもかかわらず、現在的に保つ経過なのではない。過去把持はむしろ、ずれと共に現出しうる現在的な今の原初的な（第一の）所与性である。純粋な今とは、現在の根源的な源泉であるかわりに、ある不可能な何かである。というのもそのような純粋な今にはあらゆる時間的な質とか区別が欠けているからである」[65]と述べています。しかし、すでにこれまで明らかなように、フッサールは、このような質と区別を欠く純粋な今を主張したことは皆無であり、原印象の今とは、一つの抽象であることを常に指摘していました。デリダのように原印象の今と過去把持を分離するのは、フッサールの行っていることではなく、デリダ自身が行っていることなのです。

このように、デリダの場合、「準現前化」としての過去把持の強調は、「現前化」である原印象から「時間的質と区別」を奪い去り、根源性を剥奪することになります。自己触発としての時間の流れは、デリダにとって、内容について積極的にいかなるものも語れない原印象に、同様に内容について何も語れない別の印象が継起することとしてしか規定できず、「準現前化」に対置される「現前化」から、根源性を担うはずの原印象が抹消され、「反復、再想起、想像」という「準現前化」によって獲得される「カント的理念」のみ「現前化」に残されるということになります。

この解釈において、フッサール後期の時間論の分析で展開されている、いかなる視点と見解が見失われているかは、すでに明らかだと思います。まずもって、原印象と過去把持の間の相互覚起として生じる、先‐反省的で先‐述定的な受動的綜合の次元、換言すると、ヒュレー的先構成の次元の欠落です。これによって、生き生きした現在に残されるのは、デリダ的「現前」、カント的理念の反復のみとなります。

類似の解釈を取っているレヴィナスの場合ですが、彼にとって、過去把持と原印象の関係は、比較的明瞭です。というのも、レヴィナスには、「生と思惟」という明確な対置が背景にあり、「生起と志向性」、「生起である原印象、志向性である過去把持と未来予持は、流れることとの固有なあり方であり、過去把持すること、ないし未来予持すること（〝思惟〟）という一方と、〝隔たってあること〟（生起）の他方が、一つになることである。……隔たりが過去把持であり、過去把持が隔たりである。時間の意識は、意識の時間である」[66]と述べているからです。

ところが、時間と志向性が直接、問題にされ、この時間の志向性と通常の意味での理念化する志向性との関係が問われるとき、レヴィナスは、『時間講義』の補遺XIIをとりあげ、原印象が「対象と知覚の不可分性」として描述され、原印象こそ、知覚と知覚されたもの、思念と思念されたものの区別がなりたたない、つまり、理念的な志向性から自由であって、「原印象のみがあらゆる理念性から純粋である」[67]というように、時間の流れから、原印象のみ非志向性として、志向性である過去把持と未来予持から分離して考察しています。

実は、レヴィナスの取り上げているこの『時間講義』の補遺XIIは、感覚と時間を取り扱うなかで、レヴィナスのいう「知覚と対象の不可分性」というよりも、むしろ、上述した、感覚が感覚内容と区別できないこと、感覚が志向性をもたない体験という意識層であって、意識作用と意識内容という通常の志向性の相関関係では考察できないことを述べている箇所に他なりません。ですから、感覚と感覚されているものが区別できないことは、ただ単に原印象にのみ妥当することではなく、感覚を構成している、原意識されている原印象と過去把持全体に妥当することは、当然のことです。それをあえて原印象のみ分離させようとするのは、過去把持を志向性と性格づけして、それに対して、「最も卓越したあり方で非−同一性であり」、「まったくの受動性、〝他在〟の受容(68)」としての原印象を獲得し、痕跡でしかない時間化のかなたに、まったくの他在性としての原印象を純化させるという根本動機がうかがえる、といえましょう。

この論議を再批判するには及ばないと思いますが、最後にまとめとして付け加えておけば、時間化において、過去把持されない原印象は、不可能であるばかりか、過去把持の空虚表象との相互覚起を通してしか、そもそも原印象が原印象として与えられないことを再確認すべきでしょう。そういう意味で、デリダのいうように、時間化の動きのなかに巻き込まれていないような純粋な「現前」などは考えられません。しかし、時間化がそのまま、能動的志向性をともなう「準現前化」なのではないのは、ちょうど、過去把持がそのまま「準現前化」としての能動的志向性ではないからであり、デリダもレヴィナスも同様に、原印象と過去把持の相互覚起による対化現象を通してのヒュレー的先構成の次元、すなわち、先−反省的、先−述定的先構成の次元を見落としているといわねばならないのです。

そして最後に、デリダ、レヴィナス、ヘルトに共通していえることとして、三者がこの受動性の現象野の分析に至り得ない理由は、フッサールが受動性の領域に踏み込んで分析しようとする試みのなかで、模索しつつ、その模索の痕跡として跡付けることが始めて可能になるような、この現象野の分析に適応した現象学的方法、つまり、いわゆる発生的現象学の方法が明らかになっていない点にあると思えます。ヒュレー的構成の領域、非対象的な感覚位相の意味内容が生成している領域の分析は、まずもって原印象と過去把持との対化現象に見られる、生き生きした現在の時間化のさらなる分析と、それにともなう発生的現象学の方法論が明確になることを通してはじめて、現象学的領野の分析として可能になっていると言えましょう。

第三章　「生き生きした現在」の感覚位相に働く衝動志向性

フッサールの感覚（Empfindung）の概念は、『論理学研究』の頃から通常の志向性の理解に収めきれない問題を含む概念であることが知られています。ここでは、まず、内在的知覚と外的対象知覚の区別を端緒にして、感覚と時間流の分析に向かい、感覚位相には、その最も根底の層において、個々人の超越論的自我の自我極の形成以前に、匿名的な間身体性の先構成による意味形成が働いていること、つまりすべての感覚に潜在し、そのつどそのつど実現されている衝動志向性による間身体性ついて述べ、最後にその観点からする他者論、異文化論の問題に向けた方法論的帰結について論じてみたいと思います。

第一節　外的対象知覚と内在的知覚——感覚の特異性

まずもって、フッサールの内在的知覚（Immanente Wahrnehmung）と外的ないし超越的知覚（äußere/transzendente Wahrnehmung）の区別について考えてみるのは、フッサールにおいて、普通、「感覚」と訳されるEmpfindungが、通常の内在と超越との区別にあてはまらないという点から、感覚という特有な非志向的志向性の特異性を明らかにできると思うからです。

外的対象知覚（ここで、机が見えている視覚の例をあげる）は、「外にある」と見られている対象の知覚を意味し、対象（ここで机）が見えているとき、その対象（机）は、その現に見えている表面と、見えてはいないがそのとき、その同時の現在に与えられているその対象（机）の裏側とのまとまりとして見られています。もしそうでなければ、つまり、裏側が〝見えて〟いなければ、たとえば机が、舞台の書割として見られることもあるという、書割の絵と体積のある物的対象との違いを意識できずに見ていることになってしまうからです。

他方、内在的知覚の場合（「悲しい」といった感情の体験の意識がその例になるのですが）、その体験は、外的知覚の場合のように、見えている表面と見えていない裏面との統合を通して与えられているということはありません。感じられている悲しみと感じられていない悲しみとの統合によって、そのときの悲しみが与えられているわけではありません。そのことをフッサールは、体験は外的事物の現出のように、射映を通して与えられているのではない、といいます。[1]夢の中であろうと現実であろうと、悲しみは悲しみとしてそのまま直接、悲しむときにそのまま与えられています。

両知覚の与えられ方の違いをさらに詳しくみてみましょう。外的知覚の場合、その同一の対象である物（机という例）のある特定の側面が、いつ、どのように現われるかに関して（表面が先か裏面が先か、表のどの部分が見え始めるか、等々）無限の可能性があって、そのときそのときの多様な現われ方（現われそのもの）と、同一の対象（その机）としての意味の現われ——この机としての意味の現われは、そのときそのときの多様な現われ方を通して、それがどのように現われようとも、一貫して同一のその物（その机）として現われている——とが区別されています。しかし、悲しい体験とか物の表面に触れるときの触覚などの場合、そう感じられる体験は、その体験のそのつどの感じられ方を別にして、その多様性を通して統合されている同一の対象としての現われをもつわけではありません。

これらの区別自体、重要なことではありますが、ここでより決定的に重要な論点は、その両者の関係そのものです。ここで、すべての空間的対象としての物の知覚、すなわち外的知覚は、その同一の外的知覚がなされるそのとき、それと同時に、その知覚に対応する内的時間流に即して、体験としての内在的知覚にその成立の基礎をもっていることが主張されます。つまり、内的な体験の時間の流れにその「内在的実質」をもたないようないかなる外的知覚もありえないとされることです。フッサールは、『受動的綜合の分析』において、「物のような超越的対象は、内在的内実がその基礎として構成されることによってのみ構成され、その内在的内実は、〝射映〟という固有な機能、提示する現出という機能、その内実を通して提示するという機能をいわば代理している」と述べています。[2] ここで「内在的実質」といわれるものは、実は、感覚（Empfindung）にほかならず、この感覚はそれ自体、その最終的単位としての感覚素材（経験論の感覚データとの根本的相違については、後に詳論する）とそれが位置する感覚位相から成り立っています。ですから、たとえば、外的知覚を通して「サイコロ」を手にして見ている場合を想定すると、「サイコロ」はさまざまな側面を見せながら、その線、面、色等々の変化が統合されながら一つの「サイコロ」として見られているが、その際それらの個々の現われは、実は、意識に直接内在的に与えられている内在的知覚によって構成され、それは、内的時間の流れの内実を形成している感覚素材とその位相からなっているのです。となると、フッサールの場合、感覚は「悲しみ」といった内的知覚の場合だけでなく、あらゆる外的知覚の際にも、それらの知覚が成立するための内在的時間流の内実を形成しているのだということができますが、この主張は、当然のことながら、さらにそれとして、その現象学的根拠づけが示されるのでなければなりません。

第二節　感覚と時間流——受動的志向性としての過去把持と新たな反省論

フッサールの感覚論において最も重要で特徴的なことは、知覚と感覚の議論の際に、上の論述で導入された内的時間意識の契機がその中軸として決定的な論点となっていることです。上に課題として示された現象学的根拠づけは、時間論との連関において解明されなければならないのです。

その際よく取り上げられるのが、これまで前章、前々章でもとりあげられた音の持続の例です。一つの同じ高さの音が流れているとき、その持続をある特定の時間位置で縦に切断したとします。もちろんこれは抽象の試みであることを確認しておかなければなりません。するとそこには、その音の原印象が位置する感覚の位相が与えられています。過去把持の縦の志向性です。問題はその与えられ方ですが、まず述べられなければならないのは、当の原印象の意味が、意識の直観の一般原則である「空虚と充実」という原則に即して、その直前の「未来予持」を通して投げられている空虚表象を充実するか、しないかによって、直前の音と同一の音かそうでないかが、特定されているということです。(3) 例えば、音階の一つであるソの音が予期され——この予期それ自身は、直観されることなく自覚されずに生じている「未来予持」といわれる予期です——当の現在の範域に生じる原印象が同じソの音の空虚表象（意味の枠）を満たし、直観にもたらされれば、同一のソの音がそれとして特定されるわけです。しかしながら、同じソの音が続いているという音の持続が成立するには、今行っている抽象を離れ、具体的な原印象の「過去把持」への変様と新たに与えられる原印象としての次のソの音との同一性による結びつきが問題とされなければなりません。

ここで「過去把持」というのは、先に述べたように、「過ぎ去ること」が意識されているそのされ方を意味します。これはもともと、音の持続の分析にあたって、持続の直観が成立するために必要な意識であり、通常の「意識作用-意識内容」という志向性の基本構造をもたない「原意識」として規定される、自我から発する意識作用を含まない、その意味でまったく受動的な意識とされます。この過去把持が自我から発する意識作用ではないということの現象学的記述は、すでに提示されていますが、改めて、簡単にまとめてみると、次のようになるでしょう。もし、新たに現われる原印象の感覚位相の感覚が、一つの意識作用であるとされ、その直前の原印象を過去把持することも、また、一つの意識作用であるとすれば、過去把持されている意識内容（それが同時に未来予持されている）と新しい原印象の意味内容との同一化は、同時点における二つの意識作用によって構成されていることになります。しかし、この同時点での二つの意識作用によって音の持続を根拠づけることはできません。なぜなら、仮に同時に二つの意識作用が働くことができるとしても、その同時に生じる二つの意識作用に即した今の時間意識は、同一の今の時点で生じている今の意識ですから、そこには同一の今の意識が与えられていても、「過ぎ去った」という意識であるはずの過去把持の「過去」という意識は、与えられようがありません。

また、内容的には同一の事態を指しているのですが、実は、同一時点で二つの意識作用が同時に成立するとはありえないことを、フッサールは、例えば、今「見ている」机をまったく同じ今の時点で「想起している」ことはありえない、というように、意識作用の基本原則の一つとして記述しています(4)。

となると、問題とされる同じ音の持続は、意識作用ではない過去把持が、それ以上内容を構成する作用を問うことのできない、そのまま与えられている「原意識」として規定され、その過去把持された感覚位相が次に生起する原印象との同一化によって、同一の音の持続として成立していることになります。つまり、原意識として与えられる過去把持に保持されている原印象の位相（それは同時にその未来予持の位相でもある）と、そこに到来する、やはり原意識として与えられている原印象の位相との間に、位相内容の意味の同一性が、まずもって、自我の意識作用の能動性を介せず成立して、そのように原意識された「先-対象的な」位相内容が、その受動的な同一性が成り立つ同時点で同時に、自我の関心に即して、自我の対向が生じ、反省され、対象化されて（これが通常の意識作用による構成を意味する）、その音の持続の知覚が成立することになります。この意識作用である反省以前にまえもって構成されている受動的体験の層と、それを能動的に反省する意識作用との区別をフッサールは、『時間講義』では、「先-現象学的存在」の体験と反省による現象としての体験の区別として、次のように述べています。「したがって、体験の先-現象学的存在、すなわちそこへの反省的向きが生ずる以前の存在と、現象としてのその体験の存在が区別されなければならない[5]」。この先－現象学的存在と現象学的存在の区別、すなわち先-反省的存在と反省的存在の区別は、後に先-構成と構成という区別として表現されていく区別であり、受動性と能動性との差異を意味しており、フッサール現象学の展開にとって、決定的な重要性をもつものとなります。

　実はここにおいて、狭義の志向性を意味する能動的な志向性に基づく対象措定的反省概念が相対化され、先反省的原意識を基礎にして、受動的志向性を解明しうる新たな反省論の端緒が開かれていることを確認しておく必要があります。そして同時に、この「原印象-過去把持-未来予持」という現在野が、反省以前に先-対象的、ないし非対象的先構成を媒介にしてこの世界と絶えず接触して、世界に組み込まれていることが、指摘されねばなりません。過去把持の「超越」が語られるのは、実はこのような対象措定的意識が働く以前に生じている世界との原コミュニケーションの意味においてなのです。フッサールは、一九一〇年冬学期の「現象学の根本問題」という講義の中で、絶対的所与性を取り上げ、現象学的態度において立ち現れる「超越としての過去把持」について次のように述べています。「かくしてわれわれは、単に過去把持そのものを現象学的存在として容認するだけでなく、何についての過去把持であるのかというそのことも容認するかぎりにおいて、現象学的態度の内部で、ある〝超越〟を容認したのである。……このような所与性を疑えば、それは絶対的懐疑主義に陥ることになること、またそのような過去把持的明証性は、経験的知覚においても前提にされており、経験的知覚を基礎にする自然研究者やそのような自然科学の知に依拠する哲学者のすべては、現象学に関して、突然恣意的に過度の批判病者を振る舞おうとしても許されないのである[6]」。

第三節　受動的綜合と感覚

先に述べた先-現象学的存在の体験の層は、すでにフッサールの早期の書である『論理学研究』のなかで指摘され、『時間意識』において、「諸体験は二つの基本的な体験のグループに類別される。その一つは〈何かへのかかわり〉をもつ諸作用、〈何かについての意識〉、諸体験であり、他はそうでない諸体験である。感覚された色そのものは、何かへの関係をもっているのではない」というように、また、「感覚はここで感覚内容の内的意識にほかならない。かくして私がなぜ『論理学研究』のなかで感覚と感覚内容を同一視できたのか、明らかである[7]」と明確に述べられているものなのです。

色、痛みといった感覚は、決して感覚作用と感覚内容とに分けられることなく、感覚素材、感覚位相のレベルで時間意識に即して分析されています。前もって与えられる感覚素材の未来予持を通して、ある感覚素材の空虚表象が投げかけられ、そこに立ち現れる次の感覚素材がその意味の枠を充実し、その意味が過去把持に保持され、それが同時にその未来予持の意味となり、次に立ち現われる感覚素材と結びつくというあり方で、ある同質の感覚の持続が成立しているのです。そしてこの感覚位相の綜合のされ方をより詳細に分析し、原印象が過去把持へと移行するその過程における綜合の規則をさらに詳細に明らかにしえたのが、いわゆる「受動的綜合の分析」と名づけられた諸論稿です。ここにおいて、この綜合が連合の諸規則である類似性、対照性（コントラスト）、諸感覚野（視覚野、聴覚野、触覚野等）の共在性と継続性、構成された対象性の自我への触発（Affektion）、生き生きした現在と過去の地平に沈んでいる空虚表象の意味との間の相互の覚起と伝播等の諸規則が分析され、解明されています。

ではここで、その受動的綜合の諸規則性からみて、前述した未来予持の空虚表象と原印象の意味内容との受動的同一化がどう解明されるか、考察してみましょう。過去把持を通して未来予持において投げかけられている空虚表象は、それと新たな原印象の意味内容と類似している、ないし同一である場合、いわゆる前章で指摘された対化（Paarung）の現象が生じます。対化とは、対になる意味内容どうしが相互に覚醒しつつ、対を形成して、新たなその対の意味が生じる現象です。この未来予持と原印象の意味内容との間の対化現象を通して、類似の、ないし同一の意味内容が、自己意識の介在なしに受動的に成立します。それに対して、未来予持の空虚表象の意味と異なる原印象が立ち現われるとき、例えば前述のソの音ではなく、ラの音（もちろんこの音が到来するその瞬間、その先-対象的意味は対象的に同定されてはいません）が続いた場合、その原印象の位相内容は、その直前に過去把持され、未来予持されてするソの音との同一化には至らず、その原印象が立ち現われる同じときに、背景として与えられている過去の地平に沈んでいる無数の空虚表象に、その原印象の非対象的意味内容による覚起が伝播し、それと対になる空虚表象（この場合、ラの音の空虚表象）との対化現象によって生ずる新たなラの音の位相意味内容が、同様に受動的に（能動的に想起するのではなく）成立するといえるのです。

また、ここで補足しておきたいこととして、まったく予期せぬ、想いもよらない他なるものという意識とフッサールの未来予持との関係です。たしかに未来予持は、裏返しされた過去把持と理解されますが、その反面、すべての感覚位相には、「完全に空虚な外部地平」が属するとされ、空虚地平はさらに、通常の先行描出をもつ空虚地平とまったく先行描出をもたない空虚地平とに区別されています。そしてそれだけでなく、可能性の概念をめぐって、「開かれた可能性」が述べられ、「突然起こる爆発音」や「夜空をよぎる流れ星」などの例を示しながら、未来予持に伴う空虚地平とその充実、非充実という枠組みが示されています。(8) また、後述するように、習慣的衝動志向性と習慣形成以前の本能的衝動志向性の発現するあり方の区別にも、完全な未知性の意識が原理的に論拠づけられています。このような枠組みを通して以外に、そもそも「まったく新しい」、「予期することのまったくできない」という意味(この意味は、反省化、対象化以前の先‐現象学的位相意味に基づいている)の意識が基底づけられるとは思えません。

第四節　感覚の内容的融合の同時性(Simultaneität)

さて、ここで、以上の分析に含まれる、逆説的としてしか表現できない、現在の原印象の側からの覚起と、過去地平に沈んでいる無数の空虚表象の側からの覚起との、同一の現在における相互覚起の現象に注意しなければなりません。まず、原印象と過去把持との違いを強調する立論に対して、生き生きした現在の内部での原印象と過去把持との不可分離性を確認し、その関係を原理的に究明しておく必要があります。フッサールは、一九三一年に書かれたC草稿のなかで、受動的綜合の原融合に関連して、この事態を「原印象と原過去把持の同時性(Simultaneität)」

と明記しています。「したがって内容的原融合は、原印象とそれに直接する原過去把持との間に、両者の同時性において起こり、このことは、恒常的に時々刻々生起し、時々刻々の直接的な内容的融合として生起する」[9]。このような原融合によって、一方で原印象の、そして他方で原過去把持の非対象的意味が時々刻々新たな非対象的意味として、同時に先構成されるということになりますが、この原印象という現在に生じる過去の地平への意味の覚起と、過去地平の空虚表象から生じる意味の覚起が、対化の現象として生じているというフッサールの見解が、実は、メルロ＝ポンティの最晩年の著作である『見えるものと見えざるもの』で述べている「過去‐現在の同時性」という見解と内容的に一致していると指摘できるものです。この一致は、しかし、決して偶然の一致なのではありません。

前章でも言及されたこの見解の同一性の必然性は、メルロ＝ポンティの志向性批判を通して、より確固なこととして次のように論証されます。メルロ＝ポンティがなすフッサールの「志向性」の概念に対する批判は、能動的志向性批判に限って妥当性をもつものといえるのです。メルロ＝ポンティは、この原理的見解である「過去‐現在の同時性」を「移行（Übergang というドイツ語の原語を使っている）」とも名づけ、「単に事実的で経験的な過去の現在への志向的指示だけではなく、事実的な現在の次元的現在ないし、世界あるいは存在への指示を含んでおり、そこでは過去と現在が厳密な意味で同時である。この志向的相関は、志向分析の限界を示し、志向分析が超越の哲学になる点でもある。……〈垂直の〉過去は知覚にもたらされることを要求するのであって、知覚した意識が過去のものの意識を担うといったことではない。過去のものは、ここではもはや「について」の意識の〈変様〉、ないし様相ではない。……逆に、「についての」意識、知覚した意識が、かさばった存在としての過去のものによって担われるのである」[10]というように志向的分析を批判的に克服する主旨で述べているのです。

しかし、このメルロ＝ポンティの志向分析に対する批判は、狭義の意味の志向性である能動的な意味の志向性の志向分析には、当てはまっても、受動的志向性の志向分析に妥当しないことは、前述のフッサールの受動的志向性の分析そのものが示すように、明らかなことです。メルロ＝ポンティが「超越の哲学」と述べるその「超越」が実はすでに、先に述べたフッサールの「過去把持の超越」として確証され、それだけでなく、フッサールにおいては、その超越の生じ方が現在地平と過去地平の逆説的原融合という対化現象によって原理的に規定され、さらなる現象学的分析の可能性が開かれていることが確認されなければなりません。また、メルロ＝ポンティ自身、実は、最も早い時期にフッサールの受動的綜合を積極的に評価し[11]、自身の哲学の一つの重要な原理的支柱としていることを考え合わせると、上記の批判は、むしろ「連合の現象学」の諸論稿に触れる機会がなかったことからの批判と理解すべきでしょう。いずれにしても興味深いのは、このような事態そのものが、とりわけ過去地平に沈んでいる空虚表象の側から原印象の現在に向かう覚起の現象が、フッサールの連合の現象学で、さらに「触発と衝動志向性」の領域を解明する原点になっていることです。

第五節　衝動志向性と感覚

この連合の現象学は、当然のことですが、ヒュームに発する経験論的連合の心理学とは、原理的な次元に関して明確な区別がなされなければなりません。まず、第一の区別は、経験科学としての心理学においては、客観的時間が前提とされ、一定の速度で流れる客観的時間を満たす、性質をもたない感覚刺激の生体に及ぼす因果論的影響とその規則性が求められますが、この客観的時間の意識の成立そのものは問われることはなく、時間意識の構成、過去-現在-未来の概念そのものの成立は問題にされません。フッサールの現象学では、感覚の位相は、上記のように内在的時間の構成に即して、とりわけ、過去把持の縦の志向性の感覚内容の自己合致を出発点にする受動的綜合の分析に即して解明されており、単に個々の個別的要素として扱われる客観的時空間の事実的データとみられているのではありません。第二に、経験科学としての心理学で前提される客観的時空間において、個人として個別的に独立して存在するとされる主観は、フッサールにおいては、ちょうど客観的時間の構成が内的時間意識にその構成の基礎をもつことが解明されているように、世界内に生きる個々人の人間という意味そのものの成立が、相互主観的に、相互時間性と相互空間性の構成層において構成されていることが、指摘され、その構成の仕方が分析されています。例えば、日常生活で「他者の痛み」は直接自分には感じられないと思われ、心理学が個別主観の分析にのみ従事するのに対して、現象学は、そもそもそのような個別主観の独立性は、仮象に過ぎず、個別主観が、その根源を相互主観的発生の歴史にもつことを指摘し、解明しています。

この発生の歴史の解明は、経験論的な意味での因果的生成の時間的前後関係を解明することではなく、本質規則性に即した意味の充足可能性を問題にする動機づけの連関を、生成の時間的秩序に即して問うことを意味しています。この意味の発生の問いは、具体的には、自我に対する触発の現象に即して考察されます。例えば、類似性による相互覚起によって先構成された非対象的感覚位相の意味内容が、自我極と身体性ならびに習慣性を含む具体的なモナドとしての自我に、どのように働きかけ、自我の注意を促すのかという問いを通して解明されてきました。すべての現在において、モナドに帰属する諸感覚野には、先触発的な意味の統一が、その対象化を競いながら、自我の関心に即した様々な触発力をもって共在的に同時に働きかけ、その最も強い触発力をもつことになる感覚素材が自我極に至り、自我はそれに対向し、他の感覚素材は注視されません。つまり、触発力の程度差は、モナドとしての自我の関心に相即しており、具体的で歴史的な自我であるモナドの発展段階に対応した、触発の現象が現出しているのです。

したがって、さまざまな触発力の生成段階の違いが、モナドの生成に対応していることが明らかにされます。この触発力の生成が問題になるとき、重要なことは、自我の対向を受けない、先構成された感覚位相の意味内容の触発力は、そのままその触発力を消失してしまうのではなく、自我の対向を受けないという意味で抑圧されたあり方で潜在的志向性として過去地平に存続していく、堆積していくということです。そのような「諸触発の〈自我極をめぐる〉争い」、「無意識からの連続して発する触発の現存」[12]などが、ある特定の触発が優勢を占めて現われ、他の触発が抑圧されて隠れる根拠とされ、ここで連合の現象学の最も根源的で強力な触発力を担う構成層とされる衝動志向性の層が露呈されてきます。生き生きした現在において最も触発力をもつ根源的動機として、「特定の情緒がもつ根源的な価値づけ、ないし習得された価値づけとか、本能的な衝動、ないしそれより上層に属する衝動」[13]が指摘され、感覚素材の類似的綜合には、習慣性となって働いている衝動志向性、ならびに生得的本能志向性が、一定の方向づけを行っていることが分析され解明されていきます。「個々の〈感覚〉位相には空虚でない習慣性に根づいている実践的可能性、多方向の諸系列をとる可能性が属している」[14]こと、「諸触発がある本能に即して共属し合っているということ、……このような意味での統合的本能」[15]が主張され、衝動志向性が「諸触発が連合する原理」、「原触発」[16]として規定されるのです。

第六節　本能的予感と習慣的衝動志向性

このように、触発に一定の方向性をとらせる衝動志向性、すなわち、感覚の個々の位相を連合的に綜合する最も根底的な先反省的である受動的綜合としての衝動志向性は、一方で、すでに生成ずみで、なお展開していく可能性のあるような習性を構成している習慣的衝動志向性と、他方で、幼児期においてその発現をもつ、いわば生得的な本能志向性とに区別されなければなりません。そして実は、この生得的本能志向性の発現に即して、感覚位相が相互主観的特性をその生成の段階からもつこと、そもそも感覚位相は、発生の起源からして相互主観的であることが、——先のヒューム、カントの独我論克服の根拠に他なりません——論証づけられることになります。フッサールは「空虚表象の充実と空虚な本能的予感の充実」[17]を区別して通常の空虚表象の場合、想起を経ての意味の既知性を前提にしているのに対して、空虚な本能的予感の場合、「いまだ露呈していない意識として本能的であり、いまだ空虚に表象するものとして存在するのではない」[18]と述べています。つまり、表象となる以前に、空虚な形態が形成され、漠とした予感が、本能の予感として、根源的に生成するのです。

また、言い換えれば、この生得的衝動志向性の発現に関して注意しなければならないのは、ここでいわれているのは、シェーラーのいう「生得的表象」、なんらかの理念（イデア）のアナムネシス（回想）ではなく、「衝動の主体としての自我と衝動それ自身が覚醒される」[19]ことなのです。ですから生得的本能志向性の明確な表象を伴わない漠とした方向づけと、明確な表象と絡み合って具体的な習慣性となっている衝動志向性を区別しながら、幼児期の間身体性の構成が解明されるわけです。[20]

第七節　発生的現象学の問いと間身体的共働感覚

幼児期の間身体性の相互主観的構成といった発生的現象学の課題は、その明確な方法論（脱構築の方法、再構成論的方法と呼ばれる）によって解明されます。この方法は、本質直観を通して獲得されたさまざまな構成層を考察対象にして、その構成層の特定の構成層を機能外としてみた場合、他の層にどのような動機連関に関する帰結をもたらすかを問うことによって、それまで隠れて働いていた構成層が露呈され、解明されるといった過程を踏む方法です。ですから単に、ハーバーマスにみられるような、ピアジェなどの発達心理学の合理的再構成や再編なのではなく、超越論的現象学の課題として規定されます。例えば、幼児期の時間意識の解明は、成人の時間意識の根本形式が、現在野の形式としての原印象‐過去把持‐未来予持、そして過去地平の再想起、未来地平の予期であることが明らかにされたうえで、それを踏まえて、それら諸機能の特定の動機づけの層である再想起と予期の機能を機能外として括弧に入れ、それによって再構成されるような時間意識構造とみなす、といった経過をへて遂行されます。こうして、幼児期の時間性が、今述べたように、「自由にならない想起、過去把持と未来予持を伴う流れる現在」[21]であるとしたとき、そのような時間構造を前提にして、幼児にとって特有な、初めて同じ物を二度目に見るという事態を、連合の規則性である覚起を通して、フッサールは、次のように分析しています。この二度目に見るという事態は、「持続的な連合のなかで、可能な覚起する領野を覚起することであり、より正確にいえば、持続的覚起として持続的未来予持であり、また全体的未来予持的覚起内部の受動的な充実である」[22]とされ、受動的綜合の基礎原理に即した記述がなされるのです。

つまり、ここでいわれている「自由にならない想起」とは、自我の作用を伴う再想起が幼児の自由にならないということであり、この再想起が機能しないということは、確固とした自我極の形成以前の段階であることを意味しています。さらに、このような明確な自他の区別の意識を伴わない、いわば、匿名的な意識流を統合しているのが、生得的本能志向性ならびに習慣的衝動志向性であることが次のように、示されます。フッサールは、生き生きした現在の流れを超越論的に制約している衝動志向性の記述としてよく知られているテキストで、衝動志向性が「本源的現在を立ち留まる時間化として統一し、すべての内容は、根源的に現在から現在へと衝動の充実という内容として、目的に志向づけられている、というあり方で流れていく(23)」と述べているのです。こうして、幼児期に生じている時間化が、本能志向性によって条件づけられ、根源的に動機づけられていることが、発生的現象学を通して露呈されてきた受動的志向性としての衝動志向性が適用されることによって、解明されてくるのです。

この幼児期にあって、通常の成人の意識に働いている明確な自他の身体の区別、ならびに、内的身体性と外的身体性との区別は成立していません。このことは、たとえばメルロ=ポンティによって、幼児の伝染泣きとか、精神病患者の「相手の足で自分の声が聞こえる」といった症例によって例示されたり、フッサールによって、幼児が、自分で声を出しながらキネステーゼと聴覚との結びつき、統合を意識しながら、次第に自他の身体の区別が分化してくる過程の分析を通して解明されたり、手足をばたつかせる本能的衝動の発現を通して受動的なキネステーゼと自分で自分の身体をコントロールできる通常の能動的キネステーゼを経験していく過程の分析などを通して、癒合的で匿名的な身体性からの分化過程として解明されています(詳細な論証は、特に、本書、第二部第四章、及び、第四部第一章を参照)。

このように、自他の身体の区別は、成人が日常生活でそう考えるように、元からすでにできあがっているのではありません。それが成り立つのは、受動的綜合としての対化(Paarung)によって、自分で反省的に意識する以前に先述定的で匿名的な身体性が、いわば他の身体が現前に現われると同時に乗り移ってしまっていうこと、そのような受動的な間身体性の構成層の形成を前提にしてはじめて可能であるわけです。自分にしか直接感じられないとみなす「自分の痛み」も、同様にして、母の身体との癒合的つながりのなかで、衝動志向性の発現を通して、「痛み」という身体的‐周囲世界的状況を共同にもち合うという共働の感覚が、欠くことのできない基底となり、その「間身体的痛み」の層の上に発生的には、後に位置づけられる「自他の」身体性の区別に基づく「自己と他者」という反省的意識が結びつくことによって、この「自分の」痛みと「他者の」痛みの区別が成立しているといえるのです。

このような観点からみるとき、自分の感覚と他者の感覚の区別にみられる他者の他者性とは、自他の身体性の区別、差異そのものが発生する際の、まったく受動的とされる過去把持の層までにしみわたった「身体の自己中心化[24]」にその起源をもつことが示されます。成人の日常において、自他の区別は、超えがたい断絶として（たとえば「私の痛み」と「あなたの痛み」との間の断絶として）意識されていますが、実はその起源を無意識的に形成されてきた「自己の」身体中心化にもつことが分析され、解明されてくるのです。

しかし、自他の感覚の断絶という問題は、このように、他者の他者性の根源を解明するという課題だけに関わるのではありません。実は、この他者性が意識生にとって究極の真理ではないこと、つまり、この他者性が意識生の特定の経験領域において別種の変様の可能性をもつこと、このことは、改めて詳細に定題化し、分析されねばならない事柄なのです。というのも、この自他の感覚の断絶は、高次の領域で乗り越えられる可能性が示されているからです。根源的他者性は、例えばブーバーに代表される実存的対話哲学における「我‐汝‐関係」や大乗仏教哲学の「無我」、「平等智」等の境位における自他関係という領域では、そのあり方が根本的に変様しており、その逆説的あり方はそれとして解明されなければなりません。[25]したがって、自他の等根源性、ないし平等性とはいっても、自他の差異化以前の、幼児期に成立している等根源性と、自他の差異化以後の、例えば「我‐汝‐関係」における根源的他者性の変様としての平等性は、明確に次元の異なったものとして混同されてはならないのです。

こうしてみると、フッサールの超越論的発生的現象学の考察において、成人にとって一瞥して知覚できる物の世界は、幼児期からの発生の歴史を担っており、したがって、刹那刹那の感覚位相のレベルで、過去地平全体の潜在的非対象的意味の「せめぎあい」が生じていることを意味します。つまり、日常生活における成人の知覚の根底をなす時々刻々の感覚位相には、過去の地平に含蓄されている衝動志向性が、マグマのように力動的に働いているわけです。このことこそ、「生き生きした現在」の流れが、衝動志向性によって、超越論的な制約のもとに、留まりつつ流れていることの根拠の提示となっているのです。

しかしながら、同時に強調しなければならないのは、幼児期の間身体性の発生の歴史において、幼児にとっての周囲世界で、身体性と言語を通して交わっている成人は、その国のその時代に制限された文化と伝統を担う人間として幼児を育てること、衝動志向性は、生得的側面を持つと同時に、特定の文化のなかで言語を踏まえた社会的で能動的な相互主観性を通して、習慣性として成立し、発展しているということです。衝動志向性の指摘は、したがって、衝動や無意識による決定論を意味しているのではないのです。超越論的衝動志向性そのものは、決して絶対的な根拠として一方的に意識生を規定しているのではなく、文化的差異を本質的に含む超越論的に相対的なものであり、この超越論的相対性こそ、これからの現象学的分析の課題の一つとして、発生的現象学の方法によってさらに解明されねばならない、そして解明しうる現象学の課題なのです。

第八節　方法論的考察

以上の内在的知覚と外的知覚の相違、時間流における感覚位相の分析、受動的綜合における感覚位相、間身体的共働感覚の考察を通して、感覚位相において衝動志向性を根底にして隠れて働いている文化的背景の違いを、さらに現象学的に分析しうるような方法論に関連する方向性が、導きだされます。
（1） 生き生きした現在での、時間化を制約しているとされる衝動志向性の分析は、さまざまな文化を担う諸生活世界の発生的現象学の解明の課題として、明確な方法論に即した展開の可能性に開かれています。このことは、ヘルトの生き生きした現在の理解において示されている、時間化をその形式－内容ともに統一する、多様における統一性の根拠である「情態性（Gestimmtheit）」の指摘と、結論として類似しているようにみえますが[26]、そこでの方法論的立場の違いと現象学的分析の可能性に関する相違を見落とすことはできません。ヘルトは、フッサールがデカルト的自己解釈によって「意識作用と対象的な同一的即自存在の両極性」を最も根源的な時間流の構成層として保持している、と主張しますが、それが不当な主張であることは、そのような両極性は、すでに過去把持の解明ならびに受動的綜合の分析によって、その両極性の構成と生成そのものが解明されることによって克服されており、それだけでなく、根源的な時間流の構成が発生的現象学の方法によって受動的綜合の根底に働いている衝動志向性による構成として解明されていることからも明らかです。またそこにとどまらず、さらに受動的な身体性の綜合に関わる志向性と能動的な文化社会に関わる志向性との交錯のあり方が、おのおのの生活世界のなかで解明されていく可能性に開かれています。それに対してヘルトの場合、知覚のモデルに代表される意識の立場から実践の立場への方向転換をすることによって、非対象的な生と死の両極性からなる情態性の両義性の次元を根拠として指摘してはいても、実際にどのようなあり方で、「両義性の一方が前面に出てきて、それに対立する方が後ろに追いやられる[27]」のか、この生ける現在の変転の「如何に」が定題化されていないのです。定題化できないその理由は、非対象的-先反省的意味の解明を遂行する発生的現象学の方法に十分注視していないことにあると思えます。
(2)　時間、空間、身体、他者といった、対象的意味と非対象的意味が交錯する意識層を解明するにあたってフッサールは、発生的現象学の方法を行使しますが、この方法の射程をここで確認しておきましょう。この方法の遂行にあたって、まず静態的現象学の方法とその成果が前提とされます。この方法の最も重要な段階である本質直観において、哲学の方法論にとって中心的問題の一つである、諸経験科学の方法論とその成果にどう対応するのか、という問題に対する現象学の明確な立場をみることができます。本質直観においては、自由変更の際の諸事例として諸経験科学の成果が積極的に例示化（Exemplifikaiton）の事例とみなされていること、次に、本質直観そのものにおいて、自由変更という他のさまざまな事例をたどって自由に想像するなかで、受動的綜合である受動的な覚起による連合を通して先構成されたものがまず先行して、それが能動的な反省の志向性において対象化されて把握されることが示されています。つまり、このように獲得された本質構造が、絶対的規定性をもちえないことは、本質直観の経過において、経験科学の成果に帰属する相対性だけでなく、さらに、そこで働いている受動的綜合の根底の層である衝動志向性と感覚野の触発的綜合の生成が、すでに能動的綜合を前提にする文化の伝統（言語、社会制度、慣習その他）を背景にする成人の側の関わりを不可欠の条件として含んでおり、衝動志向性の全体や感覚野の全体を絶対的、一義的に規定することが不可能なことからも、明らかなのです。この超越論的相対性は、どのようにして、ある衝動志向性が触発として発現したり、しなかったりするのか、その超越論的条件（動機づけ）を明らかにする再構成的脱構築による発生的現象学の方法によって露呈されていきますが、この露呈の過程も一度で終了することはなく、新たに露呈された動機づけ連関が次の段階の静態的考察において組み込まれていき、その静態論的考察がさらに次の段階の発生論的考察の出発点となるというように、静態論的考察と発生論的考察の繰り返しによる意識と無意識の構成分析の展開が目的論的に進展していくのです。
(3) 超越論的原事実とされる世界と間モナド的相互主観性との交錯の構造を「現われと隠れ」という媒介構造として、まずもって大きな枠組みにおいて捉えると、幼児期にあっては、生得的本能志向性の発現が多様な非対象的意味の先構成相互間の抗争を通して、ある特定の非対象的意味の先構成である先触発への発現(非対象的現われ)として、そしてそれが、同時に、それ以外の別の非対象的意味の先構成の抑圧(非対象的隠れ)として捉えられます。成人の生活世界においては、ある対象的意味の現われは、通常の場合、非対象的意味の抗争を前提にする非対象的先触発(非対象的現われ)の対象措定的意識(対象的現われ)であり、この対象的現われは、他の対象的意味構成に注意しなかったり、理解できなかったりする対象的隠れによって、同時にその対象的隠れに対応する非対象的現われをも隠したままにさせることである、といえます。したがって異文化間の接触の際生じる差異の体験は、実は、根底において言語を介したある対象措定的意識(対象的現われ)が共有できないこと以前の、非対象的意味の現われと隠れを共有できないことに発しているといえるでしょう。言語を中心的媒介としてテキストに現われた過去の伝統の地平と融合を説く解釈学的方法は、非対象的身体性の意味をどのように取り込んでいけるのか、これは、言語的意味を中軸に据える対象的意味間の取替えや修正では解決できない問題なのです。[28]

第四章　フッサールの時間化と神経現象学の時間論

F・ヴァレラの提唱する「神経現象学」という新たな生命科学の方向性は、本著で企てる発生的現象学の方向とどんな関係にあるのか、この点を、「時間意識」という現象学にとって最も重要な問題を基点にしながら考察してみたいと思います。その際、ドゥルーズの受動的綜合の概念の使用及び、システム論への言及をも、考察に組み込むことによって、フッサールの時間論と発生的現象学の方向づけが、よりはっきりしたものになるはずです。

第一節　ヴァレラの『現在―時間意識』

ヴァレラの『現在―時間意識』というこの論文は、多くの点で大変重要な論文です。時間意識の分析は、現象学の根本問題であり、この問題への接近の仕方で、諸哲学の立場が明確になることは、すでに第一章で明らかにされました。特に重要なのは、いわゆる客観的時間を現象学的還元にもたらすのか、もたらさないのか、その際、個別的科学の研究の成果と現象学的考察との関係をどう見るのかという問題です。

a　自然科学の方法と現象学的還元

ヴァレラは、この現象学の方法である現象学的還元に対して、大変きっぱりした態度を取っています。ヴァレラのフッサール現象学への主要な関心は、フッサールの「著作の終わりなき運動」、「その転回や飛躍[1]」に置かれているとされ、転回や飛躍を共に経験するときのフッサールの思惟の運動そのものに関わるものであって、志向性概念を既に通説になっている解釈に則って、思惟のモデルとして活用しようとする道具主義的関わり方ではありません。現象学が事象に即す思惟の運動である、そのことを共にしようとする明確な意志をそこに読み取ることができます。事象に向かう際、ヴァレラに特徴的なのは、認知神経科学と現象学が「相互的制約によって関連づけられる」という両者の関係づけの規定です。

この関係性の吟味がここでの主要な課題になるのですが、その相互的制約が制約として成り立つための条件として、ヴァレラは、個別的事象に即した現象学的還元の必要性を正面から強調しています。「真の現象学研究すべてに通じることであるが、時間の探求は還元という手続きを含み、それに記述的不変更の同定が続く[2]」という論述にみられるように、真の現象学研究を遂行する上では、自明とされる物理的・計算論的時間には、現象学的還元の操作が施されなければなりません。とりわけ、物理的・計算論的時間の図式は、それに固執するかぎり、つまり、常にその図式から考え、図式を前提にしたまま、その図式にすべてを翻訳しようとする限り、この図式は「破棄される必要のある研究の枠組みのひとつ[3]」であるとさえ、ヴァレラは言いきっています。現象学が学として主張することを真に理解しようと思うのであれば、厳密な学としての明証性とそこに到達するための方法である現象学的還元を遂行することが前提になる、ということなのです。

この主張は、近代的西洋文化を背景にする古典物理学的な時間の観念を前提にしたままの、いわゆる客観的時間を前提にしたままの哲学的見解に対する、フッサールの現象学的還元の主張に即応しているものです。さらに、フッサールは、自然科学の使用する客観的時間を現象学的還元にもたらし、超越論的相互主観性論を通して、客観的時間そのものの構成を探求していきますが、ヴァレラの主張する物理的・計算論的時間図式への固執の破棄とどのような関係になるかは、後に次第に明確になっていくものです。

b　認知科学とヴァレラのアプローチ

ヴァレラは、現象学的還元の最も驚くべき成果として、現在の時間意識の基礎構造といえる、現在と過去と未来の諸契機を内に含む時間性の「三分構造（the three-part structure of temporality）」と名づけ、それを自分の論考の基礎にすえるとします。現象学的考察による時間意識の構造的契機を現象学の成果として認めることから出発します。その上で、まずは、彼自身の時間的現出の「神経ダイナミズム」の研究成果の提示に向かいます。

その際、構文論的な情報処理モデルに対立するヴァレラの、身体化−力学的モデルの概要を示すことを通して、時間地平の神経ダイナミクスとして、①基礎的出来事（一／一〇スケール）②統合のための待機時間（一スケール）③記述的説明（一〇スケール）という持続の三つのスケールを提示します。[4] ①は感覚システムのいわゆる融合間隔、「一〇ミリ秒（たとえば発火するニューロン間のリズム）から一〇〇ミリ秒（たとえば皮質錐体ニューロンでの持続）」②は、細胞アセンブリ（集合）、相互結合、過渡的位相固定を通じた選択、神経アセンブリの共時的カップリング、持続の起源の基礎、先意味論的で再想起を必要としない、と規定され、③は、言語能力とリンクしていて、人格の同一性に関連する時間の流れである、としています。重要であるのは、これら三つのスケールは、分離独立して働くのではなく、「再帰的構造化」[5]による統一した全体を構成している点です。そして、いわゆるヴァレラの論文の主要テーマである「現在—時間意識」に対応するとされるのは②であって、それは1スケールの統合・弛緩プロセスと呼ばれます。

とりわけ、現在という時間意識に対応する②のスケールの定式化は、フッサールの過去把持の概念との対応に関して大変興味深いものです。ヴァレラは、②のスケールを「特定のCA〔細胞アセンブリ〕がある種の時間的共振ないし「つなぎ」を通じて創発する、というものである。より特殊には、ニューロンの整合性を生み出すプロセスは……特定のCAが、下位の閾をもつ競合するCAに属する活性化されたニューロンの急速な過渡的位相固定を通じて選択されるのだ」[6]と述べ、「神経アセンブリの共時的カップリング」[7]という極めて重要な概念の提示が行われています。

c 時間の三つのスケールとフッサールの時間分析との対応関係

この三つの時間スケールの定式化とその規定に接して、フッサールの時間論との次のような驚くべき対応関係をまず、大きな方向づけとして、指摘することができると思います。
(1) 大きな方向づけとして、まず、①が原印象、②が過去把持、③が再想起に対応するといえること。知覚などのいわゆる対象認知〔カントの場合の対象認識にも対応する〕において①、②、③が一つの統一された全体として再帰的に働いているとみなすことができます。
(2) ②における、CAの共振ないし「つなぎ」といわれるのは、フッサールの「連合」の概念に対応し、そのつどの連合の覚起による「創発」を表現するものです。しかし、ヴァレラにおいては、このフッサールの連合の概念への言及はみられません。ここで下位の閾とは、複数の原印象としての感覚素材〔所与〕の共在を意味しえます。「過渡的位相固定」の選択とは、下位の閾にある共在する原印象が、過去地平に横たわる空虚表象との間の相互覚起を通して競合が生じる、つまり、どのような連合が位相固定され、選択されるかという事柄を指しているといえます。
（3）ということは、「神経アセンブリの共時的カップリング」とは、原印象と過去把持をへた空虚表象との間の相互覚起であるという方向づけが可能になります。この①と②のスケールで生じていることは、ヴァレラのいうように、まさに「内にも外にも時を刻む時計をもたない持続の起源の基礎なのである[8]」といえるのは、ヴァレラの認知科学へのアプローチによる神経ダイナミスムの解明とフッサールの時間流における持続の分析が共通に指し示す時間意識の基底といえるでしょう。
しかし、以上、三つの論点に関して、ヴァレラの定式化とフッサールの時間分析の内容とがいかに厳密に対応しているかということは、②のスケールと過去把持、並びに②と③の関係に関して、次のような帰結をもたらしているといえます。
（1）②において始めて「持続の起源の基礎」が成立するということは、①のみは、「創発」と「選択」以前の段階であり、構造的カップリングの説明によれば、環境の側の「攪乱のきっかけ」の起発点ではありえても、相互作用の全体ではありえません。つまり、原印象に時間内容が与えられて、それが過去把持の変容をえるという従来のフッサールの時間論解釈は、相互作用である構造的カップリングの見解に根本的に適合しないだけでなく、フッサール時間論の他の新たな解釈である「原印象と過去把持的空虚表象との相互覚起」と構造的カップリングの対応関係が確定されうるのだといえます。
（2）②と③の相互関係は複雑な様相を呈するものとなります。先の構造的カップリングの説明での言語域と言語＋自意識の区別にあるように、③に位置づけられる高次の構造的カップリングの介在なしには、言語と自意識を介した、対象把握は、成立しないと見なければなりません。逆にいえば、②において本能と学習を通してのコミュニケーションが言語以前の領域を介して成立しているともいえるのです。

d　過去把持的ダイナミスム

この論文でヴァレラが展開する過去把持の記述は、厳密な、核心をついた記述です。しかし、そこには、やはり、『受動的綜合の分析』を経た「連合と触発」という本質規則性や衝動志向性との関連が十分に組み込まれていないことは、はっきり認めなければならない事柄です。

過去把持は、準現前化（Vergegenwärtigung）、つまり、これまで、意識作用とされた再想起とは、はっきり区別されます。この点、ヴァレラは、デリダが過去把持を準現前化とみなす誤解から免れています。それだけでなく、多くの研究者が主張する、「生き生きした現在」は、三〇年代の主要なテーマであるとみなし、過去把持をそこから分離しようとする誤解からも自由であり、彼は、明確に「過去把持は「生き生きした現在」に属するのだ」[9]というように、過去把持の核心を正確に理解しています。この核心の指摘は、過去把持が「知覚された過去」という、現在と過去の同時性というパラドクスを内に含むことの指摘としても表現されているのです[10]。しかし、このパラドクスの解明には、過去把持が意識作用としての通常の反省概念では理解されず、過去把持が受動的志向性と理解されねば解決されないということについては、ヴァレラの積極的な指摘はみられません。

他方、ヴァレラは、この過去把持の逆説的事態を力動的軌道として理解しようと試みます。つまり、神経ダイナミスムの成果が、「この種の創発プロセスは、我々に生き生きとした現在において創発するものと過去の現在とのあいだのみかけの亀裂に対する、自然化された説明をあたえてくれる」[11]としますが、その試みは、結局のところ、過去把持とカップリングという問題のありかを再度確認するにとどまります。

ヴァレラは、過去把持のもつ現在と過去のみかけの亀裂を、力動的軌道の順序パラメータをもって説明しようとして、①カップリングの現在の状態としての初期条件の創発と、②大域的レベルで行動を規制する境界条件の文脈的セッティング（新たな刺激や内部発生的変化）というように、「現象的に現われるひとつの総合的全体のなかの現在の発生とその起源の双方を含んでいる」ことで現在と過去の共在を説明しようとします。

しかし、この試みは、やはり、「木でできた鉄（「知覚された過去」）」の説明の域をでない、と自身で告白する他ないのです。この点、最後の論点になる現象学と認知科学の相互規定的補足関係を問題にする際、ヴァレラ自身、現象学の経験構造の分析に含まれている逆説的事態は、現象学の側からの、さらなる探求からその解答が与えられるものであっても、科学的な三人称的観察からその経験構造に関わる現象学的不変項に関する知見を導き出すことはできないというように[12]、現象学の探求の独自性を示す典型的な一事例になっているといえます。

このようなヴァレラの過去把持への取り組みを考察する際、やはり目に付くのは、先に述べたように、フッサールが過去把持のプロセスを「連合と触発」の規則性によって分析している成果を取り入れることができていない点です。この点を項目として指摘すると、
（1）　第二章と第三章で述べたように、過去把持の分析は、気づかれることのない、意識に上ることのない過去把持（知覚されないことは当然ですが）を露呈しました。これがまさに、相互覚起による受動的綜合を通して先構成されている、先触発的な感覚位相のそのつどの生成（「創発」といっても、もちろんかまいません）なのです。したがって、過去把持を経て形成された空虚表象という過去の契機と感覚素材の現在の契機が、知覚の

現在になる以前に、つまり、現在が現在になる以前に非現象的な根源的現在を形成しているのです。

　ということは、この領域が、表象や言語的意味の構成以前であることは、いうまでもありませんが、それだけでなく、②における過渡的位相固定の選択が遂行されても、③でいう反省意識にもたらされることがなく、触発に至らない先触発の領域がそれとして②において確定されなければならないということを意味しているのです。
（2）「知覚の現在になる」とは、ヴァレラのいう①から③が全体として再帰的統一として生成するということです。しかし、知覚の現在になる以前の感覚の創発の領域は、ヴァレラのいうように、再想起を必要としない「先−意味論的（pre-semantic）」領域であり、①と②とで成立している領域なのです。また、相互覚起という受動的綜合そのものは、車の衝突をみるかのように、直観的表象にもたらすことはできず、その成果を受け取ったり（対向を通して気づく）受け取らなかったり（気づかずに影響を与える）されるのと同様に、カップリングそのものが生じるあり方を直観にもたらすことはできず、カップリングの成果を受け取っているとされるのです。
（3）したがって、通常、「知覚された過去」という逆説を逆説ならしめている、過去の知覚（知覚の現在）という内実は、知覚に働く過去把持が意識作用として理解されている限り、無限遡及を避けられない解決できない逆説に終始します。過去把持が受動的綜合として、知覚の現在になる以前に、過去と現在の同時性という逆説を生成していると理解されて始めて、「知覚された現在」の内実が了解されます。そのようにして成立した生きられた逆説が知覚の現在になり、それが流れつつ残っていくとされる通常の意味での、意識された過去把持における、「現在と過去の同時性（II）」は、知覚の現在そのものが、より根源的な「過去と現在の同時性

（I）」を内に含んでいることが理解されるとき、いわば、表象上の逆説が、生きられた逆説によって解決ずみであること、換言すれば、常に私たちは、そのような生きられた逆説を生きていることが了解されるのです[13]。
（4）　ヴァレラは、触発という現象を、絶対的時間流の流れの自己触発としてとらえ、特に、未来予持と情動性に関係づけようとしますが、実は、触発は、過去把持のプロセスにおいて、つまり、すでに①と②という感覚の領域で、触発と先触発の違いにおいて考察されるべきなのです。この点は、つぎのテーマとして詳論します。
　また、このヴァレラの過去把持の理解に関して興味深いのは、絶対的時間流と過去把持との関係を考察する際、絶対的時間流の「現出と非現出の含蓄ある統一[14]」とも述べられる時間流の自己構成を問題として浮き彫りにさせつつ、この問題の解決を過去把持の縦の志向性における、時間意識の「自体発生的プロセス[15]」にみていることです。この点はまさに、先に指摘したように、フッサールの場合、『時間講義』において、絶対的時間流の逆説的自己現出が過去把持の縦と横の二重の志向性によって解決されるとして、とりわけ、縦の志向性における時間内容の「自己合致」が、受動的綜合の分析における過去把持のプロセスの詳細な発生的分析につながり、連合と触発の規則性の開示につながっていくことにぴったり相応した、核心をつく指摘であるといえます。

　この指摘は、「横の志向性は過去把持的ダイナミクスであり、静態的構成である。これと対照的に、縦の志向性は経験そのものの時間化の発生的構成であり、その自体呈示である[16]」とも述べられています。過去把持の横と縦の志向性を静態的と発生的に区別する理解は、核心において的を得た理解といえ、「自体呈示は、自己運動あるいは発生的不安定性であり、これは単なる記述のための添え物ではなく、自己組織化の不変的、形式的記述なのである[17]」というように、ここにおいて、過去把持の縦の志向性とカップリングという自己組織化とされる同一事態の二つの表現が場を占める問題の中心が、明確に開示されているのです。

e　絶対的時間流の自己構成と情動性

ヴァレラの展開する未来予持と神経の力学的ダイナミクスとの対応づけは、触発の現象を組み込むことによって興味深い視点を提供することになります。しかし、ヴァレラは、残念ながら編纂されたテキストとして『ベルナウ草稿』に接する機会はなかったようで、フッサールの未来予持の豊かな分析と、『受動的綜合の分析』で開示された触発における衝動志向性の役割に注目することができませんでした。このことから、時間の自己触発をテーマ化している、ハイデガーとメルロ＝ポンティに言及してはいても、フッサールの受動的綜合としての触発及び、その触発をさらに深層から統合する原触発としての衝動志向性と絶対的時間流の関係に言及することはできませんでした。しかし、ヴァレラの見解からして、この次元の現象学的考察が積極的に受容されるであろうことは、疑いえません。

ヴァレラの未来予持と情動性と触発の関係づけの積極的規定は、まず第一に根源的印象と触発の優位性（すべては情動的トーンを通して受容されていること）との見かけ上のパラドクスが、根源的印象が触発によって彩られることと同時に、根源的印象が時間性をささえていることから、「触発するものがそれ自体によって構成的であると同時に、根源的な開示性、あるいはその生起に関して予期されないことを含むような、非・二元的綜合[18]」が求められうる点にあり、第二に、情動的調整は、まさにその行為において、神経ダイナミクスの主要な境界条件であり、初期条件である」点、そして、最終的に「フッサールによって提案された二重の志向性の一般構造はこの種の力学的ブートストラップ（自力性）に属するものであり、アフェクトと情動的調整の現象学的分析がその証拠を与える」という点です。

この三点は、フッサールの触発の概念に照らして、以下のように性格づけることができるでしょう。

（1）　この第一点で述べられているのは、未来予持の内実が行為連関の全体として、「存在論的待機[19]」の主要部分として働いていることであり、時間のスケールからして①から③の全体に関わるという見解ですが、先に過去把持について述べたように、触発の現象は、その根源をすでに、①と②のまとまりのなかにもっています。とりわけ、自覚されない、無意識的な行為といった場合、③が介在することなく、①と②を通して情動的トーンの彩りをもつ行為が生成しているのです。情動と意識の関係を必然的とみなし、意識された情動にのみ注視する考察は、すでに先触発という先構成のレベルで、原印象と空虚表象との相互覚起による世界への情動的応答がなされていること、意識された情動は、受動的先構成が触発と自我の対向を経て意識され、構成されるのだ、という本質規則性を見落としていることになるのです。
（2）　触発をより深い根源から綜合する受動的志向性としての衝動志向性が、絶対的時間流の流れを制約している、ということからすると、ヴァレラが未来予持に対応するとする「予期されないことを含む根源的開示性」は、実は、過去把持に対応する、時間スケール②のカップリングの際の発生的不安定性、つまり、①の構成要素の競合と選択にこそ、その根源をもっているのであり、時間スケール③を介在することによって、「予期せぬこと」という意味の開示性を確保しようとしても、それはすでに表象のレベルでの開示性であり、カップリングに属する発生的不安定性と選択性のもつ根源的開示性とは次元を異にしているといわねばならないでしょう。「気づきにもたらされない」情動的な衝動志向性による受動的綜合こそ、より根源的な情動による時間化の制約なのです。
フッサールのいう生き生きした現在とは、自我による気づき、対向以前に、間身体的に働く衝動志向性に超越論的に条件づけられて「留まり、流れ」ます。これが構成するものと構成されたものが合致する、という

「絶対的意識流の自己構成」の構成、すなわち「絶対的時間化の逆説」の事態に他なりません。このとき間身体的に働く衝動志向性は、「遡及的問いにおいて、究極的に、原キネステーゼと原感情と原本能をともなった原ヒュレー等々の変転における原構造が明らかになる」（XV, 385、強調筆者）[20]とあるように、原キネステーゼ、原感情が一体になった原ヒュレーの流れとして間身体的に原触発しあっています。衝動志向性の原触発という規定は、原キネステーゼ、原感情において働いている触発的覚起である諸連合に、一定の方向づけをする、諸触発を一定の方向に取りまとめている、ということを意味するのです。この論点についての詳細は、本書、第三部第一章を参照してください。
（3）この力学的ブートストラップ（自力性）の見解が進化論に新たな「自己組織化の臨界」という視点を与え、生得的なもの（発生的表現）と対環境的なもの（環境的カップリングの条件）とのディレンマに対する解答を与える、という論点は、フッサールの時間化の本質である、本能志向性の覚醒と衝動志向性の形成が、系統発生と個体発生を条件づけている、という見解と照らしあわせることによって、フッサールの発生的現象学とヴァレラの神経現象学との共通の研究領域を確定することができると思います。野家伸也氏は、このような、フッサールの発生的現象学との共通の方向性をもつヴァレラのオートポイエーシス論を的確に性格づけ、フッサールの受動的綜合の分析、並びにメルロ＝ポンティの身体性の分析を媒介にした、「フッサールからメルロ＝ポンティを経てヴァレラに至る思想の系譜」[21]を明確に示唆しています。

f　新たな時間図式

ヴァレラの提示する新しい時間図式[22]の方向性は、全面的に肯定することができると思います。なぜなら、フッサールの中期から後期にかけての時間論の全体を考慮したとき、この時間論の方向性と多くの点で一致するからです。ただし、過去把持の縦の志向性に関わる発生的構成の際の内在的触発的素因の内実は、先にも述べましたが、フッサールの時間化における原触発としての衝動志向性の働きを加味しえない、貧困なものとなっていることは、否めません。まさに、この論点こそ、カップリングの働きをより明確にすることのできる領域確定を意味し、進化論の新見解を示唆しうる領域であり、今後の相補的探求が期待されます。

第二節　現象学と神経現象学との関係

事例研究としての時間についての第一節の考察を介して、ヴァレラの神経現象学の方向性と方法論を現象学のそれと対比しながら考察してみたいと思います。

a　過去把持をめぐって

第一節で特に興味深いのは、ヴァレラのいう神経ダイナミズムの第二の時間スケールに働くカップリングとフッサールの過去把持との対応関係です。そこでは、意識作用としての再想起が第三スケールに属するとして、第二スケールと明確に区別している点は、フッサールが現象学的還元を通して、過去把持と再想起を、前者を特有な志向性、最終的には受動的志向性とし、後者を能動的志向性として明確に区別することに正確に対応しています。このような対応関係は、いわば、さまざまな認知活動が生じているとき、その活動を脳内マップの色の違いに特定できるとして、「物を見ているとき、脳のこの部分が働いている」と指摘できるのに類似しており、過去把持が働くときには、この神経ダイナミスムの第二スケールという力動的組織内の明確な位置づけが獲得され、過去把持は単に主観において特定の働きとして直証的に確信されているだけでなく、間接的にではあっても、実在的因果連関においても、その働きの存在そのものを証明できたのだといえるのでしょう。自然科学的世界観に立つ、フッサールのいう自然主義的態度を生きる人々にとっては、それなりに説得力をもった実証的証明ということになるでしょう。

しかし、神経ダイナミスムの時間の第二スケールが実証的に証明するのは、気づかれた知覚の過去把持なのでしょうか、それとも、気づかれず、意識されずにも働いている知覚されないものの過去把持なのでしょうか。ヴァレラは、過去把持の縦の志向性に、自我の対向以前に先触発的に原印象と空虚表象との間の相互覚起が生成していること、つまり気づかれない過去把持の存在、それこそ、まさに過去把持自体であるという見解にはいたっていません。気づかれた知覚の過去把持は、先触発的に先構成されたものが対向を通して触発された構成内容が、その直観度を減少させていく過程なのであり、その際の「過去把持の過去把持」という自己合致は、知覚された内容にももちろん妥当するものの、この自己合致が、実は、隠れたままの純粋なあり方で生じているのは、相互覚起による先構成において成立しているという見解に至りませんでした。

とはいっても、ヴァレラが時間の第二スケールで述べている働きは、意識された過去把持とはいえ、その働きそのものが、つまりカップリングの仕方が、そのままのあり方で直観的に感じられているわけではなく、意識された過去把持（感覚の持続の意識）は、カップリングの成果なのであることに違いはないのです。過去把持そのものの働きが直観されないように、カップリングそのものの働き方は直観されません。

b　現象学的還元の遂行の必然性

ヴァレラの現象学への接近の仕方は、他の自然主義的態度をとりつづける自然主義的世界観の修正に大きな影響を与えうることは明らかだと思います。ヴァレラは、自身の神経現象学の立場を確立するにあたって、他の認知科学の諸立場、神経－還元主義や機能主義との対立を通して、意識経験の物理的単位への還元不可能性のみならず、近代の実験心理学でとられる内観法による内観主義という誤解を退けることを通して、現象学的還元という明確な方法論をそなえた現象学研究の必然性を、大変きっぱりと、原理的に明確に打ち出しています。

ヴァレラは、現象学的探求の課題を、正当に、「人間的経験とその直接の生き生きとして性質を再発見すること」(23)にみており、フッサールの生活世界論を基礎に、現象学的研究の基本的方向設定を行っています。その際、現象学的還元の内実を描写するのに、①自然的態度から、現象学的態度への変換、②直接的明証性としての直観への依拠、③間主観性における普遍的な不変項の記述、④研究者の共同体における現象学的還元の訓練、という4項目をあげています。

この記述で特に注目に値するのは、
(1)「現象学的還元によって意識は、主観的とか客観的といった概念が最初に生ずる過程を証明する基盤であることが明らかになる。それゆえ、このように把握された意識は、英米系の経験論のそれとは徹底的に区別される。我々は私秘的な内部視察に関わるのではなく、一つの現象領域にかかわる(24)」という明快な内容です。志向性の概念からして、主客の二元性は、分析の前提とされていない点は、現象学的研究の根幹ですが、それだけでなく、個我主観の内観といった英米系の経験論の枠組みが、フッサールの相互主観性論による間主観性によって根底から崩れ去っているのです。この間主観性は、ヴァレラのいうように、「現象学運動のなかの最も重要な発見の一つ[25]」なのであり、現象学的な根拠づけが明確になされているものなのです。
(2) 現象学的還元とは、神秘体験に似た特別な経験を意味するのではありません。すでに過去把持を解明した際、明らかなように、感覚が意識に残っていく、また、感覚の変化が成立するためには、意識せずとも今過ぎ去ったばかりの感覚質が残っているのでなければならないときの、感覚が残ることを意味するに他ならず、現象学的還元とは、日常、当たり前に生じている経験の、経験を経験たらしめている働きに気づくような態度の取り方なのです。過去把持に関して言えば、なにか、それを直接経験しなければ、分からないような過去把持の特別な経験があるわけではありません。現象学的還元を通せば、なにか特別な経験の世界が開けるというのではなく、ヴァレラが的確に述べるように、現象学は「我々に別の世界の考察を要求しているのではなく、今在るこの世界を別様にみることを要求している[26]」のです。それは、普段気づくことのない、障害を通して、気づきにもたらされるような、構造的カップリングが、日常生活を成立させている、というヴァレラの指摘に通じるものなのです。
(3) 世界を別様に見るには、日常生活での心の活動を働いているままに括弧に入れる必要があります。括弧に入れられた意識活動が、その意識内容とそれを構成する意識作用の相関関係として、ノエマ的分析とノエシスの分析に展開します。ヴァレラが第四項目で主張している点は、注目に値します。現象学的還元を訓練する必要があるという点を考えると、現象学的還元は、決して自然科学者にとって自明のことではなく、障害になってしまうということを逆に表現することになっています。何がそんなに難しいことなのでしょうか。還元を通してみえてくるのは、日常生活において隠れて働いている規則性であり、逆にいって、還元をあくまでも拒否するのは、ヴァレラの例でいえば、「リズミカルな動作を生み出す能力がダンスの練習の上達に役立たなかった、というようなもの」[27]なのです。つまり、還元を通して見えてくるものは、ダンスをダンスにしている能力そのものなのです。ちょうど、時間の意識をそのような意識たらしめている意識そのものの本質がみえてくるのと同様です。それでもなお、還元を拒否するのは、自分のもっている自然科学的世界観を絶対に手放すことなく、ヴァレラの喩えでいえば、あくまでも「一トンのキャベツをもってほかの土地に海を泳いで渡ろう」とするようなものなのです[28]。

c　生命科学の認知論的アプローチと現象学との相互制限的相補性

ヴァレラは、この相補性を次のように定式化しています。「経験の構造の現象学的説明と認知科学におけるその対応物は、互いに補足しあう制限関係によって相互に関係している」[29]というものです。ここで「制限」という訳語は、誤解されやすいと思われます。それぞれの研究に制限を設けるというより、規定づけ、方向づけを行うと理解すべきでしょう。当然ここで、この規定づけの内実が問われるわけですが、特に、生命科学を探求する研究者にとって、現象学、ないし哲学の研究上の補足の必要性は、決して自明なことではないことでしょう。認知科学と現象学の相互規定的相補性を考えるとき、なぜ現象学が必要かということは、徹底的に考察されねばならないことがらです。

この点に関し、ヴァレラは、次の諸点を指摘しています。
(1)　ヴァレラの結合主義の批判にあるように、三人称的な自然科学の観察は、そのままでは、生きられた経験の意味や質が失われたままにとどまるという、認知科学や心の哲学の限界を明確に示すことが、出発点となっています。

(2)　認知論的アプローチからの現象学への規定づけに関して、ヴァレラは、科学的説明が心の経験をどう説明しているかは、極めて容易に示すことができるとしていますが[30]、現象学研究者にとって、この主張が何を意味するか考えてみなければなりません。フッサールは、心身関係を問題にした『イデーンII』において、「サントニンを服用すると周りがすべて黄色く見える」という事例を出して、「心理－生理学的－条件性（Konditionalität）」の概念を提示しています。生理学的因果連関が、心理に与える直接的影響は、当然のこととして認め、その因果連関を探求するのが生理学であり、その意味で、脳生理学、神経学の成果をそれとして認めるだけでなく、積極的に、現象学的不変項の直観的把握（本質直観）の事例化のプロセスに組み込んでいきます。
それだけでなく、因果関連の説明に供せられる事実の事実性は、超越論的事実性という見解において、あらゆる人間の学知の基盤として、通常の事実と本質という対立／区別／差異の根底となる原事実という規定を獲得しています。生活世界がすべての学知の基盤であるということは、このような原事実として生活世界が把握されているからなのです。
(3)　現象学が認知科学に与える規定づけとして、ヴァレラは、現象学的解明なしには、経験の直接的性質が消失してしまうことと、現象学による構造的解明は、科学上の観察に制限を提供すること、という二点をあげています[31]。この第一の点がもっとも明確に表現されているのは、「鍛錬された一人称の説明が神経生物学的提案の根拠づけのための統合的要素であり、偶然発見された単なる随伴的情報ではない[32]」という主張です。しかも、ここでヴァレラが付け加えている重要な論点として、この統合的要素とは、経験と認知科学的説明の異種同型説にみられる、「哲学的規約や物理主義的仮定の問題としてではなく、経験的不変項の方法論的にしっかりした吟味によって確認されるべきだ[33]」という論点をあげなければなりません。ここで統合的要素とか経験的不変項といわれているのは、時間構成にかかわる生き生きした現在の「過去把持、未来予持、今」の三項構造であったり、相互主観性の受動的綜合としての対化であったりしますが、それらは、一種の理論構築の一事例、理論的窮余策とか、理論的仮説とか、こう説明もできるといった「アプリオリな論証や理論の完成[34]」に関わるのではありません。それらは、そうとしてしかありえない、各自の必当然的明証性にこのようにしてしか与えられていない経験的不変項を意味しているのです。科学主義の前提ないし妄信は、理論構築はそれが哲学的理論であれ、科学的仮説であれ、単なる、さまざまな経験にいたるための手段、モデル、仮説とみなす、結局のところ即自的真理を設定して、そこにいたる適切な理論を手段として求めるという、自身の探求態度に盲目であり続けていることなのです。

　現象学的還元が訓練を要するのは、ノエシス－ノエマの相関関係の分析は、いわゆる事後的反省による抽象化作用ではないことが、徹底的に理解されていないからです。ヴァレラが正当にも内観主義を批判したように、私秘的経験の反省が現象学的還元を意味するのではありません。還元を通して獲得される不変項は、生活世界の不変項に関わります。ですから、「経験の極が、我々の生きられる経験の本性を直接示唆しながら、完全な定式化へと引き込まれるので、こころと意識についての知的に一貫した説明が獲得されるのである。すべての機能主義的説明が捉えそこなっているのは、説明の一貫した本性ではなく、自らの説明が人間的な生活から疎隔していることである[35]」というように、現象学は、生活世界から遊離した自然科学的世界観に、その疎隔の実態を、不変項をつきつけることによって、暴き出し、露呈しうるのです。そして当然のことですが、生活世界の規則性とは、隠れて働く受動的綜合の規則に他ならないのです。

これらの諸点を振りかえって、現象学と生命科学の関係を把握するとき、次のようにまとめられると思います。
① 生活世界という基盤に立ち返るという意味で、現象学は、生命科学の土台を理解する点に関し、指導的役割をはたしている、といわねばなりません。
② その意味で、ヴァレラのいうように、お互いの研究の特殊性を尊重して同等とみなす[36]とはいっても、すべての学問を統合的に理解するという意味では、現象学の優位性を主張すべきであると思います。もしそうでないとすると、ヴァレラの主張する「次世代の訓練のために新たな道具が必要であることを承認するために、これまでの科学の諸習慣を根本的に見直すこと[37]」は不可能であるからです。
③ 構造的カップリングというヴァレラの基本的見解は、元来、自然科学の考察を通して成立したものであり、直接、現象学的還元を介在にはしていません。英米系の研究者が使用する、いわば、三人称的考察を徹底するなかで生じてきた、こうとしてしかありえない、生きること事態に即した規則性です。過去把持は、現象学的ないわば、一人称的考察を徹底するなかで生じてきた、これも、こうとしてしかありようがない、意識活動、並びに無意識的生の活動の規則性です。カップリングと過去把持という事態をめぐり、相互のアスペクトの相補性は、豊かな解明の創造性を約束していると確信できます。

第三節　ドゥルーズの生命哲学をめぐって

ここでドゥルーズの生の哲学について言及するのは、ヴァレラの神経現象学の立場を明確にするためであって、ドゥルーズの生の哲学そのものを紹介するなり、研究する目的を持つものではありません。しかし、ドゥルーズの

『差異と反復』には、彼独自の時間論が展開され、受動的綜合や過去把持へ、さらにシステム論への言及もみられますので、これまでのヴァレラの神経現象学に関する論述に照らし合わせて、諸論の立場を明確にできると思います。ですから、本書で取り扱う受動的綜合と発生的現象学の視点から、ドゥルーズの哲学がどう見えるか、という関心のもとでの考察であることを、ここではっきりとお断りしておかねばなりません。

a 縮約、過去把持、受動的綜合

ヴァレラでみえてきた、過去把持とカップリングの対応関係は、ドゥルーズでは、どのようにみられているのでしょうか。時間を論じる際に活用するドゥルーズの諸概念は、必ずしもその由来が明確に示されているわけではなく、とりわけ、「受動的綜合」、「生きられた現在」、「過去把持」等は、当然、いずれもフッサールの現象学の根本概念との関連なしには了解不可能なのですが、ドゥルーズ自身、フッサールの当該概念に対する概念規定の共通性と差異を明確に記述している箇所は、少なくとも彼の主著である『差異と反復』には、みあたりません。したがって、『差異と反復』第二章「それ自身へ向かう反復」で展開されている「時間の綜合」の分析の記述は、それら諸概念の全体的配置のされ方、諸概念の記述の仕方を配慮しながら理解するという課題を通して初めて、その真意が明確になるものです。まず第一に明らかにせねばならないのは、「想像力」、「縮約」、「受動的綜合」そして、「過去把持」の相互の関係です。

（1） ドゥルーズは、『差異と反復』で三回、過去把持に言及しています。過去把持が、フッサールの術語であることを指摘する箇所[38]と、初めて過去把持に言及する箇所では、ドゥルーズは、ヴァレラと同様、デリダとは異なり、過去把持と再生ないし再現前化とは異なる、という正当な指摘を行っています。生命の哲学に関連して興味深いのは、彼の「過去把持によるそのような過去は、細胞レヴェルでの遺伝のなかに現われる」[39]という論述です。この端的な受動的志向性としての「過去把持」と経験論で主張される生物学的意味での細胞間の「遺伝」との直接的連結という指摘に、「こうも簡単に言ってのけている」という驚嘆する思いと同時に、ヴァレラが、過去把持を神経ダイナミスムの時間の第二スケールにおけるカップリングと対応させるという結合の仕方との共通性を見ることができます。フッサール自身、周到な分析と解明を経た後の超越論的現象学の内部で、超越論的意味での「遺伝資質」や「本能の覚醒」が定題化されていることは、周知のことですが、時間論の核心に位置する過去把持が、遺伝とカップリングとの対応関係において確定することは、ドゥルーズが過去把持をどのように理解しているのかということを括弧にいれても、これからの研究領域の確定として決定的に重要な論点であると思います。
(2)　ドゥルーズが取り上げる「カップリング」は、この時間論からする過去把持との結びつきを共有のものとしているでしょうか。ドゥルーズは、カップリングに言及する箇所で、差異が「異化させるもの」としての「異なるものを寄せ集める条件として第一に諸セリーにおける組織化をあげ、第二の段階の条件として、「異質な諸セリー間のカップリングがそれであり、そこから、システムにおける内部共鳴が生じ、またそこから、基《ベース》そのものとなる諸セリーをはみだしている振幅をもつ強制運動が生じる」[40]としています。はたしてここで理解されているカップリングをどう解釈すべきでしょうか。その際重要なのは、その諸セリーに属する諸要素が「強度」という概念で規定されていることです。しかも強度が、〈差異の差異〉によって、「〈E−E'〉〈というシステム〉において、Eが〈e−e'〉を指し示し、eが〈ε−ε'〉を指し示す……」[41]というように、ロニーによる強度量〈内包量〉の定式化を提示していることです。そこでは、「どの強度もカップリングであり、(そこでは、対をなすいずれの要素も、別のレヴェルに属する諸要素の対をさらに指し示し）こうして強度は、量のもつ、もともと質的な内容を開示するのである」[42]とされます。この論述において次の諸点が確認されるでしょう。
①「異なるものを寄せ集める」とは、明らかにハイデガーの存在論的洞察とされる「反対に、同じものは、差異によって遂行された寄せ集め rassemblement, Versammlung から出発する異なるものの相互帰属なのである」[43]というときの寄せ集めに依拠しています。この Versammlung は、もともと、ハイデガーがカントの構想力と時間の問題を扱った際、握取（Apperhension）を「提示されたものに対しておのれ自身を提示させるということ（das Sich-bieten-lassen des Angebotes）こそが第一次的なことだからである。集め取る[〈Zusammenehmen〉]という自発的な働きすら、それが現に提示されたものを現に－持つということ〈ein Da-haben des Dargebots〉であるかぎりにおいてのみ行われることである」[44]と理解したときの、集め取る〈Zusammenehmen〉との関連を指摘できます。
②カントは、超越論的構想力の握取について述べるとき、握取とは、個別的要因を多様の統一性へと取り集める、すなわち「概観し総括する（durchlaufen und zusammennehmen）」ことであると述べていますが、先に述べたように（第一部、第一章を参照）、この総括する、ないし、取り集めることはどのようにして成立するかに関して積極的に述べることはなく、最終的には、悟性のカテゴリーを適用するという再生と再認に力点をおいた解決策をとることになります。ハイデガーは、この点に批判を加えますが、カテゴリーの適用に際しての時間図式の解釈にあたって、やはり、「エゴ・コギト」と時間化とは同一の事態を指示するとして、自我の超越論的統覚を容認した構想力の理解に与することになります。[45]ドゥルーズは、ハイデガーの集め取るというカントの総括すること（zusammennehmen）に通ずる働きの条件をカップリングにみることにおいて、カント

の超越論的統覚による自我の同一性を批判的に克服しようとしています。ということは、まずここで、フッサールが『受動的綜合の分析』で解明をすすめる、謎にとどまったカントの生産的構想力を、さらに現象学的な超越論的分析にもたらすことと、カップリングの問題領域とは、類似した方向性をとっていることを指摘できるといえます。
③ しかし、ドゥルーズが、ハイデガーに即して「差異の異化」を主張し、異化させるものとしての差異の即自が「それ自身において、連接であり連結でなければならない」(46)とすることは、先に述べた、生き生きした現在の現存在分析に対応した、「情態性Aの終わりが別の情態性Bの始まりであるというあり方」(47)という情態性の偶然の到来（「出来事」という他の名称を与えても表現する事態に何の変わりもありません）を主張するだけに留まり、単に複数の情態性の継起が偶然に生起することが主張されるだけにすぎず、含蓄的志向性による潜在性の働きを含みうる理論となりえていません。ここでは、ハイデガー同様、受動的志向性の開示に即した、受動的綜合の「連合と触発」という本質規則性が欠落し、衝動志向性という受動的綜合の本質規則性に即した、現象学的分析への展望が開かれることはありません。
④ ドゥルーズにあって、受動的志向性の領域が開示されない理由は、彼が、志向性の概念を活用することなく、受動的志向性と能動的志向性の区別の基準である、自我の活動の有無、及び、自我の概念に拘束されていることに無頓着だからだと思います。ドゥルーズは、デカルトの、神の一性から導かれている《私》の前提的な同一性を批判する一環において、明確に、カントの場合の「ひび割れた《私》」について言及し、「その亀裂は、新たな形式の同一性によって、つまり能動的な総合的同一性によってたちまち埋め合わされてしまい、(48)」本来、受動的自我の受動性が、カントの場合、「綜合なき単純な受動性として考えられる」(49)と批判しています。つま

り、カントの超越論的演繹論における構想力理解の破綻を指摘し、能動的総合にかかわる、「もろもろの印象や感覚を受け取る可能性は、そうした受動的な総合に由来する[50]」として受動的自我による「受動的総合」を主張するのです。このとき注意しなければならないのは、フッサールの語る受動的志向性と受動的綜合にあって、自我の活動はこの綜合に関与していないのに対して、ドゥルーズは、なお、受動的綜合として働く「受動的自我」を主張している点です。

ドゥルーズは、受動的綜合を能動的綜合から区別して、「この綜合は、精神によってつくりだされるのではない。それは、観照する精神のなかで、どのような記憶にもどのような反復にも先立って、できあがってくるのだ[51]」と述べる一方、「自我は、〈それ自身が〉ひとつの観照の働きではないのか、自我は〈それ自身において〉一つの観照の働きではないのか[52]」と述べているように、受動的綜合において、〝受動的〟に自我が関与しており、そのような観照する自我が、すなわち、自己触発において働く自我が、受動的自我であることになります。

江川隆男氏は、ドゥルーズの時間の綜合を解明するにあたり、受動的綜合の働く第一と第二の綜合ではなく、受動的綜合も能動的綜合も働くことのない第三綜合における、カントの純粋形式として時間の綜合について述べ、「《私》は、時間のなかで現われる受動的な自我の相関項になっている。《私》のなかの或る裂け目、亀裂、そして自我における受動性こそ、時間が意味するものなのである[53]」、というテキストに関係づけ、カントの〈私は存在する〉と〈私は考える〉との間の亀裂に時間をみるとするドゥルーズの基本的見解を提示しています[54]。そこで、氏は、受動的自我と時間の関係について、「無規定的な存在である〈私の現存在〉が規定作用によって規定可能なものとしての「受動的自我（moi passif）」になるのは、ただ時間においてのみである。したがって、〈私の現存在〉は実際には「受動的自我」としてのみ時間のなかで規定可能となり、〈私の身体〉は〈私の自我〉としてのみ規定されるのである」[55]と述べ、この第三の綜合において、「空虚な時間形式」による亀裂を通して、〈私〉の相関者として受動的自我が成立していること、並びに、この受動的自我が身体性にまで侵入していることを主張しているのです。

また、第三の綜合である「未来の反復」において、それは、「時間の順序、総体、セリー、および最終目的」[56]に関わるとされ、そこでは、受動的綜合は働いていないとされますが、いずれにしても、ドゥルーズに時間の綜合の分析において、受動的綜合の受動的自我と知性に関わる能動的自我、さらに、第三の綜合における〈私は存在する〉と〈私は考える〉との間の亀裂において受動的自我が成立する、というように、一貫して、自我概念が重要な基軸となって活用されていることは明白なことなのです。

これに対して、フッサールのいう受動的綜合には、自我の活動は前提とされていないことを、再度、強調しなければなりません。ここでいう自我とは、単に能動的綜合を遂行する自我を意味するだけでなく、カントの意味での「受容する自我」、「自己触発する自我」、ドゥルーズの「観照する自我」、「時間のなかで規定される受動的自我」をも含んでおり、こうして、自我の脱構築（解体）に関していえば、能動的自我ではない、「幼生の主体」[57]にまで及ぶドゥルーズも、フッサールのいう受動性、受動的意識生、さらに、志向性を通して解明されたモナド概念には、至っていないといわねばなりません。ドゥルーズには、時間の綜合に関して、自我の亀裂と同一化という、先に批判したヘルトの見解に通じる、自我の形而上学が残存しているといわねばならないでしょう。

他方、カントの〈私は存在する〉と〈私は考える〉との間の亀裂に時間をみるというドゥルーズの論点は、まさに、後に解明されることになる、フッサールの超越論的事実性における「われ有り」と「世界におけるわれ有り」との間の差異、正確にいえば、「世界におけるわれ有り」に本質的に伴う、時間化と具体化のプロセスに対応づければ、両者に共通の見解を抽出することができます。しかし、その際、やはり、根本的相違として、フッサールのいう時間化には、その最も根源的層においては、もはや、自我の活動の介在はみられず、自我の関与は、まったくみられないのに対して、ドゥルーズの場合、先に述べたように、〈私の身体〉は〈私の自我〉としてのみ規定されるとあるような、自己の身体性にさえ、自我性の侵入がみられることは、メルロ＝ポンティの匿名性間身体性と対置されるばかりでなく、フッサールの間モナド的原交通の主張との大きな対立点をなすものです。

以上を確認の上、フッサールが、過去把持の縦の志向性こそ、感覚質の自己合致、つまりは、受動的綜合の働きそのものであることを「連合と触発」の原理に即した分析で確証しているのに対して、ドゥルーズは、この過去把持と受動的綜合、さらに縮約とカップリングと強度の関係を一体どのようにみているのか、ここで明確にせねばなりません。
⑤　生ける現在における根源的綜合としての「受動的綜合」をドゥルーズは、的確に能動的綜合としての「記憶」と「反省」から峻別して、受動的綜合とは、第一の時間総合に働く縮約のことであることを、「この受動的綜合、つまり縮約は[58]、」というように、端的に表現しています。それに付け加えて、先の引用にある「どの強度もカップリングである」点を考慮すると、縮約＝受動的綜合＝強度＝カップリングという同一自体のさまざまな観点からの表現という筋道が見えてきます（無論、この筋道は、同一化を意味するのではなく、一つの関連づけの試みを意味するにすぎません）。このとき、設問可能な最も興味深い問いは、上記のロニーによる定式

化に即した強度量の記述と、ドゥルーズ自身、それ以上展開することのない受動的綜合としての過去把持の縦の志向性に含まれる含蓄的志向性の発生的分析（ヴァレラの発生的分析に対する方向づけに他なりません）とを対照するとき、そこに、どうような異同を見いだしうるのか、という問いです。強度はそのうちに、潜在性の別名である「巻き込み（implication）」をもつという指摘は、フッサールの含蓄的志向性（implizite Intentionalität）を思い起こさせます。とりわけ、時間に関連して、現在と過去のパラドクスについて言及するドゥルーズが、「先験的な受動的総合は、以上のような同時性、共存、前存という三重の観点から、その純粋過去に関わっている」[59]とあるように、潜在的なものの受動的総合という縮約を通しての現実化が、強度であるカップリングの働きとみることができるのです。
⑥ ロニーの定式における諸々の「対の入れ子構造」によるシステム間のカップリングの説明は、内容量として巻き込まれている潜在性の巻き込まれ方を示すといえますが、はたして、この潜在性が個体化を通じて現実化される以上に、潜在的質の含蓄のされ方を解明する手立てはあるのでしょうか。ロニーの場合に、諸セリーの諸要素間の関係が、対の関係とされていることは、大変興味深い論点であり、受動的綜合の基本形式としての「対化」の現象との対応関係は、指摘し、強調すべき、重要な論点です。しかし、当然その際、受動的志向性と受動的綜合の適切な理解を前提にする、現象学的考察の枠組みに引き込んだ考察が要求されるのです。
他方、ドゥルーズが、「潜在性における変化」、「非物質的実在の発生」を主張するとき、その変化の仕組みや、潜在性の増減を規則づける原理への言及は、ほとんど見受けられません。この点に関して差異の差異とされる「異化させるもの」をドゥルーズが問い詰めて指摘する「先触れ」にも言及しながら、明らかにしなければなりません。

⑦ ヴァレラの時間の第二スケールを過去把持に対応させる理解と、ドゥルーズのシステム間のカップリングの説明を対照させるとき明確になるのは、ロニーの定式化に即した強度による解明は、ヴァレラの時間の第二スケールで指摘されている「細胞アセンブリ、相互結合、過渡的位相固定を通じた選択、神経アセンブリの共時的カップリング」の解明の解析力にはるかに及ばないということです。ヴァレラがここで主張する「相互結合」は過去把持の縦の志向性における連合的対化現象による相互覚起に正確に対応します。「過渡的位相固定を通じた選択」とは、相互覚起が先触発の次元で、意識生が原触発としての衝動志向性を通して選択的に先構成されていることに他なりません。これに対して、ドゥルーズの説明は、強度における内包量の対になった入れ子構造を指摘するだけであり、カップリングが生じるときの、「連結と選択」の機能に関して積極的に述べるいかなるものも持ち合わせていないのではないでしょうか。

b　強度と個体化の原理、先触発／触発

強度と深さの観点から、カップリングと過去把持と受動的綜合に向けての考察をさらに展開してみなければなりません。ドゥルーズの語る強度は、彼自身明確に指示しているように、一九世紀末の熱力学の視点をその出発点にしていて、質と量の差異それ自身が、強度としての差異によって創造される[60]、としています。その創造の際、強度は、ある広がりのなかで繰り広げられ、システムのなかで取り消されるが、重要なのは、この「取り消されるときにもそれ自体においては巻き込まれた〔潜在的な〕まま存在する[61]」とされる点です。強度が繰り広げられるにもかかわらず、巻き込まれたままであるという逆説は、一体何を意味しているのでしょうか。ドゥルーズは、強度の繰り広げを意味する潜在性の現実化という個体化の原理として「深さ」をとりあげ、「対象にその陰を与え、対象を

その陰から浮かびあがらせるこの深さの総合は、もっとも深い過去を、現在と共存している過去として証示する。純粋な空間的諸総合が、ここでは先に規定された時間的諸総合の繰り返しであるということに驚いてはなるまい[62]」、また「深さと距離は、そうした巻き込みの状態にあるときには、基本的に感覚の強度に結び付けられているということも明らかである。すなわち、深さの知覚をあたえるものは……感覚される強度の漸減の力であるということだ[63]」としています。
① ここで展開されているのは、潜在性が現実化する異化のプロセス（これが個体化ともいわれます）である「巻き込まれ」が繰り広げられるにもかかわらず、巻き込まれたままであるというパラドクスが時間的総合のパラドクスと理解されているということです。巻き込まれとは、フッサールでは、含蓄的志向性に他ならず、過去把持を経過する受動的綜合と能動的綜合による、受動的志向性と能動的志向性の充実が、充実されてそのつど解消していくのではなく、充実、不充実にかかわらず、触発的力を増強させていくこと、不充実であるということも、やはり、触発的力の減少なのではなく、抑圧という形での増強であることです。とりわけ重要なのは、この促進と抑圧の現象には、自我の対向による触発にもたらされ、顕在化した空虚な形態と空虚表象のみならず、自我の対向による触発を生じることなく、先触発され、相互覚起による先構成に至った、意識に上らない空虚な形態や空虚表象さえ属している、ということです。このことは、ドゥルーズが、過去の第二のパラドクスについて言及する内容は、類似した事態を開示するともいえるのですが、フッサールとドゥルーズの違いは、巻き込まれという潜在性の規定性が、ドゥルーズの場合、含蓄的志向性の解明という視点を取ることなく、フッサールの発生的現象学の分析の可能性に開かれておらず、また、「過去把持の縦の志向性は経験そのものの時間化の発生的構成であり、その自体呈示である」というヴァレラの発生的視点にも対応しえないと

いうことです。
②　このことは、さまざまな帰結を生みます。個体化をフッサールはモナドロギーの全体に位置づけ、「個体発生と系統発生」という発生的現象学の枠組みでの生成のプロセスを解明する研究領野を開示しています。ドゥルーズが「過去把持によるそのような過去は、細胞レヴェルでの遺伝のなかに現われる」と、彼の直観（現象学の直観の概念は、志向の充実という明確な規定をもつのに対して、「ひらめき」とでもいえましょうか）を披露するとき、当然、そこに巻き込みの潜在性が遺伝として現われているということになるのですが、この巻き込みの潜在性を「強度」と表現し、ロニーの定式化でその入れ子構造を解明することの、いわば解析力には、おおきな疑問をもたざるをえません。ドゥルーズの場合、ヴァレラと異なり、過去把持の神経ダイナミスム上の明確な位置づけをもちあわせていません。巻き込みという潜在性と個体化の原理の指摘が「時間総合のパラドクスの繰り返し」であるのならば、この時間総合のパラドクスを解明するにあたって、ヒュームとベルグソンにみられる諸概念をあてがうのと、フッサールの受動的綜合による発生的現象学の方向づけにおける分析を展開するのとでは、その方法論と解析力に大きな隔たりがあることは、明白だと思われます。
③　フッサールの場合、相互覚起において働く空虚表象とその空虚表象において含蓄的に増強する触発力は、時間化の分析において、連合と触発の本質規則性に即して、必当然的明証性において解明される方向性が確定しています。かくして、空虚表象そのものの生成が、間身体性的衝動志向性において発生してくる「空虚な形態」を通して開示されるのです。それに対して、ドゥルーズの場合、「最大の難問」とされる差異の差異ともいわれる、「暗き先触れ(64)」という概念の至る次元は、「対象＝x」というカントとフッサールを想起させる概念をめぐる規定にすぎません。反省概念としての類似と同一性が問題になっているのではないはずの先触れの次

元が、対象認識の問題にではなく、感覚される以前の次元に関わっていることは、ドゥルーズにとって明白であるにもかかわらず、「セリー自身の関係＝比」や「齟齬をきたすこと」としか表現できないのに対して、フッサールでは、触発の分析、時間の自己触発の分析を通した、先触発／触発という本質規則性による解明が可能になっていることを指摘しなければなりません。

④　強度を、物の状態がもつ度合いと、感覚の変様の度合いという二系列の間の実在性と位置づけることで、〈潜在的なもの〉、「非物体的な実在性の度合い」と規定するとき、[65]また、第二の綜合において、それ自体で潜在的に変化する純粋過去を指摘し、「現在とは、潜在的な過去が現働化した現働的時間のことである」[66]として、とりわけ、過去そのものが、潜在的に変化をしつづけ、現働化の根拠として働くのであるとするなら、その潜在性における変化の、まさに変化の仕方が明らかにされるのでなければなりません。当然この潜在性の変化が、第三の綜合であるリゾーム時間そのものの変化として統合され、強度の概念に包摂されていきます。ドゥルーズは、この過去の潜在的変化の説明に関して、例示として示されるプルーストの「マドレーヌの味」の記憶の解明にあたって、「かつて一度も現在であったことがなく一度も現在化したことがない一つの出来事として或る〈コンブレー〔の町〕〉を想起させる」、このような記憶を「非意志的記憶」として、かつて現働化された現在の意味に支配された意識的知覚と、そのようなかつての現在を編集して再生するだけの意志的記憶との間で、かつて生きられたことのない出来事を潜在的位相のもとに展開し、「反－実現する」能力と規定しています。この出来事と規定される潜在性の増減の生起こそ、先のフッサールの時間分析において示された、過去地平においいて、触発的力が、常に力動的に生成している事態、つまり、空虚な過去把持の領域において、触発的力が貯えられたり、阻止されたりして、それと共に、それらの予期の力も盲目的な衝動のように変化しているとい

う、過去地平に沈んでいる空虚表象に属する触発的力の抑圧や促進の現象に他ならないのです。

第四節　ドゥルーズとヴァレラの時間論をめぐって

ここで、両者の時間論とフッサールの時間論との関係の概要をまとめておきたいと思います。
(1)　過去把持をめぐっていえることは、フッサールが解明している過去把持は、連合と触発という本質規則性による受動的綜合であるとされます。この重要な論点は、ドゥルーズとヴァレラ、その両者によって、展開し切れているとはいえません。この点の探求にあたって、ヴァレラの場合、原則的に、過去把持の縦の志向性の発生的連関をたどるという方向づけにおいて、現象学とオートポイエーシスの補足的研究の可能性に開かれているとはいえても、ドゥルーズにあっては、明らかにフッサールに依拠するといえる「受動的綜合」が、単に概念の示唆にとどまり、その内実の活用の見通しはたたないままです。それにもかかわらず、「過去把持と細胞レヴェルの遺伝」をつき合わせるのは、哲学者の直観の為せる技とはいえても、厳密な哲学的方法論に即した解明の方向づけに関して、不十分といわざるをえないでしょう。
(2)　方法論に関して、ヴァレラが明確に、現象学的考察と、その際、現象学的還元を遂行する必然性を強調するのに対して、ドゥルーズは、現象学的還元の必要性を認めることなく、哲学上の概念分析に終始し、事象への概念分析の適用という態度を一貫しているようです。この違いの帰結するものは、例えば、ドゥルーズの場合強度量の定式化における対になる内包の巻き込みにおいて、諸々の対になる内包間の関係比といわれるものの成り立ちがいかなるものか、判明でないのに対して、フッサールの発生的現象学における含蓄的志向性の分析は、静態的現象学で展開された、時間、空間、物質、身体、心、人格、社会等の構成層の体系的全体を出発点にとりながら、厳密な構成論が展開しているといえることです。
(3) ドゥルーズのいう「受動的総合」、「過去把持的過去が遺伝である」という指摘は、その実質を提示しえない、単に標語としての概念の指摘にすぎません。カントの場合に「生産的構想力」が単に問題領域の確定にとどまり、実質的な分析を展開できていないのと同様です。カントの超越論的統覚に対する批判も、批判にとどまり、受動的同一性、受動的綜合の本質規則性を明らかにするには至っていません。その主だった原因は、方法論の欠如にあります。「〈固定観念〉や〈先入観〉や〈確信〉」(67)を方法論的に、括弧にいれ、現象学的還元を遂行するという操作が行われていないのです。この点、ヴァレラとの大きな違いが改めて指摘されねばなりません。「すべての行為は認識であり、すべての認識は行為である」、並びに、「いわれたことのすべてには、それをいった誰かがいる」、というヴァレラが掲げる二つのアフォリズム(68)は、だからこそ、現象学的還元が必須のこととなり、現にヴァレラがそれを遂行するように仕向けた知恵の源泉といえましょう。

第二部　受動的発生

第一章　発生的現象学からみた構成の問題

フッサールの構成の概念は、『イデーンⅠ』で次のように明確に記述されています。「最も重要な問題は、意識対象性（Bewußtseinsgegenständlichkeiten）の構成の問題だ。この問題は、例えば、自然に関していえば、素材的なものを活生化し、多様で統一的な持続体と綜合を組成しつつ、諸ノエシスが何かについての意識をもたらし、対象性の客観的統一がそこにおいて斉一的に〈証示〉し、〈証明〉し、〈理性的〉に規定しうるかというそのあり方に関わる」[1]と述べられています。ここでいう「素材的なもの（das Stoffliche）とは、「素材的体験」とか、「ヒュレー的なもの（das Hyletische）」ないし、「実有的存続体（reelles Bestandstück）」といわれるものであり、それ自身の内にいかなる構成的契機も含んでいないと規定されています。この素材的なるものは、ノエシスを通してはじめて、「超越論的に構成されたもの」になるのです。こうしてここで、「ヒュレー―ノエシス―ノエマ」という構成概念の骨格が明示されています。したがって、構成の問題系とは、ノエシスとノエマの間の志向的相関関係の問題にかかわるだけであるようにみえます。超越論的構成は、こうして、素材的体験を基礎にして、ノエシスの作用を通して構成体を構成するのだという規定が成り立ちます。[2]このように理解された相関関係のアプリオリの構成分析こそ、フッサール現象学の決定的に重要な探求領域を形成しているとされるのです。[3]
しかしながら、フッサールのいう「ヒュレー的なもの」とは、統握作用のために単に作用を受ける感覚素材を提供するだけの意味を持つのではないことが、構成分析そのものを通して次第に明確になってきます。その際、まず重要な点は、このフッサールのヒュレー的なものを、それが、志向的性格を欠くことから、ヒュームのいう「印象」と誤解してはならないことです。実は、このヒュレー的なものは、先の規定にもかかわらず、分析の進展につれ、内に構成的契機を含むものであることが明確になってきます。この構成的契機は、まずもって、『内的時間意識の現象学』における過去把持という「特有な志向性」として表現され、後に、『受動的綜合の分析』において受動的綜合として表現されてくるものです。

したがって、この特有の「ヒュレー的構成」がいかなる構成のされ方をなしているのかは、内的時間意識の構成分析と、この時間意識を、時間内容をも包含する具体的な生き生きした時間化の分析として、より深化した時間分析となっている受動的綜合の分析とを通して初めて、十分に解明されるものなのです。以下、本章において、この解明を通して、超越論的主観性の最も根源的な構成層とは、「先−構成」という構成層であり、間モナド的な絶対的時間化のヒュレー的で原触発的な衝動志向性の自己構成であることが判明するはずです。

この間モナド的時間化の分析に向かう前に、まずは、『イデーン』期の構成論が『イデーンII』で展開されていることを確認しておかねばなりません。フッサールは「ヒュレー−ノエシス−ノエマ」という構成の基本原則に即して、『イデーンII』において領域的存在論を展開します。この構成論に即して、すべての対象的領域が、自然の層から、精神の層に向けて、階層的に記述されています。(4) その際、事物、空間幻像（Raumphantom）、感覚素材、身体、心、純粋自我、人格等々という基本諸概念の形式的本質論と質料的本質論が展開されており、根本的規則性としての「因果性」と「動機」が決定的な役割を果たしています。このような本質連関の構成分析は、層構造において遂行されており、この層構造の分析は、後に「静態的現象学」の分析と名づけられ、「発生的構成分析」の導きの糸となるものです。

第一節　時間の構成と受動的構成

『イデーンII』でみられる、超越論的に構成された諸層全体に渡って構成分析を一貫する試みは、一つの、非常に重要で、解明困難な問題にぶつかります。その問題とは、時間構成に際して、時間の持続の意識を、ヒュレー的契機とノエシスの統握作用の関係によるノエマの統握内容という「統握作用と統握内容」という図式では、分析解明できないという問題です。彼は、「ヒュレー—ノエシス—ノエマ」の図式で、持続という時間意識の構成を説明しようとして、過去把持的な射映に与えられているヒュレー的なものをノエシスが統握して、持続の意識が構成されると理解しようとしました。もちろん、出発点は、各自に与えられている持続の意識そのもの、例えば、「鐘の音が鳴る」ときの音が鳴っているという持続の意識に他なりません。この与えられているがままの音の持続は、認識論的にどう解明されるのかという問いが、時間意識の構成の問題として立てられるのです。

第一部、第一章、第二章で示されたように音の持続の意識を統握図式で説明しようとするとき、つまり、この時間意識の現象に認識論的な根拠を与えようとするとき、フッサールは、「無限遡及」の問題にぶつかります。なぜなら、あらゆる意識内容が、この図式に即していえば、統握という意識作用によって構成され、構成されたものとして意識されるとするのであれば、この統握作用そのものが意識されて、意識内容となっていることから、この意識内容を構成する意識作用がもとめられることとなり、無限遡及におちいることになるからだ、というのです。[5] ここで何がいわれているのかを理解する際、このテキストから読み取れるように、ノエシスとしての統握作用は、それとして意識されている意識内容になっているという点が決定的に重要な論点です。この点は、さまざまな意識作用（知覚、想像、想起等）がそれぞれ区別されて自覚されていることから明白です。つまり、統握作用が働くとき、それは、特定の統握作用として意識されているのです。だからこそ、この統握作用の働きの意識内容を構成する別の統握作用が問われねばならなくなります。

しかし、この無限遡及は、私たちに直接所与されている持続の意識にそぐいません。持続の意識は、私たちに直裁に、直証的にあたえられており、このような論理的帰結、すなわち、無限の意識作用の系列を内に含んでいるようには私たちの意識には、与えられていません。直証的に与えられている現象の成り立ちを問うのに、この統握図式では、その成り立ちを問うことができない、ということが、無限遡及という問題が指摘していることに他ならず、図式の不適切性を示唆し、他の理解の仕方を要請していることに他ならないのです。そして、それが、措定ではない、思念ではない、志向性とはいえない、内的意識によって意識されるという、特有な意識の仕方なのです。

したがって、無限遡及の問題は、決して概念操作による論理上の問題なのではありません。また、志向性の論理に含まれている内的矛盾などといった問題なのでもなく、直観内容の記述の適切さ、不適切さの問題であり、現象学的分析の可能性の問題に関わっているのです。

時間の持続の直観的所与には、そのような無限遡及のプロセスは含まれていません。フッサールはこの問題が内的意識、ならびに、絶対的時間流と過去把持の自己構成の記述を通して解決できるとしています。この自己構成において、あらゆる意識内容は、それ自身において、必然的に「原意識されている」(6)というのです。絶対的時間流の次元では、「構成するものと構成されるもの」(7)とが一つである、とされます。そして、この逆説的な自己構成の内実は、過去把持的志向性の二重性による自己構成を意味しているとします。その際、特に重要なのは、過去把持の

「縦の志向性」であり、「それは、流れの経過の中で、自己自身との絶えざる合致統一においてある」[8]というように、絶対的時間流の自己一致は、過去把持の縦の志向性において確証されているのです。そして、この合致統一こそ、二〇年代に本格的に分析、展開される受動的綜合として定題化されるものに他なりません。『時間講義』から『受動的綜合の分析』に向かう時間分析の深化とは、過去把持の縦の志向性における時間内容の自己構成の分析上の進展を意味します。受動的綜合の場合、いなかる自我の活動も伴うことなく、綜合が生起していると記述されますが、これこそ、先に通常の思念、何かについての意識という通常の志向性の規定の枠から外れた次元で生じている受動的志向性のもつ、先に「特有な志向性」と名づけられた働きを意味しているのです。

興味深いことは、近年、『ベルナウ時間草稿』が刊行され、ここで、時間形式が中心になる『時間講義』と、時間内容に重点を置く『受動的綜合の分析』における、具体的で生き生きした現在の発生現象学的時間分析を橋渡しする役割をも果たしていることが明らかになってきていることです。フッサールは、ここで、この無限遡及の問題に再度、徹底して取り組み、その解決が求められ、この問題の解決に向けて、二つの方向が取られています。

一つの方向は、時間流の「原プロセス」、すなわち「すべての注意を込めた把握が支配する以前の原プロセス」[9]に求められます。フッサールは、困難な時間構成の分析を通して、志向性の概念の革新を行います。それまで、志向性は、作用志向性として、「受動的」に対していえば、能動的志向性としてのみ理解されていましたが、この自我の活動をともなう「方向づけられてあること」としての作用志向性の統握の根底に、把握以前の「原プロセス」が、「根源的な感性」として働いていることが開示されるのです。フッサールがここで示すのは、「第一の内在的時間秩序において感覚素材と感性的感情である〝完全に自我を欠く〟感性的傾向、すなわち連合と再生産の感性的傾向であり、それによって規定された地平の形成がみられる。ここで問われるのは、根源的時間意識がどのようになっているかである。〔すなわち〕受動的志向性」[10]なのです。つまり、自我を欠く受動的志向性は、感性的感情や傾向をもち、ここで働く原理が連合とされ、この無意識的な感性的傾向と根源的時間意識の関係が問われることになるのです。

また、この方向性は、根源的な感性への一種の還元、ないし、「抽象」とも呼ばれますが、後に発生的現象学の方法とされる「脱構築」へと展開されるものです。これによって、開示された領域は、感覚素材と感性的感情の領域であり、内在的ヒュレー的対象性の所与性の「反省的でない周辺」[11]です。ここで「原発生」への遡及がみられ、「原発生（形相的形式としての）、内在的でヒュレー的な対象の構成の形式は、すべてのさらなる発生のための基底であり、すべての発生は、時間を構成する意識の原形式において遂行されている」[12]とされます。注意すべきは、ここで述べられている、語義矛盾と解される恐れのある原形式としての原発生は、一九三〇年代に記述されている超越論的原事実性における目的論に即した「本質文法」や「本質のＡＢＣ」として語られている[13]、通常の「本質と事実」、「妥当と発生」という二項関係では理解できない、原事実としての原発生と理解すべきであることです。

この原プロセスでは、気づかれずに、無意識的に時間流が構成されていて、時間内容は、それに相応した統握作用の働きなしに、反省作用以前に、先構成されてありうるのです。このことは、「次のような形で、すなわち反省以前の原プロセスで、この諸困難を解決するよう試みる。あるいはこういった方がいいだろう。注意する把握が支配する以前に、原生起と弱まりの端的なプロセスが、統握ないし、代表象なしに存在する感覚素材が、気づかれずに立ち現われ、経過するというように」（Hua. XXXIII, 245）と記述されているのです。

つまり、気づかれない無意識において、感覚素材が立ち現われ、原印象と過去把持の別名でもある「原生起と弱まり」という一定のプロセスとを持つというのです。『時間講義』の頃には否定されていた「気づかれない過去把持」がここで記述され、肯定されているのです。反省は、このように与えられている原プロセスを把握することになります。ですから、反省が反省以前に、つまり、意識作用が働く以前にすでに、意識作用の構成なしに、先構成されている意識内容が直接与えられているのである以上、その意識内容を構成する意識作用を無限にたどることは、意味がないことになるのです。したがって、当然ですが、反省が時間流を根源的に構成しているのではないということなのです。

しかも、フッサールは、この次元に、すなわち、原プロセスの内在的時間秩序において、感覚素材と感性的感情および衝動を摘出します。これらは、自我を触発する「受動的志向性」(14)というように直接名づけられ、この受動的志向性による、「受動的同一化（passive Identifikation)」について、直接次のように、言及されます。「時間実在の知覚は、たえざる原現前化の流れにおける受動的同一化、ないし、受動的合致において遂行されていて、過去把持の側面からすれば、そのつどの原現前化が沈澱してゆく諸過去把持のたゆまない合致の中で遂行されている」(15)というのです。「そのつどの原現前化が沈澱してゆく諸過去把持のたゆまない合致の中で」というのは、まさに、過去把持の縦の志向性における時間内容の自己合致が受動的同一化、ないし受動的合致、つまりは、受動的綜合として規定されていることを的確に記述した箇所として、明記されねばなりません。このように、二〇年代の受動的綜合の分析が展開する以前の一九一七年、一八年の草稿に受動的志向性、衝動志向性、触発といった根本原理が準備されていることは、しっかり確認しておかねばならないことなのです。

そして、無限遡及の問題の第二の解決方向とは、『時間講義』で過去把持の縦と横の、二重の志向性によって解決しようとする方向と同一の内容を指しています。しかし、その際、時間内容の合致が生じる縦の志向性が、統握作用である能動的志向性ではなく、自我の活動を欠く受動的志向性と理解されて初めて、この解決は解決になるのであり、それが徹底されずに自我の活動による能動的志向性が密かに潜入してくるような考察が介入すると、再三再四、無限遡及の問題に引き戻されてしまうのです。（三〇年代の時間草稿にもいまだこの傾向がみられることは、注意すべきことといえます。）

自我極を通って作動する純粋自我としての非時間的自我は、『時間講義』の時期には、顧慮されていませんでしたが、根源的な感性の受動性への発生的遡及がみられる『ベルナウ時間草稿』においては、自我極そのものへの問いだけでなく、「自我の極化」への問いが定題化されていることも注目すべき論点です。「そこでわれわれは、自我と自我の極化を考察する。しかも第一の新たなものとして、敏感性（Irritabilität）が、すなわち、触発と反応の領域が生じてくる。無論この領域は、第一の段階（原感性の段階）を前提にしている[16]」とされます。したがって、このテキストからもみられるように、フッサールにおける隠れた形而上学的前提としての「自我極と対象極」という批判は、妥当しない解釈であり、自我と対象の極化を定題化しうる発生的現象学の射程に注視せず、それを見落とした解釈といわなければなりません[17]。

第二節　静態的構成と発生的「先－構成」

時間構成の分析は、このようにして、受動的構成の次元を開示しており、さらに、静態的構成と、時間と連合と原創設をめぐる発生的構成との違いの問題領域にわれわれを導くことになります。本質規則性の一つである時間を構成する意識の形相的構造は、フッサールによると、「意識発生（Bewusstseinsgenesis）の、そして同時に、対象性の根源的構成としての発生の、即自的に第一の最も深い規則性である[18]」とされます。しかし、ここで注意しなければならないのは、時間構成の構造的形式と、時間構成の対象性の有する時間内容とは、すでに第一部第二章で示されたように、根源的に一つのこととして生じており、その根源的な発生において、その不可分離は、より明瞭に示されています。ここにおいて、フッサールは、時間意識を、時間内容を規定する連合の概念を用いて、「原連合的」と名づけるのです。発生的現象学において、時間形式と時間内容が不可分離なことは、徹底して理解されることになるのです。

この不可分離性は、発生的構成の方法論において、次のように明示されています。まず、静態的分析は、本質直観によって獲得された本質規則性を解明しています。先に述べられた「時間意識の形相的構造」がこの本質規則性に属し、この本質規則性が、脱構築の方法を通してその発生的秩序に関して、ある特定の構成層が他の構成層に時間的に先行せねばならないか、あるいは、先行しないかと、問われます。一九三〇年代、この絶えざる遡及的問いを通して、フッサールは、自我の構造に先行する、徹底して「先−自我的」な「原流れ（Urstrom）」に到達しています。「原初的現在の構造分析（立ち留まる生き生きした流れ）は、われわれを、自我の構造と、その構造を基づける絶えざる、自我を欠く流れの低層へと導く。この流れは、徹底的に先−自我的なものへと、一貫した遡及的問いを通して遡及的に導いている(19)」というのです。ここで述べられている「一貫した遡及的問い」とは、発生的問い、発生的方法に他なりません。さまざまな本質規則性、ここでいえば、時間構成の本質規則性を、その基づけ関係に即して、問い詰め、最終的に露呈されたのが、自我の構造を基づける「徹底的に先−自我的原流れ」なのです。ここで語られているのは、
（1）時間構成の問題は、本質規則性としての時間形式の解明にとどまるのではないこと。発生的現象学で進展をみせる時間構成の分析は、発生の原理とされる時間と連合、そして、原連合と規定される時間構成の分析で

あって、けっして、本質規則性にさらなる抽象を施し、本質規則性相互の単なる形式的な時間秩序を問うのではないこと。
（2） 一九三三年の上記の草稿で記述されている先－自我的原流れが自我の構造を基づけているのであり、その逆ではないこと。自我の構造は、作動する自我（das fungierende Ich）を前提にします。作動する自我なしに自我の構造を考えるのは、不可能です。自我極も当然、自我の構造に含まれます。受動性とは、まさに「自我を欠く」ことであり、「作動する自我を欠く」ということです。したがって、作動する自我とその自我の構造からフッサールの「生き生きした現在」を解釈する試みは、「先－自我的原流れ」の主張に矛盾するといわねばなりません。
（3） 構造を流れが基づけるというとき、絶対的時間流の自己構成が、時間形式と時間内容を同時に構成していることを意味するのに他なりません。形式と内容が同時成立する自己構成において、「それでも時間意識の探求は時間形式の探求である」と主張することにいかなる意味があるのでしょうか。[20] それは、単なる抽象による主張に他ならず、脱構築は、単なる抽象ではありません。構成層の基づけ関係を問うとは、志向性の相関関係を意味する構成の層を構成層ごとに問うのであり、意識作用を形式的規則性として抽出して、その時間秩序を問うのではありません。
（4） したがって、「自我の構造を基づける」とは、自我の構成層を基づけることであり、自我の構造と同時に自我の作動をも基づけるということを意味します。しかし、注意せねばならないのは、このときの「基づけ」とは、自我の作動のための前提となるのが先自我的なものであるが、自我の能作そのものは、先自我から生成してくるのではなく、本能志向性の覚醒と同様、遺伝資質の覚醒によると考えられることです。また、文頭にある「原初的現在の構造分析（立ち留まる生き生きした流れ）」とは、時間形式の形式上の分析を意味するのではなく、構造を構造として成立させている働きを含めた、構成分析を意味します。いうまでもないことですが、先－自我的流れとは、単なる形式を意味するのではなく、形式と内容の区別に先行する超越論的事実性の次元に属するといわねばなりません。

この「徹底的に先－自我的なもの」の露呈にあたって、同時に開けてきた次元は、「先－自我」、「先－存在[21]」、「先－世界」、「先－時間[22]」そして、「先－構成[23]」といわれる次元です。この「先」という接頭辞の持つ意味を軽視することは、フッサールの構成論における受動性の役割を軽視することに他なりません。受動性が能動性を基づけるという「基づけ関係」の原理を重視しないことに他ならないのです。「先－構成」が「構成」を基づけるというフッサールの構成論の主張を真に受けないに等しいといわねばなりません。

受動的志向性は、いずれ、能動的志向性に転化する前段階を意味するのではありません。このことを確証しうるにたる記述的論証は、例えば、現在と過去の相互覚起という時間構成論、受動的綜合として対化（Paarung）が相互主観性を基づけており、言語によるコミュニケーションは、この受動的綜合の働きを前提せずには、そもそもの構成能作が機能しえないこと、等々、発生的現象学が開示した例証は挙げ尽くすことができません。この「挙げ尽くすことができない」のは、受動性が能動性を基づける基づけ関係がすべての現出の普遍的原理であることを意味するに他ならないからなのです。ただし、改めて注意しなければならないのは、このときの「前提にする、可能にする」を、そこから「生成する、生まれてくる」と理解してはならない点です。先自我的なものから、自我的なものが生まれてくるのではありません。自我的なものは、その自我の能作が能作として発現してくる根源を、先自我的なものの発現する根源とは、異なった領域に、すなわち、構成層に持っています。ただ、発生の順序、秩序として、先構成が構成に先んずる、また先構成が生成していなければ、構成は機能しえない、構成でありえない、ということを意味しているのです。

また、受動的構成が能動的構成の単なる前段階なのではないことは、受動的綜合は、カントの「生産的構想力」に対応するということができても、悟性のカテゴリーを密かに感性の領域に潜入させ、感性の綜合の名目で援用しているのではない、ということからも明白です。フッサールは、『受動的綜合の分析』において、カントの「超越論的演繹論」に言及して、カントは空間世界的対象性の構成という高次の層の問題を目にしただけであり、より根底的低層に存在する内的世界の構成の問題、すなわち、「体験流の構成の問題」を見過ごしてしまった、と批判しています(24)。つまり、空間世界の構成は、内在に働く綜合によってのみ同一の存在の構成であることが確証されるのであり、この綜合は、「超越論的時間綜合を超えてゆく内容に関する綜合(25)」としての受動的綜合に他ならないのです。ということは、受動的綜合の分析とは、時間内容を含む体験流の分析を意味し、この体験流の分析は、カントのいう感性の形式としての時間の分析では到達しえない領域の分析であることを意味しています。しかも、カントの場合、現象の多様性が統一にもたらされる可能性の条件としての「自我の超越論的統覚(26)」が前提とされていますが、受動的綜合の統一は、自我の超越論的統覚以前に生じる超越論的規則性としての「連合と触発」において生成しています。当然ながら、カントのカテゴリーの適用は、この統覚を前提にしており、受動的綜合が密かなカテゴリーの援用でないことは、このような統覚の働き出す以前の領域において受動的綜合が働いていることからも明白なのです。

触発は、自我に向けての触発ですが、「対向」とは異なり、自我の活動そのものではなく、自我の活動を伴わない受動的綜合においてこそ、その働きが分析されているものです。「自我に向けて」というとき、自我を論理的に前提にしているという形式論理的主張は、「超越論的な内的生の統一についての普遍的な構造規則性、および発生に関する普遍的規則性」[27]を解明する「論理の発生論（Genealogie der Logik）」の探求領域の固有性を理解しえない主張であり、「論理的な明証化の能力」を不明のままにしておく旧来の論理学の立場として、「絶望的な不明瞭さにとどまる」[28]というフッサールの批判をうけねばならないでしょう。自我の関与による能動性と受動性の関係の次元と、受動性の発生の次元とが、常に明確に区別されていることを見落としてはならず[29]、能動性は、自我極から由来しているのであり、自我が触発されるとは、「まえもって、自我が支配していない受動的志向性が自己自身の内に対象を構成している」[30]、そのような触発的綜合による触発的力が、自我極を触発するということを意味するのです。

この発生的現象学の遡及的問いを通して露呈された先−自我的原流れの領域は、三十年代、間モナド的時間化の領域として明示されています。この次元の根源的時間化は、伝統的な、形而上学的規定としてのすべての二元性、すなわち、本質／事実、形式／内容、内／外、主観／客観等によっては、把握不可能です。これらの二元性そのものがそこを起源にするからこそ、この時間化は、絶対的といわれ、「絶対的時間化」[31]と名づけられるのです。しかもこの絶対的時間化は、それ自身、いわゆる「超越論的事実性」として現出しており、この超越論的事実性の自己構成は、ヒュレー的構成が生じる、受動的先−構成を意味するに他なりません。超越論的事実性の自己構成は、絶対的時間化として生起しており、その生起は、間モナド的に本能志向性と衝動志向性をその先−構成の基礎原理として、先−自我的原流れを流れているのです。

第三節　間モナド的時間化の先構成と構成

絶対的時間化は、間モナド的時間化であるとされます。[32] 間モナド的時間化は、能動性が受動性によって基づけられているという根本原則に即して、受動性と能動性の層構造をなしています。受動的な間モナド的時間化は、「本能的－間モナド的」と名づけられている第一次的で原初的な生き生きした現在において、諸モナドは、「全モナドの絶対的同時性において、諸々の衝動が直接的ないし、間接的に相互に超越することを通して[33]」共同化されています。換言すると、モナドの全性は、「根源的に本能的な交通」において生じているのです。

この受動的「間モナド性」を理解する上で、重要なのは、モナドの個別化（Individualisierung）を間モナド性の「間（inter-, das Zwischen）[34]」の持つ原理的意味から適切に理解せねばならないことです。「間」というのは、構成されたものとしての個別項を前提にして生じるのではなく、逆に、先－構成される受動的発生という関係性そのものが先行し、その中から、個別項が成立するのです。本能志向性による先－構成が働く中で先－構成されている「先－存在」としての個別性と、自我の活動を前提にする構成が働くのであり、このような先構成の個別性と、そのように構成されたものとしての個別性とを混同してはなりません。

この点は、フッサールが沈殿（Sedimentierung）の概念を適用して、モナドの歴史性を問題にする次の記述の解釈にも妥当します。「（1）根源的な本能的交通における諸モナドの全性、諸モナドはその個別的生をたえず生きつつ、かくして、諸モナドは、沈殿した生を伴い、隠れた歴史を伴い、その歴史は同時に〝普遍史〟を含蓄している。眠れるモナド。（2）モナド的歴史の発展、覚醒する諸モナドと絶えざる基づけとしての眠れるモナドの背景を伴う覚醒における発展。（3）世界を構成しつつ、世界の中に自己客体化へと方向づけられた形式内のモナドの宇宙に一貫する人間のモナドの発展、理性的な自己意識と人間性の意識、並びに世界理解へと至る諸モナド、等々」[35]
この（1）で述べられている「個別的生」の「個別性」とは、当然ながら、自我の個別性を意味するのではありません。本能的交通を生きる眠れるモナドは、超越論的意味での遺伝資質の匿名的で個別的な生を生きつつ、超越論的独我論の根底のさらに下層を生き、その根底を底ざらいし、独我論の根はこの下層にまったく届いていないのです。このような眠れるモナドの個別的生は、先－構成としての間モナド的個別性であり、しかも、「隠れた歴史」の沈殿をになういうる個別性なのであり、この個別性は、覚醒した人間のモナドの個我としての個別性と混同してはならないのです。
間主観性の構成は、一方で、本能的な間モナド的時間化の基底層において受動的に先構成されていますが、他方、人格的態度における「我と汝の合致」は、能動的構成の頂点に達する先の引用の（3）の次元に対応しているといえ、そこで人格的－間モナド的時間化における高次の相互主観性が成立しています。
そこでは、愛する人格間の融合が問題とされます。ともに生きるという意志が共有されるなかで、互いの人格性を完全に受容し、互いを本当に了解しつつ、相互の「意志の生の総体性」を生きる「意志の生の総体性に関係づけられた人格性――かくして自我の存在のその総体性に関係づけられた人格性。愛において、一方からの、ないし相互の愛において相互の〝合致〟、諸人格の融合[36]」が成立するのです。しかしながら、この人格間の合致、ないし、融合の分析は、フッサールにあっては、原理的な領野の開示はなされてはいても、その分析そのものは、十全とはいいがたく、「我－汝－関係」の現象学については、稿を改める必要があります。[37]
しかし、いずれにしても、超越論的独我論は、二方向において完全に克服されているということはできます。すなわち、受動性による「先―構成」という根底の方向と最高次の能動的相互主観性が実現する理性の目的論の方向の二方向です。フッサールの志向性の相関関係の分析と構成分析は、このような理性の目的論において、その組織的な連関にもたらされているのです。

第二章　受動的発生からの再出発

「私が講義で言いたかったことは、まさに、生き生きした生であるからこそ、われわれにまったく隠れたままであるような意識生の意味と能作が、そこでのみ明らかにされ、究極的な理解にもたらされるような仕事の基礎になる部分である。」（Hua. Bd. XI, S. 365、強調は筆者による）

意味の生成を問うフッサールの問いは、一連の「受動的綜合」を分析する講義を通して、次第に探求の深まりをみせました。「フッサールを超える」とか、「フッサールからハイデガーへ」とか、「フッサール以後」といった論究の多くは、フッサールのこの問いと分析の出発点にさえ立っていないことを、果たして、どの程度、自覚しているのでしょうか。しかし、ここで「再出発」というのは、単に、フッサールのこの出発点にもどるということを意味しているのではありません。むしろ、出発点からの探求の歩みをたどりなおし、開けてくる新たな問いの領域を確定することに目的があるのです。

その際、受動的発生の原意、受動性と能動性の関係、受動的綜合の分析の方法論、そして、個別的問題領域としての時間と他者をめぐって、これまでなされている受動性についての多大な誤解とその原因を解明しつつ、受動的発生の領域設定と解明の方向を示してみたいと思います。

第一節　受動的発生とはなんであるのか――誤解されつづけた受動性

①　a　受動性の原意とこれまでの誤った解釈

受動性の概念規定そのものが問題となりますが、受動性の原意といえるものは、まずもって、『受動的綜合の分析』に関する講義録において、受動的志向性についての言及として、次のように表現されています。
a　この受動的志向性という特殊な思念と志向の特性は、「自我の関与なしにもすでにそのようにありうるということ[1]」にあります。同一の内容が、三〇年代の草稿においては、簡潔に、受動性とは「いかなる自我の活動（Ichaktivität）ももたない」（C17. IV1）、こととされ、「純粋な受動性、……自我の中心から放射するいかなる活動性の関与なしに[2]」とも、「自我が支配していない受動的志向性」（IX, 209）、とも述べられています。また、時間流と関連づけて、「先自我的な（vorichlich）、作用外（ausseraktiv）の、その意味で受動的なプロセスとしての根源的に時間化するプロセス」（C16I, 14）とも述べられています。つまり、受動性とは、「先自我的」であることを意味し、また、「自我を欠く（没自我的）」という表現で、また、時間論における「自我の構造」との関係という明確な文脈において、前章で引用された、「自我の構造を基づける徹底して先自我的なもの」（XV, 598を参照[3]）とも表現されています。ここで、「没自我的であり、先自我的である受動性」が、流れることの自我の構造を基づけるということが明記されているのです。ここに、「自我－構成－能動性」に対する「先自我－先構成－受動性」という原理的構図を読み取ることができます。
b　また、受動性と能動性の関係については、基本的に「受動性が能動性を基づける」といわれますが、受動性は「能動的認識を可能にする原条件」（XI, 208）であるとか、「受動性は即時的に第一のもの（das an sich Erste）である。なぜなら、すべての能動性は、その本質に即して、受動性の基盤と、すでにその受動性において先構成された対象性を前提にするからである。」（XXXI, 3）、という表現に、つまり、受動性は能動性に先行し、能動性が働くための前提となっていることに、明確に見ることができます。「すべての能動性は、受動性を前提とし、この受動性は、常に能動性から生成した二次的な受動性（二次的〝感覚性〟）でありうるのではない」（XXXIV, 64）のです。また、『デカルト的省察』では、明確に、「能動的活動の構築はすべて必然的に最低層としてあらかじめ与える受動性を前提にしており、これを追跡していくと、受動的発生による構成に行き当たることになる」[4]と明記しているように、受動性が能動性に先行し、能動性が受動性を前提にしていることは、明白なことなのです。
② したがって、フッサールの受動性は、自我と自我の活動を前提にしたままで主張される近世哲学の能動性と受動性、すなわち、自我の能動（作用）である aktion と自我の受動（受苦）である passion の二元性において把握できないことが、解釈上の最重要点となります。この最も決定的な論点が、これまでの現象学研究者に正しく理解されていないことは、まさに驚嘆に値するとしか言いようがありません。この論点をめぐる誤解の根源は大変深いものであり、驚嘆は、そこに起因しているといえます。受動性とは、自我の受けるいかなる受苦でも、抵抗でもありません。このような受苦は、受ける自我が存在していること、受ける自我を前提にしていることは自明であり、この自明性に気づかないのは、自我が働く以前の先構成の次元が存在することに気づかないからなのです。
③ 多くの現象学研究者がフッサールの時間論解釈にあたって依拠しているヘルトのフッサール時間論解釈には、

遂行態における作動する自我と非志向的な非自我との対峙が顕著な論点として含まれています。この対峙とは、自我の志向性と非自我（ヒュレーや感覚素材）の非志向性との対立を意味するものです。ヘルトは、非自我的なもの（ヒュレー的なもの）が、自我を触発する際、「最も受動的な〈流れること〉でさえも、自我が単純にそれに屈服させられてしまうような非－自我的な動きではありえないのであり、……超越論的な自我が絶対的な機能中心であるということは、なんとしても保たれねばならないことであるから、最も受動的な転化といえども、〈自我が、流れ去るにまかせる〉ということでしかありえないのである」(5)と主張します。

この主張にはっきり表現されているように、「生き生きした現在」の分析の只中で、論議の中核を占めているのは、「流れること」の根底に働く超越論的自我の能動的遂行態と「非自我的な動き」によって屈服される（受苦を受ける）危機にさらされる自我の受動性の対立に他なりません。ここで「最も受動的な転化」とされる過去把持の根源的受動性さえも、ヒュレー的なもの（非自我的なもの）を受容する、ないし、「流れ去るにまかせる」あるいは、「すべるにまかせる（entgleiten lassen）」という自我の様態、ないし、活動の一つというわけなのです。

ヘルトは、まさに、この対立において、自我を前提にする近世的自我による二元性に陥っていることに気づきません。彼が、この対立を背景にして、原受動性を主張しても、自分の導入にした二元性からまぬがれるわけではありません。ヘルトの原受動性は、自我による反省の能動性の「根底に存する原受動的な〈流れること〉」という意味での、原受動性であるといいます。(6)この原受動性は、〈流れること〉が自我の能作から生じていて、まさにその能作を遂行している遂行自我、ないし、作動する自我が、どのように作動しているのかについては反省できないことに由来します。反省という能動性によって反省できない匿名性、つまり、自我の能作

（能動性）としての反省が働く以前にすでに流れてしまっていて、それを遡及的に、事後的に反省しても、その流れるありのままを反省できないという意味で、〈流れることの〉原受動性が規定されるのです。ということは、当然、自我の能作、作動する自我が前提にされ（この意味で近世的自我による二元性に留まる）、それによる反省不可能性を原受動性と名づけることに他なりません。したがって、作動する自我を前提にする原受動性が、作動する自我を前提にしない受動性とまったく次元を異にしているのは明らかです。(7)

また、ここで注意しなければならないこととして、フッサールのいう「匿名性」は、元来、自然的態度を生きて、超越論的規則性を反省せず、自覚できていないことを意味しますが、フッサールが受動性の領域で開示した「没自我性」や「非自我性」は、そのような意味での、自我が没しているとか、失われているという意味での「匿名性」を意味するのではなく、繰り返しになりますが、超越論的還元を通して明らかにされた、超越論的規則性としての没自我性、先自我性、すなわち、「いかなる自我の活動も生じていないこと」を意味するのです。
④　ヴァルデンフェルスもいうように、受動的志向性が働く「受動的綜合は、感覚主義的ヒュレーと志向的モルフェーの二元性を克服している」(8)のであり、その克服の根拠が受動性の正当な理解に証示されるのでなければなりません。その克服の根拠は、a　受動的志向性による受動的綜合によって先構成されていないいかなる「感覚主義的ヒュレー」も存在せず（つまり、恒常性によって性格づけられる独自性の仮定（Konstanzannahme）による純粋な物理量のようなヒュレーは存在せず）、b　受動的志向性を基づけの原条件として前提にしないようないかなる「志向的モルフェー」も存在しない（能動的志向性の構成の機能は、受動的志向性の受動的綜合による先構成なしには、働きえない）ことにあります。

⑤　受動的志向性の一例として受動的キネステーゼをあげてみましょう。立ったり歩いたりするときの運動感覚（Kinästhese）は、通常、自我の能動性を伴っていて、能動的志向性という特性を持つと考えられます。しかし、発生的現象学では、このような運動感覚の基盤であり、それを基づけている受動的キネステーゼ（それをフッサールは、「本能的に働くキネステーゼ（instinktiv umlaufende Kinästhese）」、「野性のキネステーゼ（wilde Kinästhese）」（XV, 660f.）となづける）の構成層が露呈されました。[9]
例えば、一九三一年の論稿では、本能的な欲求が、受動的な「制御のきかないキネステーゼ」において、受動的綜合の「類似性」の規則性の中で、満たされる経過が次のように述べられています。「生き生きした知覚的現在の原領域において、ここで即自的に先なるものは、欠損したもの（Das Vermissen）、不十分なことが、意識されること、欲求である。今や次のように言うべきか。本能的に生動的な欲求、ないし、欲求することが、原初の〝意志〟へと移行していく。欲動の受動性に留まらず、そこから〝能動的な欲動〟＝意志となる（もっとも他の一方は、〝作用〟なのではあるが）。次のようにいうべきか。この根源的な意志は、全体としてのキネステーゼが堰を切って流れ出すという形式をとり、制御のきかない、個別的な諸キネステーゼに分岐していない、諸キネステーゼへと錯綜しつつ放出されていく。その際、野の所与（Felddaten）は変転していき、ときとして、あるいは、幾度となく、欠損したものが、〝近づく〟ないし、再来するのである。〝近づく〟というのは、増大する類似性における所与の変転は、欠損したものを、まさに類似性の形式において、透過的に現出させる（durchscheinen）ことを意味するのである」（XV, 329.）。

つまり、自我の関与のともなう能動的キネステーゼが、能動的欲動に即して能作を遂行する以前に、本能志向性の覚醒によって、本能的欲求が原初的欠損態としての受動的志向として働くとき、受動的綜合である類似性の成立を通して、制御のきかない受動的キネステーゼが流れ出ているといえるのです。

こうして、この受動的キネステーゼは、当然ながら、受ける自我を前提にした、自分の身体が物のように突き動かされるときの機械的運動にともなう運動感覚を意味するのではありません。動くにしろ、動かされるにしろ、それに気づく以前に、つまり、自我がそれに能動的に対向する以前に、自我極が完全に形成される以前に、本能の覚醒を通して先構成されている段階のキネステーゼが受動的キネステーゼと呼ばれます。それは、自我に対して触発する力をもつが、受動的キネステーゼのすべての先構成されたものが、自我の能作による対向をえるというのではなく、そのほとんどが、気づかれないままに過去地平への影響を与えながら、沈んでいくのです。

ヘルトの自我と非自我の二元性には、このような受動的キネステーゼによる先構成を認める余地はありません。なぜなら、ヘルトにとって、「最低段階の触発的受動性」にも「自我性」がそなわっており、それに対立するのが、自我性を含まない「機械的な出来事[10]」とされ、ヘルトには、自我性を含まないと同時に、機械的出来事でもない先構成の領域はみえてこないのです。フッサールの受動性の現象学は、意識に上らない、気づく以前、自覚する以前の受動的綜合（たとえば受動的キネステーゼ）が常に働いていることを、開示しえました。かくして、受動性の現象学は、「無意識の現象学[11]」の入り口を切り開いているのです。
⑥　受動性の原意を根本的に理解する上で、批判的に考察されねばならないのは、フッサールの「自我的能動性の最も下層の段階である[12]」受容性（Rezeptivität）を受動性と誤解することです。この理解は、フッサールの述べる、受動的綜合としての触発のもつ「段階性 Gradualität」によって裏づけられているようにもみえます。というのも、『受動的綜合の分析』では、「本質的と言える触発の相対性[13]」といわれているように、自我の関心

が、「先構成されたもの」に「対向」するとき、いつ、どのような十分な条件のもとで、と言いきることのできない、気づくことが気づかれなかったり、気づかれなかったことが気づかれたりする触発の相対的性格が主張されているからです。しかし、この相対性は、受動性の志向的性格は漸次的に高まり、能動性になる、ないし、能動性の志向的性格が弱まってくると、受動性になる、ということを意味するのでは決してありません。

自我の能作である対向が起こることと起こらないことの間には、決定的な差異があります。この差異をまたぐような相対性は主張できません。なにに気づくか、気づかないかは、さまざまであっても、また、さまざまな具体的状況において、どのように、触発的力が増強するのか、実にさまざまではあっても、ある特定の触発してくるものに「気づく」か「気づかない」か、ということそのことには、意識生の現われに関して、決定的な違いがあります。しかも、この根本的差異は、根源的構成層である時間化の本質規則性と密接な関係があるのです。すなわち、「時間野は根源的に〔一時に〕一度だけ完全に、直観され、みたされうるということが本質規則」[14]であり、この一刻一刻の完全な直観をめぐる抗争が「気づきに至る、気づくか、気づかないかの」抗争なのであり、この抗争こそ、原触発としての衝動志向性の抑制や促進という基本原理の必然的枠組みを意味しているのです。

この自我が活動して対向するかしないか、という原理的差異は、したがって、ヘルトの言う「最も受動的な〈触発〉(Affektion)ですら、すでに、「関心」の、つまり、顕在化可能な〈自我の関与したあり方〉の一様態なのである」[15]という解釈や、「受動性も、関与されてあるという意味ではすでに自我的な「活動」(Tun)の一形態であり、したがって能動性の先行形態である」[16]といった主張が、フッサールのいう、「いかなる自我的活動でもなく」、また、「自我の関与を欠く」という、先自我的な受動性の原意に原理的に対立していることは、明らかです。

ということは、問題の核心は、フッサールの主張する「いかなる志向的性格も持ち合わせていない(17)」とさえいいきる過去把持の根源的受動性、並びに、自我の関与しない受動的志向性による受動的綜合の受動性の領域を、それとして明証的に認めるのか、それとも、フッサールが明確に「いかなる自我の活動をも含まない」という受動性の主張に抗して、最も受動的な〈触発〉にさえ、自我的な活動、自我の関与を固持しようとするのか、というその選択にあるのです。

b　受動的綜合による先構成の必然性

①　受動的綜合の現代哲学の展開における画期的で革新的な意義を、いち早く認めた現象学者は、メルロ＝ポンティでした。彼は、『知覚の現象学』で、デカルトやカントに対比して、「フッサールの独自性は、志向性の観念を超えたところにある。すなわちそれは、この観念を仕上げて、表象の志向性の下にもっと深い志向性を、他の人々が〈実存〉と名づけたところのものを発見したところにあるのだ(18)」と述べています。
しかし、彼が受動的志向性を意味する「深い志向性」を「実存」と名づけたことは、この新たな領域の解明にとってはたして有意義であったといえるでしょうか。というのも、フッサールの問題にしていた受動的綜合の分析の諸原理を十分に検討することなく、実存という概念で一くくりにすることによって、超越論的事実性の解明に決定的な影響を与えるはずの「連合」、「触発」という超越論的規則性が見失われてしまったからです。メルロ＝ポンティが、『受動的綜合の分析』の講義内容を通読したかしないか、不明ですが、受動的綜合を時間分析の際、「移行綜合」として取り上げるだけであって、受動的綜合の分析内容そのものを自己の哲学、身

体的実存の解明に取り込むことはありませんでした。これによって、超越論的原理として明証的に提示された「連合」や「触発」の概念が理解されることなく、連合という概念そのものが、ヒュームの感覚主義という烙印を押されて、彼の身体的実存の分析の背後に退いてしまいました。形態心理学の受容をへて、彼独自の身体の現象学が形成されますが、要素主義の排除が同時に、形態化（Gestaltung）の分析、とりわけ形態化そのものの生成という観点をみすえる眼を曇らせる結果となるのです。[19]
メルロ＝ポンティにおいて、時間の分析にしろ、他者経験の分析にしろ、受動的綜合の分析の成果が積極的に生かされることはありませんでした。例えば、もし、彼が、『受動的綜合の分析』での過去把持の経過の分析に接していれば、「フッサールの過去把持の分析はいまだ、端緒についたばかりである」[20]といえないことは明らかであり、また、他者経験の分析の際、「志向的越境」や「対化」の概念を援用してはいても、それらの概念が、超越論的規則性としての連合や触発としては、活用されずじまいなのです。このことが、例えば、メルロ＝ポンティの他者経験をめぐって、レヴィナスの他者の他者性からする批判にたえる分析とみなされず、多くの現象学者がメルロ＝ポンティからレヴィナスへの立場変更がなされるとか、メルロ＝ポンティが、「神秘主義」といった烙印を被らねばならない理由となっているのです。
②　自我の活動を含まないにもかかわらず、受動的志向性は、志向性と呼ばれます。その理由を明確にして、志向性は、能動的志向性と受動的志向性に区別されることが明確に示されなければなりません。
志向性は通常、自我の活動を伴う能動的志向性と考えられているにもかかわらず、なぜ、自我の活動をともなわない先構成の働きを、なお、「志向性」となづけるのでしょうか。それは、受動的志向性が、自我の活動をともなわずとも、また、気づきと自覚をともなわずとも、特定の意味内容への関係づけ、方向づけが、そこ

に働いているからです。

フッサールは受動的志向性の概念が成立する経過を次のように述べています。「通常の場合には、思念する等は、自我とその作用に関係づけられ、その自我が……対象への方向、ないし方向づけの放射の中心点」なのですが、方向性はあっても、「自我の作用に関係づけられていない」ということから、「ここでは適切な言葉がないので、受動的という形容詞をそえ、受動的志向という言葉を役立てることにしよう[21]」と述べています。したがって、経験的な法則を表現するのではない、超越論的な「純粋な我《エゴ》の具体的な構成についての志向的な本質的法則[22]」があり、これが連合と呼ばれるのです。

他方、誤解の可能性があるにもかかわらず、受動的志向性という志向性の概念を保持することには、その積極的な面があることも見逃されてはなりません。なぜなら、先構成が先‐構成として、自我の活動なしに、先対象的な意味のまとまりを統一しているからです。先構成において、そのままでは非直観的であり続ける空虚表象を、いまだ非対象的意味をもちえていない感覚素材が覚起し、両者の相互覚起を通して非対象的意味がそのつど生起しうるからであり、そこで働く覚起は、非直観的であれ、直観的であれ、特定の意味への方向性をもっているから、覚起と呼ばれるのです。

「いかなる志向性ももたない」ともいわれる過去把持が、はっきりとした特定の、しかし、受動的志向性としての方向性をもつようになるのも、この覚起によるものです。それをフッサールは、原印象のヒュレー的意味内容が、過去把持されたばかりの空虚になり始める原印象のヒュレー的意味内容に覚起を及ぼす、すなわち、〝空虚表象の意味内容〟と〝感覚素材の意味内容〟との間の「相互覚起」にみており、それを原印象と過去把持の同時性における原融合となづけています[23]。

③「連合と触発」という受動的綜合の本質的規則性が、その超越論的事実性の分析に際してその鋭さを発揮するのは、先構成されたものが構成による反省に先行することの必然性の根拠づけに際してです。そのための最適な事例として、発生的現象学での幼児における「身体中心化」の分析をあげましょう。
徹底した脱構築をへた「生き生きした現在」を生きる幼児の意識生は、〃自他〃の身体がいまだ未分化な癒合的な間身体性を生きているとされます。その間身体性の世界では、原共感覚の世界、つまり、いまだ明確な諸感覚野の意味の統一（『受動的綜合の分析』で受動的綜合の具体例として示される視覚、聴覚、触覚、味覚等の諸感覚の各感覚野としての意味の統一）への派生的分岐に至っていない漠とした原共感覚が生きられています。(24)

そこで、母親が幼児の喃語を模倣する(25)ことによって、感覚野としての意味の統一をもたずに、非直観的にとどまっていた〃キネステーゼ〃（〃〃カッコにはいっているのは、それとして直観されていない先直観的－非対象的意味であるからです）と、同じく非直観的にとどまっていた〃聴覚〃の非対象的意味そのものが差異化され、直観にもたらされます。つまり、キネステーゼの感覚野と聴覚野の意味が分離、派生しつつ、各感覚野のそれぞれの意味の統一を形成しはじめるのです。

このとき、注意しなければならないのは、原共感覚において各感覚野が未分化ということは、同時にそれぞれの感覚野の意味を担う空虚表象そのものが、いまだ差異化を通して形成されていないことであり、このことこそ、フッサールが空虚表象として形成済みの衝動志向性の志向に対して、それに先行する「本能的な漠とした予感(26)」と称していた次元に他なりません。

ここで、幼児が喃語を発する際、〃キネステーゼ〃と〃声（聴覚）〃とが、一方が起これば必ず他方が起こるという相互覚起の対化現象の融合が生じています。すなわち、一方で〃キネステーゼの感覚素材〃（感覚素材に固有な非対象的意味はいまだ形成されていない）と〝キネステーゼそのものの空虚形態〟（空虚表象以前の予感）ならびに〝声の空虚形態〟（同じく、空虚表象以前の予感）との間に相互覚起が生じ、また、他方で、〝声の感覚素材〟が生じれば、それと〝声の空虚形態〟ならびに〝キネステーゼの空虚形態〟との間に相互覚起が生じます。そこには、相互覚起という対化によって融合され、先構成された、〝意味内容（キネステーゼ＝声）〟がそのつど、漠とした予感として成立しています。この〝キネステーゼと声〟との融合全体が、相互覚起において、その予感が充実されるか、されないか、幼児の意識生において〝原意識〟されているのです。

そして、この先構成の〝意味内容〟の融合に亀裂が生じます。〝キネステーゼと声〟という融合した意味内容の予感的志向の一部が「充実されない」ということが起こるのです。つまり、幼児自身が喃語を発する場合と異なり、母親が喃語を模倣するときには、〝声〟の予感は満たされるが、〝キネステーゼ〟の予感が〝キネステーゼの感覚素材〟によって満たされず、原意識の直観にもたらされないのです。

では、この〝キネステーゼと声〟の予感に〝声の感覚素材〟が与えられると、それと連合している〝キネステーゼの感覚素材〟も融合において、充実されているとして原共感覚されるはずが、どうして、〝キネステーゼの感覚素材〟の欠如を欠如として原意識できるのでしょうか。このことに関して、次の草稿は「授乳」という本能志向性の充実をめぐって、重要な記述を提供しています。「うまくいかないこと、直観的想起への動機（づけ）、つまり、満たされない飢えが、連合的に、過去の飢えとそれが満たされたことを覚起する。擬似的知覚としての直観と補充としての擬似的な満足を創設し、その補充が直ちに求めるという活動性を動きにもたらす」（C13, I, 7）。つまり、授乳という本能志向性（漠とした予感）が満たされたり、満たされなかったりすることが、まさに満たされないということを通して、満たされた際の連合の覚起そのもの（隠れて働く動機づけ）が直観にもたらされるというのです。まさに非充実が、以前の〝空腹の空虚な予感とその感覚素材による充実〟を際立たせるのです。このように、〝本能的キネステーゼの予感とその感覚素材〟の充実、不充実が、原共感覚の世界を背景にして、次第にその本能的キネステーゼの空虚表象、ならびにそれに相応する本能的キネステーゼの感覚素材の意味内容を準備しているといえるのです。

　母親が喃語を模倣するとき、漠とした〝キネステーゼと声〟の予感全体の受動的綜合による先構成は、その予感の一部の非充実、非直観を通して、充実され直観された予感の一部の意味と、非充実で非直観の予感の一部の意味との間に、意味の境界線（意味の差異）、すなわち枠取りが成立する、つまり、漠として予感されていた先構成の意味の内実（この場合の〝キネステーゼと声〟）が、「キネステーゼ」と「声」との「際立ち」をみせ、先に述べたように、原共感覚を背景に次第に準備されていた両者の空虚形態（Leergestalt）と重なり、次第に明確なそれぞれの空虚表象になるのです。

　こうして、フッサールは、このキネステーゼの空虚表象の発生を「連合的に覚起されたキネステーゼが、そこに共にないのであり、その代わりに、そこからキネステーゼが生まれでるようなゼロのキネステーゼ（Null-kinästhese）がある」（XV, 606、強調は筆者による）と述べているのです。

　以上の分析を踏まえて、漠とした予感全体の非直観的先構成が、直観による構成に先行しているという必然性は、a、「発生的にいってあらゆる種類の直観には、すなわち、すべての現出の様相における対象性の知覚に即したあらゆる構成には、空虚形態（Leergestalten）が先行する。前もって空虚に表象的でなかったもので、……直観にいたるものは何もない」（XI, 326、強調は筆者による）という「空虚形態」の先行性、b、ここで「空虚形態」とは、まさに、漠とした予感の先構成に他ならないこと、c、先行性とは、先構成なしには、直観による構成が生成しえない、存在しえないということを意味します。以上のａｂｃによって根拠づけられているのです。まさに、〝キネステーゼの感覚素材〟といまだ明確な空虚表象となっていない、空虚形態という予感としてのキネステーゼとが、まえもって先構成されていたからこそ、そして、その先構成を通してたえず充実されていた〝キネステーゼ〟の予感が充実されず、直観されないからこそ、その直観の不在を介して、「ゼロのキネステーゼ」が直観され、同時に、充実された〝声〟の空虚表象に対する際立ちをも持ちうるのです。〝キネステーゼ〟は、その感覚素材の欠損を通して、自己の空虚な予感が欠如態として直観される、それをフッサールは「ゼロのキネステーゼ」が原意識されるというのです。

原共感覚からの諸感覚の意味の生成は、意味の差異化であり、派生的分岐を意味します。この喃語の事例の場合、漠とした〝キネステーゼと声〟の共感覚から、「ゼロのキネステーゼ」が派生しますが、そのとき、それと同時に「ゼロの声」が派生してくることが重要です。原共感覚の全体から〝キネステーゼ〟の枠取りが浮き上がるとき、残された部分の、キネステーゼの意味の枠取りである、境界線を接して浮きあがる意味の枠取りが、「ゼロの声」である、といえるのです。

このようにして、始源的原共感覚から、「ゼロのキネステーゼの野」、「ゼロの聴覚野」、「ゼロの触覚野」、「ゼロの視覚野」等の意味の差異化が生成してきます。この差異化の生成にあたって、生成の原理として働いているのが、本能志向性の覚醒と原触発としての衝動志向性の形成ならびに、受動的綜合である連合の相互覚起であり、これを通して先構成されている非直観的な構成体が、志向（当然広義の志向）と充実という規則性を通して、直観化され、構成された意味内容をもつ、という本質規則性によるプロセスなのです。

第二節　受動的発生の解明方法

a　いかにこの方法の解明がなおざりにされてきたか

受動的発生は、脱構築ないし再構成の方法によって解明されるとされますが、この方法は、受動的綜合の連合や触発の規則性である「覚起」や「対化」という超越論的規則性の露呈そのものと、どのような関係にあるのかについて、ほとんど、考察されないままなのです。この弊害は、発生的現象学の展開の可能性を真に取り上げずじまいという他の弊害をもたらしています。

デリダは、修士論文にあたる論文で、発生の問題を取り扱ったにもかかわらず、その考察は、問題のありかを指摘したにとどまり、方法論にはまったく触れていません。そればかりか、『声と現象』や、フッサールの論考『幾何学の起源』の解釈では、「先述定的、先言語的世界」の現象学的解明の可能性を見出せないばかりか、この領域の現象学的分析の可能性を端から否定しています。しかも、その否定の仕方は、受動的綜合の問題系が時間構成を前提することから、その分析の困難さは、時間の逆説の分析不可能性に由来するとするもの(27)です。つまり、デリダは、受動的綜合の分析が、実は、時間内容を含めた具体的な生動的である、逆説を含む「生き生きした現在」の解明であることをまったく見落としているのです。

同様に、アンリの立場からフッサールの受動性を解明しようとするキューンにおいても、発生的現象学の方法論が、フッサールに即して解釈されているとは言いがたいといわねばなりません。なぜなら、フッサールの徹底した脱構築は、当然、世界地平そのものの発生ならびに、自我極の発生という根源的な原地盤の先構成の次元に導くはずのものが、キューンの分析は、原地盤における根源的な時間化の理解にまで及んでいないからです。というのも、キューンは、時間化、衝動志向性、覚起等、受動的綜合に関わる志向性を、通常の能動的志向性と解する致命的誤解をなしているからです。彼は、受動的志向性が「自我を欠くこと」という命題を解釈して、この自我を欠くことが単なる「世界を構成する主観性内部の抽象」によって生じる(28)、としています。ここでいう「単なる抽象」とは、世界の構成は具体的には、常に自我の活動を前提として欠かせないということを意味し、具体的な自我の関与しない受動的綜合による先構成を認めないことになります。脱構築を通して獲得される自我の活動以前の受動性の領域でこそ、原触発としての衝動志向性の生動性が初めて開示されるのであり、キューンは、衝動志向性が、超越論的主観性の歴史性と具体性の受動的基盤を先構成していることに、考察が及んでいないのです。

b　発生的現象学の「脱構築」の方法

発生の問いとは、静態的現象学の、志向性の構成分析と本質直観を通して獲得された構成層のシステムをその考察対象とし、複数の構成層間の生成（Werden）の秩序を問うことに他なりません。構成層間の生成の秩序は、ある特定の構成層の能作を、働いていないとして、全体の構成のシステムから脱構築（Abbauen）してみることによって、他の構成層の働きが可能か、働きえないか、構成層間の生成の前後関係として解明されます。したがって、この脱構築の方法は、
①　志向性の構成分析と本質直観を通して獲得された構成層を考察対象とすることから、経験科学としての発達心理学や生物学の考察方法とは明らかに異なっています。発達心理学や生物学は、「生、時間、空間、感覚、知覚、身体、言語、判断等々の」意味を、日常生活の中からそのまま、援用し、当てはめ、仮説等の理論体系

に組み込み、実験を通して、その仮説の内容を確証していこうとします。現象学はそれらすべての意味を、志向性（受動的志向性をも当然含む）の先構成と構成によって生成するとみなし、発生的現象学はその意味の生成を複数の構成層の生成の秩序を問うことによって明らかにしようとします。その際、静態的現象学において個別科学の成果が、それとして、本質直観の事例化を通して積極的に包摂されていることを見落としてならないのは、当然のことです。またこの方法の概要は、最近公刊されたフッサールの『哲学入門』のテキストで、簡潔に次のように述べられています。「基礎的分析は、次に、時間意識、連合、再生産の覚起、原創設〔Urstiftung〕、等々へと向かう。固定的な統覚と理念の観点のもとにそれらの斉一的な現実構成や現実構造を証示するかわりに、今や、自由に変様しつつ、基本的要因において、ないし、任意に取られた体験形態において（その構成的で静態的類型に結びつけることなく）生成の必然性を考察し、最も一般的必然性ではあっても、さらには、前提された構成された諸形態や類型の観点からして、構成的諸形態の生成の必然性を考察するのである(29)」。発生的現象学の考察対象は、すでに構成されている諸形態や類型を前提にして、その生成の必然性を問い、時間、連合、『危機書』で主要テーマとなる「原創設」の起源をも含むものなのです。
② 構成層のシステムを脱構築していくといっても、単に上層の構成層とおもわれるものから、順に脱構築して、最終的な根底層を規定し、もう一度、積み重ねていくだけのことであるならば、単なる積み木遊びと同じで、生成の順序を確かめるだけのことでしかないように思えることでしょう。しかし、意味の発生を遡る脱構築の方法上の権能でより重要なのは、先の原共感覚からの諸感覚野の意味の発生の解明に見られるように、脱構築する以前には、それまで直観にもたらされることなく隠れて働いていた、いわば〝無意識的〟に働いていた構成層が連合という動機連関を問うことにより露呈されるということです。

「生活世界のアプリオリ」、「先反省的で先言語的な受動的綜合」が、実際に顕現化され、反省の直観にもたらされるからこそ、発生的現象学の方法が、積極的な発見的な役割を果たしているのです。この顕現化の具体例は、第三節の時間構成と第四節の他者構成の分析に際しても十分に示されうるものです。このように、隠れた先構成の層が露呈されうる根拠は、静態的現象学の本質直観のプロセスそのものに、超越論的相対性と規定される先反省的で先述定的な受動的綜合が隠れて働いているからなのであり、脱構築の方法がそれを露呈しうるからなのです。
③　脱構築を通して、先反省的なものが反省の直観にもたらされる現場を開示できます。なぜなら、自我の作用としての能動的志向性である通常の反省よりも、より深い次元に働く「原意識」、「内的意識」ないし、「内在的知覚」がそこに働いているからです。発生的現象学においては、ひとたび出来上がり済みの空虚表象が充実することである直観が原初にあって、それが、非直観的なものになり、それが覚起され、再び直観的になるといった成り方、いわば、第二義的な受動性が問題にされるのではありません。空虚表象の生成そのものが、本能志向性の覚醒とそれに対応する空虚な形態の形成をその起源としていることが、つまり、もともと非直観的な意味内容同士の相互覚起による先構成が直観的になるそのあり方こそ、詳細に分析されているのです[30]。非直観的な原印象の内容がそもそも、触発する力を帯びるのは、過去地平に眠り、たえず生成を重ねる非直観的な空虚な形態との相互の覚起を通してのみ可能であることを、ここでさらに、原理的に明確に理解せねばなりません。

c　発生的現象学の方法のもつ明証性の基準、深い次元の反省

発生的現象学の脱構築において、分析の際の明証性の基準という、先の③の問題を詳細に考察してみましょう。ここでの考察の目的は、発生的現象学の分析の際、その照準ともいえる明証性の基準が、「超越論的自我の事実性」の必当然的明証性と同次元の明証性を出発点にしていること、そして、自我の能作である能動的志向性の働きとしての反省ではない、より深層の現象学的反省としての原意識（内的意識）が、必当然的明証に即した絶対的明証性をもつという、この二点にあります。

まず第一に、『受動的綜合の分析』で明証性の基準とされている「内在的知覚」と、『内的時間意識の現象学』で意識作用ではないとされる「内的意識」との関連を、明らかにせねばなりません。内在的知覚は、『受動的綜合の分析』で、内在的対象に関して、バークリの「知覚と存在の一致」（バークリの場合は外的対象に関わるが）の原則に対応し[31]、射映をもたない「悲しみや喜び」のような直接的体験が事例にだされていますが、『内的時間意識の現象学』では、内的意識について「すべての作用は、何かについての意識であるが、すべての作用は、意識されてもいる。すべての体験は、〝感覚され〟ていて、内在的に〝知覚〟（内的意識）されている、……すべての〝体験〟は最も厳密な意味で内的に知覚されている。しかし、内的知覚は、同じ意味で一つの〝体験〟なのではない。その内的知覚が再度、内的に知覚されることはない」（X, 126f. 強調は筆者による）と述べられています。ここでは、内在的に知覚されることと、内的に意識されることが同一のこととして述べられ、内的知覚と内的意識も同一の事態を指しています。

また、『受動的綜合の分析』の補稿においては、体験としての内在的知覚と内的意識との関連は、次のように述べられています。このような内在的知覚と称される「すべての体験は、内的時間対象としてまずもって、そして根

源的に、内的意識に対して構成されていて、この内的意識を通して、時間対象は、原印象と過去把持と未来予持からなる流れによって一連の統一として構成される」（XI, 292）。こうしてみると、時間分析をへて、用語が整理され、最終的には、「体験としての内在的知覚が、内的意識において、根源的に原意識される」という表現に定着してきている、といえましょう。

次に、内在的知覚に帰属する明証性に関して、テキスト上、確認できるものとして、『受動的綜合の分析』で、明瞭に、「内在的知覚は、対象の存続する個別的な現在に関して、必当然的に明証である」（XI, 368）と述べられ、また、『危機書』でも同様に、「必当然的内在的知覚」（邦訳、四八一頁及び次頁）と述べられていることを指摘すべきでしょう。こうして、内在的知覚（内的意識、原意識）の必当然的明証性は、フッサールにおいて、十分に確証され、確言されていることを、まずは指摘しておかねばなりません。

さて、ここで、超越論的自我の事実性の必当然的明証性と、受動的綜合の分析が展開される際の明証性の基盤である内在的知覚の必当然的明証性とが、同次元の明証性に属していることを、次のように明らかにすることができます。

「生き生きした現在」の謎の、謎としての必当然的明証性を主張するヘルトは、その際、超越論的自我の事実性の必当然的明証性に関して、その「われ－有り」の必当然的明証性のみをとりあげ、実はフッサールが、この自我の事実性の必当然的明証性は、単に「われ－有り」の瞬時的な必当然的明証性を意味するのではなく、「世界信憑の中でのわれ－有りの必当然的明証」（XV, 385 強調は筆者による）である、と述べていることに注視しようとしません。

この「世界信憑における自我の事実性」ということは、『危機書』で述べられている「自我の無言の具体化」に事象的に相応しています。そこでは、「自我（エゴ）は、エポヘーを通して必当然的に与えられているが、〝無言の具体化（Stumme Konkretion）〟として与えられている。この具体化は、解きほぐされ、語りにもたらされねばならず、しかも、体系的に、世界現象からさかのぼって問い詰める志向的〝分析〟を通してである」（IV, 191）と述べられているのです。ここで、「世界現象を遡る」とは、発生的現象学の営みに他ならず、「志向的分析」とは、受動的綜合を中心にした発生的分析に他なりません。「世界信憑」も「無言の具体化」もいずれも、絶対的時間化を前提にしていて、超越論的自我の事実性の瞬時的必当然的明証性が超えられ、「必当然性の有効範囲[32]」が拡大されていることを意味しています。この必当然的明証性の拡大こそ、『受動的綜合の分析』において、時間内容をも含めた「生き生きした現在」の流れの分析に他ならず、これによって、過去把持の必当然的明証性とともに、過去の即自存在の明証性格が証示されたのです[33]。

さらに、より深層の現象学的反省としての内的意識の特質は、ヘルトの考える現象学的反省と対比させるとより明瞭になります。そこで、ヘルトの生き生きした現在の「立ち留まり性」についての次の文章を批判的に検討してみましょう。ヘルトは、「生き生きした現在」の「立ち留まり性」に関して、「立ちとどまり性がすべるにまかせる取り集めであるのはどのような仕方か、この理解は、フッサールの現象学においては行われえない。なぜなら、根底的な自己省察を離れ、流れることとの運動に対する「きっかけの一撃（Anstoß）」を非自我的な領域に捜し求めることになるからだ[34]」と主張しますが、ヘルトの主張する「自己省察」をめぐって、この命題は、次の諸点から明らかなように、これを肯定することはできません。
① 「すべるにまかせる取り集めである」とは、ヘルトの理解する過去把持をさします。しかし、ヘルトは、過去把持を自我の活動の一様態とみなし、能動的志向性と解釈するのであり、この解釈が、受動的志向性として

の過去把持の受動性を理解していないことがまず、指摘されねばなりません。しかも、『受動的綜合の分析』において、当の過去把持の変様の仕方こそ、詳細に渡って、現象学的分析が行われていることは、明白であり、「取り集めの仕方が、フッサールの現象学において、この理解が行われない」とする見解が成り立ちえないのも、また、同様に明白です。
②　ヘルトがここで、「根底的自己省察」というのは、ヘルトの解釈する現象学の反省概念を意味し、それは、自我の活動としての能動的志向性としての反省でしかなく、フッサールの内的意識ないし、原意識による深層の反省意識ではありません。ヘルトにとって、現象学の「〈反省すること〉それ自体が自我の作動のひとつの様式であるということ」(35)であり、反省とは、「自我が自分自身を直観して把捉することの試み」(36)、ないし、「自我に発する自我の、自我の活動に向けた反省」に他ならず、「自我の先反省的な自己現在化を明るみにだすのは、〈自我極を対象化すること〉としての反省」(37)なのです。しかし、自我極を対象化するような能動的志向性による反省によって、先反省的な体験流が把握できないことは、フッサールが、「意識作用としての反省の反省」という無限後退の問題を通して熟知していたものであり、だからこそ、フッサールは、この無限後退を解消しうる深層の反省として、それ自体、意識作用ではない「内的意識」（ないし原意識）を露呈しえたのでした。(38)この体験流に即した位相の流れをも直接、原意識している意識を、通常の、能動的志向性としての反省と区別して、「深層の反省」と名づけることができるでしょう。この深層の反省としての内的意識は、感覚の概念にも相応し、統握作用と統握内容という図式では理解できない、感覚されるままの感覚の次元を指しているのです。
③　ここで「流れることの運動に対する。「きっかけの一撃（Anstoß）」」といわれている、非自我的なもの、す

なわち非志向的な原印象は、ヘルトによって、時間内容を提供しえないと断ぜられ、「生き生きした現在」の時間構成から排除されますが、それによってヒュレー的構成の領域が特定の領域として確保されないばかりか、原印象が原意識されるという、その原意識の次元が問題にされなくなり、ヘルトは、原印象のもたらす内容という視点を時間論から完全に除外し、ハイデガーに即した現存在分析に向かわざるをえなくなってしまっているのです。(39)

第三節　受動的発生からみた時間

a　絶対的時間化の衝動志向性による条件づけ

「絶対的なるものとは、絶対的時間化に他ならない」(XV, 670) というフッサールの文章は、文字通りに受け取られなければなりません。時間化という出来事そのものの中からフッサールは立論しているのであり、時間化の背後にいかなる自我極をも、対象極をも、またいかなる意味での存在をも前もって、形而上学的に想定されていないのです。

「生き生きした現在」の「流れること」と「立ちとどまること」という逆説的事態こそ、絶対的時間化そのものに他なりません。この時間化を、ヘルトのように「自我の自己分裂と自己同一化」という非現象学的構築によって理解しようとすることは、現象学的記述の次元と非現象学的想定の次元とを混同し、取り違えているといわねばなりません。

もちろん、フッサール自身、C草稿で「自我の自己分裂と自己同一化」(たとえば、C2, 3 参照) という言葉で、

「生き生きした現在」を記述しようと試みてはいます。しかし、それは、当然ながら、非現象学的な形而上学的構築として主張、想定しているのではありません。同じことは、自我極と対象極、ならびに存在にもあてはまります。まさに、自我極にしろ、対象極にしろ、また、存在にしろ、絶対的時間化を通して生成してきているのです。この生成を問題にするのが、まさに受動的発生の課題に他なりません。時間化以前に、また時間化のかなたに、いかなる自我極も、対象極も、存在も想定されてはいないのです(40)。

この時間化を通しての自我極の生成という基本原理は、自我極に発する自我の活動としての能動的志向性と自我極に発してはいない受動的志向性を、混同することをあくまでも退けます。自我極が生成していないとき、そこに発しようにも、また、そこを通りようもありえないではないでしょうか。自我極の生成以前にすでに働いている受動的志向性は、当然、「能動性の中で働く受動性」ではなく、「能動性以前の受動性(41)」であり、その原初の時間化に生成してくるのは、本能の覚醒と衝動志向性の形成を生きる「意識生」に他なりません。また、この原初の時間化のみならず、自我極や対象極の生成以後の時間化を一貫して時間化の流れを条件づけているのが、原触発としての衝動志向性なのです。この条件づけは、先に述べたように、「生き生きした現在」の「立ちとどまり」の条件づけを意味する「立ちとどまる時間化としてのすべての原初的な現在を統一化し、具体的に現在から現在へと駆り立てるような普遍的な衝動志向性」(XV, 595) が主張され、この「立ちとどまり」は、衝動志向性と原ヒュレー相互間の相互覚起によって生じ、この衝動志向性は志向性である以上「向き」をもちます。しかし、自我極から発する「向き」ではなく、「意識生」から発する「向き」なのです。

b　受動的綜合の分析は同時に「生き生きした現在」の分析であること

受動的綜合の分析をへた時間論は、一般的形式の解明としてのそれまでの時間分析を、時間内容を含めた時間構成の解明に向けた時間論の深化となっています。それまでの「時間分析は、このように内容の特質になんらかの意味で関わるような現在の統一的流れや、流れる現在についての必然的な綜合的構造については、なんらの表象も与えない[42]」ことから、『受動的綜合の分析』では、時間内容をも含めた、「生き生きした現在」の必然的な総合的構造の分析がおこなわれ、「生き生きした現在」の分析は、この時期より、明確に、単に形式にとどまらない、内容の必然的綜合の仕方をめぐる分析になっています。

しかし、受動的綜合の分析が「流れる現在の継続的な綜合的統一[43]」を直接、考察対象とし、時間内容の必当然的で超越論的綜合の構造をめぐっての探求であることを、明確に自覚している研究者は数少ないのです。ヘルトが、自我論的立場から、時間内容の由来に関して、超越論的事実性の必当然的明証性をもつヒュレー的先構成の役割を完全に排斥したことは、フッサールの受動的綜合の分析（まさにヒュレー的先構成が中心テーマであるにもかかわらず）が具体的な「生き生きした現在」の時間内容の綜合を解明しているのだ、ということをも無視する結果になっています。生き生きした現在の分析の際、ヒュレー的先構成の分析と不可分なことは、「具体的な流れる現在を私は、組織的に〝脱構築〟をとおして還元する。私は、原印象的な内在的な事象−現在、すなわち、〝自我に疎遠な〟、つまり内在的ヒュレー（感覚領域）へと還元する」（C6. 3a）といっていることからも明らかなように、内在的ヒュレーの領域を、時間内容の源泉から排斥することは、決してできないことなのです。

ヘルトによる時間化の自我論的解釈が成り立たない根拠は、フッサールのC草稿の多くの記述箇所において、明白に確定されます。

①「課題の組織図が前もって描かれる。（1）われわれは、まず、原様相的（urmodalen）現在を取り扱い、それをその二重のないし、三重の原様相的変転において理解すべきことを学ばねばならない。それは、原様相的な非自我的変転であり、原時間化（Urzeitigung）であり、その原時間化において、自我に疎遠なヒュレー的擬似世界が、その〝先〟-存在（"Vor"-Sein）を有している。（2）次に自我であり、この〝先〟-世界（"Vor"-Welt）はこの自我に対して存在し、その自我ないし、その触発と作用における機能を通して、本来の世界が、相対的〝諸世界〟に相応する創造の諸段階の多様性において創造される」（C16V, 15、強調は筆者による）[44]。ここで、原時間化において、まずもって、自我の活動以前に先構成されている「先-存在」、「先-世界」が「先-自我」に対応しているだけでなく、この次元が、存在と世界と自我に対して、先行していることは、明白といえます。
②また、「生き生きした現在が流れること（das Strömen）」そのものについて述べるとき、「流れは、自我の活動からなるのではない。……流れることは、以前〝体験流〟という名称で、意識流を考察したものであり、諸作用を超えて〔の外に〕なお、流れることであり、そこから諸作用が諸統一として時間化してくるような流れる基底である。〝流れること〟の三様の二重の意味がある。（1）先-時間化する流れとしての体験流、（2）ヒュレー的諸統一並びに諸作用としての内在的体験の流れ、（3）諸作用によって構成された世界時間であり、そこにおいて、すべての実在的なものが〝流れる〟のであり、〝時間の流れ〟であり、生成などである」（C17IV, 2、強調は筆者による）。三〇年代の草稿において、『時間講義』の時期の自我を欠いた体験流がもう一度、その最も根源的な先-時間化の次元に確認されている点が注視されねばなりません。
③なお、この「流れることとしての体験流」の次元の先行性を否定し、現象学する自我（phänomenologisie-

rendes Ich）に時間流の最終根拠を据える記述が、フッサール自身によって、一九三二年に記述されていますが(45)、この記述を、フッサールの時間化に関する最終的見解とみなすことは、次のような理由から、不可能です。まず指摘すべきこととして、この記述以降の一九三三年に、改めて、現象学する自我の作用に対して、「そのつど私に妥当するものとしての世界は、同時にその妥当性地平において、すなわち、世界が私にとって妥当するその存在意味において、単に〝その自然的〟地平を、すなわち、超越論的エポケーの新たな能作が為される以前や以後にもつ世界の自然的地平だけでなく、世界は、その超越論的地平をもつのであり、世界は、現象学者である私にとって、この地平をもはや失うことはできない(46)」として、超越論的地平としての世界が現象学する自我に対して、不可分離の必当然的明証性において確証されています。つまり、この確証は、先にも言及した、「われ有りの必当然的明証性」が「世界におけるわれ有りの必当然性」と不可分離である、超越論的事実性の必当然的明証性の確証、すなわち、それなしでは、超越論的主観性そのものが不可能であるようなヒュレーの原事実の必当然的明証性に、改めて導かれることになります。ということは、この時間化を通して生起する超越論的事実性は、『危機書』では、「人間的主観性逆説」として表現されている事態と同一の事態を指すのであり、もし、現象学する覚醒した自我が体験流を構成し、超越論的世界とその地平を構成するというように、人間の主観性の構成する側面のみ強調するのであれば、その主張は、構成される側面をも含む人間的主観性の逆説と表現される超越論的事実性の必当然的明証性との適合性をもちえないのです。このことを、フッサールは、一九三四年、「これらの解明の後、〝われ有り〟の、この必当然的明証性は、したがって、意識生において妥当する世界の存在に関するエポケーにおけるわれ思う〔ego cogito〕の必当然的明証性に他ならない。それは、世界妥当の土壌においてその意味を持つ必当然的明証性であり、世界の存在論の全体に帰属する必当然的明証性である[47]」と明言しているのです。さらに、第二の理由として先に言及した自我の作動と構造を基づける「徹底して先自我的なもの」の記述が、一九三三年であること、「超越論的衝動志向性が生き生きした現在の立ちとどまりの制約である」とする論稿も同様、一九三三年に論述されたものであり、一九三二年以降においてもなお、現象学する自我に先行する原初的に流れる時間流は、一九二〇年代から始まる、エゴロギーからモナドロギーへの全体的な移行において、必当然的明証性において確保されつづけているのです[48]。

c　衝動志向性が「生き生きした現在」の立ちとどまりを条件づけていること

① フッサールの衝動志向性は、感覚野全体に伝播し、触発する力の増減を条件づけ、取りまとめて方向づけることから「原触発」と名づけられます。過去地平に沈殿されている無数の空虚表象と原印象として与えられる無数のヒュレー的与件との間の相互覚起が生じることこそ、時間のとどまりの生起であり、その相互覚起による、同一の非対象的意味内容が継起すれば、それが、持続の生成を意味します。そして、直前の意味内容と意味内容の異なる相互覚起の生じることが、持続でない、非連続的変化の生起となります。したがって、触発の根本的偶然性からすると、時間の流れは、むしろ非連続の連続という表現が妥当する、といえます。また、衝動志向性によって条件づけられている「生き生きした現在の流れ」は、内在的知覚として直証されうるという肯定的側面をもつだけではなく、無意識の領域での無数の空虚表象の領野は、相互の抑圧と相克、身体中心化と自我中心化による、一つの直観化は他のすべての否定であり、その相克が一刻一刻生じつづけている否定の側面の必然性をフッサールが分析していることも付け加えておかねばならないでしょう。

② 衝動志向性を目的論の枠組みでとらえるヘルトは、衝動志向性の一刻一刻の充実が必当然的明証性において

与えられていることを、フッサールが考える目的論とは、まったく異なった把握の仕方でとらえています。ヘルトは、フッサールの「衝動志向性が立ち留まる現在を統一する」というテキストに対して、「志向的生の究極的に可能な統一化を経験しうるものとすることへと、目的論的に向かわずにはいないのである。だが、こうした意図が達成されてしまえば、それは、目的論そのものを、すなわち未来予持の推進力を停止させてしまうことになろう。したがって現象学的反省は、……〔その〕運動を廃止しようとするという、逆説的な状況におかれているように思われる[49]」と述べています。ここで問題になるのは、a、衝動志向性の統一の際、志向と充実関係における方向づけとして、衝動志向性によって志向された「目標」を、ヘルトは、「根源的現前呈示(ursprüngliche Präsentaion)」という目標と解釈していることであり、それによって、b、この目標が達せられると（フッサールにとっては、衝動志向性のそのつどの志向が充実されること以上でも以下でもない）、「自我の作動そのものを反省的に現在化しようとする意図[50]」を通して、自己自身へ至ること、つまり、根源的現前呈示に到達することと理解され、現象学的反省が終結してしまう、と主張しているのです。この解釈の不適合性は明白です。衝動志向性の充実は、そのつど、必当然的明証性において原意識されますが、衝動志向性は「自我の作動」を前提にしていない以上、その充実が、自我の作動の根源的現前呈示であるはずはありません。衝動志向性はそのつど充実されても、それが目的論の意図の達成であるはずはなく、目的論の全体は、衝動志向性の方向づけという受動的下部層（基盤）と理性の目的論という能動的上部層という層構造をもち、相互関係の解明を含めて、普遍的な意識生の構成論へと目的づけられているのです。
③　ここにおいて、これまで理解されてきたフッサールの時間論の解釈は、決定的変換を余儀なくされます。というのも、これまでは原印象の内容が、過去把持を通して変容をうけ、それと同時に、その内容が未来予持さ

れ、そのような幅のある現在が、過去地平に沈殿していくという時間構成の構図が、フッサールの時間論の通常の解釈とみなされてきました。[51]しかしこの構図は、先対象的位相意味内容間の「同時性（Simultanaität）」における相互覚起という原理的把握によって書き換えられなければなりません。[52]つまり、原初の時間化において、本能志向性の覚醒が、本能的予感そのものの覚醒として、その予感に即応する原ヒュレーとの相互覚起を通して生起するのです。この相互覚起そのものは、これまで述べたように、受動的綜合の原形式である対化を通して生じます。この受動的志向性の特性を考慮せずに、フッサールの時間化を正しく理解することができないのは、当然ですが、キューン、さらには、ヘルト、レヴィナス、デリダ、アンリにあって、フッサールの時間化を考察する際、自我の活動を前提にしない受動的志向性をまったく見落としていることは、解釈上の最大の欠陥といわねばなりません。

第四節　受動的発生と他者

（1）　超越論的還元をへて定位される「原初的領域」が、発生的現象学の探求を通して、「原初的領域は衝動のシステムである」（XV, 594）と規定され、絶対的時間化が、衝動志向性によって条件づけられていることが、同様に、発生的現象学の探求を通して解明されてくるとき、「他者経験」の現象学的解明は、これ以上明確な方向性をもちえないほど、はっきりした根拠の露呈と提示につながることになります。
発生をたどり、乳幼児と周囲世界との原交通が生起する「原地盤」（XV, 575）において、根源的時間化が生じるとき、その時間化は、原触発としての本能の覚醒と衝動志向性の形成による時間化に他なりません。原地盤を生きる意識生の匿名的間身体性の中に、自我極そのものが、時間化を条件づける衝動志向性の働きによる「身体中心化」を通して初めて形成されてくるのです。フッサールは、自我極の一致（Deckung）の根拠をカントのように、自我の超越論的統覚にではなく、意識生の身体中心化にみています。このような衝動志向性による身体中心化を中軸にすえると、自我－他我極の中心化の問題は、「相互に直接的、間接的な衝動による超越によって共同化された諸モナド、すなわち、すべてのモナドの絶対的〝同時性〟における、つまり、たえず構成される全-固有領域の原初的で生き生きした現在における志向的含蓄化の普遍性において、自我中心化（Ichzentrierung）をいかに理解すべきか」（XV, 595）という問題となるのです。そして、この身体中心化が生ずる以前には、意識生は、身体中心化が直観化される以前の遍在的身体性を生きています。この遍在的身体性においては、「絶対的ここ」と「相対的そこ」の差異さえいまだ生起していません。フッサールのいう「根源的な本能的交通における諸モナドの全性（Allheit）」（XV, 609）、また、メルロ＝ポンティのいう「匿名的間身体性」とは、まさにこの領域を指し示しているに他なりません。

この領域に定位することなく、乳幼児の伝染泣きとその消去、また、先に述べた母親の喃語の模倣を通しての自他の身体の差異化を現象学的に記述することは、不可能です。発生的現象学は、自他の身体性が遍在的身体性から分岐派生する事態を必当然的明証性において描写しえています。この必当然性は、時間化が衝動志向性によって条件づけられていることが証示されているときの必当然的明証性であり、先に述べた、超越論的エゴの「無言の具体化」、すなわち、「原事実性」の必当然的明証性でもあります。

かくして間身体性から身体中心化が生成することが、自我と他我の等根源性と異他性が同時に生成する決定的契機を意味します。先の例で、たえず受動的で本能的なキネステーゼを伴う〝自分〟の身体と、本能的キネステーゼを伴わない〝他〟の身体との差異が、繰り返し体験され、それに加えて、形成されてきた自我極をへた能動的キネステーゼによって、コントロールできる自分の身体とコントロールできない他者の身体の区別は、絶対的なものとなります。このような自分の身体が「絶対的ここ」という中心をもち、他者の「相対的そこ」をもつ身体と対置されてくるのです。
（2）　自他の等根源性と異他性の発生的解明のみが、発生的現象学の他者論の課題ではありません。フッサールの他者論は、トイニッセンやヴァルデンフェルスの試みた「汝の現象学」への方位をも内含しています。フッサールの人格的態度において実現している「我－汝－連関」の生成が、定題化されねばなりません。フッサールは、受動性の領域を開示することによって、自我の能動性による対象化以前に、幼児と周囲世界との間に原交通が生じる原理的可能性を提示しえました。そこにおいて、ブーバーのいう、幼児期における、まったくの他である真の他在としての「生得的な汝」との直接的関係の可能性が確証されています（詳細は、第四部第一章を参照）。そして、それだけでなく、「我－汝－連関」、つまり汝との出会いという出来事の可能性の条件が、人間の最も創造的な能動性が受動性として生きられる、つまり、能動性の極地において、自己中心化、身体中心化から解放されることが示唆されているのです。自己中心化、対象化、身体中心化の否定は、しかし、当然ながら、意識生の生動性の直接的否定を意味するのではなく、汝としての自然や他者や精神的存在への関係を通して、包摂されていく意味で、克服され、それから解放される意味での否定です。
（3）　このような発生的現象学の探求を通して方向づけられるフッサールの相互主観性の成立の見解に対して、これまでなされてきた諸批判は、ほとんどその根拠を奪われることになります。
①　レヴィナスの徹底した他者の他者性とされるものは、一部、フッサールの時間化と受動性の誤解の上に築か

れており、フッサールの解明する根源的他者性の徹底さに及びえないと思います。
a　時間化についての誤解とは、レヴィナスが原印象と過去把持を能動的志向性の有無で分断してしまっていることを意味します。彼は、ヘルト、デリダ、アンリ同様、過去把持の、『時間講義』期に「特殊な志向性」と称せられた受動的志向性の性格、さらに、『受動的綜合の分析』の講義の時期に、「まったくいかなる志向性ももたない」といわれるより根源的な受動的性格を、まったく理解しようとしません。レヴィナスは、過去把持を結局、能動的志向性と把握するために、過去把持は、能動的志向性による対象化と反省化の機能をもつことになり、この対象化をまぬがれるのは、唯一、非志向的な原印象であるという解釈をします。こうして、他在と他者の内容をもたらすはずの感覚（時間形式を満たしている時間内容）も同様に、能動的志向性と解釈することから、感覚内容をもたらすはずの原印象は、非対象的内容を与えると同時に、その痕跡のみを残して、背後に退く、そのような他性を有するとされるのです。つまり、能動的志向性の対象化をまぬがれた他者の他者性が、原印象において確保されるという基本的解釈の構図が成立します。こうして、レヴィナスにとって時間化そのものが、能動的志向性と性格づけられているのです。この解釈がまったく妥当しないことは、これまでの叙述で明白といえましょう。
b　この解釈の構造を通して、他者の他者性のもつ、自我への積極的働きかけとしての根源的他者性がレヴィナスには失われてしまいます。発生的現象学を通して解明される、自我極形成以前の身体中心化が形成されつつある時期の、意識生と周囲世界との原交通（先に述べた幼児の生得的汝との関係）は、衝動志向性による絶対的時間化を通して生成しています。この原交通においては、意識生の全体が対象化や自己反省を介することなく、生得的汝に向かっており、この向かいには他在からの向かいが交錯していて、その相互性を通して、非対象的な生得的汝の「まったく私でないなにか」、「まったく他なるもの」[53]との出会いが生じています。しかし、レヴィナスにとって、時間化が能動的志向性と対象化をまぬがれない以上、このような感覚内容を介した原交通の可能性は、排除され、いかなる具体的感性的内容（他在の語りかけそのもの）を担う生得的汝との出会いも不可能となります。それと同時に意識生に語りかける生きた他者の他者性が失われるのです。

また、真の他者の他者性は、この原交通を原地盤として形成される、原共感覚からの諸感覚分野の派生的分岐や受動的キネステーゼに能動的キネステーゼが付加することによる「絶対的ここ」と「相対的そこ」との断絶、すなわち、自我の自己意識に対峙される他我の他者性に先行する、自他の身体性の亀裂の深淵に由来する、より根源的で徹底的な他性です。なぜなら、身体の自己中心化こそ、自我－他我の峻別の根源であり、能動的志向性の能作による自己反省や他者の対象化よりはるか以前に遂行されている、より深層の差異化であるからです。
②　アンリの生の自己触発という立場は、受動的志向性としての衝動志向性や感覚、感情を理解しないために、自我－他我の意味の生成を解明しえません。
a　アンリは、フッサールの相互主観性を、最終的には志向性から出発している点を批判しますが、そこでは、衝動志向性も通常の能動的志向性と誤解されています。アンリの立場を主張するキューンによれば、フッサールの本能志向性の予感という方向づけさえ、超越する方向をもつことから、徹底した内在的受容を主張する「生の現象学」の受動性に及ばないとされます。このとき、逆に詰問されるべきは、このような予感なしに、特定の情感という自己触発が可能になるのか、という問題です。というのも、例えば、先に述べたように、授乳という本能的予感が目覚めることなしに、そして、その予感に相応した感覚素材の充実ないし非充

実が原意識されるということなしに、いかにしてそもそも空腹を空腹として、ないし、空腹が満たされることとして感ぜられうるのでしょうか。生の自己触発を、超越の作用がそのまま受容であるという超越の内在的自己触発と理解しても、何に向けての超越なのかその方向性はどこにとることもできないのです。
b　アンリは生の共パトスにおける情感の直接的交換に、自我性と他我性の根源をみようとしますが、いかにして差異化が生じるのか、そのいかには示されていません。キューンによれば、「私の生は絶対的生からこの私の生への到達としてのみ可能であり、その到達をこの私の生がその原私性そのものにおいて選択したのであるから、そのような到達は独我論的－モナド的ではありえず、この到達は、その到達性そのものにおいて、すべての他の実在的な、また、可能的な〝諸モナド〟を内に含んでいる」(54)とされます。しかし、この到達（Zugang）とはいかなるありかたの到達なのか、私の生がその到達を選ぶことと、他の生がその到達を選ぶことの間に何らかの関連がたてられるのか、たてられないのか、そういった問いには、いかなる解答も与えられていないのです。

第五節　課題と展望

これまでの考察を通して、受動的発生か再出発する現象学的考察はいかなる課題と見通しをもつのか、短くまとめてみたいと思います。
（1）　まず、明らかにせねばならないのは、これまで、ほぼその輪郭を明らかにしてきた受動性の問題領域のさらに厳密な確定作業です。なぜなら、先に述べた受動性の基礎原理について、いまだなお、受動性を能動性の一様態とみなす解釈が解釈として存続することが想定されるからです。その解釈に対して、フッサールの個別問題の現象学的分析において、受動性の基礎原理が如何に形成されてきて、発生的現象学の考察領域が定位されているかが、方法論の精査を伴いつつ、繰り返し再確認されねばなりません。それを通して初めて、受動的発生から再出発して、受動性が能動性を基づけるという基本原理がフッサールの目的論的構成論全体を新たな光のもとに照らしだすことができるのです。
(2)　わたしたちは、時間、空間、身体、知覚、言語、他者等々の個別問題領域の発生的現象学を展開する課題を前にしています。その際、フッサールが『イデーンII』の領域存在論において格闘辛苦した本質直観の営みを、積極的に課題として担っていかなければなりません。フッサールが当時の実証科学の成果を積極的に本質直観に取りこんでいったのと同様に、現今の認知科学、とりわけ、神経生物学の成果は、事例化を通して自由変更の可能性の拡大をもたらすことは疑いないことです。この新たな静態的現象学を土台にした発生的現象学は、これまでの、個別問題領域の受動性と能動性における本質規則性の超越論的相対性の内実を、受動性と能動性の交錯関係の間文化的相対性として、露呈されてくると思われます。
(3)　発生的現象学は、意味が発生してきた過去の経過をみやるだけではありません。新たな意味の生成の可能性に開かれています。たとえば、「汝」という意味は、各自に本当に生成して来ているでしょうか。そしてその生成の可能性の条件とはいかなるものであるのでしょうか。「我—汝—関係」では、関係に立つ汝は、人間に限るのではなく、自然であったり、精神的存在であったりします。つまり、人間のあらゆる創造的活動の只中で遭遇するのが汝であるとされます。このとき、汝の現象学は、あらゆる活動領域で個人の全体の集中を通して実現する創造性の生成の本質規則性を解明の課題とします。

（4） 発生的現象学は、意味の発生に遡及する営みを通して、各文化の生活世界で生成してきている意味の生成という、意味の生成の超越論的相対性の現実に突き当たることになります。それによって、発生的現象学は、間文化の現象学として探求されることになり、各文化で露呈されてくる受動的構成層と能動的構成層の交錯関係を解明するという、広大で奥深い問題領域の開示に直面しているのです。

第三章　存在から生成へ
――発生的現象学とその可能性――

発生的現象学は、フッサールの現象学の中期から後期にかけての展開を大きく方向づけています。しかし、発生的現象学の方法については、静態的現象学における「本質直観」の場合のように十分議論されてはいません。ここで課題としたいのは、まず、現象学の中核をなす問題である時間論と他者論の議論を再検討するなかで、「発生的現象学の方法」が、実際には暗に活用されていることを指摘し、次に、この方法論の概略を確定して、これからの現象学研究の諸課題に関して、どのような方法論的射程をもつのか、明らかにしてみることです。

フッサールは、『危機書』(1)において、「認識論的妥当性」と「発生的起源」に関して、両者を原理的に対置させ、分離する立場を、その時代の「支配的なドグマ」(2)として正面から批判しています。このドグマは、実は、今日のハーバーマスのような立場にさえも、いまだなお踏襲されているものであり、フッサールの発生的現象学は、このドグマに対置するある新たな立場、つまり、通常では語義矛盾とさえ考えられる「論理的真理の発生」、「論理の発生学（Genealogie der Logik）」(3)という問題領域を確立する立場を意味しています。そこでは、論理的そして、数理的真理は時間を越えるとする超時間的な「論理の形式的アプリオリ」の立場が超えられ、しかも、普遍的真理はなく、すべて、それぞれの文化と歴史に依拠する相対的真理しか存在しないとする「歴史の相対主義」に陥ることなく、超越論的哲学の考察対象としての「具体的な歴史的アプリオリ」の解明の方向が提示されているのです。

この発生的現象学の立場は、『危機書』において本質直観と関連づけながら、次のように明確に表現されています。「生活世界の上で考えられる限りの物事を経巡って、自由変更を通して、必当然的な明証性において、本質一般的な存続するものが立ち現れる。……この方法において、それ以前に証明した形式的に一般的なのものを超えて、次のような必当然的なものをもテーマにすることができる。それは、幾何学の創設者に用立てられた先－学問的な世界の必当然的なものであり、それは、理念化される実質として役立ったはずのものである。(4)」

ここで言われているのは、静態的現象学で行使される本質直観をへて、必当然的な明証性において、本質一般的なものが解明され、それを前提として、(「このような方法において」とは、ここでは、直接、本質直観をさす) 発生的現象学において、そのようなすでに獲得されている本質一般的なもの、理念的なものの「理念化の生成」並びに、先－学問的な世界の解明が課題とされていることです。つまり、フッサールがはっきり主張しているのは、『危機書』で解明の課題とされている、生活世界に働く超越論的本質規則性としての「先言語的アプリオリ」や「先反省的本質規則性」は、超越論的哲学の必当然的明証性を持つものであることです。この先反省的本質規則性としての受動的綜合の連合と触発の規則性が、必当然的明証性、つまり、「われ有り」と「世界の中でのわれ有り」という超越論的事実性のもつ、必当然的明証性をもつことは、ここでのフッサールの明記とともに、たえず立ち戻らねばならない発生的現象学の根本原理なのです。そして、このような必当然的なものを定題化する方法が、発生的現象学の方法であり、この方法を通して、「歴史の本質的なものを辿ることによって、歴史的な起源の意味を露呈し、その起源の意味が、全体的な幾何学の生成に、必然的に一貫した真理の意味を与えることができるのみでなく、与えるべきだという問題(6)」が提示されているのです。理念化そのものが解明されるからこそ、「論理の発生学」が、厳密な学として可能になっているのです。

このように、発生の規則が、現象学の明証性格に照らし、必当然的なものとして探求されるという大変明確な方向づけがなされているにもかかわらず、フッサール以後、「生活世界論」の枠組みでの発生的現象学の考察は、十分に展開しているとはいえません。一部の論者は、そのような生活世界の先反省的、先述定的アプリオリの解明は不可能とし[7]、他の論者は、完全な超越論的還元は原理的に不可能として、自然的態度にもどって現象学的描写をなすことそのものが、生活世界のアプリオリの解明に近づく唯一の方途である、と誤解したりしているのが現状ではないでしょうか。それは、文頭で述べたように、その方法論の射程について議論が十分に尽くされていないところに主な原因があるからである、と思えます。

フッサールのいう必当然的明証性をもつ発生の原規則は、「根源的時間意識の規則、再生産の原規則、連合と連合的予期の原規則[8]」であるとされますが、この原則に指針をあわせ、「時間と他者」というテーマにおいて、フッサールの発生的現象学の考察の動機が現にどのように働いているのか、さまざまな批判的解釈の反批判を通して明らかにしてみたいと思います。

I 時間と発生

フィンクは、「時間と発生」の必然的連関について、「全てのわれわれの〝発生的〟見識は、本質に即した出来事と発展の経過に関わる、つまり、原理的に内在的時間において繰り広げられ、……内在的時間がすべての発生の普遍的形式と普遍的地平を提示していることによって性格づけられる[9]」と述べています。発生的現象学の解明の課題は、「時間と連合」であるとするフッサール自身の言明に並んで、フィンクも、時間流の構成をめぐって、内在的時間の構成の現場を問うことが、〝発生的〟な意味の生成を遡って、求められるべき構成層の始源に始めから立とうとすることに他ならないことを示唆しているのです。発生の規則は、内在的時間において展開しており、この内在的時間は、本質規則性の解明に直接関わるだけでなく、本質直観の歴史的発展に関わるのです。内在的時間が発生の形式と関わるということは、内在的時間が発生の形式である「連合」と密接に関わるということでもあります。

第一節　原印象と過去把持の不可分離性

時間流の構成の問題をめぐり、構成の発生に関して最も根本的な問題といえるのは、生き生きした現在における「流れることと留まることとの逆説」の解釈であり、この問題は、最終的には「原印象と過去把持との関係」とその関係をどう反省できるのかという可能性の問題に行きつきます。その際、原印象と過去把持を分離して、原印象が原受動性に属し、過去把持は受動的であっても、やはり志向性に属する、という敷衍している解釈の不適切性を、まず初めに問題にしたいと思います。

このような立論に対して、他の立論として、原印象と過去把持の働きを一つの働きの二側面とみなし、分離しがたく融合して働く働き方を開示するとする立論が可能です。それは、この融合にフッサール後期現象学の最重要問題である「受動的綜合」、並びにその最も根源に働く層としての「衝動志向性」が働いていることを見極め、そこから「生き生きした現在」の根底的構成を語ろうとする立場です。そこで、まず、この二つの立論を対置させ、実は、後者の立場がフッサールの生き生きした現在をも含む時間論の中軸となり、発生の問題をめぐる根本的視点となっていることを、根拠づけてみたいと思います。

a　原印象を分離させる立場

第一の立場である原印象と過去把持を分離する解釈は、次のようなフッサール自身の記述をその根拠としています。
（1）『時間講義[10]』で、原印象は、時間流の構成の「源点（Quellpunkt）」、「産出の絶対的始まり（der absolute Anfang der Erzeugung）」、「自発的発生（genesis spontanea）」「原創出（Urschöpfung）」「新たなもの、（das "Neue"）、意識に疎縁に成り立ったもの、（das bewußtseisfremd Gewordene）、受容されたもの（das Empfangene）」といわれるのに対して、過去把持は、その原印象が保たれるという変容を意味するにすぎない、したがって、原印象が原意識されるとはいえても、過去把持は変容するという志向性であり、その志向性が原意識されるとしても、その変容が変容として原意識されるだけである。
（2）同じく、『時間講義』で、原印象は、絶対的に変容していないものとして、変容以前の内容、つまり、常に新たに原産出される「新たな原印象の内容（Inhalt einer neuen Urimpression）」をもつ。過去把持はその内容を過去把持を通して変容して保つだけである。この内容をフッサールは、「常に新たな、同じままでありつづける、あるいは変転する質料をともなった印象（immer neue Impression mit immer neuer, bald gleicher, bald weschselnder Materie）」とも名づける。したがって、原印象の内容が原意識されるのであり、過去把持はその内容の過去把持的に変容されたものが、変容という志向性の働きをうけた意識内容として意識されているにすぎない。

最もこの問題に近接して、この第一の立場をはっきり取っている現象学者として、レヴィナスをあげることができます。
レヴィナスは、フッサールの感覚を論じるに際して、上に述べられた「自発的発生」、「新たなもの」としての原印象を強調し、それだけでなく、原印象を新たに、「絶対的であり、質料と形式の区別がない」、「予想できないまったく新たな内容」、「まったくの受動性、〝他在〟の受容」、「最も卓越したあり方で、非－同一性」、「現勢的形式、〝今〟である」と規定しています。[11] それに対して、過去把持は、レヴィナスにとって、一方では、「そこにおいて志向することと生起とが一致に至るような志向性」、「固有な流れるあり方」というニュアンスに富む規定づけをしていますが、最終的には、過去把持と未来予持は、志向性に属するとみなしています。
なぜなら、レヴィナスにとって、時間とはそもそも、「感覚を感覚すること」としての志向性の流れなのであり、「感覚することと感覚されたものとの僅かな隔たり」があってこそ、その隔たりを架橋するような志向性なのだ、と主張します。[12] つまり全体として志向的である時間化による時間の流れの只中に、志向性ではない、内容をともなったまったく受動的な原印象が、そのつど到来するわけです。その際、「内的意識」（『時間講義』で「原意識」とも呼ばれる）にも言及され、志念と志念されたものの位相のずれに基づく志向性に対して、「内的意識」（原意識）は、原印象にのみ属し、その「志向性の理念化からまったく純粋」であることによって原印象において保証されている、としています。[13]
他方、レヴィナスが、時間意識全体を時間の「受動的な働き」と規定している点も見逃すことができません。レヴィナスは、語らう人との「近しさ」を定題化して、それを通して倫理を規定する際、時間意識全体の新たな規定づけを行っています。そこでは、言語以前の感性的なものの直接性が「近しさ」の生起とされ、「時間の受動的な働きとしての意識は、受動性の意識であり、能動性と対置されるにすぎないあらゆる受動性より受動的である受動性、……主観を欠く受動性の意識」であって、このような「主観を欠く受動性の意識」をレヴィナスは、フッサールに依拠する「受動的綜合」、すなわち、「起こること、時間の流れと隔たりの中で生じたものの〝受動的綜合〟[14]」とさえ名づけているのです。

以上の二点を確認した上、それに対置される第二の立場を提示し、同時にこの第一の立場を第二の立場に批判的に統合できる、また統合せねばならない必然性を示してみたいと思います。

b　原印象と過去把持との融合的所与の立場

さて次に、二番目の立場として原印象と過去把持を同一事態の二側面と見る見解を第一の立場に対置させて、フッサールの記述をあてがい、この立場の妥当性を確証してみましょう。
(1)　フッサールは、『時間講義』期の時間形式を中心にした考察においてさえ、過去把持の縦の志向性において、内在的時間内容が自己構成されるあり方を「そして、この原内容は原統握の担い手なのであり、原統握は、その流れる連関にあって、内在的内容を過去へと後退しつつ構成している[15]」と述べています。後期時間論に属するC草稿では、内容的原融合が印象と原過去把持との間に同時的に生じることについて、「立ち留まる原今における統一の形成としての融合の原創設、流れることにおいて流れ出ている過去把持的持続性、印象の辺在位相と一つになっていることのなかで、流れることにおいて、常に〝新たな〟辺在位相と最も近いたった今の新たに対応する辺在位相、この最も近いたった今は、流れる原位相から持続的な類似する内容性において流れ出ている[16]」と述べられています。

（2） フッサールは、一九二二／二三年の「哲学入門」と題する講義で、「原現在の創設の中心点（Stiftungs-punktmitte）は、創設する原印象が過去把持の持続することへ移行することなしに、また、絶えず新たな今を伴う原創設が継起することなくして、いかなるものも創設できない[17]」と述べています。このように、過去把持への移行なしには、原現在の時間内容の創設は不可能であり、流れることという綜合としての過去把持ぬきにした創設は、作動する諸位相の、すでに成立している綜合の単なる抽象にすぎないのです[18]。
（3） さらに、この「立ち留まる原今」における内容的な原融合は、その最も根底的な層において「本能」による融合として規定されます。すなわち、原印象と過去把持の内容的原融合による生き生きした現在の流れを条件づけるのが、「立ち留まる時間化としてのあらゆる原初的現在を統一的に形づくり、本源的現在を本源的現在へと、すべての内容が衝動の充足の内容であり、その目的に志向づけられているようなあり方で、駆り立てていくような普遍的な衝動志向性[19]」なのです。「本源的で、本質一般的な、すべての発展を規定する原衝動、原触発[20]」としての本能による原融合が恒常的に生成しているのです。
さてここで、この第二の立場で主張されている（1）から（3）を解明しながら、第一の立場と対比させ、それが第二の立場に収斂していくことを論拠づけようと思います。

まず、第二の立場の（1）の「印象と原過去把持との間の内容的原融合」に関してですが、この原融合というテーマは、二〇年代以後の「受動的綜合」の分析を経てきているテーマです。したがって、『時間講義』の時期の、原印象の内容と過去把持を通してのその内容の変容という命題（上記の第一の立場の（2））と食い違っていることは、明らかです。この食い違いは一体どこからきているのでしょうか。
① 過去把持は原意識であり、通常の志向性ではないこと

ここで、まず、明らかにしたいことは、第一の立場でいわれる「原印象の内容が原意識されるそのされ方」（第一の立場の（2））が第二の立場の「受動的綜合による原融合」に他ならないこと、つまり、原意識のされ方が受動的綜合を通して、発生的必当然性において解明された、ということです。

これを根拠づけるにあたって、まず注目しなければならないのは、原意識が通常の志向性ではなく、「非－志向性」としてまったく志向作用の性格をもたないことの論拠です。原意識は、「意識作用－意識内容」という図式に収まる志向性ではなく、意識作用そのものが働くその只中で、その働きそのものを、この図式を経ることなく、つまり、意識作用を意識するための次の意識作用を必要とするという無限遡及に陥ることなく、直接、「原意識している」ということを意味しています。そして、その際重要なことは、第一部第二章で示されたように、そもそも、この「意識作用－意識内容」という図式におさまらない時間意識が解明されたのは、過去把持（Retention）のもつ特有な志向性の露呈を通してなのだ、という決定的論点です。

この重要な論点の展開は、『時間講義』の講義にいたる補稿を見れば、一目瞭然ですが、ベルネもいうように、特にそれがはっきり現われているのは、補稿 Nr. 50 です。ここでは、まさにこの「意識作用－意識内容」の図式のために無限後退に陥ってしまう、その理論的設定から生じる困難が事象に即した記述で解消され、それとともに露呈されたのが、「把握する作用」という通常の志向性ではない、「経過する位相」を直接意識する過去把持的意識なのです。フッサールは、この Nr. 50 の、過去把持の概念が初めてそれとして、示される文章において、「感覚には、原初的想起が新たなものとして接続せねばならず、それによって、感覚の意識が失われることなく、感覚内容と時間的諸対象の持続が、すなわち、感覚の変化（実在的変化）といったものが、構成されうるのである。それに対して、想起の流れに関しては、新たに立ち現われる想起にさらに付け加わるものは、必要とされない。なぜなら、想起そのものがすでにそれ自身の内に、先行する想起の〝想起〟を含蓄しているからである。(過去把持)[21]」と述べています。つまり、時間の流れが過去把持を含蓄する過去把持として流れるという事態が記述されているのです。時間の流れを、自分自身が流れることを通して、つまり、流れることを前提にして初めて働きうる意識の把握作用によって見るのではなく、流れる位相にそのまま、「把捉的な視（Erhaschung）」が伴われているということもできます。

ベルネもこのような原意識を「絶対的意識」とみなし、この絶対的意識と過去把持が、統握と統握内容という構図によっては理解されないという論点を「絶対的意識と過去把持の不可分離性」として、「現実にこの両者の事象の問題を分離することは、絶対的意識がその過去把持的能作において、そして過去把持が絶対的意識の機能として分析されていることからして、ほとんど不可能である[22]」と論じている通りです。絶対的意識とは、絶対的時間流のことに他ならず、絶対的時間流の自己構成が、過去把持の二重の特有な志向性において解明されていることは、これまで、何回となく、詳論してきたことに他なりません。この意味でも、絶対的時間流と過去把持を分離することは不可能なのです。仮に可能であるとすれば、過去把持の二重の志向性という現出の仕方を、絶対的時間流の自己構成の仕方であるとするフッサールの主張に真っ向から対峙することに他なりません。

さて、その際、原印象と過去把持に共通する、「統握する作用でない」という特有な志向性の性格は、『論理学研究』で解明された、非－志向的な体験である「感覚素材」の与えられ方と同一であると指摘されていることにも注意しなければなりません[23]。そこでは、いわばレヴィナスが原印象に認めている「質料と形式の非区別性」が主張されているのであり、これは、フッサールが「感覚は原意識である」とする規定と同じです。したがって、レヴィナスが主張する「感覚することと感覚されたものとの僅かな隔たり」としての「感覚の志向性」は、フッサールの原意識としての感覚とは明らかに異なったものであることを明記しておかなければなりません。過去把持としての感覚は、内容と形式の区別をもたないのであり、それは、過去把持の次元において、時間形式と時間内容が区別されないのと同一のことなのです。

② 原印象と過去把持の空虚表象との融合を通しての、常に新たな非対象的意味の生成

さて、再び、原印象と過去把持の関係の議論に戻り、上記の第二の立場の（1）で、原印象そのものが、過去把持の辺在位相という規定を受け、過去把持の変容の過程からみた規定づけを受けている点に注目しなければなりません。そして、原印象の内容が過去把持の内容として同時的に、生成すること、つまり、原印象が原意識されるのは、原印象の内容が一端、単独に原意識されて、それが過去把持において変容するのではなく、その生き生きした現在に臨在している、過去地平に眠る非直観的な空虚表象との原融合によって初めて原意識として生成する、という根本原理の成立が、決定的に重要なのです。

この点の詳細な論証はここでは繰り返しませんが[24]、『形式的論理学と超越論的論理学』からの次の引用は、この事態を的確に描写しています。そこでは、意識の限界様相としての「無意識的なもの」を規定する中で、「すべての志向的発生が遡及的に関係づけられているのは、沈殿してある諸々の際立ったものからなる背景であり、この背景は、地平としてすべての生き生きした現在に付随しながら、〝覚起〟のなかで絶えず変転する意味を指し示している[25]」と述べています。つまり、覚起を通して提示される意味は、過去の地平に眠る空虚表象が生き生きした現在に付き添っていることによって始めて可能になっているのです。

また、この原印象と過去把持の空虚表象との原融合が、フッサールによってもっとも明確に記述されているのは、『受動的綜合の分析』では遠隔領域の空虚表象が覚起される再想起の場合です[26]。しかし、重要なのは、まさに「生

き生きした現在」において、ちょうど過ぎ去りつつある過去把持の経過の只中にある、原連合の領域における空虚表象（フッサールが、ハンマーの連続打音を例とする近接領域の空虚表象）の場合にも、遠隔領域にある空虚表象の場合と同様に、原印象の意味内容との相互覚起は、原理的に同一の事態として妥当していることなのです。
したがって、フッサールの時間論を、現在の原印象の内容が過去把持的変容を通して沈殿し、過去地平の意味内容を形成するという（第一の立場）現在から過去への一方向として捉えることは、もはやできず、『受動的綜合の分析』を経た中期から後期の時間論では、時間形式を内に含む時間内容の分析を通して「現在の原印象と過去地平の空虚表象との相互覚起」という新たな原理が展開しているのです。そしてこの相互覚起は、受動的綜合の基本的形式とされる「対化」として記述されています。[27]
対化という受動的綜合による相互覚起は、原理的に現在野に共在するすべての原印象の群れと過去地平に眠る無数の空虚表象との間に可能ですが、そもそも、なぜ、ある特定の原印象と特定の空虚表象との間にそれが生じ、触発的力が生じるのかといえば、それは、第二の立場の（3）で述べられている生き生きした現在に働いている衝動志向性に起因している、ということができます。この衝動志向性は生き生きした現在の特定の「立ち留まる原今における統一の形成としての融合の原創設」（C3VI, S. 10）を条件づけているのです。
そして、本能的な衝動志向性は、自我の発生以前の「先－自我」において働いていることから、この「立ち留まり」を条件づけているのは、ヘルトの構築による「超越論的自我の自己分裂と自己同一化」ではなく、ランドグレーベのいうように、「衝動志向性が、一切の意識とその経験の、究極的で最低層の超越論的制約であり、また、〈流れさること〉としての時間性の経験の制約である」[28]とみなければなりません。もちろん、この衝動志向性は、志向性と名づけられても、決して自我の活動性を伴うことのない先自我的（ないし没自我的）志向性なのです。すでに受動的志向性が自我の活動を前提にしない、通常の自我の能作を前提にする「能動－受動関係」以前に働いている志向性であり、衝動志向性は、その受動的志向性をより深い層から秩序づけている先自我的志向性なのです。

ここで、この先自我性をめぐる受動性の理解は、発生的現象学の展開の要です。受動性とは、前章で明確に示されたように、自我極を通す自我の活動をともなわないというのが、その原理的規定です。したがって、「自我の作用（Akt）と自我の受容、ないし受苦（Leiden）」という、自我の存在をはじめから前提にしたままの対比においては、フッサールの受動性が理解できないことを原理的に徹底して了解しなければなりません。レヴィナスのいう「能動性と対置されるにすぎないあらゆる受動性より受動的である受動性」としての原受動性の規定は、フッサールの受動的志向性の受動性によって、明確な現象学的規定となるのであり、その逆ではないのです。能動性と受動性というときのフッサールのいう受動性は、いかなるあり方においても自我に関わっていないのであり、没自我（Ichlos）という自我との無関係さは、仮にそこに自我が居合せていても、その自我に関わらないというほどの無関係さであることを理解せねばなりません。自我が居合わせていても、自我に関わらず、自我極を通らないということが、正しく理解されねばなりません。

原印象と過去把持の関係は、この「生き生きした現在」を条件づける衝動志向性に対応づけられています。すなわち、「生き生きした現在」において原印象と過去把持の空虚表象との間で、特定の相互覚起がとりわけ強い触発力を持つように動機づけているのは、「特定の情緒がもつ根源的な価値づけ、ないし習得された価値づけとか、本能的衝動」[29]によるとする論述に、明確にその対応づけをみることができるのです。したがって、このような生き生きした現在における無意識的な先触発的動機づけと無関係に、原印象だけ分離して、原印象のみに内容が属すると考える第一の立場が成立しえないことは、明らかです。そもそも本能の覚醒と衝動志向性の形成による空虚な形態と空虚表象の形成、そして、その空虚表象の介在なしに、原印象の内容が、内容にならないということが、原理的に明白に理解されなければならないのです。ということは、原印象の非対象的意味内容を独立したものとして措定し、それが外部から意識生、ないし実存の生に一方的に与えられる（贈与される）という議論は、フッサールの生き生きした現在の次元で生じる、「原印象と過去把持的空虚表象との間の同時的原融合による同時的意味の生成」という原理に対応しえないことは、明らかだと思います。

③「受動的働き」としての時間意識と「非志向的なもの」の現象学的分析の可能性

ここで、原印象と過去把持の融合に関連して、レヴィナスの主張の第二の点である、「近しさ」に関連する「受動的働き」としての時間意識を問題にしてみましょう。ここでレヴィナスは、「近しさ」において、「まったくの受動性」、「〝他在〟の受容」である原印象に、直接、触れる「純粋な交通（Kommunikation）」が実現していることを主張しています。[30] そこでは、また、「主観の客観への方向性が近しさへと変転し、志向的なるものが倫理になる」[31]とさえ述べられています。それが実現するときを「受動的作品」としての時間とし、そのような受動的意識を「受動的綜合」と規定しているのです。

さらに、レヴィナスは、「この前反省的意識は、能作ではなく、純粋な受動性である」として、それを、「現前の消失、控えめな現前」、「時間の純然たる持続」ともなづけます。「持続は自我の一切の意志から逃れ、絶対に自我の活動の外にある。持続－老いとしての持続とは、不可逆的な経過の受動性を起点とした受動的綜合の実現そのものなのであり、過去を再現する記憶のいかなる作用も、この経過を取り戻すことはできないのだ」[32]とされるのです。

しかし、レヴィナスは、このように、「受動的綜合の実現」を語るにもかかわらず、受動的綜合の分析そのものには向かおうとしません。なぜなら、「前反省的で非志向的な意識が、この受動性を意識するに至ることはありえないだろう。もしそうすれば、非志向的な意識のうちにあって、主体の反省が際立つことになってしまう。……非志向的なものの柔弱さを、まるで克服すべき精神の幼さや無感動な心性にたまたま生じた発作的な虚弱化であるかのように支配してしまう[33]」からだ、というのです。

どうしてこのような受動性の分析の可能性が拒否されねばならないのでしょうか。「主体の反省が際立ってしまう」、とは一体何を意味しうるのでしょうか。レヴィナスは、フッサールが能動的反省は受動的に先構成されたものを受け取るだけだというときに、能動的反省は、確かに意識し、「気づく」という役割を果たしてはいても、「先構成が先構成されるその只中、つまり、先構成そのもの」には関与しえないことを完全に見落としています。非志向的なものとは、決して事後的な反省が加わることによって、その非志向的なものの先構成された内容そのものに何らかの変容がもたらされうるような、そのような柔弱で脆弱なものではありません。個別的感覚野の感覚位相の意味内容、(視覚、聴覚、味覚、キネステーゼ等の感覚位相の意味)の連合による結合がどうして柔弱とか脆弱とかいわれなければならないのでしょうか。感性の本質規則性は、必当然的な本質規則として働いています。レヴィナスは、フッサールの発生的現象学を通して明らかにされてきた「受動性が能動性を基づける」という受動的志向性と能動的志向性の関係を明らかに見ていないばかりか、受動的綜合という受動的先構成の積極的創造性と条件制約的規定性および、基盤性格を開示しえていないのです。

レヴィナスは、受動的綜合の分析が、発生的現象学の方法という方法論と絡みあう中で、出来上がり済みの「対象の反省」という大変狭く限られた対象的反省の枠組みを突破していることを、見落としているといわねばなりません[34]。発生的現象学の方法である「脱構築」を通して、能動的な反省の志向性がいまだ働いていないとされるとき、すでに反省以前に働いてしまっている、受動的綜合による先構成の働き方そのものが、露呈されるのであり、その露呈の際の〝反省〟は先構成されたものに気づくのではあっても、その反省がその先構成そのものを先構成しているのではないばかりか、構成という支配力を行使する以前には、当然のことながら、至りえないのです。

非志向的なものは、単に志向的なものの前段階として、能動的反省による対象化のための材料として提供されるだけのものではありません。その積極さや強靱さは、受動的綜合の根源的層である衝動志向性が時間の流れを制約していることを指摘すれば十分了解されるはずです。レヴィナスが志向的でない領域を指摘するとき、単に「思考と生」、「認識と実践」、「志向性か倫理」といった伝統的な分割に陥ってしまい、非志向的で非対象的意味の生成という、受動的志向性の分析に至りえていないことが、この連関において明瞭になるのです。

さて、以上の検討を通して、原印象と過去把持との関係が、受動的綜合の分析と生き生きした現在の衝動志向性による超越論的制約の解明を通して、両者の原融合の原理という見解に収斂していくことが根拠づけられたと思いますが、このフッサールの立場が形成されていく際に、なにがその根本的な現象学的分析の動機として働き、そこに発生的現象学の考察の萌芽が垣間見られるかどうか、考えてみましょう。

第二節　時間意識と発生的現象学

フッサールにおいて発生の問いが定題化され、時間論と受動的綜合、衝動志向性の問題が、開示され、それによって明らかにされた重要な諸契機をさらに詳細に考察してみます。

a　直観と空虚表象の非直観性

レヴィナスは、原印象の原意識の次元まで考察しえても、過去把持を受動的志向性として捉えることはできませんでした。その理由の一つとして、「直観と志向性の本質的つながり」[35]に注視するあまり、非直観的なもの、つまり、非志向的に隠れて働くものへの視野を狭めたことがあげられるように思えます。

フッサールの『受動的綜合の分析』において、それ自身非直観的である空虚表象の成り立ちが、生き生きした現在における過去把持の経過を通して詳細に展開されています。フッサールは、そこで、いかなる志向性ももたない過去把持を通して過去把持され、空虚になった感覚素材の意味内容が、遡及的覚起を通して、志向的になり、直観される経過を詳細に記述しています。つまり、原印象の内容は、原印象が過去把持を通して直観されることの継起、すなわち、そのような直観と直観が前後に継起するという原理によってではなく、非直観的なもの同士の相互覚起が直観となる、つまり直観がそのつど生成する、という融合の原理によって、触発の力による覚起を通して解明されていることが決定的に重要です。

フッサールは、非直観的である「空虚形態」[36]こそ、直観に先行するという発生的規則性を明らかにすることを通して、原印象を起源にする直観の継起的存在という原理を、非直観的意味が直観的意味へと生成するという原理へと根本的転換を遂行しているのです。

非直観的なものが直観的になる、空虚表象の充実という原理は、そこに留まらず、空虚表象そのものの成り立ちにまで遡られ、本能志向性そのものの覚醒という、空虚表象が表象として成り立つ以前の領域に辿りつきます。この乳幼児が生きる原地盤の領域では、空虚な形態が形態を取り始める只中での、原ヒュレーとそのような空虚形態との相互覚起が生じているのであり、当然のことながら、受動的志向性における原触発は、意識生の自己触発とはいえても、また、自我極の形成を促しているとはいえても、いまだ形成されていない自我極を経た、自我の活動としての志向性の特質をもつはずはないのです。

この非志向的で先－対象的な先構成の領域では、気づいたり気づかなかったりする触発する力の相対性の次元において、「記憶間違い」や「無意識的な欲動が知覚を支配し、見たいものを見せたり、夢をみさせる」といった現象が生起しています。これらの現象は、隠れて非直観的で非志向的に働いている、相互覚起による空虚表象の非直観的充実（それが直観の充実にもたらされることが志向的になることを意味する）によってはじめて、解明されるのです。[37]

b　超越論的主観の原事実性の明証性格、ヒュレー的先構成の原事実性

フッサールは、『受動的綜合の分析』を遂行する際、内在的意識ないし内的知覚の明証性をその分析の出発点にしています。この志向と充実の関係は、十全的、絶対的であり、「内在的知覚に与えられ、したがって、現時点に十全的に与えられている与件は、この時点に関してはそれ以上の確信を容認しない。……この充実は先行予期の充実であり、最終的な絶対的充実、ないし明証性である」と表現されています。[38]では、この内的意識の明証性は、「生き生きした現在」の分析の際に立てられている明証性の基準とどう対応しているのでしょうか。

そこでまず、改めて、ヘルトが現象学の反省の概念を大変狭く理解していることが指摘されなければなりません。自我が行使する反省は、意識作用として時間化せざるをえないため、それ自身時間化している反省が、流れる時間化を把握することはできないという無限後退の困難が必然的に生じます。その際、フッサールの場合、原意識と過去把持という非志向性の次元の開示がなされるのに対して、ヘルトの場合その次元にまったく、注視しようとしま

せん。なぜなら、まず第一に、ヘルトは、反省を「反省は、自我が自分自身を直観して把捉することを試みることである[39]」と捉え、先-反省的反省、先自我的反省の可能性にまったく視野を閉ざしているからです。

第二に、ヘルトは、自我の機能としての反省とその対象認識を一辺倒に強調するあまり、原印象を自我に衝突する非自我として、排斥し、「生き生きした現在」の問題に組み込みません[40]。そして、超越的主観の超越論的原事実の問題を、自我が自我自身を反省できないという匿名性の問題に局限します。ヘルトは、この超越論的原事実を、究極的に作動している自我の原受動的先所与性であり、「感覚的印象が受動的に姿をあらわしてくることと混同されてはならない[41]」として、ヒュレーの先所与性の領域をあくまでも、排除するのです。

しかし、フッサールのいう「超越論的主観性の原事実」は、単に作動する自我の原事実ではなく、自我と世界の不可分離な原事実であることを、ヒュレーを排除することによってヘルトは見失ってしまいます。この原事実とは、「まさに、（最も広義の意味の）ヒュレーの原事実が指示されることのなかで、なのであり、このヒュレーの原事実なしには、いかなる世界も可能ではなく、また、いかなる超越論的遍主観性もない[42]」というように、自我の原事実は、世界の原事実と不可分なのです。だからこそ、通常の意味での「本質と事実」がそこから分岐してくるような原事実には、構造的契機としての自我極の生成と質料的契機のヒュレーの生成が二つながらに含まれているといわなければなりません。このことは、超越論的原事実の問題が、超越論的目的論の枠組みの中で、本能志向性と衝動志向性を起点にして、つまり、原ヒュレーと本能志向性の覚醒という原地盤を目的論の原点として考察していることからしても明白です。

「われあり」の必当然的明証性が、このヒュレーの原事実性と不可分であり、ヒュレー的原事実性そのものが、現象学を遂行する超越論的思惟そのもの、つまり、方法を行使する現象学者の視そのものの超越論的条件となっており、発生的現象学の明証性の基盤は、このヒュレー的原事実性という必当然的明証性に他ならず、その明証性の只中でこの原事実性そのものがさらに分析されているのが発生的現象学の分析なのです。

事実は、事実として生成するとき、本質形式である目的論において成立します。さらに、この目的論が、事実を前提にするとは、事実が事実になるとき、そのときにのみ目的論が働きうるということです(43)。それと同時に、したがって、「われ-有り」の必当然性とは、「われ-有り」の事実性における自我の存在(Ich-bin)の必当然的明証性ではあるのですが、それだけを孤立することはできません。ここで決定的に重要なのは、事実性における世界信憑の内部での必当然性が主張されていることなのであり、それこそ、世界化を巻き込んだヒュレーの原事実性の必当然的明証性に他ならないのです。

ということは、「われ-有り」の必当然的明証性に、現象学を遂行する、方法論的視点の根拠をみることはできても、この現象学を遂行する主観の原事実とは、まさに、還元の方法を遂行するその主観の原事実性であり、原ヒュレーとの不可分離性を意味するのであり、世界の原事実性との不可分離性を意味します。

さて、生き生きした現在の「立ちとどまり性」は、ヘルトのいう「自我が流れる」ことによる「立ちとどまり性」にその最終的根拠をもつものではありません。超越論的自我の自己分割と自己同一化は形而上学的構築物であり、現象学的明証性から遊離してしまいます。フッサールは、エゴ・コギトの必当然的明証性に、そのような構築物を持ちこんではいません。そして『デカルト的省察』で主張される必当然的明証性の範囲の拡大こそ、内的意識の絶対的明証性を基準にして、ヒュレー的構成の領野として確証され、含蓄性、歴史性、具体性、世界化のプロセスに及んでいくのです。その際行使される方法としての還元は、世界信憑そのものの否定ではもちろんなく、超越論的還元を通して、世界信憑そのものの、つまり生活世界の超越論的規則性が明らかにされるのです。

新田義弘氏は、ヘルトの「生き生きした現在」の「現われと隠れ」の解釈を批判して、ヘルトとは逆に、「流れ」を「生き生きした現在」の「隠れ」の契機としてではなく、「現われ」として、また、「立ちとどまり」を「現われ」としてではなく「隠れ」とみなします。この見解は、自我の反省によっては時間の流れを把捉できないとする自我論的解釈を、「かたちなき「生（命）」がかたちある「世界になる（Weltigung）」出来事」における「隠れと現われ」の両契機という理解、西田哲学に即せば、「生の自覚」における両契機として理解することによって、媒体性の一契機として包摂している、といえるでしょう。この狭義の自我論から生命の哲学への転回において、新田氏は、大乗仏教哲学の「無我と空」に立脚する道元の時間論と現象学の時間論とが通底する次元を的確に示唆しているといえます。(44)

Ⅱ　他者と発生

レヴィナスの他者論は、自他関係においていかなる等根源性も拒絶するところに他者の他者性をみます。レヴィナスにとって、他者が他者として、他在として定位されるのは、上記のように、言葉以前の「近しさ」において「志向性が倫理となる」その次元においてであり、他者に「触れる」ことがあっても、ちょうど、原印象のように、原意識はされても、反省され、志向性の対象的内容となることはないとされます。

a　原印象と過去把持の不可分離性と「他者性」の議論

フッサールの発生的現象学において、衝動的で匿名的な間身体性の次元では、本能-衝動志向性を通して、幼児の身体と環境世界の間に原交通が成立しています。その際、当然のことですが、衝動志向性は、超越論的還元を経た時間論と受動的志向性の分析を経て考察されている超越論的規則性であり、自然的態度の中で、ただ「没自我的に（まったく自覚をともなわず、無意識的に）」生きられている衝動的生そのものを意味しているのではありません。このような没自我性と取り違えることは、経験論的主観と超越論的主観の原理的相違を無視することに他なりません。

この衝動志向性を生きる幼児に与えられる原印象は、そのまま原意識されますが、その原意識のされ方が、本能志向性の非対象的意味と原印象の非対象的意味とが相互覚醒して初めて生成するという、過去把持を経た空虚表象の形成以前の「漠然とした本能の予感の目覚め」という始原的あり方であるとされます。その本能志向性と環境世界（「先－存在」とも言われる）の間という原地盤で、乳幼児にとっての周囲世界であるといえる養育者（家族）との関係の中で生じる相互覚起が生じているわけです。

この発生的現象学の次元でのフッサールの記述は、レヴィナスの現象学的分析が展開する「志向性／非志向性」、「思考／生」という狭い二者択一的な分析の枠を超えています。そもそも過去把持、連合、触発、原触発という諸規則の働く受動的綜合の領域が、通常の主客二元の枠組みではとらえられない、通常の能動的志向性の「ノエシス－ノエマの相関関係においても把握されない受動的志向性（非-志向性）の領域であることを原理的に徹底して理解すれば、レヴィナスのように、時間化が即、志向性の働きである、といえないことは明らかです。原印象と過去把持の空虚表象との融合が、自我極から発する志向性の働きでないことは、フッサールによって、幾重も原理的に明瞭に示されていることです。このような先自我性において出会われている〝他者〟が、その先自我性の領域では、いまだ、他我の他我性を獲得していないのは、その領域では、いまだ自我の自我性が成立していないのと同様です。衝動志向性の先自我性とは当然、その先他我性でもあります。

この先自我性を考察するにあたって、フッサールが、はっきりと、超越論的還元を経て獲得される「原初性（Primordialität）は、衝動のシステムである[45]」と述べていることの意味を十分に考える必要があります。この「衝動のシステム」は時間化の制約であり、この時間化を志向性格によって退けるところに成り立つレヴィナスの「他者の他者性」は、時間化の制約である衝動志向性の彼方に位置し、衝動志向性をも退けます。レヴィナスは、フッサールの「時間と感覚」の解釈に際して、原印象を非志向的なものとして、そこに他者性の根拠をおき、過去把持の非志向性を認めずに、志向的と規定しました。それによって過去把持の空虚表象なしには働きえない衝動志向性をも、志向性と規定せざるをえず、唯一、非志向的であるとする原印象を、衝動志向性による時間化から分離し、超越論的主観性の外部に孤立させたのです。これによって、レヴィナスは、同時に、フッサールの主張する先自我的衝動志向性による原交通において実現している原地盤での等根源性をも拒絶し、その等根源性から自我の自我性と他我の他我性が分岐生成してくることを認めることができないのです。

b　自我の自我性と他者の他者性が衝動のシステムから同時発生すること

自我極の形成、すなわち、自我極の自己同一化以前に、すでに、先－自我的超越論的生が生き生きとした現在を「身体の自己中心化」として生きているということが指摘されねばなりません。

フッサールは、自我極の合一とは、「すべての二重の意味での〝行為〟の身体中心化に他ならない[46]」と述べ、「想起や想像」といった、高次の志向性の働きである準現前化の次元において、自我極の自己同一化や同一性を語れても、その同一化そのものを可能にして、動機づけているのが、「過去把持的持続性において働いている」身体中心化なのだと主張しているのです[47]。この次元で働いている身体性は、フッサールのモナドロギーによる把握において、超越論的エゴの先自我性として、二段階において論述され、本能的交通のなかにある「眠れるモナド[48]」と「覚醒したモナド」の違いが述べられ、通常の自我概念では捉えきれない「眠るモナド」の段階から理解されていることが、強調されなければなりません。ここでも、自我の中心化、すなわち自我の極化は、諸モナドの衝動による超越の中で生成してくることが明確に記述されているのです。

もし、レヴィナスが、フッサールにとって絶対的である根源的時間化を、時間化であるがゆえに自我の活動をともなう、すべてを対象化する志向性とみなし、退けることになってしまい、その排除と同時に、非志向的な諸モナド間の相互の超越、結局は、自我の極化、つまり、自我が自我となり、他我が他我となるその生成そのものを退けることになり、それとともに先自我的な母と子の間の情感的交通、先自我的な他者との触れ合い、フッサールの場合の「受動的相互主観性の次元[49]」を退けることになってしまいます。それは、フッサールの発生的現象学の営み、始源への遡及とその分析を、時間化が志向的であるという決定的誤解を通して、排除してしまうに等しいのです。

ここで、この排除されてはならない受動的相互主観性の領域と精神病理学の症例の現象学的分析の可能性という論点を明らかにしておきます。

フッサールの「受動的綜合」の意義を統合失調症（分裂病）の現象学において初めに注目したのは、『自明性の喪失』の著者、W・ブランケンブルクです。「内省性を特徴とする分裂病を通してわれわれの注意が差し向けられる決定的な現象学的問題は、〝いかなる仕方で、意味や意義を付与する作用が基礎的受容性（後期フッサールの用語では受動的総合）に依拠しているのか〟という問題である[50]」とあるように、ブランケンブルクは、受動的綜合によって規則づけられた、世界への先述定的で、先志向的な関係に注目し、超越論的組織化としての時間化の構造変化を定題化しているのです。

この観点を深め、「受動的相互主観性」の領域を自閉症の治癒論で中心的に取り扱ったのは、松尾正氏の『沈黙と自閉』です。このとき、うたた寝に似た本当の沈黙の中で、触れることさえなく、人と人との間をかよっている原交通（コミュニケーション）が働いているのであり、この原交通こそ、フッサールの上の引用にある、まさに「眠れるモナドの根源的な本能的交通」の先自我性に関して通じている、といえましょう。

この次元で先自我的な本能志向性が働き、まさに衝動志向性の制約による時間の流れが流れているのです。この時間化に働く「本能志向性や無意識の現象学」で展開されている触発や抑圧の現象は、過去把持の空虚表象なしにそもそも現象となりえないことも、強調されておかねばなりません。

また、松尾氏のいう「非対象的無関心的沈黙」で、何らかの、抑圧されていた関心が介入してきて、「非対象的無関心的沈黙」が破れるとき、まさにそれまで支配していた沈黙と、それが破られて生じた別の沈黙との質の差が、感ぜられて、はじめて、医者に対する拒絶反応という行動として現われています。両者に共有されている沈黙の質の差は、志向的無関心から志向的関心への移行（I）と、志向的関心から志向的無関心への移行（II）として、まさにその移行の際、その変化が内的意識として感ぜられているのでなければなりません。

その際、移行（I）は、志向性への変転であり、特定の原印象と過去把持の空虚表象が融合して、自我の対向を促すほどの触発的力をもち、志向性が起こったその最中に、その起こりがそのまま原意識されえます。移行（II）の場合、志向性がもはや生じなくなることであり、特定の原印象と過去把持の空虚表象が融合しても、触発的力が十分に自我に達せずに、それに気づくことはなく、眠りに着くことを意味します。その眠りから覚めるのは、フッサールが「眠りについて知ることができるのは、目覚めることによってのみである」[51]というように、沈殿した意味が触発的になるという触発が必然的条件なのです。つまり、移行（I）が生じて目覚めるとき、その移行（I）以前の移行（II）が、すなわち、覚めていたのが眠りに移行していたこと、そのことが原意識されうるのです。

そして、これらの原意識としての知を可能にしているのは、まさに連合による触発と抑圧の現象に他なりません。そして、これらの現象の根源的層には、過去把持の受動的志向性や非直観的意味の統一の受動的志向性にみられるように、受動的志向性としての内的意識が働いて、それとして原意識されているのです。

また、方法論として、「反省の視」が起こる以前の原意識が働く原交通の領域がそれとして確保されるのは、自我の自己反省を通しての自我の極化と、対象の再想起を通しての対象の極化という高次の志向性の次元が、脱構築されて、初めて、可能となります。このように露呈され、確保された領域のさらなる発生的現象学の遡及的探求こそ、受動的相互主観性を育みうる本当の沈黙の、その沈黙そのものの成り立ち、並びに「非対象的に感触する」[52]その感触そのものの成り立ちを、解明する射程を持ちうるのです。

なぜなら、幼児期の自我の極化以前に、その過去地平に沈んでいる非直観的な空虚表象さえ、脱構築して、つまり、自我にまったく関与しない受動的衝動志向性の空虚表象さえ脱構築して、本能的志向性の覚醒という原事実性に立ち至り、そこで生起する、あるいは生起しない、衝動志向性の形成（現象学的還元を通して理解された「生理－物理的条件性」の制約や社会的文化的背景という起因性をも含め）を現象学として、記述する課題に開かれているからです。この記述の営みを迂回してしまっては、先自我的な受動的相互主観性の現象学は成り立ちえません。現に発達心理学や幼児の自閉症研究などにおいて、昨今、メルロ＝ポンティに依拠する方法論の展開がみられますが、[53]フッサールの発生的現象学の方法は、自我形成以前の受動的相互主観性の領域の解明に多大な貢献をなすはずなのです。

c　フッサールの感情移入論に働く発生的現象学の方法とその明証性

他者論、とりわけ「感情移入論」の展開において、すでに、発生的現象学の方法の中核となる「脱構築」の方法が暗に活用されていることが『デカルト的省察』以前に書かれた一九二七年の草稿で明らかにされています。以下、少し長い引用となるのは、脱構築という方法に関するその重要性によるものです。「一般的なものへ、必然的なものへと関連づけられた叙述は、形相的な叙述であるが、……すべて各々のそのような分析はそのものにおいて、すでにある程度発生的分析でもある。というのも、現実の経験と可能的な経験のなかでわれわれは変様化、つまり、意識生において時間的に可能な諸変化を行使するが、それと共に動機づけられたものと動機づけるものとが可視的になるのだ。構成的な意味づけの必然的な変転がいかに遂行されているかが明らかになる。例えば、人間の知覚に応じた物的身体性を有機体という類型の枠を乗り越えるほどに変化させて、了解（感情移入）の、基礎づけられた表層の可能性がいかに廃棄されるかを見取ることができる。また逆に、まずもって人間の物的身体であったものを動物の物的身体の類型へと考えられる限り変転させて、いかにして、感情移入が決して偶然にではなく、必然的に立ち現われるか、ということを見取ることができる。[54]」

このテキストには発生的現象学と静態的現象学との関連について大変重要な諸点が含まれています。静態的現象学で行使される本質直観の過程における変様化（Variation、このテキストでは、Veränderung が使われています）は、時間を超えた本質に関わる直観と理解されがちですが、実は、「意識生における時間的に可能な諸変化」であるとされます。発生的現象学にとっての原規則の一つである時間構成の問題とそれと不可分な「動機づけ連関」が、変様化に際して重要な役割を果たしており、この動機づけ連関が可視的になるとは、まさに、発生的方法の露呈するという生産性を意味する、それまで見えなかった動機づけ連関が見えるようになることを指摘しているのです。

目の前に見えている人間の身体を可能な限り変様していって、どこまで変様させると、もはや人間の有機的な身体ではなくなり、例えば、無機的な機械であるロボットや蠟人形の知覚となるのか、まさにその変様の限界において、それまで成立していた感情移入が廃棄されるのを見取るというのです。つまり、感情移入という動機づけが、機能しないその瞬間が、意識されるというのです。この通常機能する意識構成が、まさにそれが機能しなくなって（つまり脱構築されることによって）、それと同時に通常では隠れたままで経験されている、通常働くその機能そのものの働き方が、意識の明るみにもたらされる、ということを意味します。このことは、脱構築の典型的例として、「キネステーゼ」を通常の知覚から脱構築する場合とまったく同一の事態を意味しています。しかも、この変転は必然的な動機づけ連関の変転として意識される、いわば、超越論的な必然的規則性が垣間見えるというのです。

そもそも、本質直観の経過において、すでに受動的綜合が大きな役割を果たしていること、つまり、最も根源的な動機づけ連関としての感覚野の受動的綜合や衝動志向性がそこですでに働いていて、それが本質直観における、理念的なものの受動的な「先構成」を条件づけていることは明らかですが(55)、それだけでなく、その本質直観の変様化そのものを通して、「動機づけるもの」と「動機づけられるもの」との関連そのものが「可視化」してくるという指摘が、決定的に重要なのです。

衝動志向性は、生き生きした現在の立ち留まりを制約し、動機づけるが、それが意識されるのは、原意識である内的意識においてです。超越論的衝動志向性として無意識が分析される際、この内的意識がその舞台となっていることは、ベルネの最近の論文でも、明白に示されています。ベルネは、フロイトの無意識論とフッサールの「想像意識概念」をつき合わせる中で、ちょうど時間論で「意識作用としての統握とその統握内容」という図式では、絶対的時間流と過去把持が理解できないことが、内的意識の開示を可能にしたのと同様に、想像の場合に働く準現在化は、不在である「像主題」の知覚作用によっては解明不可能であり、むしろ、再想起という内的意識の時間性に即して、初めて解明可能になることを指摘しています。知覚の現前化に対する想像の働きである「直観的な準現在化を解明するためには、『統握内容の統握』という図式では考察上不十分だという洞察は、内的意識の時間性に関する新たな教説によって現象学的に根拠づけられ、それをもとにして、次に準現在化についての新たな教説が、出現することになる[56]」と述べています。

つまり、想像、再想起といった「準現在化」の現象でさえも、通常の統握といった志向性とそれによって構成される統握内容という図式では理解できず、時間意識の場合と同様に、原意識、ないし、内的意識、内在的知覚という新たな反省概念なしに、理解不可能であり、この反省概念を通してのみ、さらに現象学として分析可能であることが示されているのです。この「内的意識は、決して反省的な自己意識ではなく、むしろ衝動的な内容をもつ、無意識のすべての現象に共通の根拠を提示する遂行意識」なのであり、この新たな反省原理を通して、意識の現象学は、無意識の現象学へと至る分析可能性を獲得していることが、同時に強調されねばならないのです。

無意識の現象の重要な一原理として、ここで、「印象—志向的」知覚と「再生的—志向的」想像が、相互を抑圧する現象として、つまり、相互に、必然的に、一方が意識され、他方が無意識へと抑圧される現象が『受動的綜合の分析』において記述されています。抑圧は、「印象的—志向的」な意識生の自己触発としての衝動が原印象と原融合する、両者の相互覚起を通して先構成されたもの同士が、触発の力を帯び、自我極の対向を促す競合、すなわち、相克を意味しますが、その相克の結果が気づきとして意識に上ることはあっても、その先構成と競合のプロセスそのものは、意識に上ることなく、無意識的に生じています。つまり、知覚が意識され、想像が意識されないとき、あるいは、特定の感覚素材グループが触発する力を増強させ、他の感覚素材のグループが抑圧されるとき、そこで働く原融合と触発は、その働きの成果としてのみ、意識に与えられるということなのです。

ベルネは、フロイトでいわれる「転移」と「圧縮」といった無意識的な一次過程と意識的な二次過程の相違とその関係は、フロイト自身の分析ではまったくの大きな謎に留まっているのに対して、フッサールの分析では、内的意識の二重形態として分析可能であるとしています。この二重形態とは、「内的意識は、最初から欲動であり、欲動の代理でもある。それは同時に、主観的生（衝動）の匿名的な自己触発と自我的な志向的体験（表象）の感受」(57)として、つまり、欲働と表象として分析の可能性が示されている、としています。

このように、時間論と、受動的綜合である「連合」と「触発」、さらに無意識の現象に関わる「抑圧」等が、内的意識の領域において、その二重形態として展開されていることが改めて強調されねばならず、まさに、『受動的綜合の分析』で出発点とされた、必当然的で十全的な内的意識、ないし、内在的知覚は、無意識が現象学的に分析される際の明証性の原理であり続けていることが、明白に確証されます。そして、ここでも、内的意識の印象的－志向的形態が衝動（欲動）そのものと規定されていることからも明らかなように、意識生の自己触発としても規定される衝動（原触発として根拠づけられていることも考え合わせる必要がある）としての内的意識が、「生き生きした現在」を超越論的に制約していることが、無意識の現象学の観点からも確証されているのです。

Ⅲ　発生的現象学の方法とその可能性

このように発生的現象学に関わる諸契機を時間と他者の問題に探ってきて、ここで、発生的現象学の適切な性格づけと、将来の現象学にとっていかなる意味があるのかを、次の五点にまとめてみたいと思います。
（1）　発生的方法は、隠れて働く先反省的、先言語的意識生の規則性を露呈できる可能性をもちます。能動的志向性にのみ依拠する自我論的立場は、「自我の自己自身の反省」という狭い反省論に固執し、先自我的な受動的志向性とそれによる綜合の領域を開示できませんでした。
「能動的志向性の統握作用と統握内容」という図式の中でこそ働く「認識対象とその反省」の枠組みは、この図式がもはや妥当しない、内的意識（原意識）によるより深化した現象学の新たな反省に統合されます。この反省によって、できあがり済みの通常の志向性の能作が、その生成の根源へと問い進められ、時間に関しては、知覚の現在や再想起に働く通常の志向性の相関関係の根底をなす「原印象と過去把持の相互覚起による絶対的意識流」が、そして、他者論に関しては、「先自我的意識生と周囲世界との原交通」という原地盤が露呈されました。今や、われわれには、その際の脱構築の方法を、さらに、人間の意識生を超えて、動物、植物、生一般に及ぼして生の意味の淵源を辿る普遍的モナドロギーの現象学的解明の可能性に開かれているのです。
（2）　発生的方法が露呈できる先述定的な規則性は、生活世界のアプリオリともいわれ、超越論的な必当然的規則性という性格を持ちます。なぜなら、発生的現象学の脱構築の方法は、静態的現象学で解明された超越論的規則性（例えば、時間や空間、感覚や知覚、身体等の領域の志向分析による構成層の基づけ関係という規則性）の発生の秩序（異なった構成層同士の時間的前提関係）を問うからです。

この時間的前提関係は、「動機づけ連関」とも呼ばれます。ヒュレー的構成の触発的覚起が問題にされるとき、特定の触発の力を増強する動機が、「情緒のもつ根源的な価値づけや本能的衝動」[58]であるとされるように、動機づけ連関をたどることによって、触発を規則づける原触発として衝動志向性が開示されるのです。超越論的動機づけという発生的現象学の本質規則性は、当然ながら超越論的還元をへた、超越論的主観性の領域に働く規則性であり、時間化の問題に関連づければ、「生き生きした現在」に働く、根底的動機づけとしての衝動志向性は、超越論的原事実の必当然的明証性に裏づけられています。
（3）隠れた動機として働く構成層の露呈を裏づける必当然的明証性は、もはや、狭い意味での「志向の充実」という直観による明証性の枠組みの留まらない、それに先行する非直観的ないし、先－直観的先所与性の明証性の領域に対応しています。受動的綜合である触発と連合の領域には、「非直観的志向性の統一」[59]が働いています。この非直観的志向性の統一の必当然的明証性は、生き生きした現在の原印象と過去把持の必当然的明証性に対応します。つまり、生き生きした現在における両者の原融合は、原融合が生起しても、気づかれることなく、非直観的に留まる場合がほとんどであり、その内の一部が自我の対向を促す触発の力によって際立ち、それが気づかれ、直観にもたらされるのです。非直観的統一が前提となり、志向と充実による直観が成立します。
というのも、『受動的綜合の分析』で「直観性がゼロになったからといって、触発的力がゼロになるというわけではない」[60]といわれているように、直観性と触発性は明確に区別されるからです。ある非直観的統一が触発的力を得て直観にもたらされ、他を非直観的統一のままに抑圧するとき、この直観化と非直観化の同時的生起である抑圧の機構を規則づけているのが、まさに、直観と区別される触発的力の増強なのです。通常の志向の充実である直観の明証性は、非直観的志向性の働きの結果としての表現であり、いまやこの直観化という現象そのものを基づけるのが、触発の力であり、この力は、「隠蔽化された意味の含蓄化に本質的に属する覚起の原現象(61)」として分析されるのです。

こうして、無意識の現象学が可能となる発生的分析の射程は、反省という対象化に先行する先反省的な感覚位相が対象化することなく、直観されたりされなかったりする、非直観的な原融合の必当然的明証性に基づいているのです。
（4）この非直観的な原融合の明証性を基準に、意味の生成を、自我極と周囲世界の生成にまで辿るとき、対化を通して生成するヒュレー的統一と本能の予感の覚醒の同時成立という原地盤の領域が開示されます。その際、本能志向性の覚醒は、超越論的原事実性の特性であるヒュレーの根本的偶然性に曝されています。しかし、相互覚起の原理から明らかなように、ヒュレーのこの根本的偶然性は、覚醒する本能志向性の漠とした予感の側の覚起、すなわち、生き生きした現在の根源的動機づけなしには、偶然にさえなれない、そのような偶然性なのです。通常考えられる本質と事実（の偶然性）という枠組みでは理解することのできない原事実性、そして、この枠組みそのものがそこから分岐派生してくる原事実性の特質を、再確認しなければなりません。
原地盤を生きる幼児にとって、この原事実性の世界である原地盤の世界の外部はありえません。通常の「本質と事実」の対立の世界を生きる、この対立の起源である原地盤を忘れきった観察者にとって、幼児に与えられる周囲世界は、単なる偶然の事実に見えます。乳幼児に対する、どのような親の働きかけ（本能的な対応であれ、育児書の知識を通した働きかけであれ）が、幼児の本能志向性の覚醒の事実を左右します。そのことをフッサールは、「生き生きした活動性が不活発なものを覚起する」[62]、能動的志向性が受動的志向性を目覚ませる、覚醒する、つまり、本能を覚醒するというのです。

しかし、このような状況でも、受動性が能動性を基づけるという原則は妥当しています。というのも、乳幼児と母親との関係は、幼児にとって、ヒュレーの統一として与えられる周囲世界を代表する母親との本能志向性を生きることであり、それが同時に、母親の乳幼児との生活の基盤となっているからです。乳幼児の泣き声は、母親にとって聞こえたらそこに向かってしまわざるをえない特別に強い触発力をもちます。生き生きした現在の流れがとくに強い根源的な動機である本能によって制約され、否応無しに原融合による意味の同一化が生成します。乳幼児の泣き声というヒュレーの統一の生成によって、母親の本能の志向性が覚醒されます。これは、幼児の本能の覚醒と事態は変わりません。いわば、本能志向性の相互の覚醒と覚醒された志向を生きることが、母親と乳幼児にとって、生き生きした現在の一つの持続（「共有する」という言葉も厳密に言えば適切でないでしょう。まさに同じ一つの持続の内部なのだから）なのです。

また、当然、この間身体的な本能志向性の受動性の地盤に母親が気づき、それについて考えたり、どうもしっくりしないで、他人に相談したり、育児書を読んだりすることはあります。それは、まさに「しっくりしなかったり、おかしかったり」することに母親が気づくからであり、この気づきの内容そのものが、間身体的に先構成されているからなのです。

この受動性と能動性の関わり方という問題は、発生的現象学を通して、特に受動的綜合の解明を通して、定題化されてきたのであり、自然と文化の関係を考察する現象学の分析の仕方にとって、重要な指針となるものなのです。この領域に与えられている具体的な課題として、現今の発達心理学と幼児の自閉症などをめぐる精神病理学の領域での発生的現象学の分析が、展開されなければならず、また、展開しうるものなのです。
（5）　発生的現象学とその方法は、静態的現象学とともに、理性の目的論の中に位置づけられます。発生的現象学で露呈されていく先述定的、先学問的な超越論的規則性は、発生的現象学が出発点に取った静態的現象学の意識生の構成構造に組み込まれ、統合され、次の段階の発生的現象学の新たな出発点となります。現にこのような経過を取って、次第にその構成論が生活世界の具体性と歴史性の超越論的制約を明らかにしていったのが、相互主観性の解明という事例です。間文化性が生きられている複数の生活世界の超越論的規則性は、この静態的契機と発生的契機を含む構成論の全体という理性の目的論において、解明されていくのです。

第四章　非直観的なものの直観化

フッサール現象学で述べられる直観の概念を理解するために有効な視点として、「志向が充実すること」という直観の規定があります。この規定に即した典型的な例は、事物の知覚の場合です。「地平線に昇る太陽をみる」とき、物を見る志向が一群の明るい光の感覚素材で充実され、「昇る太陽」が直観され、意識されている、と説明されます。(1) 知覚は、もともと、絶えず変化のただなかにあり、この変化においてこそ、志向の充実としての直観の働きが、より明瞭になります。さらに、知覚の変化は、知覚の現在に属する未来予持の志向が充実されるか、されないかによって、次のような例でより明瞭に理解されます。「よく見ると、山脈ではなく、雲の連なりだった」と分かったとしましょう。そのとき、「動かないはずの山脈が少し動いて雲だった」というその知覚内容は、「動かない山脈」という未来予持の志向が、それに相応する感覚素材によっては充実されず、山脈の直観は成立しないことになります。それに対して、その知覚の現在の過去地平に含蓄されていた〝動き〟の空虚表象と感覚素材の〝動き〟が、相互覚起を通して充実にもたらされ、「動く雲の連なり」の空虚表象が覚起され、直観にもたらされた、と説明されます。

しかし、直観は、知覚の場合のように、その志向が感覚素材によって充実されるときにだけ生じるのではありません。意識作用（ノエシス）はすべて、それが働くとき、その作用そのものが内在的所与として、意識に実的に

（reell）与えられ、内的に意識され、直観が成立します。「新幹線の発車時刻を捜しているのか、その時刻を見定めているのか、予想しているのか」自分の行使するさまざまな意識作用の違いがそのつど直観され、自覚されている、ないし、随伴的に原意識されているわけです。

ところで、本章で特に問題にしたいのは、このような自覚される直観ではなく、むしろ、自覚されない直観です。例えば、上に述べた「空虚表象と感覚素材の相互覚起」は、その相互覚起の結果が意識され、直観にもたらされても、どのように相互覚起が生じるのか、そのプロセスそのものは、直観には与えられていません。何かを見ているとき、意識作用としての「見ていること」の持続を直観できても、相互覚起そのものが如何に生じるかは、そのように直観されることはないのです。

また、直観にもたらされる空虚表象（例えば先の〝動き〟の空虚表象）は、もともと習慣を通して過去地平に蓄積されてきています。しかし、空虚表象そのものは、決して生得的なものではありません。出来あがり済みの生得的なものとして幼児期に与えられている、と仮定されているのではないのです[2]。すべての空虚表象は、その生成の歴史を受動的発生が担っています。となると、直観の前提条件である空虚表象そのものの生成が問われてはじめて、直観が直観となる条件が十分に解明されることになります。

直観が直観となることを「直観化」と呼びます。非直観的であることと直観的であることとの違いを最も明確に示すのが、この直観化です。非直観的であったものが直観的になるとき、直観とは何かが最も明瞭になります。しかし、直観化を単純に可能態が現実態に変転することと捉えることはできません。現実態として直観されているものが、それ以前に非直観的に可能態として存在していたということによって、把捉することはできません。現実態として直観されているものが、それ以前に非直観的に可能態として存在していたということによって、把捉することはできないのです。なぜなら、現象学で直観化は、意味の生成において解明されるからです。生成とは、構成に関わる次元上の変転です。過去把持による「先構成」ないし「自己構成」と再想起による「構成」は、次元を異にします。「机の上の本」といった対象の知覚という構成に与えられている個物の意味と、例えば、マティスの描く〝机の上の本〟の「感覚」という自己構成に与えられている「感覚内容の意味」とは、次元が異なっています。つまり、感覚の次元の先構成の〝直観〟の仕方と、対象認識の際の直観の仕方は、異なっているということであり、それらの構成による意味の生成において直観化が生起しているのです。この先構成と構成の次元の相違は、可能態と現実態の相違と理解することはできません。

具体例を出せば、このような意味の生成で最も根源的なものが、感覚質の空虚表象そのものが直観化される場合です。この直観化の事例を、再度、発生的現象学で示されている幼児の喃語の例にとりましょう(3)。乳幼児期は、いまだ内部感覚と外部感覚が不可分な、融合的で全体的な感覚領域の世界です。そこから音を聞く聴覚野と自分の身体の動きにまつわる運動感覚（キネステーゼ）の野が生成する現場を捉えてみます。音の感覚質とキネステーゼの感覚質が異なった感覚質として分岐派生し、生成する場です。しかし、二つの感覚質は、融合的な感覚領域に可能態として潜在的に存在していたのではありません。ここではそれまで直観されていなかった特定の感覚質が直観にもたらされます。非直観的であるものが直観的になる直観化が明示される好例なのです。

第一節　乳幼児期の融合的全体感覚（原共感覚）と成人の共感覚

非直観的なものを可能態として理解するのは適切ではありません。このことを明確にするために、まず、次の点を考慮すべきです。それは、ここで考察の対象である乳幼児期の未分化な感覚野と成人にみられる共感覚とは異なっている、ということです。成人の共感覚では、すでに分岐生成済みの特定の感覚野同士の重なりが生じる、例えば、「三角、四角など」、視覚野の形成後の視覚野の明確な空虚表象が、「すっぱさや甘さ」などの味覚野の形成後の明確な空虚表象との対応関係が生じ、見える三角が酸っぱかったり、丸が甘かったりするわけです。成人の場合、三角にしろ、丸にしろ、そのような視覚野と、酸っぱいにしろ、甘いにしろその味覚野は、そのつど感覚野に可能態として、いつでも現実態になりうるあり方で存在しています。しかし、乳幼児にあっては、いまだ視覚という感覚質と味覚という感覚質の派生以前に未分化のまま、ある特定の感覚全体が体験されているだけなのです。

幼児の喃語を母親が真似るときも、このような未分化の感覚野を出発点にとります。そもそも、未分化の全体から出発するのか、可能態であれ、諸々の個別の単位から出発するのか、出発点の違いについてまず十分な考察がなされなければなりません[4]。可能態としての個別の感覚質（色、形、音、味、運動感覚、感情等々）を初めから前提にするのか、それとも、そもそもそれらがそれらとして生成してくる全体としての基盤を考えるのか、前者の立場は、近世の観念論と実在論に共通しているといえます。感覚質を第二次性質として、それに対応する第一次性質を考える実在論の枠組み内で、度合いという内包量に還元するという考察も、結局この立場に属しています。それに対して後者の立場では、意味の生成ないし発生が主張されます。フッサールが語る「論理の発生学（Genealogie der Logik）」の立場なのです。

a　「妥当性と事実性」の対立によっては把捉されない構成層の発生

発生を事実問題とみなして妥当という権利問題と対立させるカントの立論を、フッサールは、時代の「支配的ドグマ」として退けます。[5] カントを継承するハーバーマスも同様、このドグマから解放されてはいません。発生とは、また、可能態から現実態に転換する事実としての時期を確定することなのではありません。幼児期の喃語が発せられるとき、生理学的にみて、ほとんどすべての音素の発音ができていたにもかかわらず、母国語が定着するとき、特定の発音ができなくなってしまうことはよく知られています。[6] しかし、この過程を、発音が実際にできていた、つまり現実態となっていた諸契機の一部が欠落し、退化すると捉えるべきではありません。ここで生じるのは、実は、構成の次元が異なってくるということに他ならないのです。この次元の異なりとは、喃語期の受動的、ないし本能的キネステーゼによる発声から、自我の活動をともなう能動的キネステーゼによる発声の次元への変転を意味します。同じ音素の発声と聞こえても、両次元では、受動的先構成と能動的構成というように、その構成の仕方が異なっているのです。

そもそも、特定の感覚質の働きや特定の音素の発声を、形相が質料を構成するという理解で捉えきれるのでしょうか。幼児期の感覚質の未分化は、この原則に即せば、形相としての感覚質がそなわっていても、身体器官である質料が整っていないので、特定の感覚質が可能態にとどまり、いまだ現実化していないということになります。ところが、いったん多くの発声が現実のものとなり、現実態となって、形相が質料を構成したはずの複数の発声が、身体器官の形成とともにその形相に即した構成力を失うというのでは、既に構成能力を発揮していたはずの複数の形相が身体の形成とともにその能力を低下させるといった矛盾した主張に陥ってしまいます。このようなあり方で形相の構成能力を可能態として当初から前提するのは適切とはいえません。複数の音素を区別して発音できるという構成能力の場合と同様、特定の感覚質を形相能力の対応する可能態として当初から前提するのは、事態にそぐわないのです。感覚質の多様性を観念論的に前提するのと、感覚を第二次性質として第一次性質に対応づけようとする実在論の前提とは、実は、「妥当性と事実性の対立の前提」と呼応しているのであり、フッサールの発生的現象学の立論する基盤とは異なっているのです。

というのも、妥当性と事実性の対立は、伝統的には、今述べた「形相と質料」、「形式と内容」との対立として考えられてきました。この対立がその原理としての効力を失う直接的契機となったのは、フッサールが行った、発生の超越論的規則性とされる時間の構成の解明においてでした。特に重要なのは、統握作用（形式）と統握内容（内容）によって、時間の意識が理解できないことが明らかになったことです。時間の意識を究極において構成する根源的意識流は、過去把持の二重の志向性によって初めて理解可能となります。ここにおいて、根源的時間流は、内在的時間を構成しますが、ここで構成された内在的時間は、実は、根源的時間流そのものの自己構成に他ならないという逆説が露呈するのです。この逆説を解明しうるのは、過去把持の二重の志向性ですが、特に、その縦の志向性において、内在的時間内容の自己合致による綜合が問題解決の鍵となっていることは、何回ともなく明示されてきた内容です。実は、この合致の綜合こそ、後に受動的綜合の原理として開示された連合の綜合なのであり、この連合と触発をめぐって、時間内容を含む、具体的な「生き生きした現在」の現象学的分析が展開したわけです。

この時間の自己構成の次元では、時間は、単に質料を受容する形式なのではありません。時間内容の成立そのものが、「留まりと流れ」、「今と過去」という形式を痕跡として残していくのです。形式が内容を取り込むのではありません。時間内容の成立とは、内容を統握することによって構成されるというのではありません。時間内容の成立は、内容の自己構成であり、「受動的同一化（passive Identifikation）」[7]なのです。構成と構成されるものとが一致しているという絶対的意識流の自己構成の次元は、形式と内容の対立では捉えられません。形式的妥当性と質料的事実性によっては、意味の生成という発生的現象学の基礎原理である時間と連合及び原創設の領域は、把握しきれないのです。

感覚質の直観化の現場を支配しているのは、発生の規則性である連合と触発と原創設という自己構成です。統握作用は自我の活動を前提にする意識作用であり、いかなる意識作用も働いていない受動的綜合の領野、すなわち連合と触発の領野で感覚質が生成しているところに、自我の活動は、前提されていません。

b 感覚質が直観化される原状況に向かうこと

特定の感覚質がその感覚質として直観される、そのような原状況に立ち戻ることができます。発生的現象学の方法を通してです。そのとき、静態的現象学で意識の本質規則性として解明されているすべてが前提にされています。特にこの原状況の解明にとって重要なのは、本質規則性として解明された過去把持（Retention）と再想起（Wiedererinnerung）との違いです。

過去把持は、心理学では短期記憶に相応し、再想起は長期記憶に相応するとしてよいでしょう。しかし、同じ記憶という言葉で誤解されてはならない重要な相違があります。過去把持は受動的志向性であり、再想起は能動的志向性です。したがって、過去把持は、自我極を経た自我の活動ではなく、自我の活動をともなっていません。それに対して、再想起は自我の活動なのです。

過去把持は、二方向への受動的志向性として解明されました。過去把持の縦の志向性において、内在的時間意識の位相内容の統一が合致綜合を通して成立し、それが過去把持の横の志向性を通して客観化され、過去把持を経た内在的時間内容が内的に前後の順として意識されています。この内的意識は、しかし、統握作用、ないし意識作用なのではありません。内的意識ないし、原意識とも呼ばれるこの内在的時間内容の原意識において構成されているものは、特定の知覚対象なのではありません。内在的時間位相の内容です。知覚対象が構成されるためには、自我の活動である再想起の働きが前提とされます。自我の活動である能動的志向性として再想起が働いて初めて対象が構成されうるのです。再想起は、過去のことを思い出そうとする意識作用です。このような能動的志向性が働かないと、いかなる個別的対象も構成されないとフッサールはいいます。しかもこのような、ある特定の量（かさ）のあるもの（外的事物）の知覚は、その知覚が成立するための発生の歴史を前提にしています。幼児がこの歴史を獲得してきているというとき、フッサールは、このような対象の知覚の生成を問題にしているのです[8]。

この意味の生成の歴史をたどるには、発生的現象学の方法である「脱構築（Abbauen）」の方法が取られます。感覚質の直観が生じる原状況に接近するために、再想起を脱構築します。生き生きした現在へと還元します。そこでは、再想起は働いておらず、それに不可欠な自我の活動も生じていません。したがって、いかなる対象知覚も成立していない生き生きした現在に属する過去把持、原印象、未来予持のみ働いており、内在的時間意識における内在的時間内容が、受動的綜合を通して成立しています。この原状況において、さまざまな諸連合が特定の感覚質として直観される以前に、非直観的に働いています。幼児の原状況とは、それらの個々の感覚野への分岐以前の全体的で特有な、未分化な「原共感覚」の世界ともいえるのです。

受動的綜合の働きは、連合による過去把持を通しての感覚素材のまとまりを形成しています。それが自我を触発し、構成の高次の段階で、自我がそれに向かう対向を生じるとき、能動的志向性としての知覚がその対象を統握する、と説明されています。しかし、この原状況は、いまだ自我極を通しての自我の活動が生じる以前であり、自我に向けての触発が認められてはいても、自我の対向は生じていません。しかも、重要なことは、そこで生じている諸々の連合そのもののプロセスは、直観にもたらされてはいないことです。連合の際の覚起の現象そのものは、その受動的志向とその充実が生じても、気づかれてはいない、直観されてはいないのです。このような状況において、感覚質の直観が生成します。

第二節　能動的志向の充実と受動的志向の充実

フッサールは、もともと直観を「志向の充実である」と規定します。しかし、ここでいわれる「志向」は、まずもって、能動的志向性の志向と考えられていたことを見落としてはなりません。そして、受動的志向性の志向は、能動的志向の場合と異なり、充実されても直観にもたらされるとは限らないということが重要です。受動的綜合が働き、その構成による意味のまとまりに自我が対向し、能動的志向が働くときはじめて、上記の意味の直観が成立します。通常の「〜についての意識（Bewußtsein von〜）」が生じます。では、受動的志向が充実されているかいないか、そのままそれが直接、直観されないとすれば、そもそもそのような志向連関が生じているのかいないのか、どのように確証しうるのでしょうか。感覚質の直観化とは、まさにこの点を巡る、非直観的なものの受動的直観化の問題となります。

すでに言及している喃語の事例を改めて、直観化の問題の視点から考察してみましょう。喃語の模倣に際して、母親が喃語を真似るとき、〝自分〟（カッコは意識されていないことを示唆します）が喃語を発するときの体感としての〝キネステーゼ〟（カッコは、上の例に同じ）が充実されないことが意識され、「ゼロのキネステーゼ」が直観されると記述されています。しかし、〝自分〟の喃語の際、〝キネステーゼ〟の志向が生じ、それが充実されていても、通常の意味で直観はされてはいませんでした。受動的で本能的な志向が充実されても、そこに向かう自我の意識作用は、形成されておらず、自我の対向は働いていないのです。

ではそれにもかかわらず、その〝キネステーゼ〟が充実されないことが、そもそも、意識され、直観されうるのは、どのようにしてなのでしょうか。フッサールは受動的志向性の充実とその直観について、授乳に関連して、次のような、第二部第二章でも引用されている、興味深い記述をしています。「うまくいかないこと、直観的想起への動機（づけ）、つまり、満たされない飢えが、連合的に、過去の飢えとそれが満たされたことを覚起する。直観を擬似－知覚と代価の擬似－満足として創設する。この代価は、直ちに求めるという活動性を動きにもたらす[9]」というのです。

直観されることなく、連合が生じ、受動的志向が充実されていたこと（つまり、「飢えが満たされていた」こと）が、まさにその志向が充実しないこと、つまり連合の対の項である感覚素材が与えられないことによって、はじめて直観にもたらされるというのです。受動的相互覚起の一方の項が欠けることによって、相互覚起の全体が擬似知覚され、はじめて直観にもたらされます。直観が初めて成立し、創設されます。キネステーゼの空虚表象が「ゼロのキネステーゼ」として、初めて直観されます。満たされない空虚な連合の形態が、あたかも満たされたかのように、擬似的に直観にもたらされ、満たされない「ゼロのキネステーゼ」が初めて、空虚表象として直観されたのです。

それは、喩えていえば――顔の知覚の際の未来予持といった高次の次元を類比的にとりあげると――横顔を見て人違いするとき、実は、その人の正面の顔の未来予持という志向がすでに働いていたことに、人違いしてはじめて、気づくのに似ています。横顔を見たとき、正面の顔が受動的に構成され、未来予持されても、その連合そのものは、直観されることはありませんでした。しかし、まさに、その未来予持がそれに相応した一群の感覚素材によって満たされないことを通して、受動的に綜合されていた「見えてくるはずの正面の顔」が、錯誤された顔として直観されるのです。

この決定的な事態に留まり、さらにつぎのような原理的補足を試みてみましょう。フッサールは、受動的綜合の分析を通して、直観について、次のような決定的な命題を立てています。「発生的にいって、すべての直観、すべての知覚に即した、あらゆる現出の様相における対象性の構成には、空虚な諸形態（Leergestalten）が先行する。前もって空虚のあり方で表象的であって、直観において充実にいたるものでないようないかなるものも直観にはなりえない」[10]。ここで「空虚な形態」という概念の導入により、キネステーゼの空虚な形態が連合を通して形成されてくることが、上記のキネステーゼの相互覚起に対応します。感覚素材の欠損を通して直観され、キネステーゼの空虚表象として直観されるのだ、ということができます。非直観的であった空虚な形態が直観化され、空虚表象が生成します。キネステーゼという感覚質の生成です。このような事態をフッサールは、空虚表象成立以前の、「本能の漠とした予感の覚醒」として主張していることに注意しなければなりません[11]。フッサールは、発生的現象学の中で、「遺伝資質」[12]をも主張しています。ここで述べられている「空虚な形態」の原母字としての「ＡＢＣ」、ないし「本質文法」[13]を遺伝資質として、超越論的目的論の枠組みの中に組み込んでいる、といえるのです。

喃語の事例において幼児の内的意識に与えられる空虚な形態の直観化は、キネステーゼと聴覚の空虚表象への分割（差異そのものの生成といえます）という直観化です。キネステーゼの意味を限取る分割線は、同時に聴覚の世界の分割線でもあります。一つの分割線が二つの世界（キネステーゼと聴覚の世界）を生み出します。この受動的生成の後、それに加えて、幼児が発声のキネステーゼを制御できるようになるとき、つまり、受動的キネステーゼに能動的キネステーゼの構成能作が加わるとき、受動的に生成したこの分割線は、いつでも好きなときに創設可能で、往来可能な境界線へと変貌をとげます。

この変貌に関連づけて、幼児の自閉にみられる常同行動について考察することができます。常同行動の幼児は、自分で声を立て、それに聞き入ることを繰り返して止みません。この幼児は、なぜ、自分で制御できるキネステーゼと声の創出の世界にあくまで、とどまり続けようとするのでしょうか。他者の声の世界、すなわち、自分に制御可能な発声の能動的キネステーゼが及ばない、キネステーゼをともなわない母親の喃語の模倣に、はたして、この幼児は、驚くことができたのでしょうか。そのような直観が芽生えたのでしょうか。そもそも喃語という受動的キネステーゼは、十分に活動していたのでしょうか。

ドナ・ウィリアムズは、常同行動の動機の一つを「ペア」を作成して、世界に秩序を与えるための自己強制的な行動であると、アスペルガー症候群を生きる一人称から説明します。ゼロのキネステーゼが原意識され、受動的綜合として十分に活動しているのであれば、意図的に「ペア」を作る、つまり、対化の現象を創設し、構成する必要はないのです。(14)

この幼児の場合、喃語が発せられる以前の身体全体の受動的キネステーゼは、十分に発露していたのでしょうか。〝キネステーゼ〟の空虚表象以前に生成する空虚な形態のまとまりは、十分な先構成のまとまりになっていたとはいえないでしょう。ここで「十分」というのは、感覚素材と覚醒される本能との間の相互覚起による連合の頻度を意味します。しかし、「頻度」とはいっても、経験論的な事実として偶然の数を数え上げた上での「頻度」なのではありません。ここで十分というのは、本能志向性の覚醒と衝動志向性の形成という事態を十分準備できているのか、という意味での十分であり、相互覚起の形成に十分であるかという意味での十分を意味します。

相互覚起は、そもそも先触発の原理として、偶然に生じますが、その偶然は「本質と事実」の対立で理解できるような偶然ではありません。乳幼児にとって、特定の感覚素材の欠如が欠如として直観できるのは、偶然に生じるとはいっても、感覚素材と空虚な予感との相互覚起が過去把持されるという生き生きした現在の連合の構造なしには、欠如が欠如として、偶然が偶然としてさえ、直観できず、直観にならないのです。このような偶然は、超越論的目的論の内部の超越論的事実性としての偶然です。(15) このことを理解しないと、再び、先に述べた「妥当と事実」という「時代のドグマ」に陥ってしまうのです。

第三節　直観の記憶、原意識と自覚

しかし、このように、キネステーゼの空虚表象が直観されたとしても、その直観の瞬間がわれわれの記憶にまったく残っていないのはどうしてなのでしょうか。昨日見た「マティスの絵」は、思い出せ、再想起できるのに、幼児期に直観化されたはずのキネステーゼの空虚表象の直観は、その直観のわずかな陰りさえ記憶にありません。しかも、何らかの感覚が生じるとき、それは、内在的知覚として、どの現在においても、必当然的に意識され、直観されています。それはなぜでしょうか。それは、幼児期に直観化された空虚表象は、受動的志向の充実としての空虚表象であり、一端直観されても、遠隔覚起が生じず、再想起できない、長期記憶には残りえないからです。この原状況では再想起は働いていません。自我の活動は生じておらず、自我の対向がみられていないのです。

通常、自我の活動である意識作用が生じるとき、その意識作用には、原意識（内的意識）が随伴しています。したがって、自我の意識作用が働く成人の場合、「昨日マティスの絵を見た」ことを思い出すことができるのは、「今何をしているのか」という原意識が自覚として働いているからです。しかし、この原状況の直観化の場合、自我の活動が生じていない以上、自我の意識作用が働いていることを自覚することはなく、当然、再想起も働いていません。遠隔覚起による再想起の能作が働いていないのです。したがって、感覚質のそれぞれの空虚表象が直観されていても、そのこと事態は、再想起することはできません。働かない意識作用の自覚は生じず、生じない自覚そのものが、過去把持されることはなく、そもそも、過去把持されていない自覚が再想起されることは不可能なのです。

当然のことですが、ここでいう「自覚」と「原意識」は同一ではありません。意識作用が働いていることの随伴意識であるような原意識が自覚です。受動的に先構成されたものに自我の関心が向き、対向が生じることが、自覚が働く前提となっています。しかし、意識作用の随伴意識だけが原意識であるのではありません。空虚表象の直観化も原意識、ないし、内的意識といえます。その場合、その原意識それ自身が意識作用でないことは、随伴意識としての自覚の場合と同様です。原意識はそれ自身、自我の活動をともなわない受動的意識です。幼児期の原状況では、このような原意識（原意識（Ⅰ）とする）のみ働いて、自我の活動である意識作用の自覚としての原意識（原意識（Ⅱ）とする）は、いまだ働いていません。

しかし、ここで一端、内的に意識され、直観にもたらされた諸々の感覚質（キネステーゼ、音、色、味、等々）の空虚表象は、時々刻々のそれらに対応する感覚素材との相互覚起により充実され、直観されるたびに、過去把持をへて空虚になることを繰り返し、次第に、確固とした意味の枠組みをもつ触発力を蓄えた空虚表象となっていきます。身体記憶とはこのような次元に育っているものであり、再想起という自我の活動とその自覚、並びに再想起に相関するような明確な表象を前提にしていないことが注意されるべきでしょう。

このような確固としてきた空虚表象の過去地平に、自我極の形成を通して自我の活動が働きだすとき、意味の地平は、大幅な拡張と深化を含む大変革をとげることになります。

空虚表象と周囲世界との相互覚起を通して形成される、先構成的な先触発による意味の統一が、自我を覚醒し、自我の対向を促し始めます。本能志向性の覚醒と衝動志向性の形成が、空虚な形態と空虚表象の形成と比例的、相乗的に展開し、覚醒され、形成され始める自我の対向をうながすのです。こうして、自我の作用である再想起が働きだし、それまで受動的であったキネステーゼに能動的キネステーゼが加わり、視覚世界は、奥行きをもった空間構成を実現していきます。再想起を通して知覚対象の構成が可能となります。こうして対象の知覚を可能にする能動的志向性の働きにつれ、直観の概念は、フッサールが当初考えた、能動的志向性の「志向と充実」という原意に即応することになります。

通常の心身関係の問いが立てられる次元は、自我の活動をともなう能動的志向性（心）とそれによって構成される諸対象（物）の対峙する次元です。受動的キネステーゼに自我の関与が付加して能動的キネステーゼ（意図をともなうキネステーゼ）が成立するとき、キネステーゼと分割線を共有する聴覚の感覚質に意図が結びつき、意図的に「注意して聞く（耳を傾ける）」という能動的聴覚も成立してきます。しかし、心が心になる以前に、そして、物が物になる以前に、受動性の次元で連合を媒介にして、例えば、〝キネステーゼと聴覚〟という感覚質を媒介にして、意識生と周囲世界との相互覚起という原交通が生起していたのであり、今でも、いつでも、つまり、通常の心身関係の基づけとして生起しているのです。この相互覚起による原交通は、心による物の構成によって成立しているのではなく、また物の世界に付随する現象としての心の世界を通して、できあがっているのでもありません。心と物の分岐以前に働いているのが受動的綜合です。そして、ここで重要なのは、受動的綜合による感覚質の直観化なしに、能動的志向の充実は存在せず、いかなる直観も存在しえないことなのです。

能動的志向が充実されて直観が生じるとき、自我の対向をともなわずに成立している直観されることのない受動的志向の充実は、それが一端、直観化され、絶えず直観されつづけてきたという記憶をもたないまま、能動的綜合の基底として常に働いています。受動性が能動性を常に基づけているのです。受動性の基底をもたないいかなる能動性も存在しません。能動性が働いていることは、受動性がその基礎として、共に働いていることを意味します。受動的志向の充実という特有な直観の「原創設」[16]は、通常の能動的志向の充実による直観の際、受動的発生の歴史を携えて常に働いているのです。

これまでの考察をまとめると、志向と充実には、次の場合が考えられます。
(1)　受動的志向とその充実の場合、通常、充実していても直観はされていません。本能の覚醒と衝動志向性の形成を通して、空虚な形態が形成されているときの、衝動志向性の充実の場合です。
(2)　受動的志向とその充実が、直観化されるときがあります。それは、通常の充実が阻害され、それを契機に志向の働きが内的に意識される場合です。しかしそれは、幼児期には、能動的志向性の機能が十分に発現していないため、自我の対向という能作は働くことなく、意識作用に随伴するようには原意識されず、自覚されることはなく、過去把持を通して空虚表象として蓄積されても、長期記憶として再想起にもたらされることはありません。この段階での原意識(I)は、内的な意識として成立しているとはいっても、この原意識(I)は、充実されて、直観化されても、生き生きした現在内の近接覚起においての直観化にとどまり、記憶に残ることはないのです。時間に関連づけていえば、この(1)と(2)の段階では、生き生きした現在の、「印象の今-過去把持-未来予持」の働きの中での受動的志向の充実といえます。また、いいかえると、この段階では、原意識(I)が起こって、特定の空虚表象が充実され、直観され、意識されて、空虚表象となっていき、過去地平に無数の空虚表象が形成されていきます。相互覚起による原意識(I)は、分岐派生した空虚表象の数に相応する相互覚起となっていますが、相互覚起された空虚表象がすべて、直観にもたらされるのではなく、先触発を取りまとめる原触発としての衝動志向性による触発力の増強の相違によって、直観にもたらされるものが選択され、他は、抑圧されるということが生じています。このような生き生きした現在の原構造とそこで生じる原意識（I）は、成人においても同様に働いています。この段階は、先触発と先構成の段階であり、対象構成以前の、感覚位相の意味内容が成立し、自我の対向の現出がみられる触発と構成の段階とは区別されます。この先触発の段階は、気づきにもたらされる以前に、背景意識が生じていることと並行して、特定の空虚表象が充実して、近接覚起の範囲での生き生きした現在の幅で原意識（I）が生じているのです。
（3）　この原意識（I）を、気づかれた感覚の段階、つまり、受動的志向性としての感覚が充実され、意識され、直観されている段階と区別して、特に、一定の段階として、取り上げるのは、知覚の場合の対象構成以前ではあっても、意識作用ではない原意識（I）が働き、特定の感覚として意識されている、しかも、意識作用としての自我の対向は生じていない場合が、確定されうるからです。いわば、明確な空虚表象が成立していて、その充実による直観が成立しているのですが、いまだ、自我極をへた自我の対向が成立してはいない段階です。純粋感覚ともいえ、ブーバーにおける幼児期の、生得的な汝への関係の領域に対応しているといえます。[17]この段階は、受動的先構成の層として現に活動してはいても、成人の場合、対象構成である知覚の基底として、知覚に覆われてしまっている場合が、ほとんどであるといえます。
（4）　能動的志向とその充実が直観されます。その能動的志向は、随伴意識としての原意識（II）において、さまざまな能動的志向性としての意識作用が、そのノエシスの側面とノエマの側面の両側面に渡って、内在的知覚に必当然的明証性において直接、所与されています。この原意識（II）のノエシス的、ノエマ的両側面は、

「昨日、友達に会った」というように事後的に再想起可能であり、「その友達が、今日、またきた」というように、遠隔覚起が働いているということができるのです。あるいは、また、「昨日、現象学的還元を試みた」、そして「今日は、より徹底した必当然的還元を試みた」という場合も、事態は同様であり、原意識（II）に与えられる、ノエシス的、ノエマ的両側面の再想起を通して、「現象学する自我」そのものの同一性と志向内容の同一性も、受動的綜合を前提にする、能動的反省によって、はじめて可能になっています。つまり、その原意識の内容が、過去地平に蓄積し、遠隔覚起（再想起）されうるのです。ここで初めて、再想起が前提とされる対象構成の次元が成立します。自我の対向が現出し、自我の触発がみられ、構成の段階が成立しているのです。
（5）これらの先構成と構成の基づけ関係に関して、確認しておかねばならない原理的見解として、受動的先構成は、恒常的に働いており、能動的構成に常に先行しており、能動的構成が働くときには、その働きの必要条件として、いつも前提にされている、ということがあるのです。

第四節　感覚質の間身体的先構成

さて、自我の意識作用の作動という、受動性と能動性の分割基準を活用して、感覚質の徹底した間身体性を明らかにしてみましょう。フッサールのいう感覚質の直観化の場合、それは自我極の形成以前の衝動志向性の次元で生じています。この次元は、当然、自我の超越論的統覚に先行する感覚質の直観化の匿名的間身体性の次元を意味します。フッサールは個別主観内の孤立した感覚を感覚の本質とはみなさず、あらゆる感覚は、間（相互）主観的に形成されており、この間主観的生成を見落としては、感覚の本質を直観できないと主張します[18]。したがって、この感覚の間主観性という主張とこれまで述べられてきた匿名的次元での直観化の問題とを明確に関連づけ両者の関係を解明することができます。

感覚が間身体的に形成されるというのは、感覚が、間身体性の働きそのものである本能の覚醒と衝動志向性の形成の中で初めて生成してくるからです。本能の覚醒と衝動志向性の形成は、幼児の生きる、内部感覚と外部感覚の区別が成立していない遍身体性、ないし汎身体性において形成されてきます。この遍身体的原状況において、幼児と周囲世界との間身体性の働きの中で、つまり、自我の統覚による自我の同一性が成立する以前の原状況において、過去把持とその持続的変様を生きる「身体中心化」が働きだします。「(原初的段階における)過去把持は、まずもって、持続的な変様であり、その中で身体と身体中心化がたえざる変化の中にあって合致しているのではないか[19]」といわれるように、この身体の自己中心化は、自我の活動を前提にしない受動的綜合において生じており、この受動的綜合という時間内容を含む根源的時間化は、原印象と過去把持と未来予持による生き生きした現在であり、自我の統覚を前提にせずに働いているのです。身体の中心化が生じる際には、当然ですが、再想起も意識作用の自覚も働くことなく、さまざまな感覚質の空虚表象が過去地平に沈澱していきます。空腹感、情感をともなう回りの雰囲気、受動的キネステーゼ、触感覚、視覚野、聴覚野、等々、これら身体を基盤にする感覚質の分岐が、本能の覚醒と衝動志向性の働きという大きな方向づけのもとで、自他の区別の意識の生成以前に、展開してきます。これら受動的志向性のシステムは、「衝動のシステム」とも呼ばれ、幼児の原初的世界の構成を特性づけるものです。

したがって、「暖かさ、冷たさ、空腹感、痛覚、味覚等々」は、間身体的な時間化を背景にして、例えば、腕に抱かれて授乳しているときの原状況に、間身体的感覚の全体が与えられる中で、身体中心化を通して先構成されてきます。身体性の重要な契機であるキネステーゼの空虚な形態が、空虚表象として直観化されてくるとき、喃語を発する〝自分〟の身体の「ゼロのキネステーゼ」が、間身体性の土壌から生成し、その背景から浮き上がってきたのです。それ以前の間身体性において、キネステーゼと喃語の発声による音の聴覚とは、漠とした連合を通して不可分に溶け合っていました。このように、間身体性という土壌は、感覚質の間（相互）主観的生成の基盤なのです。

この間身体的基盤の立場と感覚質の起源を個別主観に置く立場、つまり、感覚は個々の主観に別々に与えられていると考える立場との対立点を明確にしなければなりません。感覚の個別性を主張する場合、あくまでも「私の痛み」と「他者の痛み」との断絶を主張します。それに対して、間身体性の土壌からの感覚質の直観化の主張は、この断絶の事後性、二次性、ないし、極端にいうと、幻想性の主張です。つまり、この断絶は、決して根源的なものではなく、二次的なものにすぎず、本来の「間身体的な痛み」という感覚質に事後的に生成した自我と他我の違いを付加しているにすぎない、と主張します。

生後間もない乳幼児は、鏡もないのに、向かい合う大人のさまざまな顔の表情を上手に真似ることができます。この場合、そこで働いている受動的キネステーゼは、さまざまな表情のなす間身体的原状況（危険が迫るとか、危険が去ったとか）を生きること、状況を共有することの表現に他ならないといえましょう。この現象を単に生体の機械論的メカニズムと理解することの浅薄さが徹底して批判されねばならないのは、身体をよく出来た機械とみることはできないからです。では、授乳の際、それが間身体的とどうして言いきれるのでしょうか。外からの観察によって認められる、養育者と乳幼児との相互依存性を間身体性というのではありません。乳幼児にとっての間身体性とは、身体の「ここ」と他の身体の「そこ」とが未分化であり、遍在する宇宙的身体性を意味しているのであり、遍在する宇宙的身体内の諸連合による「空虚な形態」の成立が、間身体的感覚質の形成を意味しているのです。このような遍在的身体性を土壌にして、身体中心化が成立しつつある中で、自他の身体の区別が成立するのであり、間身体性の土壌とそこからの起源を含まないような感覚質は存在しえないのです。

それでもなお、このような起源を共有できない場合もあり、まさに、その場合にこそ、通常形成されている間身体性における感覚質が、その欠如態において、より明確に示されるのです。例えば、先ほど述べた幼児の自閉症の場合、間身体的コミュニケーションの阻害が顕著です。病因に関しては、遺伝資質にしろ、家庭環境にしろ、さまざまに論ぜられていますが、間身体的コミュニケーションそのものが、本能の覚醒と衝動志向性の形成に依拠していることが考えられます。また、この間身体的なコミュニケーションの阻害を考えるにあたって、感覚質の分岐的生成は、原意識（Ｉ）を通して直観されたとしても、記憶には残らないということが重要な論点となります。例えば、幼児期に受けた身体的暴力は、思いだそうにも思い出せません。再想起が働く以前に痛みの空虚表象が過去地平に蓄積してゆき、強い触発力を含蓄したまま、対応する感覚素材の到来を絶えず待ち焦がれる、待ち構えているといった事態が生じうるのです。身体記憶という衝動志向性による受動的連合は、その起源が直観されないまま、絶えず、感覚素材を待ち受け、絶えず、原状況を再創出せずには止まない、といえるのです。

また、空虚表象の直観化に際して生じている「擬似知覚」が述べられましたが、この擬似知覚といわゆる「幻覚」とは、どのような関係にあるのでしょうか。幻覚といわれる現象の根源が間身体的衝動志向性の形成と深く結びつきつつ、この「擬似知覚」に依拠しているのではないでしょうか。この「擬似知覚」が、間身体性をその起源にしていることは、いうまでもありません。衝動が満たされない状況の継続は、このような擬似知覚を増強し、空虚表象を擬似充足するまでに高めて止みません。また、この擬似知覚は、受動的綜合の場合と同様、その連合のプロセスそのものが自覚にもたらされることはない、ということも重要です。

第五節　感覚の本質直観

感覚の本質直観は、もちろん、間身体的起源の問いに還元されるだけでは解明されません。マティスの「色」の本質は、そもそも直観されうるのか、されうるとすると、どのようにして直観されうるのでしょうか。フッサールの本質直観の説は、認識論の問題を中心に展開してはいても、個人に属する「赤」の本質直観についての言及も可能です。「事例化、自由変更、受動的綜合による先構成、能動的綜合による構成」といった本質直観の基礎原理が縦横に活用可能なのです。

発生を問い、感覚質の直観化の解明に際して開示された感覚質の間身体性は、マティスの「色」の本質直観の際にも当然、妥当しているものです。ただし、次元の違いがみられ、成人であるマティスの場合、感覚の間身体性は、その根源を保ったまま、高次元の間主観性ないし、間人格性へと変転していることを、ブーバーの幼児期の「生得的な汝」と成人の「我-汝-関係」に相関させて考察してみましょう。

幼児の生得的汝との関係の事例として、「赤い絨毯のアラベスク」[20]への関係が記述されます。「赤という色の魂」が姿をあらわし、汝となるまで、幼児は、そのアラベスクへの集中した眼差しを注ぎ続けるというのです。幼児は、ただただその赤と一つになります。ただしこの赤は、幼児の融合的全体感覚に与えられる赤であり、メルロ＝ポンティのいう身体的実存の周囲世界への原交通としての「コミュニオン〔聖体拝領＝共生〕」[21]としての感覚や、「暖かさ」、「受動的キネステーゼ」、「味覚」、「聴覚」等々との諸々の連合の只中に、生成している赤です。また、この赤は、例えば、「緑」という融合的全体感覚とは異なっています。この内容の違いや、他の色との全体感覚としての違いは、空虚な諸形態として幼児の過去地平に豊かに蓄積されていきます。これら「赤」と「緑」が「生得的汝」になるというのは、幼児には、生まれながらに周囲世界に対して汝との関係を結ぼうとする衝動があり、それが目覚めて働きだすからです。生得的な汝は、しかし、あくまでも「汝」であって、いまだ働き出していない自我極、形成されていない自我極の投影であろうはずはありません。間身体的な関係における対峙する関係項としての他在です。ブーバーもいうように、まったくの「他者性としての他在」です。[22] このようにして他在の他者性の内実が空虚な形態として過去地平に蓄積されていきます。

そして、このように蓄積されてくる他在の他者性の内実は、成人の我-汝-関係における汝として実現することをその存続の目的としている、とブーバーはいいます。生得的汝としての赤は、赤の空虚表象、その言語的意味、他のもろもろの属性といった高次の構成層の成立してくるその只中で、その本質が成人における「我汝関係」の汝として表現されるのを希求している、というのです。

例えば、画家マティスは、赤の連合する共感覚の世界を生きぬく、といえます。赤と並存する緑、青、黄色、黒、等々、さまざまな色のそれぞれの共感覚の世界を生きぬきます。燃える赤、輝く赤、突き刺す赤、歓喜の赤、キネステーゼや情感や雰囲気が見入る画家をそのつど包み込み、飲みこみます。これらすべては、汝として表現されつくすまでは、画家を突き動かしてやまず、受動的綜合を通して先構成され続け、能動的構成にもたらされるのを希求しています。「目の前のセーターの赤は、いつか、だれかが着ていたセーターの赤につながる。その赤は、ティツィアンの赤を思い出させ、その絵の掛かっていたミュンヘンの美術館が思いうかぶ。顔料はどんなものなのだろう。他の画家の顔料を考え経巡ったあと、もう一度目の前の赤をみ直す」（フッサール『受動的綜合の分析』における連合による豊かな分析を参照）といった状況が無数に考えられます。一つの色を見るという現在の持続を成立させているその根底は、衝動志向性の錯綜する、受動的綜合による、共感覚野を奔放に形態化する先構成なのです。他の赤につなげ、連想をもたらすのは能動的自我ではありません。受動的に覚起された他の赤への連合、その連合がティツィアンの赤を連想させます。その連合は、もちろん「顔料」について推量する能動的構成の対象的契機をも提供しています。フッサールのいう「能動性における受動性」という働きがここで働いています。そして、この能動的構成は、その能力を駆使して、他のあらゆる画家の描く赤、空想と想像をたくましくさまざまな赤を経巡ります。「三〇〇三年の月に住む地球人が、月の岩石から抽出した顔料を使って描く火星の赤」といった自由変更ももちろん可能です。それらを経巡ってもう一度目の前の赤を見るとき、当然ですが、経巡る前の赤とは違って見えてきます。

最終的に「汝としての赤」を表現しようとする画家の能動的構成は、それに成功する場合もあれば、失敗する場合もあります。成功は、画家に語りかけてくる先構成の形態に汝を語りかけることができる場合です。語りかけてくる何かに、全身全霊で語り返すことが出きる場合です。汝の表現になった赤は、そのとき、間人格的な本質直観となります。汝としての赤と画家との関係が本質直観として表現されると同時に、それに見入る他の人間との間人格性において、その赤の本質が照り輝きます。しかもそのとき重要なのは、その本質に、赤に関するあらゆる受動的綜合の先構成とあらゆる能動的綜合の構成のすべてが、包括的に結晶化され、表現されていることです。ブーバーが樹木との我-汝-関係を語るように、「ひとつの全体としてその樹を見るために、その樹のことで私があえて無視せねばならぬようなものは何ひとつなく、また忘れねばならぬ知識も何ひとつない。むしろ、形象も運動も、種族性も標本価も、法則も数も、すべてがその樹のなかで分かちがたく合一している[23]」といえるのです。

フッサールは、『経験と判断』の中で本質直観を語る際、ブーバーの語る全体性に対応する事態を表現しています。全体性といっても、能動的志向性の対象構成による全体性を意味するのではなく、その全体を下から支えつつ、間身体性という衝動のカオスに担われている生成してやまない先構成の全体性が、創造的本質直観の根源的エネルギーです。そのような受動的先構成と能動的構成の全体が直観されるのです。そしてその先構成には、当然のことながら諸々の生活世界の文化的相対性が含まれ、生成を重ねている諸々の生活世界にそのつど蓄積してくる「生得的汝」の間身体性の豊穣さは、汝の表現の無限の奥行きを告げるものです。赤という汝は、さまざまな文化の多様性を背景にして、無限の変様を照り返しつつ、赤く輝く。

第三部　触発と衝動

第一章　原触発という受動的綜合としての衝動志向性

この章の考察の出発点は、フッサール現象学における衝動志向性の位置づけが、いまだ不十分といわねばならないことにあります。とりわけ、衝動志向性が時間化や相互主観性とどのように関わっているかに関して、多くの解釈の違いがみられます。ここで明らかにしてみたいのは、まずもって、衝動志向性のもつ明証性の特性であり、「世界におけるわれ有り」の超越論的事実性のもつ必当然的明証性という基準との照らし合わせです。次に、発生的現象学における衝動志向性の位置づけであり、それらの検討を通して、はじめて、受動的な原触発的綜合としての衝動志向性の正確な概念規定が可能になります。このような手順を踏んでこそ、絶対的時間化が衝動志向性によって超越論的に条件づけられていることが十分に論証され、相互主観性と衝動志向性との関係が、発生的現象学において、明瞭に確証されうると考えます。

第一節　受動的綜合としての衝動志向性の明証性

フッサールは、生涯に渡る探求を通じて、現象学の方法論を絶えず、研ぎ澄まし、深化させていきました。その考察が一つの大きな頂点を形成している論稿に注視し、そこで、方法論を探求する、つまり、現象学的考察を遂行する超越論的自我そのものの必当然的明証性をいかに徹底して考え貫いているかを、明確にしてみたいと思います。

a　「世界信憑におけるわれ有り」という超越論的事実性の必当然的明証性

このテキストは、フッサリアーナ第十五巻『相互主観性の現象学について』第三巻の二二番目の論稿です。ここで、現象学的考察を遂行する自我の明証性の問題が考察されるなかで、フッサールが「本質と事実」の根本問題に突き当たっている状況が、厳密に描写されています。

フッサールは、ここで、まず、目的論をテーマとして、「超越論的相互主観性の目的論的プロセス」を示そうとします。このプロセスは、「普遍的ではあるが、まずもって、個々の主観において、暗い〈生への意志〉、ないし、真の存在への意志を担っている」とされます[1]。その際、フッサールは、「大変意義深いことだが、この私が、すなわち、事実的に現象学するエゴが、エイドス〔本質〕を構成するということ、つまり、構成と構成体〔Konstruktion〕（構成された統一、エイドス）は、私の事実的な存続体、私の個別性に属する」ことを指摘します[2]。ここで問題になっているのは、現象学する自我が構成するエイドスと、その自我によって構成された、世界において構成されたものとしてその位置をもっている、私自身の個別性という個的事実性との間の関係です。従来、事実性とは、この可能態と現実態との関係において、エイドスのもつ可能性が実現されたものとして理解されていましたが、この理解は、ここで示されている逆説的事態において、その把握の限界が露わになってしまいます。この事態とは、「超越論的自我のエイドスは、事実的な自我としての超越論的自我なしには考えることすら不可能である」[3]ということです。

この問題は、次のようにも描写できます。現象学的考察にあたって、自己の意識に直接与えられている意識所与の領域を獲得するために現象学的還元を遂行して、経験を経験にさせている条件性としての超越論的規則性が明らかになります。しかし、この現象学的考察を行う自我は、各自の個別的自我に他なりません。このことをフッサールは『危機書』において、「フィヒテの主張する自我は、フィヒテの個我に他ならない[4]」として、普遍的自我一般の形而上学的措定を退けます。超越論的自我というのも、この個別的自我に働く超越論的自我として確証されうるものでなければなりません。この個別的で事実的な自我が前提されることなく、現象学的考察を遂行することは不可能であるというのです。上の引用にあるように、現象学するエゴは、個の私としての事実的個別性に属しているのです。この現象学する自我の事実存在として根本的制約、つまり、個我として生と死の世代性と歴史性の制約は、現象学する自我の根源的制約性を意味します。それでもなお、この根源的制約性そのものを理解しているのは、当の現象学する自我に他ならないと主張しても、この主張は、あくまでも、この根源的制約の内部での主張であり、現象学する自我の事実上の不死性を主張することはできません。つまり、死ぬことを知っているということは、知っているから死ぬのだ、あるいは、死なないのだ、ということを帰結することにはなりません。フッサールが「超越論的自我の不死性[5]」を主張するとき、その主張は、フッサールの理性の目的論において正当に解釈されねばならず、もし、超越論的自我の不死性をもって、超越論的事実性という根本的制約を無視できるとするのであれば、それは、あくまでも、形而上学的思弁による無視であるという他ないでしょう。

　超越論的事実性の真理は、現象学する自我によって解明された真理であるという主張は、したがって、現象学する自我が、超越論的事実性の真理が成立するための制約であり、必要条件であるという主張と同値ではありえません。それは、例えば、反省できないということが、反省を通して確定されている以上、その反省による確定がないと、反省できないということが成立しないということであり、これは、生まれる瞬間を反省できないのは、反省できないと意識できるから反省できないのだ、という主張と同義です。また、言語を超えた領域が存在するということは、やはり言語によって言明されている、したがって、言語によって言明されない領域は存在しないという主張と、論理的に同一の構造をもつものです。この論理構造は、いわば、論理の次元とメタ論理の次元との混同を意味するものです。つまり、超越論的事実性とは、超越論的自我において現象学する自我に個別的有限性である生と死が属していることを意味するに他なりません。

したがって、「現象学する自我」を、絶対的時間化の超越論的制約であるとする主張には、フッサール現象学の全体からみて、とりわけ、この超越論的事実性との整合性に関して多くの矛盾する主張が含まれているといわねばなりません。確かに、フッサールは、絶対的時間化に関して、諸々の草稿において、先自我的な原受動的に流れることと同時に、自我が覚醒していることを論述し、「それでも自我は、いつもそこに〝居合わせていて〟、際立つものによって触発されるものとして目覚めており、いつも何らかの形で活動的である」(6)と述べています。しかし、ここで問わねばならないのは、では、いかなるあり方で〝居合わせている〟と述べているのか、という問いです。

ここで、いわば、「超越論的傍観者」としての現象学する自我が居合わせているというべきでしょうか。絶対的時間化が問題になるとき、徹底して問わねばならないのは、現象学する自我は、時間化を経ることなく機能しうるのか、という問いです。時間化を絶対的とするフッサールの基本的立場からして、時間化を経ていないという主張は、明確に成立しません。ということは、時間化の外部で、時間化を眺める超越論的傍観者は存在しえないということを意味します。

となれば、時間化の外から傍観するのでもなく、自己触知の働きがあるとして、それは、いわゆる「作動する自我（fungierendes Ich）」であるのか、作動する自我ではないのかとさらに問い詰められなければなりません。そのとき、作動しない自我であるとすれば、その自己触発の感知は、「何らかのあり方で活動的である」という表現に一致せず、あくまでも作動する自我であることになります。それに対して、活動する、作動する自我は、そもそも如何にして、そもそもその作動が可能になるのかを問うテキストにおいて、フッサールは、明確に、先のテキストで「際立つものによって触発されるものとして」と述べられているように、「機能における自我は、それはそれで、作動するために、そしてまた自我の存在化のために作動するためにも、触発を必要とする」[7]と述べています。ということは、ここで言われる「触発」は、作動を促すのである以上、ヒュレー的な非我的なもの（Das Nicht-Ich）が自我を触発するのでなければならず、触発を受けずには作動しない自我が、その自己を、つまり、作動する自我自身を触発しようにも、触発のしようがない、といわねばなりません[8]。作動する自我の自己触発、ないし、自己触知という見解は、結局のところ、ヘルトの主張する、作動する自我の自己分割と自己同一化という形而上学的構築と同一の立場に立っているのであり、自我の作動を促すヒュレーの先触発と先構成という見解とは、あくまでも、峻別されねばならないのです。

　さて、このヒュレー的先構成こそ、現象学する自我と時間化の関係を、超越論的事実性の視点から、明確に規定することを可能にするものです。ここで、まず、改めて超越論的事実性の必当然的明証性の問題に戻ると、「事実的自我としての超越論的自我」の必当然的明証性は、「私は、必当然的に有り、そして、世界信憑において必当然的に有る。私にとって、事実において、世界性、目的論が超越論的に露呈されうるのである」[9]という論述に明瞭に示されています。ここで重要であり、また、決して見落としてならないのは、「われ有り」の必当然的明証性が世界性の事実性（つまり、「世界信憑における必当然性」と不可分なもの）として考えられていることです。フッサールは、一九三四年の論稿では、「われ－有りの必当然性の意味」について、明確に、「したがって、この〃われ－有り〃の必当然性は、意識生において妥当する世界の存在に関する判断停止におけるエゴ・コギトの必当然性に他ならない。それは、世界妥当の地盤の上にその意味をもつ必当然性なのであり、世界の存在論の全体に帰属する必当然性なのである」(10)と述べています。「われ–有り」の必当然的明証性は、世界信憑と世界性においてこそ、つまり、必然的に絶対的時間化を経て可能になっている世界性において、必当然的に与えられているということです。だからこそフッサールは明確に、「ヒュレーの原事実（最も広義の意味で）に指示されてある連関においてこそ〔そうあるのであり〕、それなしでは、〔つまり、ヒュレーの原事実なしでは〕いかなる世界も可能ではなく、いかなる超越論的遍主観性も不可能であろう」(11)と明確に言明しているのです。つまり、ヒュレーの原事実とヒュレー的先構成なしには、現象学する自我、すなわち、現象学を探求し、遂行する主観そのものが成り立ちえないのです。

重要なことは、ここで、「われ有り」の必当然的明証性を、ヒュレー的先構成の超越論的事実性、すなわち、世界事実性から分離して考えてしまうと、再度、デカルトの瞬時的明証性という狭い意味での「われ有り」の必当然的明証性に陥ってしまうということです。このような「われ有り」のデカルト的明証性の瞬時的特性は、実は、『デカルト的省察』において、「必当然的明証性の射程」(12)が詳細に分析されることによって克服されている、と指摘されているものです。というのも、『デカルト的省察』で言及されているように、瞬時性を越えた、過去の出来事そのものの必当然的明証性が、過去把持の必当然的明証性と再想起における過去存在の即自的な明証性によって、根拠づけられ、克服されているからです。この分析と確証は、周知のように、『受動的綜合の分析』、並びに一九二二年、二三年の冬学期講義『哲学入門』でも詳細に展開されています。(13)

b　内在的知覚と過去把持の必当然的明証性

瞬時の「われ有り」の必当然的明証性が「世界信憑におけるわれ有り」の必当然的明証性において理解されるようになるときに、見落とされてならないのは、このような理解が展開する受動的綜合の分析の出発点は、その序文で述べられているように、内在的知覚の必当然的明証性、すなわち、『時間講義』で、「原意識」や「内的意識」として定題化することになった内在的知覚の必当然的明証性であることです[14]。『受動的綜合の分析』でフッサールは明確に、「内在的知覚は、対象の継続する個別的現在に関して、必当然的に明証であり、したがって、われわれの例では、われわれは、現象学的に還元された音に、今の、今継続するものとして共に泳ぎながら方向づけられているのである[15]」と述べています。その際自明であることは、過去把持も、同様に必当然的に明証であることであり、この明証性こそ、受動的綜合の分析に決定的役割を果たしており、内在的知覚における所与は、必当然的に与えられているのです。「過去把持は、いままさに過ぎ去ったものの抹消不可能な確証性である[16]」のです。

　この内在的知覚と過去把持の必当然的明証性の基盤の上に、受動的綜合の分析が展開され、この分析は、先に言及された、世界現実性、すなわちヒュレー的構成が、生起する絶対的時間化における「われ有り」の超越論的事実性の解明に決定的役割を果たします。

　時間意識の分析と連合的綜合の分析との関係を考察すると、時間構成が、単に形式に留まらない、時間内容の形成そのものを意味する連合と触発の綜合の分析を通して、深化し、拡張されていることは、明白です。時間意識の分析の全体的展開をみるとき、内在的時間を構成する絶対的時間流とこの流れそのものが、過去把持を通して原統握していること、いわゆる絶対的時間流の自己構成の露呈は、決定的な分析の成果である、とみることができます。その際この露呈の必当然的明証性は、第一の、『時間講義』における段階では、主に、時間構成の形式的構造をめぐるものでした。しかし、第二の段階において「受動的綜合の分析」が展開するなかで、この明証性は、単に時間構造に留まらない、具体的で時間内容に直接関わることになっていきます。フッサールは、「超越論的時間意識を超えて至る内容的綜合、しかも、その一般的な本性からして、超越論的に必然的とみなされるような綜合」を分析することになるのです(17)。

ここで明確なのは、連合と触発に関する受動的綜合の分析は、それが内在的知覚に与えられた所与の分析である限り、超越論的な必当然的明証性の領域で遂行され、時間意識の分析の拡張と深化を意味しており、最終的に、触発的な綜合を根底から統合する最下層としての衝動志向性が、生き生きした現在の流れの最も根源的な条件であることが明証的に提示されることになるのです。

c　過去把持的原意識の必当然的明証性と現象学する自我

先に言及したNr. 22のテキストには、超越論的自我の事実性と受動性の発生的探求の関係に関して、重要な視点が含まれています。フッサールは、「私が考慮しなければならないのは、遡及的な問いかけにおいて、原構造が、原キネステーゼと原感情と原本能をともなう原ヒュレーの変転において存在することが明らかになったことである。それに即せば、事実性に横たわるのは、原質料がまさにその統一の形式において経過し、本質形式は世界性以前に存在するということである。それによって、私にとって全世界の構成は、〝本能的〟にすでに前もって描かれているように思え、その際、可能とする諸機能そのものが、その本質のABC、すなわち、本質文法を前もって持っているのである。したがって、事実には、前もって目的論が起こっているということが備わっている。完全な存在論は、目的論であり、目的論はしかし、このような事実を前提にしている」(18)と述べています。

ここで「遡及的問いかけ」といわれているのは、まさに、発生的現象学の発生的問いに他なりません。原構造を明らかにするという意味で、発生的現象学は、もちろん、静態的構造の解明である静態的現象学を離れて、別の領域で展開することを意味するのではなく、むしろ、構造ともいわれる本質可能性を取り扱う静態的現象学のさらなる拡充を意味するものなのです[19]。このような発生の問いを通して、ここでいわれている原構造が解明され、この原構造の構造としての現われが「原キネステーゼ、原感情、原衝動」を伴う原ヒュレーの変転として現出しているといえるのです。したがって、絶対的時間化の次元は、このような「原ヒュレーの変転のなかの原構造」に即して事実の生起の次元であり、この原ヒュレーと表現される事実性そのものが、目的論的に「本能に即して」流れている、とされるのです。

では、ここでいわれている「原キネステーゼ、原感情、原衝動」を伴う原ヒュレーの変転とは、いかなることなのでしょうか。ヒュレー的先構成に関して、『イデーン』期においては、ヒュレー的所与がいかなる志向的性格ももたないとされていたものが、時間意識の分析を経た受動的綜合の分析を通して、感覚野における連合による触発的力の伝播に即して、ヒュレー的先構成が絶えず生成していることが明らかにされました。このヒュレー的先構成の担い手が、原キネステーゼであり、原感情、原衝動であって、それらが、生き生きした現在の流れと留まりの制約として働いていることが示されることになります。したがって、ここで感情、衝動、キネステーゼと述べられている働きは、当然のことですが、「事実と本質」という区分における、三様の本質領域を意味しているのではなく、超越論的事実性における時間化の位相構造を意味しているのであり、内在的時間意識の分析を通さずして、この原構造に到達することは不可能なことなのです。

3-1　原触発という受動的綜合としての衝動志向性

この生き生きした現在の流れにおいて、重要なことは、ここでも明確に表現されているように、通常の「形式と内容」、「本質と事実」という二項的構造において理解できないということであり、生き生きした現在の原質料が原構造に即して質料となり、原構造が、原質料に即して構造となり、目的論と事実性が一つのこととして生起しているということなのです。
ここで示された「原構造」との関連で、他の重要なテキストとのつながりを指摘しなければなりません。それは、「原初的な現在（立ち留まりつつ、生き生きと流れること）の構造分析」が「徹底して先－自我的なものに遡及的にたち戻っていく」[20]と表現されているテキストです。この発生的現象学の一貫した遡及的問いは、自我を欠く流れることの下層を露呈し、そのことを通して、自我の構造そのもの（本質と構成層の探求である静態的現象学を通して分析される）が、この下層によって基づけられていることが明らかとなり、構造の下層という原構造が、「徹底して先－自我的なもの」という語で語られているのです。
ここに示されている自我を欠いて流れること、換言すれば、徹底して「先－自我的なもの」は、まさに字義通りに理解されなければなりません。自我を欠くこと、ないし、先－自我的ということは、受動性の中核的意味を形成し、徹底して受動的であるということは、自我の活動、すなわち、通常の能動的志向性に含まれている自我の関与を、原理的に、まったく許容しないのです。[21]
フッサールは、はっきりと、「〝受動性〟とは、したがって、ここで、自我が覚醒していて、それが活動する自我であったとしても、自我の活動なしに流れが生じるということを意味し、流れは、自我を実現するためにその活動に向かっているかのように、自我の活動からなるものなのではない」[22]と述べています。この「自我の活動なしに」ということは、無論、「自我を欠く流れること」に妥当し、「時間化されつつ時間化する原生起は、自我の源泉に発するのではなく、したがって、自我の関与なく生じている」[23]といわれ、徹底して先－自我的なものを指しているのです。

ところが、他方、このように明確に主張されている「自我の活動以前の原受動的に流れること」に対して、この基本的見解を否定するようなフッサール自身の記述があることは、どう理解すればいいのでしょうか。第二部第二章で述べたように、[24]フッサールは、「流れること」の「先－志向性」と「先－時間化（Vor-Zeitigung）」を述べた論述（一九三〇年の論稿）を振り返り、一九三二年に、「本来的な意味で、二種類の志向性があるのではなく、本来、先時間化は存在しない。体験の流れの明証的な時間的所与性において、前提とされ、活動的である現実の時間化は、超越論的に現象学する自我の（des transzendentalen phänomenologisierenden Ich）時間化である[25]」と述べ、先に言及した「流れに居合わせる自我」が、しかも時間化の生起に直接関わる現象学する自我として、主張されています。この超越論的に現象学する自我と絶対的時間流の関係を最終的にどのように理解するべきか、改めて、衝動志向性との連関において考えてみましょう。

この考察にとって、興味深い論稿は、フッサリアーナ第一五巻の三三論稿（一九三三年）です。[26]ここで、フッサール自身、絶対的時間流と現象学する自我の関係について、二つの理解の仕方の違いの間を大きく揺れ動いていて、思惟の動きが大変鮮明になっています。その動きの中で、現象学する自我の始原性とは、実は、フッサールが、自身で展開した受動的流れの深層の分析を失念し、考慮にいれないことから生じていること、そして、それが主張されることになる必然的連関が、浮き彫りになっているのです。フッサールは、ここで、まず、時間流の流れること（Strömen）を「原時間化（Urzeitigung）」となづけ、含蓄的志向性の分析と関連づけて、次のように語っています。

3－1　原触発という受動的綜合としての衝動志向性

（1）「超越論的分析とは、含蓄性を開示することであり、含蓄性は、含蓄され、時間化された時間化、そして時間化する時間化として、含蓄化された発生として出現するが、それらはその流れの中に先存在を持つような、反省しつつ、分析する自我に対して出現する。その自我が可能とするものは、〝私はできる〟、そして私は、絶えず、同一化でき、繰り返し同一化でき、含蓄されたすでに存在するものとして、さまざまな段階にある存在するものをきわだたせることができることである」[27]と述べます。ここでは、時間化する時間化と分析する自我との関係は、「対して（für）」という言葉で関係づけられているだけなのですが、フッサールは、ここで自分で述べる、自我が「繰り返し、時間化されたものを同一化する」という表現の中に、「すでに、わたしは、流れつつ、流れつつある原存在において生じている統一の形成と時間化に、ないし、そこで時間化されたものに従っており、すでに反復しており、同一化しつつ、すでに再想起の生、反復する想起の生、再想起された諸統一の同一化の生、その他を生きている」[28]というように、同一化する能動性（Aktivität）、ないし活動性を前提していることを確認することになります。
（2） この確認の直後、フッサールは、このように確認された自我の能動性を徹底的に禁止し、還元してこそ、超越論的素朴性の克服が達成され、「絶対的に流れること」に至りうるとするのです。そのとき、同一化の作用とは、事後的な、時間化されたものを前提にする作用に他なりません。ここで述べられているのは、時間流の先行性と自我の作用の事後的生起という、三十年代に集中的に展開されている分析による基本的見解です。
（3） ところが、フッサールは、ここで、一転して、このような徹底した還元を遂行しているのは、当然ながら、現象学する自我ではないか、とみなして、例えば、昨日、還元について考察し、今日、再度、昨日考えた還元の内容について、さらに考察を継続するのは、まさに、この現象学する自我、原初的自我（urtümliches Ich）に他ならないと考えます。こうして流れることにおいて自我が能動性を行使し、それが習慣性と未来の行動をも規定することを通して、時間化の中で、世界を構成し、他我をも固有な自我の変様として構成するという、エゴ・コギトを基礎原理にするエゴロギーの全体的把握が提示されるのです。現象学する自我が最終的に時間化を構成するという、一九三二年のテキストで主張されている「現象学する自我の時間化」という見解が再び、ここで、提示されるのです。
(4) しかし、考察はここで終了するのではなく、これに続く、最後の展開は、はたして、このエゴロギー的把握は、二十年代深まりをみせてきたモナドロギーといかなる関係にあるのか、「原初的〃エゴ〃、原初的で絶対的に具体的な〃自我〃は、モナドであり、それ自身の中に、同等であり、同時に脱自的でさえあるような諸モナドの全性を有するのか」[29]という自問です。仮にそうであるとすると、再度、問題となるのは、原初的なエゴが、原初的な複数のエゴの無限性を内に内含するのでなければならなくなり、同時に、その複数のエゴには、この無限性を有する私のエゴをも内に含む無限性が属しているという、相互主観性論に含まれる難題の逆説的事態が改めて、ここで、表現されて、この論稿は締めくくられています。
以上の全体の展開をみて、私にとって特に重要と思えるのは、
① まず、(2) から (3) への意外な展開です。私は、この展開を、フッサールがこの展開において、自分自身で解明した重要な原理的観点を失念し、論理的飛躍を行ってしまっている、と解釈します。というのは、「今、絶対的時間流への還元を遂行している」、そして、「昨日も同じ還元について考察してみた」と還元をする同一の自我を意識できるのは、このような自我の同一性の成立が可能になるのは、このように現象学する自我が、まさに、原意識されているからに他ならないからです。これまで、フッサールの時間論の解明の際、最も重要な基礎原理として開示されたのは、過去把持的原意識——原意識とは、そもそも今の瞬時の原意識では

ありえず、過去把持の持続においてのみ働きます――が必当然的明証性において働く、という基礎原理です。ここでいわれる「現象学する自我」の現象学的考察が遂行されるとき、その遂行そのもののノエシス的側面とノエマ的側面が、原意識されます。そして、この原意識が原意識であるのは、また、そう呼ばれるのは、まさに、原意識が、「〜についての意識」という通常の志向性の特性をもつことなく、自我極を経た自我の意識作用（統握作用）ではないからです。原意識において所与される原意識の内容が、作用の構成による内容ではないからこそ、作用の作用という無限遡及を免れて、原意識が成立しているのでした。現象学する自我は、必当然的明証性を有する原意識を通してこそ、その同一性が獲得されうるのであり、その逆ではなく、現象学する自我（自我の意識作用）が、超越論的統覚に類似した形而上学的同一性を想定し、前提として構築することが、必当然的明証性を有する原意識を可能にし、構成しているのではありません。

したがって、フッサールが（3）において、現象学する自我を流れる時間化に介在させ、作動する自我の同一性が時間化の流れに統一を与えるとみなすのは、原意識こそ、流れることそのものを可能にしていること、並びに、昨日の自我と今日の自我の同一性を基づけていること、また「原意識と過去把持があるからこそ、構成された体験と構成する位相を反省において見やる可能性がある」[30]こと、――これらは、フッサール自身が明らかにしたにもかかわらず――が考察に組み込まれず、この前提を踏んでいながら、踏んでいることを忘れて論理的飛躍を行った、という他ないのです。
② 次に重要なのは、エゴロギーとモナドロギーの関係であり、衝動志向性に関連づけて明らかにすることができます。（4）において、フッサールがエゴの概念で、相互主観性の問題解決の可能性を再度問いかけざるをえないのは、端的にいえば、エゴロギーはモナドロギーに包括され、その位置づけを獲得しえても、モナドロ

ギーは、エゴロギーに包括できないということが明らかであるからだと思います。仮に、自我と他我の区別以前の絶対的自我や原エゴ（Urego）に具体性と歴史性を付与して考えるとすれば、そもそも、モナドの概念の現象学への導入は、必要不可欠とはいえないことになります。モナド概念が導入され、系統的発生や個体発生がモナドロギーの枠組みで解明されるようになったのは、カントの、理念として要請される形式的な超越論的自我では把握できない、「事実性の一般的で包括的な秩序[31]」が発生的現象学の課題として明確になり、「世界におけるわれ有り」という必当然的明証性において、具体的時間化が解明されうるようになったからなのです。
③　相互主観性の解明に当たって『危機書』で、原エゴの自己時間化を通して解決を探る試みが記述されていますが、この自己時間化の内実を、絶対的時間流の時間化、しかも、具体的で、歴史的な原エゴという、モナドの言いかえとしての「原エゴ」と理解するならば、この「原エゴの自己時間化」を、モナドロギーにおける時間化として、発生的現象学における相互主観性の解明の方向性と理解しなければならなくなる、と思います。このとき、時間化とは、「絶対的なるものは、絶対的な時間化に他ならない[32]」というときの時間化であり、必当然的明証性において、「原キネステーゼと原感情と原本能をともなう原ヒュレーの変転」としての時間化を意味しています。しかも、この時間化は、モナドロギーの枠組みにおいて、モナドロギーであるからこそ、自我としての覚醒以前の眠れるモナドの段階での、全モナド的な本能的コミュニケーションが語られうるのであり、また、「系統的発生」や「個別的発生」、さらに自我極の生成や先自我について、発生的現象学の領野で、語りうるのだと思います。
さて、これまで述べてきた超越論的自我の事実性とヒュレー的先構成の有する必当然的明証性、ならびに、時間化における現象学する自我の役割についての考察を、次のようにまとめることができるでしょう。

(1)「われ有り」と「世界信憑におけるわれ有り」の必当然的明証性は、超越論的事実性の内実をなす「ヒュレー的先構成の変転」を意味する絶対的時間化の必当然的明証性に他なりません。
(2) この時間化に関して、現象学する自我の役割は、フッサール自身のここでの記述にもかかわらず、時間化そのものの超越論的制約とみなすことはできず、時間化されたものを同一化する役割、つまり、受動的綜合としてのヒュレー的契機と主観性の構造的契機である「原感情、原衝動」との間の相互覚起、しかも、間モナド的コミュニケーションにおける相互覚起を通して絶えず生成する時間化が、原意識に与えられているその所与を、事後的に反省し、分析するという役割を、果たしているに他なりません。
(3) 相互主観性の成立に関する問いは、もはや、エゴロギーの枠内では把握できず、発生的現象学における間モナド的生成の問いとして、衝動志向性がその超越論的制約として働く絶対的時間化の次元において展開しうる、といえるのです。

第二節　衝動志向性の直観化のプロセス

原触発としての衝動志向性の解明のためには、衝動志向性を通しての衝動の「充実」が、発生的にみて、二つの層において考察されなければなりません。

第一の層は、発生的に原初的な層であり、胎児や乳幼児における本能志向性そのものが覚醒する段階の先構成の層です。このときには、原ヒュレーとの相互の覚起において働く空虚表象そのものが、いまだ形成されていません。(33)

第二の層は、すでに習性として習慣的となった衝動志向性の空虚表象の充実に関わっていて、この空虚表象が過去の地平に沈殿しており、「空虚な過去把持的領域において山積し、抑制しあっている」[34]とされます。こうして、沈殿している衝動志向性の空虚表象は、絶えず、そのつどの生き生きした現在における原印象、原ヒュレーとの相互の覚起に臨在し、待機しているということができ、したがって、知覚の現在は、空虚表象の過去によって、――もちろん、一方的にではありませんが、――先構成されるよう準備されているということができるのです。

したがって、いずれにしてもここではっきりさせておく必要があるのは、フッサールの時間論の従来の解釈とされた、時間流は、印象によって時間内容が与えられ、それが過去把持的変様を経て、過去の地平に沈下していくという、一方向の沈殿の経過であるとする解釈は、もはや、フッサールの時間化の適切な解釈ではないことです。絶対的時間化は、形成済みの空虚表象なしの、本能志向性が覚醒することによる漠とした〝予感〟とこの本能志向性のそのものを覚起する原ヒュレーとの間の原初的な相互的覚起において発生するのです。

a　習慣化した衝動志向性の充実と不充実の関係

発生の順序を逆にして、まず、第二の層における相互的な覚起について考察すると、それは、生き生きした現在の同時性における、ヒュレー的契機と原過去把持における空虚表象との間の対化的‐連合的融合を意味しています。「同時的統合は、しかし、内容的融合として可能であるだけであって、かくして、内容的融合は、印象と直接的な、原過去把持との間の同時性において生じており、このことは、たえず、時々刻々、そこにおいて直接的で内容的な融合として生じるのである」[35]とされます。この同時性における原融合は、感覚位相におけるヒュレー的契機の有する内容（位相内容）と空虚表象の過去把持的内容との間の相互に対化する覚起のもとで、現在の知覚野の原連合として理解されます。

ここでは、無論、融合の受動性が連合的な覚起を通して生じているのであり、この衝動の充実の層においても、このことが、強調されねばなりません。覚起は、「特定の先対象的な位相内実にむけて方向づけられていること」という特性をもち、そのことからして、また、この意味でこそ「志向的」と呼ばれるのですが、重要なことは、自我の活動を欠くことからして、「受動的志向」と呼ばれることなのです。衝動志向性の志向性とは、この意味で受動的志向性なのであり、通常の、自我の活動をもつ能動的「志向性」と理解することはできません。

受動的であれ、衝動志向性は、志向と充実、または不充実という構造をもっており、「空腹の意識や満腹の意識」などとして現出しますが、空腹の場合、この意識の志向を志向にしているのは、実は、充実したときのヒュレー的契機が、連合の欠損項として、志向されているという志向構造をもっています。この論点については、第二部第四章で詳細に論じていますが、この第二段階では、すでにこのような志向構造が、衝動志向性の形成を通して、確固として構造化されていることを改めて強調しておきたいと思います。

b　本能志向性の覚醒と予感の生成

第一の段階の先構成の層における相互覚起は、原ヒュレーの位相内容と、初めて覚醒される本能志向性の位相内容との間の相互覚起です。ここで重要な問いになるのは、この本能志向性の覚醒がそもそもどのよう可能になり、どのように生じるのかという始原に関する問いです。

ここで注意しなければならないのは、第二段階でみられる、過去把持をへた空虚表象そのものがいまだ形成されていないことです。つまり、フッサールに即せば、「空虚で本能的な予感の露呈」[36]という事態が生起し、それは、形成済みの空虚表象の露呈なのではないことです。この本能的な予感と空虚表象の形成のプロセスに関する記述として大変興味深く、また示唆的であるのは、根源的に非直観的であった生きられている衝動志向性が直観にもたらされる場合を記述するフッサールの喃語の事例ですが、これについては、これまで、十分に詳細な分析を行いましたので[37]、その分析の成果だけを改めて、再確認してみましょう。

ここで示されているのは、衝動的なキネステーゼの位相内容と、乳幼児が〝自分で〟発声する際の聴覚的な感覚所与との間の連合的で対化される融合が、母親が幼児の喃語を真似るときには、両者の融合として成り立たないということです。両者の間の連合的覚起が成立せず、まさに、その成立しないことを通してこそ、もともと非直観的であったキネステーゼと聴覚的感覚所与との間の融合された位相内容に遊離、ないし亀裂という差異が生じる、つまり、キネステーゼの予感が覚起されても、それに対応するキネステーゼの感覚素材（所与）が与えらずに、その予感が充実されないことを通して、このキネステーゼの予感が空虚な予感としてはじめて直観にもたらされ、キネステーゼの空虚表象の直観化が成立するということです。

喃語の場合の、キネステーゼと音との間の根源的な原連合的覚起は、始めは、幼児に融合の全体として直観され、原意識されていたということはできても、キネステーゼと音のそれぞれの感覚位相内容の違い、差異そのものは、直観にもたらされていませんでした。キネステーゼと音の感覚位相間の融合が、まさに融合して、いかなる違いも不明確のまま一つのこととして起こっていたからです。


衝動志向性のさまざまに異なった空虚表象の、原共感覚からの差異化の形成　乳幼児における感覚野がいまだ個々の際立ちをもたず、個別的感覚野が形成されていないことは、乳幼児の原共感覚の現象としてよく知られています[38]。原初的に覚起された衝動志向性は、そのような原共感覚の連合的融合において作動しています。

ここで重要で興味深いのは、第二部第四章で問題にした、非直観的なものが直観化される際のプロセスの分析です。母親が幼児の喃語を真似て、幼児において意図的でないキネステーゼがそれに対応するとき、幼児にあって、キネステーゼの感覚素材によって充実されないという欠損とは、そこで覚起された本能的キネステーゼの不充実に他なりません。まさに、この本能的キネステーゼの不充実において、この本能的キネステーゼの「先－ノエマ的〔対象的な意味でなく、先－対象的な位相内容を意味します〕意味内実」が、聴覚的感覚素材の「先－ノエマ的〔同様に先対象的位相内容に関わる〕意味内実」との差異化、並びに、本能的キネステーゼの受動的志向性と聴覚的感覚の受動的志向性の「先－ノエシス的〔この場合も、同様に、先－対象的位相内容の先－構成に関わります〕」契機における差異化において、この先構成の「先ノエマ的－先ノエシス的」両契機に即して、「ゼロのキネステーゼ」が始めて原意識（原意識（1））され、直観にもたらされるのです。そして、この原意識された「ゼロのキネステーゼ」は、はじめて、空虚表象として過去の地平に沈殿することになります。したがって、この直観化以前には、キネステーゼの意味そのものは、いまだ原意識されず、融合において非直観的に生きられていたわけです。そして、ここで初めて、本能的キネステーゼの「ゼロのキネステーゼ」は、それ自身この直観化において初めて原意識（原意識（1））され、キネステーゼの空虚表象の基盤といえる、キネステーゼの位相内容の空虚な過去把持を経て、キネステーゼの空虚表象が次第に形成されていきます。

したがって、これまでなされてきている自我の活動を前提にした能動的キネネステーゼによるキネステーゼの解釈は、この本能的キネステーゼの直観化の視点から修正を余儀なくされます。ランドグレーベは、フッサールの身体性の理解にとって、キネステーゼの概念が重要であることを絶えず主張してきました。ただし、その際、つねに「私がなす」、「私ができる」という意味を備えたキネステーゼの側面を、いわば、能動的キネステーゼのみを強調し、その能動的キネステーゼを基礎づけている、本能的キネステーゼ、ないし、受動的キネステーゼについて、十分な言及がなされているとはいえないのです。[39]したがって、ここで注意しなければならないのは、この次元の能動的キネステーゼの志向と充実は、ここで述べられている「ゼロのキネステーゼ」の成立と、それによって成立したキネステーゼの空虚表象を、すでに前提にしていることです。しかし、本能的キネステーゼは、この空虚表象を前提にすることはなく、本能志向性の覚醒を通して、空虚な形態として生成しているのであり、フッサールは、本能の覚醒における本能的予感において、空虚な形態と、空虚な表象との次元の相違を明確に指摘しているといえるのです。

その際、単に非意図的なキネステーゼだけでなく、聴覚的な感覚素材が空虚な形態として形成されつつあり、受動的綜合において非直観的に生きられています。聴覚的感覚素材の位相内容による連合を通して覚起された、キネステーゼが充実されないとき、形成途上の聴覚的な空虚な形態の方は、聴覚的な感覚素材によって満たされ、こうして、キネステーゼの不充実と聴覚的な空虚形態の充実が、その充実と不充実の差異という際立ちを通して、ゼロのキネステーゼの直観化を助成しているということがいえると思います。聴覚的な感覚の位相内容は、元来、原共感覚においては、キネステーゼの位相内容と区別できない融合されたあり方で受動的に志向され、充実されていたのですが、このとき、聴覚的位相内容が覚起するキネステーゼのヒュレー的契機の位相内容に向けた志向が充実されないことと、形成されつつある聴覚的な空虚な形態の充実が、空虚なゼロのキネステーゼが直観化され、原意識されることを助成し、動機づけている、というわけです。

したがって、非直観的な衝動志向性の直観化のプロセスは、差異化のプロセスとして、すなわち、「先ノエマ的」な原共感覚の区別のたたない類似性から、それぞれの特質へと分岐をとげた類似性への変転と性格づけることができます。つまり、原共感覚におけるキネステーゼと聴覚的意味内容との間の際立ちをもたない類似性が、それらの間の相互の覚起の断絶的欠損を通して、聴覚的感覚素材の意味内容を欠くキネステーゼの位相内容を覚起する項と、キネステーゼの意味内容を欠く聴覚的な位相内容を覚起する項とに差異化が生じるのです。


原共感覚的な本能志向性の予感が覚醒すること　ここで、いまだ明確な差異を示すことのないヒュレー的な意味内実のもつ根源的な原共感覚の働き方と、その原共感覚的衝動志向性の覚醒と形成は、全体としてどのように生成してくるのか、という問いが重要な問題となります。この直観化とは、どのようにして可能になるのでしょうか。

これに関して、フッサールのいくつかの分析は大変多くの示唆を含んでいます。この分析は、第二部第四章(40)で示されたように、「欠損の現象(41)」として現出しています。ちょうど、先の喃語の模倣の場合のように、特定の衝動志向性が充足されないことが、その特定の志向と充実という連関そのものを連合の連関として直観にもたらすように、授乳されずに、授乳への志向が満たされないことが、それ以前の授乳の志向が充実されたという志向–充実の連合的連関の覚起を生じさせるのです。つまり、授乳の際の志向とその充実の連合的関連が原意識されることなく、過去に沈殿していっていたことが、まさに、充実されないときにこそ、充実されない、欠損態としての授乳志向が初めて直観にもたらされるということが生じているのです。つまり、ここで重要なことは、衝動志向性（本能志向性の覚醒も同様）の充実は、元来、根源的に非直観的に、連合的な綜合の融合において生じていて、まさに、その衝動志向性が充実されることなく、「志向にそぐわない」、「阻害(42)」ないし、「未来予持に反する」と表現される事態が生成するときにこそ、それぞれの充足されるべき衝動志向の内容が、それとして直観にもたらされるということです。

また、ここで興味深いことは、発生的現象学で活用されている脱構築の方法が、特定の志向–充実連関が欠損し、働かないという、いわば、自然に生じた脱構築を通して、活用され、隠れて非直観的に、生き生きと働いていた衝動志向性の動機連関が、直観にもたらされ、露呈されている、ということです。この原理を一般化すると、発生的現象学の脱構築の方法は、一般的に、現象学の志向性の解明に中心的働きをなしているという主張につながります。例えば、『受動的綜合の分析』で展開されている、様相化の分析の際、「予期外れ」や「予期しない感覚素材による抗争」などの否定の様相や、疑念や可能性の様相等が、まさに、通常の「志向-充実」の連関が機能しないことを通して、隠れて働いている志向連関が露呈されてくるというプロセスとして詳述されているのです。非直観的な未来予持の志向は、まさに、「予期外れ」や「否定」などを通してこそ、つまり、その志向の不充実という脱機能、すなわち、自然に生じた脱構築を通してこそ、その志向の内実が直観化されるのです。

したがって、根源的な原共感覚的な衝動志向性が直観にもたらされることにおいて明らかなことは、第一に、原初的な本能的予感とそれに対応するヒュレー的契機との間の相互の覚醒（覚起）が、非直観的に、原共感覚の非差異的な類似性において〝原意識〟（前章で示された、再想起はされえない原意識（I））されているということです。また、このような原意識（I）は、飢えの衝動とか、ゼロのキネステーゼなどの空虚形態として、乳幼児の原共感覚的〝原地盤〟において、特定の空虚表象なしに、生起します。非直観的な相互覚起による空虚な形態の形成は、それら特定の衝動志向性の直観の生成と空虚表象の形成に、必然的に先行しています。この空虚な形態が空虚表象に先行するのであって、その逆ではないことは重要であり、根源的に非直観的に作動する、原共感覚的な総体としての衝動志向性の直観化のプロセスは、発生的現象学において、空虚表象の意味内実の形成のプロセスに他ならないのです。

3－1　原触発という受動的綜合としての衝動志向性

この非直観的な空虚な形態の先行という事態のもつ原理としての特性を、十分に考察する必要があります。まず第一に確認しておく必要があるのは、この空虚な形態とよばれるのは、当然のことながら、因果論的に想定される実在の連関と誤解されてはならないことです。空虚表象そのものが、内在的時間意識の探求をへて解明されている受動的綜合の超越論的規則性としての連合において、つまり、感覚の意味内実間の覚起の連関において隠れて働いている原理です。空虚な形態とは、そのような、「事実と本質、内と外、意識と実在」といった二元性に先行する受動的綜合の最も原初的形態に他なりません。

第三節　誤解される時間化と受動的綜合

上記の「充実、非充実」の連関を通して明らかにされた衝動志向性の直観化のプロセスの考察によって、「生き生きした現在」の「流れ留まる」という逆説的事態に関するヘルトの解釈の限界が明瞭になってきます。ヘルトは、この逆説を作動する自我の自己分裂と自己同一化という形而上学的構築によって解決しようとします[43]。しかし、受動性とは「いかなる自我の活動も関与していない（当然、自我の作動、ないし、活動性も働かないということです）」という根本的見解を、堅持し、自我の構造そのものより、より深く位置づけられる、先自我的流れの原構造という次元性の差異を見落とすのでない限り、このような自我の構造についての形而上学的構築が、フッサールの時間化の原理である連合の規則性に相応していないことは、明瞭なことです。この作動する自我の構造を基づける先自我的流れの原構造こそ、生き生きした現在の逆説的事態の解明になっているのです。

生き生きした現在に関するヘルトのこのような理解は、現象学で問題となる反省の概念をあまりに狭く把捉することに起因していると思われます。ヘルトは、現象学における反省の本質を、自我の活動を中心に了解し、「反省とは、……自己自身を観取し、把捉しようとする自我の試みである。その際、志向的「眼差しの光」が作動する自我から発し、自我に当たる。もっとも、それは、うまくいったとしても、まさにたったいま遂行された作動における自我にのみ当たるのではあるが[44]」と述べています。

こうして、フッサールが『時間講義』で開示して、『受動的綜合の分析』で、絶対的明証とされている内在的知覚、内的意識ないし、原意識と呼ばれた、特有な根源的な反省は、完全に度外視されてしまうのです。フッサールは、すでに、『時間講義』において、「しかし、原意識と過去把持とがそこにあるがゆえに、反省において、構成された体験と構成する位相をみやる可能性があるのだ」と述べ、「反省の方法論へ向けられたすべての反論は、本質に即した意識の構成についての無見識に由来することが判明する[45]」と言い切っているのです。

先に言及したように、受動的綜合の現象学的分析は、内在的知覚、ないし原意識の必当然的明証性において展開されています。この領域において、徹底した受動性における内容に関する連合的融合や先自我は、超越論的に必然的な規則性として働いています。「根源的に時間化するプロセス」、「先自我的」、「連合的融合」、「流れる過去把持的融合性」などの絶対的時間化の領域に働く重要な規則性が、一つのテキストの中で、明確な連関において、次のように述べられています。「先自我的で、能動性の外部の、その意味で〝受動的〟なプロセスとしての、根源的に時間化するプロセス、先－連合としての、単なる連合的融合としてのプロセス。……最も根源的な流れることからする継起において、われわれは、流れる過去把持的な融合性と融合という根底の上に、融合の亀裂を通して、なお存続する諸融合を通して生成するものとしての際立ちをもつのである[46]。」

ここで述べられている内容を改めて確認すれば、最も根源的な流れることは、先自我的で、受動的な流れであり、これこそ、根源的に時間化するプロセスであること。また、この流れは、過去把持的な融合性をその根底としており、先連合といわれうる諸融合の生成には、融合と同時に融合の亀裂による際立ちが生じている、ということです。

繰り返しになりますが、根源的な流れには、自我の活動は介在していません。形而上学的に構築された同一化と分離を遂行するとされる超越論的自我が、時間化を構成しているわけではないのです。この流れの規則性である連合としての融合は、これまで述べられたように、ヒュレー的契機と、その淵源を本能志向性の覚醒にもつ空虚形態との相互覚起として、解明されています。したがって、絶対的時間化が本能志向性の覚醒と衝動志向性の形成という起源において、絶対的時間化を最終的に制約している、という見解は、次節で提示されるフッサールのテキストで、確定的に語られる準備が整ってきている、といえるのですが、この確定を行う前に、このテキストの理解に際して決定的意味をもつ発生的現象学そのものの適切な理解の所在を明らかにしておきたいと思います。

リーは、『エトムント・フッサールの本能の現象学』で、「先自我」の概念を強調するにもかかわらず、先自我の徹底した受動性について一貫した考察がみうけられません。先自我は、リーのいうように、「純粋自我の一契機」[47]では、ありえません。というのも、先のフッサールの引用にあるように、先自我は、純粋自我の構造そのものを基づけるのであり、それだからこそ、自我を欠く流れの基底とよばれるのです。受動的流れにいかなる意味でも、自我の活動性を付与することはできないのです。それだけでなく、リーは、先-自我をあくまでも、超越論的自我の構造統一（Sturkureinheit）の一契機として理解しようとします。「発展統一としての超越論的自我の構造統一において、責任の最終的な担い手としての理性が、妥当の究極的根源を提示し、……それに対して、超越論的発生の原初にあって、生得的な原本能は、発生の究極的根源を提示する。……最終的な妥当の根源としての原-自我と最終的な発生の根源として先-自我は、相互に峻別される[48]」と主張します。

この見解に対して、批判されるべきは、次の点です。
（1）そもそも、フッサールは、発生的現象学の「発生」の概念を、従来の、「妥当と発生」ないし、「妥当と事実」の二項対立において理解しているのではない、したがって、超越論的自我の妥当性原理に即した原―自我と、超越論的自我の発生の側面に即した先―自我という理解は、先ほど提示された、この二項対立以前に働く超越論的事実性の必当然的明証性の見解と両立することはできない、といわねばなりません。発生的現象学で問われるのは、静態的現象学で解明された、構成層に関する妥当の基づけ（Geltungsfundierung）関係を前提にして、その妥当性の規定をもつ構成層が生成する必然的時間的秩序であり、しかも、この問いを通して、隠れて動機づける構成層が、妥当性をもつ、基づける層として露呈されてくるのである以上、妥当性と発生は、峻別されるのではなく、むしろ、ここで問題になっているのは、「妥当の発生」なのであり、「具体的で完全な妥当における妥当の諸層（Geltungsschichten）[49]」なのであり、それこそ、フッサールが、「論理の発生学」で意図しているものに他ならないのです。
（2）妥当と発生を峻別して、原―自我と先―自我を超越論的自我の両契機として理解することは、超越論的自我の活動を含まないという先―自我の原義に反するといわねばなりません。リーが、先―自我に、超越論的自我の活動を認めていることは、時間流と自我の介在を論じるにあたって、これまで論じてきた、衝動志向性が時間化の超越論的制約となっているという見解を、認めていないことにも明確に現われています。また、先―自我と超越論的自我そのものとを理解するにあたって、自我の活動が含まれているか、いないか、という原理的差異を認めないことから、発生的にみて、先―自我は、自我の活動が覚醒されていないだけの、いずれ、漸次的、段階的に自我の活動に移行していく、度合いの違いをもつにすぎないことになり、「徹底した先―自我」の、いいかえれば、受動的の意味が失われてしまうことになります。
他方、発生的現象学の方法論の理解に関して、リーの見解には、大きな問題点が含まれているといわねばなりません。リー自身、自我論的意味での反省の限界については、熟知しており、そのような反省を通して、発生的構成の原受動的領域へ接近することは不可能なこととしています。しかし、彼は、この領域への「唯一の接近は、……志向的心理学への還元の道[50]」であると主張します。内在的知覚の必当然的明証性こそ、先自我的な連合的融合としての時間化するプロセスが、原意識されることの確証の基盤であるにもかかわらず、また、おなじく、発生的現象学の方法としての「脱構築」に言及しつつも、彼は、それに代えて、「経験的保証の権利」を主張し、発生的現象学において感情移入を、自然的態度において生起している母子関係における感情移入の問題として、心理学的－相互主観的な妥当性を確定することができる、とみなしているのです[51]。リーは、フッサールが、明確に、通常の発達心理学の外からの観察の限界を主張し、内的意識に必当然的に所与されている、志向と充実という直観を出発点にした、本質規則性として衝動志向性を主張していることを見落としているといわねばなりません。

さて、ここで、確証の概念をリーと同じように理解するメルテンスの主張が、批判的に検討されなければなりません。メルテンスは『究極的根拠づけと懐疑の間で[52]』という著作において、発生的現象学は、脱構築ではなく、「構築（Konstruktion）」という方法によって、すでに形成済みの構造を説明する（erklären）ことをその課題とし、その際、確証（Bewährung）という検証領域があり、「そこにおいて構築の要求するものが批判的に検証され、確証されるのでなければならない」と述べています。このような構築という方法による発生的現象学の解釈は、適切とは思えません。メルテンスは、この構築を方法として導入する際、『受動的綜合の分析』の論稿「静態的現象学の方法と発生的現象学の方法」というテキストを引用して、「この探求を通して、どのようにして可能な理性主観が思惟するのかを認識し、それによって特定化されていない一般性において、純粋な理性主観と理性活動の形態を構築するのであり、その理性活動の形態において理性主観は真なる存在と真理に向かって生き、それを目的とするのである。このことは真なる価値と善についても同様である」[53]という箇所で使用されている構築概念を強調し、後期フッサールにおいて、構築概念のもつ積極的意義を主張するのです。しかし、この箇所で使用されている「構築」の概念は、文脈上、明らかなように、静態的現象学の方法に属するものであり、後期フッサールの発生的現象学の方法に属するものではありません。というのも、その引用箇所に直接続くテキスト部分は、「しかしながらこのすべてをもってしても、モナドがその十全性においてどのような、いわば外観をもつのか、十全的なモナド的個別性がどのような可能性を先行描出するのか、そしてそれはどのような個別化の規則性によってなのかについては、いかなる認識も獲得されはしないのである」[54]と述べており、まさに、ここで述べられているモナドの個別化の規則性を明らかにしうるのが、発生的現象学の方法に他ならないからです。それだけでなく、メルテンスはここで、発生的現象学の再構築の方法を、「脱構築」の方法とのつながりを無視して、単に「説明すべきことがすでに前もって与えられてしまっているものの構築」[55]にすぎないという、狭隘な解釈を行っています。フッサールが再構成(Rekonstruktion)で意図しているのは、ナトルプの「再構成」である、間接的な思考による推論なのではなく、直観的な直接的所与性の性格を失わない、隠れて働いている構成層が動機連関として、直観的に新たに露呈されてくるための、「ある経験を機能外におくとする」[56]方法なのです。再構成は、後に、脱構築と表現され、先に述べたように、「予期外れ」などの志向の不充実を通して、隠れて働いていた志向が、欠損態として直観化されるという直観化に方向づけられているのです。

　リーとメルテンスにおいて言及されている「経験的確証」は、フッサールの構成論の全体において、一定の位置づけをもっています。それは、静態的現象学における本質直観という枠組みの中での「事例化」における位置づけです。しかし、発生的現象学においては、解明すべき課題が、相互主観性であれ、時間意識の構成であれ、心理学的考察を通しての経験的確証は、間接的役割は果たしているとはいえても、いかなる直接的役割も果たしていないといわねばなりません。フッサールは、幼児における意識層の構成を問題にして、その方法論を論じるとき、はっきりと、「したがって、間違った方法であるのは、幼児の行動を外から観察して、私たちが同一のものとして体験することのできないことの自己能与を推測しようとする方法である」と述べているのです。(57)

キューンは、フッサールにおける受動性の概念についての広範に渡る研究において、フッサールの「ヒュレー論と時間化」を批判的に考察していますが、その批判は、ここで考察した受動性の本質を捉えそこなった批判といわねばなりません。彼は、原印象の解釈において、「原印象のもつ二義性は、自己能与的である一方、過去把持的な変容をもつ、ということを意味するが、それは、原印象が時間的な志向性において、——そしてそれを通して——与えられているということである」(58)と述べています。このような把握において、「原印象と過去把持の混合は、単に感覚されたものそのものの超越（者）としての〝原初的内容的な〟感覚へと導くものではあれ、触発性としての、自己－感覚する純粋な受動性に導かれることはなく、それとともに、フッサールによって大きな努力が払われながら求められた原初的〝生〟に至ることはない」(59)とされます。

キューンのこの解釈は、受動性の概念に直接関わる他のフッサールの諸概念をいかに解釈しているのか、という問題を露呈することになります。第一の解釈上の問題として指摘せねばならないのは、彼がフッサールの「原印象と過去把持」を最終的に、通常の意味での志向性、つまり能動的志向性として理解する点です。もちろん彼が、一方で、原印象を非－志向的とみなしていることは、明白なのですが、上に述べたように、最終的には、過去把持との混合による、彼の理解する範囲での「志向性」によって性格づけます。しかし、フッサールは原印象のみならず、過去把持をも通常の能動的志向性と性格づけてはおらず、原印象は、これまで十分、詳細に論述したように、過去地平の過去把持をへた空虚表象との相互覚起による融合を通して、絶えず新たに生成しているのであり、キューンのいうように、「今の時点によって否定されつつ形式化」されているわけではありません。根源的時間化において、時間形式と時間内容の区別は成立していません。フッサールのいう原印象は、キューンのいうような「ヒュレー的で生き生きした感性の自己贈与を脱実在化してしまうような境界点」ではないのです。ヒュレー的で生き生きした位相内実をともなう原印象は、能動的志向性ではなく、受動的志向性としての過去把持的空虚表象との融合によって、常に新たなその位相内実が「触発的－連合的綜合」を介して生成しているのであり、それでこそ、立ち留まりつつ流れる生き生きした現在を形成しているとはいえても、決して、抽象的な形式的今を意味するのではないのです。

元来、過去把持の非－志向的（能動的志向性の意味での志向性）性格は、『時間講義』において十分に明らかにされていたのですが、このことについて、フッサールは『受動的綜合の分析』においては、「過去把持はその根源性において立ち現われるとき、いかなる志向的性格ももっていない(60)」とはっきり述べているものなのです。それにもかかわらず、キューンがフッサールの原印象と過去把持を志向的と性格づけようとするのは、キューンにとって、フッサールにおいては十分に理解されないとする本来的な生の自己触発を、彼によって、能動的志向性と性格づけられる時間流から、隔離しようとするからなのです。しかし、当然のことながら、フッサールにあって、生き生きした現在は、過去把持的な空虚表象との触発的－連合的綜合において、まさに常に新たに生き生きと与えられているものなのです。ところが、キューンにおいては、時間化の外部が必然的でなければならず、その必然性は、時間化そのものが自我を欠く流れとして完全に受動的に理解されなければならないにもかかわらず、時間化という時間の流れを、自我の性格をもつ能動的志向性として把握し、時間化以前の絶対的生の自己触発を、徹底した受動性として、認識のもつ能動的志向性からまったく隔離し、自由である、とすることから生じている、ということができるのです。

第四節　「生き生きした現在」の超越論的条件性としての衝動志向性

発生的現象学のもつ多くの問題系のうちで、絶対的時間化がどのように生じているのかという問いに関するその基本的見解として、時間化の受動的発生の問題ほど重要な問題はありません。この問題に関して、フッサールがこの時間化の「流れ去り留まる流れ」の最終的で根源的な条件を衝動志向性にみていた、と指摘しているランドグレーベだけでなく、多くの論者が言及するテキストに、次のものがあります。「われわれは普遍的な衝動志向性を前提にすることが許され、またそうすべきではないだろうか。それは、すべての原初的な現在を立ち留まる時間化として統一的になし、具体的に現在から現在へと駆り立てていき、すべての内容が、衝動充足の内容であり、目的に向けて志向づけられている[61]」というテキストです。このテキストで主張されているのは、衝動志向性が、原初的な現在の流れの流れと立ち留まり、速く流れるのかゆっくり流れるのか、その流れそのものを最終的に統一化し、超越論的に条件づけている、ということです。

しかし、衝動志向性についてのこのテキストの箇所を指摘するだけでは、実際にどのように衝動志向性が時間化の流れを統一化しているのかについて、積極的に何かを言えたことにはなりません。これまで、発生的現象学の探求領域において、受動性の意味と、衝動志向性の志向と充実の関連を、いまだ意識されていない段階での衝動志向性の直観化のプロセスにおいて論述しました。この同一の視点に留まり、この時間化の受動的発生の問題をさらに明確にしてみたいと思います。
(1)まず第一に確認すべきは、この生き生きした現在の流れの留まりを留まりにしている衝動志向性の受動的綜合としての働き方です。衝動志向性の充実とは、もちろん、志向と充実の連関において考えられなければなりません。しかし、発生的現象学の視点において、原初の問いとして、当然、この衝動志向性そのものの生成が、遡及的に問われることになります。そのとき、本能志向性の覚醒が分析の課題となるのですが、次のテキストは、この原初の領域を、本能志向性の志向そのものが、形成しつつある空虚な形態の欠損として意識される直観化のプロセスにおいて、「類似化」という受動的綜合の原理に即して分析している興味深いテキストです。「生き生きした知覚的現在の原領域において、ここで即自的に早期のものは、欠損に気づくこと(das Vermissen)、不充足が意識されること、そして欲求である。……この根源的な意志は、全体のキネステーゼが、いまだ統制されていない、つまり、分岐せずに混在している部分的キネステーゼへと放たれていくという形式をもち、その放たれていくときには、その野の所与が、変化をきたし、場合によって、また幾重にも、欠損するものが〝身近なものに〟(näher)なる、ないし、再来するというべきではないか。この身近なものになるとは、所与の変化が、増加する類似性において、欠損するものを、まさに類似性の形式において、たえず垣間見させることである。欠損したものの傾向に即したものとなり、類似し、それを想起させ、類似性において強大になるが、いまだ十分ではないのだ[62]」。このテキストで注目すべきなのは、前章で事例として指摘された「満たされない飢え」と同様、欠損という事態が基点となり、「全体としてのキネステーゼ」が、四肢の動き、口腔内運動、等々の個別的キネステーゼの野に分化を遂げる以前の諸野に溢れ出て、次第に空虚な形態をとりはじめている感覚野における「類似性」を覚起し、欠損内容に応じた類似性を獲得していくプロセスなのです。

ここで述べられている「全体としてのキネステーゼ」とは、他の文脈で、「野生のキネステーゼ」、「本能的キネステーゼ」といわれる自我の活動をともなわない受動的キネステーゼに他なりません。この受動的キネステーゼが、先に取り上げた、Nr. 22で述べられている、「原キネステーゼと原感情と原本能をともなう原ヒュレーの変転において存在する原構造」において、原感情と原本能との不可分離な類似化という形態化として発現しているといえるのです。したがって、時間化が「原感情、原キネステーゼ」の融合した原本能における原連合の野の類似化を通して生起している事態が、ここで明確にされている、ということができます。
(2) 衝動志向性と時間化の関係を述べるに当たって、この議論がエゴロギーの枠内か、モナドロギーの枠内で展開されているのかを、はっきり見極めることは重要なことです。「豊かな具体性において捉えられた我《エゴ》（これをモナドというライプニッツの言葉で呼ぼうと思う）」[63]である以上、モナドロギーは、具体的なエゴによるエゴロギーであると言わねばならないのでしょうか。そうではなく、エゴロギーとモナドロギーは区別されねばならず、その区別に際して、決定的な意味を持つのは、まさにこの「具体化（Konkretion）」の概念であるといえます。『危機書』において、フッサール自身、『イデーン』期の判断停止による還元が、一気に「作動する自我としての、超越論的作用と能作の自我極としての自我」に還元してしまった素朴さを指摘し、第二の判断停止により、「絶対的に、唯一の、究極的に作動するエゴ」に還元する必要性を説く第五五節のテキストがあります。ここで、このエゴの具体化について、「今やその方法が要求するのは、エゴをその具体的な世界現象〔の観点〕から、体系的に遡及的に問い、その際、超越論的エゴそれ自身をその具体化において、〔すなわち〕その構成的な諸層と、言い難いほど複雑に絡み合った妥当性の基づけ関係において熟知することである。エゴとは、判断停止の端緒にあって、必当然的に与えられてはいるが、〝黙した具体化〟として与えられている」[64]

と述べています。この「黙した具体化」を遡及的に問うのは、まさに、発生的現象学であり、「基づけの絡み合いをほぐしていく」方法こそ、脱構築の方法であり、それを通して、「世界と、人類において客観化された超越論的主観性との相関関係」が明らかとなり、それとともに、幼児、動物、生物、人間の世代性の問題、無意識、夢を見ない睡眠、失神などの「先所与された世界の出来事」が超越論的な解明にもたらされうるのです(65)。

したがって、発生的現象学の展開とともに、自我極を経て作動する自我とその行為や能作の解明にあたる自我論、ないしそのような意味でのエゴロギーが、「黙した具体化」と歴史化の探求を通して、自我極そのものの生成が問題にできる、「幼児、対象としての事物認識の生成、無意識、他の生物」、「眠れるモナド」、「系統的発生と個体発生」などの諸問題を解明できる発生的現象学におけるモナドロギーへと包摂されていった、とみなすのが、もっとも適切なエゴロギーとモナドロギーの区別の解釈である、と思えるのです。そして、衝動志向性が時間化の超越論的制約であるという事態も、当然、この発生的現象学におけるモナドロギーにおいてこそ、その正当な位置づけが可能となっているのです。
(3)　こうして、発生的現象学において開示された、先の直観化のプロセスの分析を通して、原触発としての衝動志向性が、絶対的時間化の超越論的条件であるという主張を十分に根拠づけることができます。原触発としての衝動志向性は、衝動志向性の充実と非充実との連関において、次のように段階づけて記述できます。まずは、この原触発は、全体的な衝動志向性とそれに相応したヒュレーとの間に、差異化を生じていない、原共感覚における、非直観的で、無意識的な相互の覚起として記述されます。次に、次第に差異化を遂げてきた、個々の衝動志向性と直観化されて形成された衝動志向性の空虚表象に対応するヒュレー的なものとの間に働く相互の覚起として説明されます。その際、例えば、意図を伴わない非恣意的な受動的キネステーゼの触発と聴覚的な感覚素材の触発とは、その両者をさらに統合するより深層に属する原触発としての衝動志向性を通して一つの方向に取りまとめられる、例えば、喃語が発せられる場合、声を発する際の受動的キネステーゼの志向と充実による触発と、その声が聞こえるという聴覚の志向と充実による触発を、喃語の衝動の志向と充実が統合しているといえるのです。原共感覚における、ある特定の、差異化を経ていない非直観的な充実の連関において、キネステーゼと聴覚的感覚素材との間の原共感覚が発する触発が統合されており、この意味で、さまざまな触発の原触発が働いているといえるのです。このようにして、ある特定の、すでに差異化を経ている衝動志向性の充実は、衝動志向性の空虚表象とヒュレー的な位相内実との間の原触発的―連合的覚起を意味します。生き生きした現在における原印象と原過去把持との間に同時に生じる内容に関する融合は、ある特定の衝動志向性の特定の内容の充実であり、同時にそれは、生き生きした現在の流れが「留まる」ことを意味するのです。そして、内容上、同一の内容が継起することが、ある特定の時間内容の「持続」を意味し、融合による内容の変化が、時間の流れの内容の変化、変転であり、まさに、時間内容の変化の「流れ」を形成します。

第五節　目的論における衝動志向性

これまでの原触発としての衝動志向性に関する考察によって、衝動志向性が生き生きした現在を超越論的に規定していることが解明されましたが、ここでフッサールの超越論的現象学の構成論全体、とりわけ、目的論的なモナドロギーの構成論における衝動志向性の役割を、明確にしてみたいと思います。

ここで特に問題にされるのは、受動的綜合と能動的綜合との関係です。当然ですが、この衝動志向性が生き生きした現在を超越論的に規定するということを、当初からモナドの発展を必然的に規定するというように、決定論的に理解することはできません。特定の衝動志向性が、ヒュレー的内実と特定の習慣づけられた含蓄的衝動志向性の空虚表象との間の内容的融合を通して、流れる現在を条件づけ、ある特定の位相内実の持続を形成するとはいっても、自我極がその先触発するヒュレー的先構成に対向するかしないか、自我がそれに対して肯定的に対応するか否定的に対応するかは、まったく別の問題、理性に即した行為の領域に属する問題だからです。

フッサールは、この触発の生成そのものについて、動機の概念に即して次のように記述しています。「それらの動機は生き生きした現在にあるのでなければならない。そのさいもっとも有効な動機とは、これまで配慮できなかった広義の意味での、また通常の意味での〝関心〟、つまり、特定の情緒がもつ根源的な価値づけ、ないし習得された価値づけとか、本能的な衝動、ないし、それより上層に属する衝動であろう(66)」。事実、衝動志向性の触発する力は、生き生きした現在の只中で、常に、すべての瞬間に働いています。ただ、ある特定の事柄に、例えば、読書に没頭しているとか、テレビの番組に釘付けになっていたりして、強く関心が向かっているときには、通常であればそれに気づくはずの、衝動志向性の構成による空腹とか、睡眠などから生ずる触発的力に対向しないこともありうるのです。

衝動志向性とは、受動的で自我の活動を欠いた志向性であるのですが、それは、純粋な因果的でメカニックな行動の説明原理なのではありません。だからこそ、衝動志向性は、動機の概念のもとで理解されているのです。また、衝動志向性の覚起や生成が物的なメカニズムに属するのでないことは、当然のことです。衝動志向性は、ある特定の周囲世界や状況において発展するのであり、そこでは、幼児と養育者との間の衝動志向性を媒介にした相互の働きかけが生じており、その働きかけは、養育者の側の語りかける言語や育児の仕方や行動の仕方全体と、それによって覚醒される幼児の側の本能志向性と習慣化される衝動志向性との相関関係の中で、働いているのです。だからこそ、フッサールの発生的現象学の枠組みの中で、さまざまに異なった諸生活世界における受動的綜合と能動的綜合との間の相互の基づけ合いをテーマ化して分析することが、わたしたちにとっての、重要で欠くことのできない課題となっているのです。

さらに、衝動志向性が超越論的事実性の原構造によって、目的づけられているとする、衝動の目的論は、高次の志向性である理性の目的論に包摂されていく関係にあることが理解されなければなりません。この普遍的な理性に向けた発展は、とりわけ、モナドロギーの枠内で、明確な表現をもつようになり、「眠れるモナドの個別性を含有した全性」から、「理性的な自己意識と人類の意識」を共有しあう、「客観的世界理解」に向かうモナド共同体の形成に向けての目的論が語られるのです。(67) このモナドの全性、ないし、「全一性（All-Einheit）」は、無限の進展のプロセスにあり、高次の段階にあっては、自己自身が、この理性という完全性を目的にして自己認識と世界認識に努めていること、つまり、「最高の意味で究極的に基礎づけられた認識への、……哲学的認識への必然的な道は、普遍的な自己認識の道である(68)」ことを自覚しつつ、完全性を求めるのです。

フッサールは、この発展への無限の努力を神性（Gottheit）と結びつけ、神とは、モナドの全性そのものではなく、その全性の内部に位置する「エンテレキー〔完成態〕」、無限の発展のテロスの理念としての〔エンテレキー〕」であり、人間の不死性は、通常の意味での「死からの復活」という意味で、語られうるのではなく、「神性の自己実現のプロセス」への人間の分与こそ、不死なのである、と考えるのです。(69)

第六節　衝動志向性と相互主観性の根拠づけの問い

a　相互主観性と衝動志向性

衝動志向性が原触発としてどのように理解されるべきかは、相互主観性の問題に関連づけたとき、最も明瞭に明らかにすることができます。先に述べられた衝動志向性における覚起という規則性と衝動志向性の空虚表象の生成という見解は、相互主観性の超越論的根拠づけにとって、決定的な役割を果たしています。

ここにおいて、個人個人の、個別的身体の「身体中心化」[70]の生成と、それを必然的に前提にする自我極の形成がテーマ化されます。意識生は、間身体性の基盤における衝動的身体中心化を通してこそ、それと並行しながら、各自の自我極の極化を内に含むようになるのです。

このプロセスは、原共感覚的な衝動志向性の全体が、個々の衝動志向性の野へと分岐生成するにつれ、身体中心化による〝この〟身体に特有な空虚表象が次第に形成されていきます。〝この〟身体は、喃語の事例を通して示された、非恣意的で本能的な受動的キネステーゼと聴覚野の感覚素材との間の触発的－連合的綜合の空虚表象を伴いますが、自分の顔の視覚的感覚素材を伴うことはありません。それに対して、〝他の〟身体の空虚表象の充実にあっては、キネステーゼの空虚表象は形成されていても、それに相応する感覚素材によって充実することはない一方、例えば、話しかける母親や他の幼児に関する顔の視覚的感覚素材と声の聴覚的感覚素材との触発的－連合的綜合が伴われています。

3－1　原触発という受動的綜合としての衝動志向性

乳幼児の周囲世界全体に広がる間身体性は、次第に固有の身体の世界と、その周囲世界とに分岐的に差異化が生じ、この周囲世界に他の身体が立ち現われてきます。フッサールは、このプロセスを「身体中心化」のプロセスと呼びます。この身体中心化は、自我極の自己同一化、ないし合致が生成するための前提となっているのです。当然ですが、自我極の自己同一化が身体の中心化の前提ではなく、その逆なのです。一般的にいって、自我極の形成には、原触発としての衝動志向性による先触発をその内実とするヒュレー的先構成の先触発的綜合が、いまだ覚醒していない、眠れるモナドとしての先自我を先触発するということが、絶対的必要条件、つまり、前提となっています。この先触発なしに、自我極の生成と自我極の作動そのものが不可能なのです。この不可能性は、先に述べた、ヒュレーの原事実なしに、いかなる世界も、またいかなる超越論的遍主観性も不可能であるという超越論的事実性の記述の必然性に厳密に対応するものなのです。相互主観性で問題とされる等根源性は、普遍的な衝動志向性による間身体性の原地盤で働いており、それそのものとして根源的に非直観的に与えられています。この等根源性は、身体中心化を通して、成人になれば、いわば立ち去られた原地盤と考えられるかもしれませんが、実際は、成人においても決して立ち去られることのない原地盤であり続け、その原創設において身体性の原的層として絶えず、成人の生き生きした現在に含蓄的志向性の原地平として働いており、それが直観的に原意識にもたらされるのです。

　このようにして、自分に固有の身体と他の身体との差異は、固有の自我の極と他の自我の極との差異が形成されるための超越論的で発生的な条件なのです。固有の自我と他の自我の自我極とは、決して形而上学的な本質として規定されているのではなく、そのような形而上学的構築に相互主観性の根拠を求めることはできません。むしろ、この自我極は、衝動志向性による身体中心化においてその発生的根源をもっているのです。意識生とその周囲世界との間の衝動志向性を媒介にした原交通（コミュニケーション）において、自我と他者との等根源性と徹底的な差異とが同時に生じているのです。

しかし、当然のことですが、この等根源性と差異の議論で、相互主観性の問題が完結するわけではありません。フッサールも、人格的態度における「我と汝の合致」や「我-汝-関係」[71]の領域を問題とし、等根源性から同時に生成した自我と他我の徹底的な差異と断絶が、出会いの領域で高次の統一にもたらされることを示唆しています。その際、衝動志向性も重要な役割を果たしはしますが、決して支配的で決定論的な意味を持つことはなく、むしろ、生の力動性として「我汝関係」の全体性の生起へと統合されていく、と考えられているのです[72]。

b　ヒュレー的構成に留意しない絶対的生の「到達」に対する批判

フッサールの相互主観性の上に述べた概略に対するキューンの批判をとりあげ、フッサールの相互主観性論の内実をより明瞭にしてみましょう。キューンの批判は、フッサールのいう衝動志向性をめぐる「予感の覚起」という概念に向けられています。彼は、それを、アンリの生の現象学に関係づけ、「ここでも、生の現象学の批判は妥当し、この原衝動的な予感は、それ自身の内部においてではなく、表象された世界ではなくとも、前もって描かれた世界に関してのみ分析されている。したがって、還元が徹底されていないのである[73]」と主張しています。

では、いったいここで予感が「それ自身の内部」で、「予感のもつ世界への関係性なしに」生じるとはいかなることを意味するのでしょうか。フッサールにあっては、先に述べたように、衝動志向性の直観化の分析において、衝動志向性の覚起は、当然ながらある特定の受動的に構成された位相内実に関係づけられており、衝動志向性とヒュレー的な先存在との間の相互の覚起を通して時間化されています。

しかし、予感において非直観的で表象化されてはいないにしろ、フッサールのいう衝動志向性の特定の内容を肯定せずに、キューンは、そもそも生の情動に関して、なんらかの言説が可能なのでしょうか。彼は、幼児が、「単に、匿名的に作動し、原衝動的なキネステーゼの衝動的コミュニケーションだけでなく、飢えや温かさや話し声といった純粋な情動の内在的パトスに絶対的に晒されていること」[74]を主張しますが、では、いったいどのようにして特定の情動としてのパトスがその特定のパトスの内実をもちうるか、その特定性を、なんらかの情動の内実への向きを前提せずに、説明することができるのでしょうか。ヒュレー的先構成における関係性なしに、特定の「飢え」とか、「温かさ」といった内実をもつ衝動の充実と不充実を「生」が、どのように区別しつつ生きることができるのでしょうか。キューンは、この点に関して、明確な回答を与えていません。また、生の自己構成とはいったい、何を意味しうるのでしょうか。生ははたして、世界現実のヒュレー的事実性への向きなしに、どのように触発による状況性を獲得しうるのでしょうか。この点に関して、フッサールの取る立場は、大変明確です。先に述べたように、世界現実性の原ヒュレーと本能志向性の覚醒による相互覚起なしには、いかなる遍主観性もいかなる世界も可能ではないのです。

キューンは、以上の点の論証をまったく欠いたまま、さらに、「この幼児に〝固有な〟パトスは、すでに、〝対自的に〟現存し、事実的な世界欠如性にあって、パトスは絶対的に経験されているが、同時に、複数の〝感情〟の交換に埋め込まれており、かくして、感情移入が、パトス的なもののこの〝共-現在〟において成立しており、しかもその感情移入の本質において、脱自的ないし方向づけられた、〝予感する〟という意味での現-前（Gegenwart）における時間化を通して媒介されることなく成立している」[75]と他の生との共現在さえ主張します。ここで引用された文章には、次のような、多くの批判すべき論点が含まれているといわねばなりません。
（1）　まずもって、再度になりますが、フッサールの原共感覚的衝動志向性の分析に照らせば、幼児の感情は、衝動的キネステーゼと決して分離することができないということを指摘しなければなりません。この点を、キネステーゼに関するキューンの見解と対峙させると、キューンは、キネステーゼの持つ志向性の性格づけからして、「純粋な情感の内在的パトス」から明確に峻別していることが確認されます。しかし、このように、キネステーゼを感情から分離することが、不可能であることは、「授乳を欲して泣いている」ということそのものに、すでに泣いているときの運動感覚であるキネステーゼが「飢えの情動」と共に働いていることや、あるいは、「温かさを感じる」のは、母親に抱かれるときに働くキネステーゼを伴って初めて可能なのであり、さらに、喃語で声を立てるときにも、声を出すのに伴うキネステーゼが働いていることは明らかです。このように、幼児の世界で、キネステーゼなしの「純粋な情感」は、不可能といわねばなりません。

どうして、キューンがあくまで、「純粋な内在的パトス」をキネステーゼから純化しようとするのかといえば、それは、キネステーゼとは、キューンにとって、世界の地平と不可分であり、能動的な志向性としてのみ、つまり、非恣意的な受動的キネステーゼに基づけられていることを無視して、考察されているからです。このことは、キネステーゼの自我関与性のみ強調され、受動的な自我を欠くキネステーゼが、自我の活動を伴うキネステーゼを基づけている、という基づけ関係が考察されていないことに、起因しているのです。これは、さらに、アンリの意味での絶対的生の内在的自己性の主張と、当然、密接に連結しており、この主張は、無論、発生的現象学の分析にもたらされている自我極の発生的形成と自我を欠く絶対的流れの徹底した受動性を認めることができないことに起因しているのです。
(2)　いったい、ここでいわれる幼児の持つ「固有な」、「対自的」なパトスは、時間化を介さない無世界性(Weltlosigkeit)において、いったい、どこに発しているといえるのでしょうか。フッサールにとって明らかなように、時間化は同時に、世界地平の開示ないし、生起を意味し、まさに、時間化を通して時間化された世界地平において、衝動志向性において作動する、触発的なコミュニケーションがそこで働いているのです。キューンにとって大きな問題となるのは、時間化と世界地平の媒介なしに、唐突に、幼児の固有性と対自性が主張されていることなのです。
(3) キューンの展開するフッサールの相互主観性の解釈は、「到達 (Zugang)」という概念において、その限界を露呈することになります。到達、すなわち、「各自己から、触発的な、かくかくある感覚することの、代価のきかない個別的な具体性における、ひとつの〝私〟をなす自己性への関係としての生への到達」[76]が主張されます。相互主観性を論じるにあたって、フッサールの分析に見当たらない新たな「到達」という概念を導入せねばならない必然性について、キューンは次のように述べます。「というのも、衝動的で本能的なコミュニケーションとしての、最も基底的な受動的‐連合的に作動する身体性でさえ、その絶対的で、自我的‐主観的な、生における誕生としての状況性を伴う、一回限りの具体化における、すでに〝作動する〟純粋‐現象学的生なしには、論理的並びに存在論的に、不可解なものにとどまることになる。……私の生が絶対的な生からのみ、この生への、その原自己性そのものにおけるこの生の到達を認めることにより、そのような到達は、独我論的‐モナド的ではありえず、その到達性そのものにおいて、すべての他の実在的で、また潜在的なモナドをも内に含んでいる」[77]と述べています。
ここで主張されている「論理的並びに存在論的」次元での論証に関して、フッサールは、発生的現象学の枠内において、まさに「論理的並びに存在論的に」キューンの述べ方と比較にならないような厳密な明証性の概念に即して、「論理学の発生学」並びに、「自我の存在化」[78]、あるいは、「先自我と先存在の存在化」を展開しています。キューンで述べられる「誕生」という端的な論理的並びに存在論的とされる明証性は、フッサールにあっては、世界現実性における「われ有り」の超越論的事実性への関係性なしに、すなわち、絶対的な時間化への関係性なしには、現象学的分析は不可能です。しかし、キューンがあくまでも、世界地平の成立と絶対的時間化の次元を、自我の能動性という意味での志向性として性格づける限り、衝動志向性とヒュレー的位相内実との間の相互覚起による先構成という受動的融合の次元を獲得する可能性は、閉ざされているのです。かくして、絶対的生からのこの個別的生への到達が、同時に他の個別的生への到達となっているという主張は、十分な現象学的分析の介在なしに行使された、形而上学的主張に留まるという他ないものなのです。

これまでの論述を以下のようにまとめてみることができるでしょう。これまで試みたのは、衝動志向性というテーマが豊かに分析される、受動性という画期的意味を持つ領域を確定し、絶対的時間化と間身体的相互主観性を超越論的に条件づける衝動志向性を的確に描写することでした。その際、世界現実性におけるわれ有りの超越論的事実性の必当然的明証性の概念について方法論的考察を行ったのは、発生的現象学の分析が、その方法論的厳密さに即して、もはや自我の能動性による反省という狭隘な概念においてではなく、原意識、内在的知覚、ないし把捉的視の領域において遂行可能であることを示すために必要であったからです。このようにして、わたしたちにとっての次の課題は、発生的現象学の枠組みにおいてさまざまに異なった諸生活世界の受動的綜合と能動的綜合とが錯綜するなかでいかに、そのつどの衝動志向性の先構成と構成が働いているかを分析することといえます。

第二章　触発の過剰としての暴力

ここで論究したいのは、暴力を過剰な触発として理解してみることで明らかになる問題領域は、いかなる問題領域なのか、ということです。触発は、フッサールの発生的現象学では、単に「触発されている」という感受の状態性の描写ではなく、触発されることになる生成の過程として力動的に考察されています。この考察を通じて解明されるべき具体的事例として、幼児虐待の心的外傷（トラウマ）をあげ、このテーマをめぐる現象学的分析の射程を見極めてみたいと思います。

第一の事例として提示されるのは、養育者からの虐待を受けた二歳児が保育施設に保護されますが、この子（女子）は、毎夜、夜中になると、起きて自分の頭をベットの床に繰り返し叩きつけるという事例です。止めにはいっても、あえて繰り返そうとする痛々しい状況です。なぜこのようなことを幼児は、繰り返すのでしょうか。暴力の原状況を自ら、再度、活性化し、再体験を望むのでしょうか。この際、幼児に体験されているのは、自我意識を伴う、能動的で意図的な運動感覚（キネステーゼ）と痛みなのでしょうか、それとも、本能的な、意図に無関係に起こってしまう、フッサールのいう受動的な野性のキネステーゼなのでしょうか。その際、自我極の形成以前、以後というフッサールの発生的現象学の視点は、どんな役割を果たすのでしょうか。また、フッサールにおいて、自我極の形成に先行し、その形成のための前提である「身体中心化」が開示されていますが、この身体中心化の果たす役割も考察されなければなりません。そして、ここで生じている暴力の原状況の再体験は、意図的に思い出そうとする想起（つまり、思い出したくて思い出す想起）によるとは考えにくいのですが、いったい、どのような起こり方をしているものなのでしょうか。

暴力的原状況に向かい、これらの問いに答えるために原理的な考察の基準となるのが、フッサールの行う、能動的志向性と受動的志向性との区別です。というのも、発生的現象学で解明される触発という現象は、まさに、衝動志向性という受動的綜合として明らかにされているからです。

第一節　フッサールの触発概念をめぐる発生的問い

フッサールは、触発の現象を受動的綜合の発生的分析において解明しました。受動的綜合というのは、実は、『時間講義』で展開された内的時間意識の構成の問題を、時間内容に比重をおいて深化し、拡充することによって、解明された本質規則性であり、その内実を、感覚野の意味内容の生成における「触発と連合」という本質規則性にもつものです。ここで、内的時間意識の分析の深化と拡充というのは、『時間講義』の時期では、時間意識の構造（形式面）が主に分析されていたのに対して、具体的な時間内容（例えば感覚位相の意味内実）を構成する生き生きした現在が主題になっているからです。このような、時間の形式と内容が一つのこととしての生成として考えられていく展開を考察するために、フッサール自身が一九三三年に自分の時間論の展開を振り返ってみているテキストがありますので、それを引用してみます。

「内的時間意識の私の旧い説では、ここで示された志向性〔衝動志向性〕を志向性として取り扱ったが、自我について語ることはなく、それを自我的な（広い意味で意志の志向性）志向性として性格づけることはなかった。後に私はこの自我的な志向性を自我を欠く（〝受動性〟）において基づけられたものとして導入した。しかし、作用の自我とそこから生じる作用習慣性の自我は、それ自身、発展の中にあるのではないのか。」（XV, 595、強調は筆者による）
この引用文に次のようなフッサールの基本的見解を読み取ることができるでしょう。
（1）『時間講義』の時期には、時間意識の性格づけにあたって、自我について語られなかったとされていますが、その後、自我的な志向性を時間論に導入してきたその理由は、実は、時間意識が、受動的綜合で定題化された、触発の現象と関係づけられたからといえます。というのも、触発は、原理的に自我に対しての触発であり、触発してくるものの意味の統一が自我に働きかけ、自我がそれに向くかどうか（対向するかどうか）が考察されているからです。自我を触発する力は、連合による綜合を通して、自我が関与する以前に、いわば、先触発的に、感性的意味の統一がすでに成立しており、その意味が自我に働きかける力を意味しています。
（2）自我的志向性は、受動的な自我を欠く志向性によって基づけられています。この原理的見解は、後期フッサール現象学の最も重要な原理的見解です。つまり、受動的綜合の「先構成[1]」が能動的志向性の構成を基づけるというのであり、それは、あらゆる「先段階：先自我、先－世界、先－時間、先－存在、先－存在者、先言語的なもの、先述定的なもの」などが、「自我、世界、時間、存在、存在者、言語的なもの、述定的なもの」などを基づけるのであり、その逆ではありません。触発の現象には、触発が触発になる先段階があり、先触発的といわれ、触発への先触発的傾向性について述べられています。「ヒュレー的諸対象が構成される、とわれわれは語り、証査してきたが、それらは、構成する生成においてある。この生成のすべての位相においてわれわれは、位相内実をもち、それは、それ自身対象ではないが、なにものでもない〔無な〕のではない。」(XI, 164) したがって、先構成されるのは、位相内実なのであって、対象なのではなく、この位相内実が、先触発的な統一性のもとに、受動的に綜合されているのです。
(3) ここでは、明確に受動的志向性と能動的志向性の区別が語られています。受動的志向性としての触発は、触発的力として働き、この力は、自我の対向以前に、狭い意味での自我の関心ではない意識生の関心、最終的には、「原触発としての衝動志向性[2]」という根源的動機に相応しつつ、その力を強めたり、また抑圧されたりするのです。受動的綜合としての触発は、自我の活動の関与なしに、先構成され、自我の対向とは、無論、自我の活動性において働くのであり、能動的志向性として働きます。
(4) 作用の自我は、眠る自我から作用習慣性の形成にいたる発展において、「自我-中心化と自我-極化[3]」に並行して、発生的に考察され分析されています。その際、感覚野の位相内実の触発的ヒュレー的先構成が、先行していて、この発生が乳幼児の「原共感覚[4]」にまでたどられうることが、明白にされています。
ところで、具体的な時間流の深化した分析としての触発の分析において、おのずと生じてきた問いは、なぜ、他でもない特定の触発（例えば「暑い」とか「うるさい」とか、「痛い」とか）が、自我を触発するのかという問いです。この問いは、さらに感覚野の特定の触発する位相内実の差異化（視覚、聴覚、キネステーゼ、嗅覚、触覚等の感覚位相の意味内実の違い）の発生という問いに展開し、最終的には、衝動志向性によって規定される間モナド的間身体性の次元を開示することになります。

このような差異化は、原初的な間モナド的身体性を基盤にして、個別身体の身体中心化を通して、発生するとされます。この身体中心化は、原初的な段階での匿名的間身体性に働く、受動的志向性としての過去把持の、持続的な様態の中で形成され、この様態における過去把持は、「絶えず変転しつつ、合致している」（XV, S. 643）のであり、この基盤の上に、感覚位相の意味内実の同一化が、再想起による再認の働きなしに、成立しているのです。また、ここで名づけられている間モナド的身体性の原初性は、三〇年代において、「原初性とは、衝動のシステムである」（XV, 594）とあるように、衝動志向性という性格づけを獲得しています。(5)

したがって、感覚野の差異化への発生的問いを通して、ある新たな次元が導入されてきているこの問題領域においては、位相内実の過去把持的合致が、このような差異化そのものを可能にするような原触発としての衝動志向性の基盤の上に働いています。この次元は、始原的な生き生きした現在の次元でもあり、逆説的に、流れつつ立ち留まる時間化として、衝動志向性によって超越論的に条件づけられているとされます。こうして、触発に関して決定的な役割を果たす自我中心化、ないし、自我極化は、「絶えず構成された全‐原初的で、生き生きした現在における志向的な含蓄性の普遍性の中で、すなわち、全モナドの絶対的〝同時性〟において」（XV, 595）発生的に遡及的に解明されなければならないのです。この衝動志向性によって共同化されたモナドへの問いは、われわれを、人間の自我を包み込むような、「個体発生的発展と系統発生的発展」（同上）における動物的モナドの領層へと導きいれるのです。

ここで、これまでのまとめとして、次のようにいうことができるでしょう。

ヒュレー的先構成の触発的力は、自我の活動性そのものの関与なしに、生成し、自我が触発するものに対向するように誘引している触発的力の増強は、匿名的で間身体的な間モナド的原コミュニケーションにおいて起こることです。発生的にみて、原触発という第一段階は、原初的で、匿名的な共先触発性に属しており、生き生きした現在において、しかも、再想起や予想という能動的志向性の機能を伴わない、原印象と過去把持と未来予持からなる生き生きした現在の領域で働いています。その際、感覚野は、いまだ視覚、聴覚、キネステーゼ、味覚、触覚、嗅覚等の個別的な感覚野に差異化して、分岐しているのではなく、乳幼児期に特有な、内部知覚と外部知覚の区別を知らない「原共感覚」に留まっています。

第二節　受動的綜合としての触発

この触発性に関する発生的問いの射程を、今日行われている触発についての議論に対比することを通して、明確にしてみましょう。フッサールにあって、触発されるプロセスそのものが、原触発としての間モナド的衝動志向性の領域で定題化されます。しかし、受動的志向性と受動的綜合としての触発という概念は、決して、自明のものとして、解釈され、承認されているとは言い難いのです。

受動性の領域を的確に指摘しているヴァルデンフェルスさえ、受動的志向性としての触発というフッサールの概念に対して批判的です。彼は、「何かに駆られるということ〔衝動のこと〕は、方向〔をとる〕綜合の生成や、何かに向けられていることと如何なる共通性があるというのか[6]」と問いただします。何かに駆られることと方向づけられていること（志向性の根本特性）とは、峻別すべきであると主張するのです。私がここで危惧するのは、この峻別によって、ヴァルデンフェルスは、フッサールにおける受動性と能動性の区別、つまり、自我の活動を伴うか伴わないかという区別を軽視して、受動的志向性の意味、並びに、衝動志向性が受動的志向性であることを見落とすことになってしまわないか、ということです。

確かに志向性は、一般的に、何かに向けられていることと理解されています。しかし、自我の活動を伴いつつ向けられていることと、意識生が自我の関与なしに何かに向けられていることは、構成と先構成の次元の相違として明確に区別されなければならないものです。フッサールは、何かに受動的に向けられているとは、「純粋な受動性において、ドクサ的生は、絶えず、受動的志向という形態、つまり、傾向性として抑制されることなく成果を生み出し、自己能与を導くような、方向づけられているものの形態を取っている」(XI, 101f.) と述べています。

ヴァルデンフェルスは、受動的志向性としての触発にかえて、遭遇（ないし襲来）(Widerfahrnis) という概念を使用して、触発を、まさに当の本人に直接関わる情的なものという意味でのパトス的当事者性 (Betroffenheit) として性格づけます。「パトスという情的なものは、われわれに関わる何かと言った事柄ではなく、ふりかかること、ないし、襲い掛かられることそのものであり、それなしでは、そもそもいかなるものも存在するとはいえないような〝非－無関心性 (Nicht-Indifferenz)〟を体現している(7)」といわれます。とすると、問われるべきは、この〝非－無関心性〟と、フッサールのいう、如何なる対象でもない、しかし、まったくの無でもない受動的綜合による先構成の位相内実とは、どのような関係にあるのか、という問いです。位相内実は、触発－連合的綜合を通して、先構成される一方、この〝非－無関心性〟は、ヴァルデンフェルスによると、時間的ズレにおいて、すなわち、「襲来の先行性を、答えを生む働きの事後性と共に考察するとき(8)」にみられる時間的ズレにおいて把握されます。

この時間のズレという見解は、ヴァルデンフェルスの感覚の理解と密接な関係があります。彼は、感覚に、感覚することと感覚されたものとの間の時間のズレを見ており、この見解は、もともとレヴィナスの感覚の理解に即したものです。レヴィナスは、「感覚の感覚することは、感覚することと感覚されたものとの単なる一致なのではなく、志向性なのであり、したがって、感覚することと感覚されたものとの間に寡少なりとも間隔があり、それは時間の間隔なのである(9)」と主張します。

これに対してフッサールは、まず、『論理学研究』において、「非－志向的なもの」として、感覚することと感覚内容とは一致する、と感覚を捉え、さらに、『時間講義』においては、過去把持の縦の志向性のなかで、時間内容が感覚内容として自己合致している（感覚内容の自己合致）Selbstdeckung（が成立している）とみなし、『受動的綜合の分析』の時期には、過去把持の変様をさらに詳細に分析することを通して、感覚は、感覚野における感覚質の受動的－連合的綜合による触発的伝播として解明されることになります。ここでは、受動的先構成の次元が開示され、そこには、レヴィナスのいう時間のズレは、生じていません。その時間のズレそのものであるような、それを前提にする通常の意味の能動的志向性、――ここで考えられている志向性は、受動的志向性についてのレヴィナスの積極的言及はみられない以上、能動的志向性であることは、明らかです。――は働いておらず、逆説的事態として、原印象と過去地平の空虚表象との間の同時性が、先述定的で、先反省的な位相内実を媒介にした相互覚起を通して、生起しています[10]。

この触発の非能動性にもかかわらず、触発は、受動的志向性と規定されています。このように触発を受動的志向性ととらえることに、批判がなされる場合がありますが、その批判は、受動的志向性の意味規定を十分に捉えていない場合がほとんどです。先に言及したように、ヴァルデンフェルスは、Widerfahrnis（遭遇ないし襲来）の概念を導入するとともに、それを情的な「何かに駆り立てられること」として、志向性の原意である「方向づけられていること」だけでなく、「方向づけの綜合（Richtungssynthese）の湧出（Entspringen）」（Hua. XI, S. 76）に対してさえ、対峙し、峻別しようとします[11]。しかし、それによって、衝動志向性を通して特定の「欲求（Begehren）」の方向に動機づけられるという、連合の覚起による触発力という働きと視点が、隠されてしまうことになります。フッサールは、「意識の目的」と「欲求の様相」を明確に区別しており、発生的現象学の分析において、例えば、受

3－2　触発の過剰としての暴力

動的志向性として働く、応答する作用ではない、ヒュレー的先構成としての「飲むことに向けられた本能的方向づけ」[12]について記述しています。まさに発生的現象学においてこそ、この「方向づけの綜合の湧出」が定題化されており、「湧出する」とは、ある特定の空虚表象が生成し、地平そのものが形成されることを意味しているのです。

また、ここで重要なことは、受動的志向性としての触発は、志向性であるがために、触発そのものの根本的偶然性[13]を喪失するのではない、ということです。フッサールは、超越論的原事実を問題にするとき、ヒュレー的契機の原事実性を主張します。このヒュレー的契機の原事実性こそ、通常の事実と本質の区別に先行する、触発の偶然性を意味するのであり、受動的志向性としての触発は、超越論的原事実という絶対的時間化の次元で働いている、生き生きした現在を超越論的に制約する衝動志向性において、原触発として働いており、その意味で、超越論的原事実の偶然性を生きているのです。したがって、ヴァルデンフェルスの強調する「遭遇の不意性、断絶性(Diachronie)」は、フッサールの触発の概念において、志向性格の故に喪失するということはいえません。

さらに、触発において働く空虚表象の充実/非充実という事態は、その空虚表象の直観化の由来、ないし生成をもっており、その直観化において、それまで非直観的だったものが直観的になり、その直観に関わる空虚表象そのものが生まれ、形成されるものです。ある特定の受動的綜合、例えば、乳幼児における受動的キネステーゼの充実連関は、原初的に「ゼロのキネステーゼ」として直観的に意識されます。こうして、「ゼロのキネステーゼ」のみならず、「ゼロの聴覚」、「ゼロの視覚」等々、乳幼児に特有な特定の感覚野が分岐する以前の「原共感覚」からの感覚野の湧出、分岐という、感性野の発生の探求分野が開かれてきます。このような感性野は、「親和性を通しての融合や抵抗性のもとにそれ自身で立ち現われる衝上化〔衝突しずれ合うこと〕という受動性において」(Hua. XI, S. 148) 生成しているのです[14]。

この乳幼児の未分化な差異化以前の原共感覚からの、視覚野、聴覚野、キネステーゼの野等々の個々の感覚野の分岐派生による形成ないし、差異化のプロセスは、フッサールにおいて発生的現象学で定題化されています。しかし、もしここで、ある特定の、まさに生成する、特定の感覚野で形成される類似するなにかに、受動的に方向づけられるということを退けた場合、そもそも特定の差異化を差異化となづけることが、いかにして可能になるのでしょうか。

ヴァルデンフェルスは、「降りかかること（襲来）」と「答えること」との間に「時間のズレ」を位置づけますが、それは、先に言及したように、レヴィナスがなすフッサールの感覚についての解釈、つまり「志向性としての感覚すること」を積極的に評価しているからです。しかし、このときレヴィナスの言う志向性の意味は、これまで何回となくして指摘してきたように(15)、無論、能動的志向性の意味なのです。それによって、フッサールが志向的でないとする感覚は、能動的志向性と解釈され、応答するという能動的志向性の特性が付与されることになります。このような志向的感覚に対置させるからこそ、ヴァルデンフェルスは、非志向的な「降りかかること」を提示するのです。それは、また、同時に、「ディアスターゼ」といわれる共触発の分離的差異化とされますが、それ以上に、この分離的差異化そのものの現象学的分析の方向性は示されず、いわば、記述の限界となっています。

しかし、このような意味での、ヴァルデンフェルスの主張する「時間のズレ」は、実は、フッサールにとっては、触発する連合的綜合によって先構成されたものに対して、自我の対応が生じるのにかかる時間に他なりません。先構成されたものに対向するときに要する、つまり、意識作用として反省の働きが生じるのにかかる時間、能動的志向性が働くためにかかる時間に他なりません。そのような「時間のズレ」に対して、重要なことは、原印象と原過去把持との間の相互覚起は、まさに同時に生じているということです。それは、「同時融合」(16)と呼ばれていることです。この次元は同時的相互覚起の次元であり、ヴァルデンフェルスのいう作用志向性が生じるための「時間のズレ」は生じていないのです。

したがって同時性における受動的綜合としての「先触発されていること」と時間のズレという枠組みにおける能動的志向性としての自我の対向による「触発されてあること」との間の相違が、ここでしっかり確認されなければなりません。後者の能動的志向性の枠組みでは、触発の生成、すなわち、自我の活動の関与していない、それ自体、非直観的に志向と充実が生じている連合的で先触発的な綜合という、先構成されて生じる触発的力の程度差が探求されるのは、原理的に不可能なのです。受動的綜合としての触発という理解によってのみ、発生的現象学において、例えば、乳幼児にあって原共感覚から個別的感覚野の分岐がどのような差異化を通して生成するかが、分析できるのです。

第三節　先触発からの触発の生成

触発性の生成は、隠れて作動する触発と連合の超越論的規則性に即して、間モナド的衝動志向性において、二段階に分けて考察することができます。
（1）生成の第一段階において、間身体性における原共感覚を基盤にして、ほぼ、三－四か月になるまでの乳幼児には、いわゆる伝染泣きが生じることが知られています[17]。空腹感や泣くことに伴う受動的キネステーゼや泣き声が聞こえることなど、泣くことと全体にともなう全体としての原共感覚という状況は、自他の身体の区別以前の、匿名的間身体性において、「どこ、ここ」の区別なく、伝染しあいます。乳幼児は、間モナド的周囲世界の生の状況を直接的に共に生きあっています。この生の状況を共に生きるということの典型的事例として、平均三二・一時間の乳幼児が養育者のさまざまな顔の表情（泣き顔、笑い顔、怒った顔、いぶかしげな顔、驚いた顔、舌をだす顔などなど）をそっくりそのまま模倣できる、例を挙げることができます（この例は、シェーラーやメルロ＝ポンティにおいて言及されてもいます）[18]。全体の状況を共に生きるときの、原感情、顔の表情にともなう原キネステーゼ、原本能的欲求などが、分岐することのない融合した一つのこととして、幼児と養育者との間の原状況として生じているのです。

この原状況から出発することは、感覚の個別単位である色、広がり、音、味、匂い、触覚等、をそのまま前提にして出発する近世哲学の形而上学的幻想ないし、迷信と根本的な相違をなしています。ヒュームがいい、カントも踏襲する個別単位としての感覚は、実は、抽象の産物であり、このような感覚単位を一刻一刻取りまとめて対象認識が成立しているのでもなければ、実践的活動が生じているのでもないのです。

フッサールの受動的発生の問いと解明の進展は、乳幼児の原共感覚から、個別的感覚野が差異化しつつ生成してくるプロセスを現象学的記述にもたらしえました。そのような記述の一例は、これまで何回となく提示されました「ゼロのキネステーゼの直観化」の例です。この直観化は、非直観的に隠れて働く、ある特定の連合（喃語の原状況に働く連合としての原共感覚）の一方の連合の項が欠如することによって、その連合の項の意味が空虚な形態として直観化され、それが特定の空虚表象として新たに創設され、その意味が生成するプロセスといえます。喃語の際に働く、非直観的な一つの融合された連合である融合的原共感覚の連合の位相内実が、直観にもたらされるその認識論的機構は、ある特定の感覚の変化に気づくこと、すなわち、直観するとき、その直前まで非直観的に、気づかずに、触発と連合による受動的綜合としての過去把持の縦の志向性に保持されていた位相内実に気づくこと、つまり、非直観的な連合の働きとその存在を前提にして、ある特定の連合の欠如による触発力の変化を通して、直観化が初めて成立するという機構を意味しています。気づかれずに過去把持されていたものに気づくとき、触発の力が自我（自我は、発展の中にあり、自我極は形成されてきます）の対向を引き起こし、その眼差しが、気づかれずに過去把持されていた位相内実（連合によって成立していた位相内実）に気づく、意識するという機構です。[19]
この「ゼロのキネステーゼ」の空虚な形態の直観化は、無論、反省の作用としての直観の次元で生じているのではなく、したがって、能動的な志向性の空虚な志向が、知覚を通してそれに相関する感覚与件によって充実されることによって成立する直観ではありません。そうではなく、まさに、直観化の次元で、すなわち、隠れて非直観的に作動する無意識的な連合が、〝擬似知覚〟[20]としての受動的綜合の欠如を通して原意識されているのです。[21]
この原共感覚から差異化してくるのは、ゼロのキネステーゼだけではなく、同時に、「ゼロの聴覚」が、まずもって、「ゼロのキネステーゼではない何か」として差異化し、直観化されます。際立ちとしての差異化は図としての空虚な形態の際立ちを意味すると同時に、地としての「この空虚な形態ではないなにか」の際立ちをも意味するものです。
ここで原初的に直観化された、「空虚な形態」としてのゼロのキネステーゼは、当然のことながら、受動的綜合の領域に属しており、受動的キネステーゼ、ないし、「本能的に経過する野生のキネステーゼ」（XV, S. 660f.）であり、必然的に能動的志向性としてのキネステーゼ（意図にもとづくキネステーゼ）に先行しています。この受動的キネステーゼは、キネステーゼの基盤として、すべてのキネステーゼが成立するときには、いつでも作動しています。能動的キネステーゼは、本能的キネステーゼを制御する能力が発現してはじめて、「自由に使用できるキネステーゼのシステム」[22]が形成されうるのです。また、ゼロのキネステーゼに限らず、ゼロの聴覚、ゼロの視覚、ゼロの触覚、等々が、原共感覚から分岐派生します。すべての感覚野の差異化された位相内容は、全モナドの衝動的な間モナド的共同体の受動的な全体的基盤に属するのです。

ここで重要なのは、受動的キネステーゼと能動的キネステーゼの基づけ関係にみられる受動性と能動性の関係です。受動的綜合は能動的綜合を基づけます。非直観的な、連合による感覚野の意味の受動的発生が、気づきにもたらされ、直観される感覚質の意味を基づけているのであり、その逆ではありません。また、受動的発生が通常どおり、形成されないときも当然あり、それが、さまざまな疾患として表出してくることが認められるのです。

それに加えて重要なことは、この受動的な連合の先構成の次元において、原意識される感覚野のさまざまな空虚表象の直観は、その原意識による直観にもたらされても、それが記憶に残らないということです。なぜなら、再想起の能作は、自我極の形成と他のさまざまな能動的志向性の働きを前提にして働きうるからであり、この時期には、能動的に思い起こすという再想起の働きが働きえないからです（対象構成の際、再想起という能動的志向性の働きが前提になることについてのフッサールの言及に関して、注の18を参照）。
（2）この伝染泣きは、四か月以降、次第に発現しなくなります。乳幼児が泣いている他の乳幼児を冷やかに眺めるようになります。この頃、すでに感覚野の差異化のプロセスは、先のゼロのキネステーゼとゼロの聴覚への分岐の例に示されているように、発生の第二の段階に達することになります。聴覚的な位相内実がキネステーゼの位相内実を覚起して、第一段階の場合のように、両者の間に連合が生じる場合と、差異化が完全に出来上がり、聴覚は聴覚、キネステーゼはキネステーゼへと類似性の連合が働くようになっている第二の段階の場合が考えられます。この段階の場合、仮にいまだ、第一の段階のようにキネステーゼが覚起されても、そのキネステーゼを覚起する力は、聴覚が聴覚を覚起する力には及ばず、受動的キネステーゼが発動することにはなりません。

個別的感覚野の分岐発展は、心理学では内部知覚と外部知覚の分化ともいわれますが、幼児にとって、その分岐に相応した触発的周囲世界の形成を意味します。それぞれの感覚質が差異化しつつ形成される受動的先構成は、幼児の意識生を絶えず触発し、〝自己〟（身体中心化後に意識される自己）の身体にのみ与えられる本能的キネステーゼを通して、その身体中心化を準備していきます。

ゼロのキネステーゼの直観化の例の場合、差異化は、〝自己〟に固有な受動的キネステーゼを伴う声と、その受動的キネステーゼを伴わない声への差異化として直観されます。この幼児の〝自己の身体〟に固有の受動的キネステーゼを欠く声は、いわゆる他者の他者性の源泉を形成し、過去把持的変様における身体中心化の差異化を意味し(23)、自我と他我の差異化に先行するものです。身体中心化が自我中心化の根拠を形成しています。自我の極化のプロセスにおいて、自我の活動による諸志向性の能作が発現してきて、受動的先構成の全体領域が自我の活動である注意として働く反省的眼差しによって貫徹されるようになっていきます。

今や能動的キネステーゼや注意した傾聴、注意して見ることや触ることなどが作動し始め、「ヒュレー—ノエシス—ノエマ」の構図のもとでの知覚や、再想起の能作が働き出します。原初的な原受動的流れは自我の活動性という高次の層を備えます。連合的に先構成されたものは、自我の活動による反省の視を通して、非直観的で、隠れて働く位相内実の意味のまとまりとしてそのまま与えられることはなく、知覚対象が意識され、直観され、構成されたものとして統握されるのです。

過去把持的に先構成されたものが、遠隔覚起を通して再想起されることも可能となり、いわゆる再認が絶えず、機能するようになり、このような能動的な志向性の段階において、自分の身体を自由に動かすことができるという能動的キネステーゼを通して、自己の身体中心化は固定的なものとなり、自分に固有な身体と他者の身体との違いが越えがたい断絶として意識され、自分の自我と他の自我との間の深淵の根源として、後戻りできない差異として確定されるのです。この再想起と能動的キネステーゼの能作は、空間構成の物の構成に際して、つまり間モナド的空間内の対象の対象化に際して決定的な役割を果たしています。(24)

第四節　原印象的現在と過去把持的過去の間の同時性という逆説としての触発

上に述べた原初的な第一の受動的綜合の段階と第二の能動的綜合の段階に働く、生き生きした現在の時間化は、二つの異なった意味の逆説にのっとって生起します。この二つの逆説の把握は、触発の理解に関して決定的に重要なものとなります。
①　第一の逆説は、第一の段階における生き生きした現在の現在と過去の同時性という逆説です。この同時性において、ヴァルデンフェルスのいう「襲来と応答の間の時間のズレ」は、いかなる形であれ、生じていません。この同時性は、対化の綜合の相互の覚起として作動しており、それをフッサールは、「基づけと基づけられたものとは共に分離し難く、必然的に一つである。」(XI, 398) と述べ、「覚起とは、相互の覚起であり、移行の傾向に関して相互的である」(XIV, 531) とも述べています。
②　この意味で同時性における先構成の次元は、遍時間的に、すべての現在に生き生きと働いています。再想起は、この遍現在的先構成を、能動的志向性としての知覚によって、あるいは、間隔を隔てた遠隔覚起による再想起を通して、いつなんどきでも自由に対象化にもたらす、つまり、能動的志向性が働く際の時間のズレ（知覚と再想起という意識作用に要する時間のズレ）を通して、対象化することができます。したがって、先構成

する遍時間性と、構成による現在と過去との差異、つまり、この遍時間的に先構成されたものに、一回的（刻時的）時間位置、すなわち、唯一の今を自我の対向を通して確定する差異化との間の区別が、決定的に重要なのです。表象化された逆説（「現在と過去の同時性」という表象化された逆説）は、この対象化する差異化に由来するものですが、先構成という生きられた逆説は、表象化された逆説とは、次元を異にし、それに先行します。
③ 触発としての衝動志向性は、遍時間的な先構成において作動しうる自我の対向を通して意識されます。さまざまな感覚野の触発は、その痕跡を再度、再想起されうるような空虚表象として過去地平に残っていきます。なぜなら、すべての意識作用は、まさにその作動することにおいて直接、「内在的に〝知覚〟（ないし、内的に意識）される」（X, 126）からです。[25] しかし、過去把持的先構成の次元での先触発は、受動的綜合として作動しているのであって、意識作用として作動しているのではありません。確かに、ゼロのキネステーゼの直観化は、原意識はされているが、無論、意識作用として原意識（原意識（II））されているのではなく、受動的で連合的な空虚な形態として原意識（原意識（I））されており、その時間位置は、能動的志向性としての再認による対象化によって、初めて、確定されうるものなのです。したがって、原触発の遍時間的逆説は、われわれの身体的実存の、遍時間的身体性の基盤であり、それは、そのつど、生成すると同時に、自我の対向を通して、対象化され、客観化されもするのです。
④ ある特定の触発が、連合的相互覚起を通して触発されるとき、それは、絶えず、触発的諸力の相克と抑圧のもとに生じているのであり、この触発的力は、衝動的先構成の次元において共に助成しあい相乗的に働きあったり、抑圧して相克しあったりしています。特定の衝動志向性の触発的力の増強は、同時に、他の衝動志向性

の抑制を意味しています。触発性の助成と抑圧は、その起源においては、受動的に、すなわち、自我の活動の関与なしに、原連合的時間化の規則性に即して生成しています。

第五節　触発の二段階における暴力の痕跡

もし、原初的に衝動に即して共同化された全モナド的で、先自我的、すなわち、自我中心化以前に生成する先構成、並びにそれに相応する世界の先構成の段階において、暴力が、つまり、幼児にとっての触発の過剰が襲いかかるとき、この暴力は幼児に如何に働き、いかなる心的外傷（トラウマ）を残すことになるのでしょうか。他の問い方をすれば、この段階のトラウマと、対象化とそれに相応する世界構成という第二段階に位置するトラウマとは、どのような関係にあるのでしょうか。

この問いを巡って、冒頭にかかげた、自分の頭をベットに打ち付ける幼児の事例に立ち返り、そのとき立てられた問いにここで、向かってみましょう。その際、別の事例をも導入します。

まず、冒頭に挙げた例で、二歳児の幼児が、養育者からの虐待を受け、保育所に保護されましたが、夜中になると毎夜、自分の頭をベットの硬い床に打ち付ける例でした。この子は、しかし、少しずつですが、周囲世界とのコミュニケーションの兆しが見え始めました。はじめ、その子は、日中、保育者がその子を抱いて、笑いかけ、顔を見つめようとしても、身体をのけぞらし、顔をそらせ、保育者と目を合わせようとしませんでした。ある日、その子は医者にかからねばならず、治療に際して、大きな痛みが伴いました。そのときその子は、保育者にしがみつき、保育者もその子を強く抱きしめました。それ以来、その子は、次第に、その保育者に少しずつ、正面から向き合うようになり、笑いかけに応じるようになっていったということです。

二つ目の事例は、自閉症患者が、沈黙という受動的相互主観性における原触発的な、匿名的間身体性の再構築を通して、治癒される例で、すでに、私は、この事例については、他の箇所で詳論しています(26)。ここでは、人を身近によせつけまいとして、あらゆる接近を拒否する自閉症の患者が、あらゆる自我の活動を前提にする能動的な志向性が完全に脱構築されるなかで、うたたねの沈黙に行き交う匿名的間身体性の大地への回帰が実現し、その大地への根づきが回復することを通して、治癒された事例が、示されました。うたたねの沈黙における原交通（コミュニケーション）の基盤、換言すれば、身体の共存を身体がみとめあう受動的間身体性の基盤の上にこそ、言語による相互主観性、つまり、能動的相互主観性が成立するのであり、その逆なのではありません。
(1)　第一の例で明らかなことは、幼児のトラウマは、強靭であり、通常の睡眠が過度に阻害され、寝ていてさえ、虐待という暴力的触発性に襲われるということです。原共感覚の段階を生きる幼児の虐待は、その原共感覚という根幹に深く介入し、浸透し尽くし、後に幼児にもたらされる、可能なすべての感性野のヒュレー的原印象は、その原印象と過去把持をへて残されている空虚な形態（この場合、暴力行使という身体的全体の原状況の空虚な形態）との間の相互の連合の覚起を通して、再三再四その虐待という原状況をもう一度体験し直す、いわば、一触即発のきっかけになってしまいます。原状況を覚起させる原印象は、音であれ、自分のふとした身体の動きであれ、身体の姿勢であれ、匂いであれ、雰囲気であれ、なんでも、ありとあらゆる原印象が、すべて、そこに臨在している原共感覚の空虚な形態との相互覚起を通して、当の原状況を新たに生み出してしまうのです。原共感覚においては、すべての感覚は、すべての感覚と密接に連合しあっており、強大な触発的力を通して共働し合っている遍時間的先構成という同時性において生きられた現在と過去の同時性という逆説は、表象された逆説という海の表面に対比すれば、大海の潮流のように力動的に働き続けているのです。
（2）第一段階における遍時間的な原状況の生起と、再想起と対象化の能作の欠如との関係を考察すると、眼差しや接近、語り掛け、接触といったあらゆるきっかけが、原共感覚の連合的覚起を通して、そのまま、直接的に、原状況のそのつどの生成をもたらしてしまい、その直接性には、再想起や対象化の反省の視の間接性が介在しておらず、その能作がいまだ、働いていないといわねばなりません。
（3）よくいわれることですが、人は、寝て夢を見ることを通して、日中起こったできごととその状況を制御できるようにしているとされます。自分の頭をベットに打ち付けるこの幼児は、自分で自由に行使しうる能動的キネステーゼによって、（強制的常同行動として、その原因は、衝動や本能にあるとしても、頭を自分で打ち付けるという運動を行使するのは、能動的身体の活動です）この虐待という原状況を作り出し、対象化しようとしているのでしょうか。それとも、受動的で本能的な運動のどうにもならない、痙攣に近い運動なのでしょうか。幼児はこうして、遍時間的な原状況に、能動的対象化を通して、時間位置を刻み込み、再想起の対象にしようと本能的に努力しているとはいえないでしょうか。幼児は、自分で、この原状況を産み出し、どうにか、対象化しようとしているのではないでしょうか。このように推測される動機関連が次の章で、一人称の側面から肯定されていることを前もって指摘しておきましょう。[27]
（4）二つの事例で原コミュニケーションが成立した理由は、ともに状況を共有するという事態、とりわけ、流れる現在を共有するという、通常、幼児と養育者の間に常に生じているはずの状況が実現したということを意味するといえます。
（5）〝先述定的な意味〟の先構成[28]という受動的綜合の地盤が確定され、解明されれば、心的外傷（トラウマ）

が年月をへだてて再体験されるという現象を、このことと関係づけて考察することができます。時間のズレは、その最も根源的あり方が、生き生きした現在にあることは、明らかですが、レヴィナスが志向性としての感覚について述べるときの時間の間隔というズレは、能動的志向性による対象化のプロセスに相当しています。ヴァルデンフェルスが指摘する「表現の逆説」つまり、「経験が、前もって持つことのなかった〔その経験の〕意味を、事後的に獲得する」[29]という逆説は、実は、発生的にみて、二次的な逆説に過ぎず、この表現の逆説に先行するのが、原初的な、相互覚起の同時性が生きられた逆説です。出来事であるトラウマの原初は、すでに現在と過去の相互覚起という逆説を通して先構成された位相内実の意味内実にその場所を占めており、この意味内実は、衝動志向性の間モナド的時間化を通して、幼児の原共感覚に浸透しつくしたものです。トラウマが事後的に再体験されるときはいつも、この原初の時間化の逆説において生きられた意味を担う先構成が再生し、能動的志向性の時間のズレをともなう反省の作用としての視を通して対象化され、構成され、理解されるのです。このように、常に、生きられた逆説が表象された逆説に先行しているのです。
(6) 第二の例にみられる自閉症の患者の触発の過剰（入院当時の医者に対する異常な緊張）は、医者が患者に積極的に向き合うことによっては、かえって、高じてしまうのであり、逆に、能動的相互主観性の脱構築を通して、低減し、最終的には、受動的相互主観性ないし、間身体性の間の領域に導かれて、解消していきました。この「間の領域」では、連合的覚起の同時性における先触発的意味形成が働いているのでした。ここにおいて、受動的相互主観性が改めて養われ、確かな土壌として再構築され、高次の能動的相互主観性の準備を形成しているのです。実際に、自我の能動的な応答以前に受動的相互主観性の領域が常に働いています。
(7) ＰＴＳＤ（心的外傷後ストレス精神障害）の例で、腹部に痛みを感じ、多くの医療機関を訪ねたあげく、病因が不明だったのが、最終的に心身治療によって、幼児の頃受けた虐待が思い出され、それとともに快方に向かったという多くの症例があります。第一の例と対比してみると、触発的原状況の遍時間的な身体記憶が、再想起による対象化を通して、自分個人の歴史に固有な時間位置に個別的－歴史的に刻み込まれ、固定され、それによって、遍時間性から開放されていったといえるのではないでしょうか。

第三章　原触発としての衝動と自閉

改めて、これまで中心的に問題としてきた「過去把持」と「受動的綜合」を日常生活の場面で、誰にでも納得いくように簡潔に説明しようとすれば、次のようにいえるのではないでしょうか。

「まとめる」という意味で「綜合」という言葉を使います。これに「受動的」という言葉を添えて、「受動的綜合」という語をフッサールは使用します。しかし、ここで、「受動的」とはいっても、「まとめる」の受動形で、「まとめられる」ということを意味するのではありません。「受動的」という言葉で、フッサールがいいたかったのは、受身の意味ではなく、自発の意味での「自然にまとまる」ということだったのです。誤解の源泉となるこの「受動」は、興味深いことに、日本語の文法では、その文法上の形式からして、「受身、尊敬、自発（自然に起こる）」が同じ形で使用されます。「まとめられる」が、「自然にまとまる」という意味を持ちえるのです。また、ここで、「まとめる」と「まとまる」の違いを考えればわかるように、「まとめる」の方は、他動詞として、目的語を取り、そのつもりで、その気で「まとめる」のに対して、自動詞の「まとまる」は、自分でまとめる以前に、「まとまっている」何かに気づく、といった特有な意味をもっています。

日常生活で、まとまっている何かに気づくのは、どのようなときでしょうか。例えば、面白い本を読んでいて、周りが暗くなってきたのに、ふと気づくとか、足元が冷えてきたのに、ふと気づくということがあります。本に熱中していたので、暗くなるのに、また、冷えてくるのに気づかなかったわけです。では、そもそも、暗くなったこと、冷えてきたことに、どうして、ふと気づくことができるのでしょうか。「暗くなる」、「冷えてくる」という感じの変化は、すくなくとも、暗くない明るさ、冷えていない暖かさというように、僅かでも両者の感じの違い（差異）が与えられるのでなければなりません。では、暗くなる以前の明るさと、冷えない以前の暖かさに気づいていない（自分の関心と気づき、意識は、本の内容に向かっている）のに、どうしてそれらの違いに、ふと気づけるのでしょうか。フッサールは、その問いに、「感じの変化が自然にまとまり、それが、自分に気づくように促すからだ」、と答えます。この「自然なまとまり」が気づく以前に、受動的綜合を通してできあがっているのだ、というのです。この受動的綜合の働きの中で最も重要な働きが、過去把持（Retention）と呼ばれます。それは、気づかずとも、気づかない明るさが、表に出ない背景の意識に留まり（保持され）、新たに訪れる暗さとの落差（差異）に気づけるようにしている働きです。
このような、日常生活での感じの変化を下支えしている受動的綜合が、十分に形成されずに、日常生活が成り立たない場合があります。「自閉」というそのような症例を通して、通常、日常生活に働いているはずの受動的綜合の役割の重大さが、明白になります。受動的綜合の働きを欠くところに、高次の、言語を媒介にした意識活動は、成立しえないのです。

3－3　原触発としての衝動と自閉

さて、ここでは、以上の受動的綜合の理解を前提にして、フッサールの触発の概念を明確にして、原触発としての衝動志向性という観点から、「自閉」という現象を明らかにしてみたいと思います。その際、カントの超越論的構想力の理念とフッサールの受動的綜合の分析とを対比することによって、まずは、フッサールの触発の概念の概念規定を浮き立たせることにします。次に、精神病理の一形態とされる自閉という事態を問題にして、自閉症で発現する自虐、他傷などの暴力的状況が、触発と連合という受動的綜合の基礎原理を通して、どのような現象分析にもたらせうるかを記述して、暴力が暴力になる現場を把捉できるよう努めてみたいと思います。

第一節　自我の超越論的統覚に先行する意識生の原触発

フッサールにあって、触発は、連合という超越論的規則性が解明されている受動的綜合の領野において働くと規定されています。この受動的綜合の分析は、フッサールにとって、カントの超越論的構想力における生産的構想力の分析に相応するとされているのですが、どのような意味で、カントの生産的構想力が、受動的綜合の分析として展開しているのか、ハイデガーのカントの構想力解釈を介して明らかにし、受動的綜合としての触発の真意を明らかにしてみたいと思います。

カントの超越論的構想力は、元来、対象認識が成立するために必須とされる、感性に与えられる多様性に、対象の統一を与えうる概念の適用のための媒体機能と理解されています。フッサールは、一方で、カントが認識論において、超越論的構想力の生産的構想力（produktive Einbidlungskraft）の領域を示唆しえたことを、大変高く評価しますが、それが示唆にとどまり、開示と解明に至りえなかったと主張します。この点、ハイデガーも同一の見解をもっています。

まずもって概要としていえることは、ハイデガーの場合、カントの構想力の解釈にあたって、「握取（Apprehension）と再生（Reprodukiton）と再認（Rekognition）」の統一的把握を主張しつつも、最終的には、概念による再認に力点をおいて、再認の本質を予認とみなすことによって、現有（Dasein）の自由と決断という観点から、未来を中心にした時間解釈と構想力の解釈を展開します。フッサールの場合、それとは異なり、生き生きした現在を中心として、概念による予認ではなく、生き生きした現在における握取として働く生産的構想力を開示しようとします。それが、フッサールの『受動的綜合の分析』が意図したものであり、この点にこそ、受動的綜合としての触発の概念の独自性があります。

この独自性は、カントの構想力論の根底に働く、「自我の超越論的統覚」という形而上学的前提に対峙されることを通して、その独自性の内容を明らかにしうるものです。なぜなら、受動的志向性としての触発は、いかなる自我の働きの関与を待たずに、自我の同一性の働きに先行して働くという特性をもつからです。

他方、ハイデガーは、この自我の同一性の働きをもつ超越論的統覚に関して、カントの自我の超越論的統覚の立場を容認したまま、再生産的構想力の機能である、対象把握に向けての再認（Rekognition）を中軸にした解釈を展開しています。

3-3　原触発としての衝動と自閉

その解釈に至る経過を見てみると、ハイデガーは、超越論的構想力の解釈にあたって、時間と論理的非時間性の関係を問い、非時間性の事例として、論理原則としての矛盾律における同一化を問題にして、時間の自己触発の解釈に向かい、「この〝同時〟は、根源的に先行する〝再認（Rekognition）〟（〝先－形像（Vor-Bildung）〟）として、すべての同一化そのものに属する時間性格を表現するものである。この同一化は、矛盾の可能性と不可能性の根底をなしている」(1)と述べています。つまり、矛盾律という論理的原理の非時間性は、〝先－形像〟する再認が中心に置かれるなかで、同一化において時間との接点を持っているのです。この論理的真理の非時間性と時間性格は、まさに、「時間と〝我思う（Ich denke）〟は、もはや統一できず、非同類的なものとして対置するのではなく、同一のものなのだ(2)」とあるように、時間的に理解された超越論的統覚の自我において最終的な根拠が与えられることになります。このように、ハイデガーは、カントと同様、超越論的構想力が自我の超越論的統覚に依拠するという点では、同一の見地にたっているといわねばなりません。無論、ハイデガーは、カントの非時間的な超越論的統覚をそのまま受け入れているのではなく、その非時間性を、時間と分離して考えられている限り、批判し、超越論的統覚の時間化を強調しています。ハイデガーは、超越論的統覚に関して、「働くことにおいて自己自身を所有するこうした自－立性が、主観に属している。……すなわち、留まるものであり、常住し、絶えずそれ自身でありつづけるという意味において、しかも〝私は為しうる〟という仕方で(3)」と明確に肯定する一方、カントのはっきり示せなかった超越論的統覚と時間化のオントローギッシュな連関を「超越や、あるいは時間と〝私は思惟する〟との間の根本的な関わり合い(4)」に見ています。

これに対して、フッサールが、自我の超越論的統覚を形而上学的残余として退け、自我の働きに先行する、自我の対向を誘う先触発的な意味の統合を主張しているのは、受動的綜合、すなわち、論理の発生を問う超越論的論理学の領域においてです。つまり、述定的論理に先立つ「先述定的経験の明証性(5)」に準じた現象学的分析においてなのです。この領域は、二十年代初頭、超越論的統覚では、問題にすることのできない超越論的事実性の問題が、本質規則性として超越論的統覚の自我を包括する問題として、自覚されてきていることと並行して、分析されていきました。形式的な一般的規則としての超越論的規則は、いまだ「事実的でヒュレー的所与の連関的一致」、すなわち、「全主観を包括するようなものの連関秩序」に対応しうる規則性なのではありません。ヒュレー的所与に関わる超越論的事実性が問題にされる領域では、「受動的発生の諸規則が、他の方向に即して考量されねばならず、まったく異なった超越論的アプリオリ（主観的所与性を基盤にした客観的な空間と時間の構成の可能性の諸条件）と名づけられるであろう。……この既存の本質（Wesensbestand〔超越論的統覚〕）に並んで、なお、ある一般的な、諸事実性の包括的秩序を受け入れなければならない」(6)とされるのです。そして、まさに、この受動的発生という先述定的経験の領域に働く受動的綜合は、生産的構想力の働く生き生きした現在において働いており、生き生きした現在の過去の契機である過去把持の変容の経過が細緻に分析されるなかで、明らかにされているものなのです。

ところが、ハイデガーが中心に据える再認は、通常の能動的志向性に属することは、明白であり、したがって、ハイデガーはフッサールの過去把持の解明からはじまる、受動的志向性の見解に至っていないといわねばならないでしょう。

これまで、何度となく強調してきたように、フッサールが受動的志向性の必然的存在を露呈しえたのは、「特有な志向性」としての過去把持（Retention）の働き（すなわち、受動的志向性に他なりません）に遭遇したことによります。時間と「われ思う」は、同一のことであるとするハイデガーの主張は、この意味で、フッサールの時間論とは、両立しません。絶対的時間流と過去把持が同時に露呈され、絶対的時間意識の自己構成という逆説（つまり、構成することと構成されたものが一つであること）が、過去把持の縦と横の志向性の同時的展開によって解明の方向が明らかになった際、その自己構成には、いかなる形でも、自我の活動は関与していないことが、次第に明確になっていきました。「われ思う」ことなしに、時間が自己構成しているのです。この時間の自己構成の逆説と受動的綜合としての触発が密接に連関していますが、これを明確にするために、ハイデガーがどうして、過去把持の理解に至りえなかったのかを、ハイデガーの論述を追いながら、明らかにすることができます。

カントの構想力の分析で、フッサールの過去把持の問題領域に近づいているのは、「流れさる今の今として保持」の現象の指摘においてです。(7)ハイデガーは、それを解釈して、この働きは、「既存する今連続をおのおの現実的な今とそのつど統合するはたらきであり、すなわち純粋な再生的綜合であって、そのうちで過去としての時間が——つまり、現在としてではなく、直接にそれ自身として、過去として現に提示されるのである」と述べています。[8]
つまり、「握取それ自身は再生なくしては不可能である。直接に直観的に与えられたものをつかみ取る働きのうちには、今という瞬間的局面からその次の〝もはや今ではない〟へと必然的に流れ去って行くもの、そしてまた今まさに流れ去らんとしているものに、そのつどすでにつかみかかり、遡握する働きが含まれている」とする保持という機能が指摘されてはいるのですが、それは、フッサールの過去把持の特有な志向性という把握と異なり、自由に再現しうる「自由で恒常的な遡握する働き（Zurückgreifen）」として、フッサールからみて、能動的志向性として理解されているのです。しかし、まさに、能動的志向性という意識作用が、意識内容を構成するという図式では、過去把持が理解されず、特有な志向性（受動的志向性）でなければならない、とするのが、一〇年以上探求した、「持続」という時間意識の分析の帰結するところだったのです。この論点にハイデガーは至ることがありませんでした。つまり、このハイデガーの論及において、フッサールの言葉に即せば、原印象の今と、生き生きした現在の過去の契機を可能にしている過去把持との不可分離性に、言及してはいても、過去把持の特有な志向性の指摘には至らず、対象の概念把握を基盤にする対象認識の可能性というカントの生産的構想力の枠内での考察にとどまっているのです。[9]
この過去把持の特有な志向性の性格が把握されていないということは、さらに、再認との関係で確認できる再生の綜合（保持の働き）は、再認の綜合なしには、不可能という規定により、過去把持が受動性として能動性を基づけているという原理的関係を否定することになります。なぜなら、自発的な概念把握の機能である能動性の働きなしには、受動性としての過去把持が作動しえないというこの主張は、フッサールの受動性が能動性を基づけるという基礎原理に真っ向から対立する主張となるからです。

なぜハイデガーはこの過去把持の理解に達しないのでしょうか。それは、保持を遡握として誤解してしまう他に、ハイデガーが、再認の本質的機能を「同一視〉Identifizierung〈作用[10]」においている点にあります。この同一視の作用は、「予認〉*Prae*-cognition〈[11]」とされ、この予認こそ、構想力の三つの綜合の内で第一次的なものとして、「予認の綜合という第三の綜合が第一次的なものであり、他の二つの綜合に先立つ秩序を与えられたものである[12]」とされ、予認が第一次的な機能と理解されていることにあります。さらに、予認は、この予認の根底に働く自己同一視である超越論的統覚に統一され、結び付けられることにより、統覚の自己の主張につながります。この統覚の自己は、存立し留まる自己〉stehendes und bleibendes Selbst〈として、「超越論的統覚の〝私は思惟する〟」でなければならないのであり[13]、この統覚は、ハイデガーのいう現有（Dasein）の能力として、「主観性の領野の中では、自由が主観の有の様式を第一次的に規定しており、そしてこの有の様式は〝私はできる〟によって、性格づけられているのであるが、こうした領野の中での能力は、すなわち可能性は、現実性より高いものである。ここで実存を構成しているのは、現実性ではなく、〝私は為しうる〟としての〝私はできる〟なのである[14]」と理解されるのです。

つまり、ハイデガーの構想力の解釈は、現有の能力である、実存の自由に方向づけられた解釈を意味しています。この解釈は、超越論的統覚の自己に関係づけて、超越論的統覚と「将来－現在－過去」のまとまりという時間との関係を、「自己は実存するものとして自己を同一視できなくてはならない。自己は可能性に向かっての決意と、あらゆる具体的な瞬間において過去に義務づけられているということとの統一性のうちで、おのれを同一の将来的―既存的なものとして理解しうるのでなければならない[15]」とする言表にも明確に記述されています。

ハイデガーは、このように、予認の働く将来という時間のアスペクトから時間構成を理解し、統覚の自己を通しての現有の決意を基軸として構想力を把握しており、この把握において、カントの構想力の記述から時間の自己触発という見解を摘出しています。時間の自己触発とは、「時間は、何かを対象とせしめることの内的可能性に属する。時間は、純粋な自己触発として根源的に有限的な自己性を、自己が自己意識でありうるように提示している」(16)とあるように、時間を対象認識の可能性の問題として捉えるとき、時間の自己触発と統覚の自我の自己触発とは同一のことを意味しているのです。

したがって、時間の自己触発といっても、現有の自由と決断による自己触発と、受動的志向性による先触発を前提にする自己触発は、まったく内実を異にしており、ハイデガーのいう衝動や配慮などの現有の規定性は、自我の同一性とその活動を当然、前提にしていることが確認されねばならず、受動的志向性の観点による衝動や本能の捉え方とは、異なっています。

また、ハイデガーの現有の概念は、フッサールの人格的態度に対応づけることもできますが、フッサールの人格的態度の場合、受動性が能動性を基づけるという基礎原理に即して、メルロ＝ポンティの身体的実存を内に含んでいるといえますが、ハイデガーの現有の場合、実存的決断を遂行する現有の性格づけには、受動的志向性が遂行する身体性の基づけとしての積極的役割は果たしていない、といわねばなりません。同じく衝動を問題にしても、実存的決断のために位置づけられる衝動であるのか、匿名的間身体性が主導原理になっている衝動なのか、理解の仕方が根本的に異なっているのです。

このことから、ハイデガーの時間の「自己触発」の批判を通して展開されるアンリの生の自己触発の理解にも、同様の問題が含まれています。アンリは、志向性の概念を使用せずに、生の自己触発を解明しようとします。しかし、その生は、あくまでも自我意識と直接結びついている点が問題とされねばなりません。志向性を否定しつつ、原受動性としての超越論的自我において生の自己触発を立論しようとするのは、アンリもハイデガーと同様、志向性を自我の同一性と活動を前提にする能動的志向性としか認めることができないからなのです。

山形頼洋氏は、アンリの生の自己触発を考察するにあたって、ヘルトの生き生きした現在を的確に解釈し、「現在化において時間を構成している超越論的自我が、もはや志向的・時間的ではない仕方で自分自身を受け取って、——というよりは甘受して——生ける現在として存在するその在り方を、原受動性によって捉えたのである。甘受を規定している原受動性は、超越論的自我が自分自身に関係するその仕方である。アンリにとってもそうである」[17]と述べています。しかし、これまで、筆者がヘルト批判に示したように[18]、超越論的統覚の自我による時間の自己触発という見解は、自我の超越論的統覚を介在しない、時間そのものの逆説的自己構成によって、すなわち、究極的に衝動志向性を超越論的条件性とする時間そのものの逆説的自己構成による時間構成によって、乗り越えられているのです。この逆説的自己構成は、ヘルトのいう原受動性における超越論的自我の自分自身への、志向的ではなく、時間的でもない、いわば、形而上学的な自己分割と自己共同化によっては、かえって隠蔽されてしまうものなのです。ヘルトがこの形而上学的自我論による時間解釈に直結していくのは、最終的に志向性を能動的志向性としてしか了解しないハイデガーと共通の立場に立っている以上、必然的な歩みといえましょう[19]。

さて、フッサールにとって、この時間の自己構成が逆説的であるというのは、受動的綜合が、原印象の現在の契機と過去把持による過去の契機との相互覚起において一つに融合しているからです。触発は、その相互覚起の結果として、時間化された感覚内実の感覚質という意味の統一として、自我極に働きかけ、自我のもつ関心の度合いに即して、その意味の統一に向かい、対向（Zuwenden）することになるか、対向しないかの選択に開かれています。

したがって、幅を持った生き生きした現在には、同時にその意識生（Bewustseinsleben）と周囲世界との相互覚起の全体に相応した無数の意味の綜合が成立しており、それらの内の特定の意味の統一が、触発による自我の対向を獲得し、それ以外の意味の統一は、意識に上ることなく（気づかれることなく）生成しては、過去地平に沈殿している空虚な形態や空虚な表象の触発的潜在力を高めていくことになります。

この触発の潜在力に関して、諸々の感覚質の意味の統一を、とりまとまった一つの方向に方向づけているのが、原触発（Uraffektion）とよばれる衝動志向性です。例えば、本能的志向としての授乳志向が覚醒し、活性化するとき、この全体としての授乳本能という方向づけにおいて、乳幼児の原共感覚（内部／外部感覚の区別を知らない、五感といった個別的感覚に分岐する以前の全体感覚）が活動します。このように、原共感覚において同時的に覚醒しはじめる諸々の感覚質の連合的統一は、授乳という全体的な活動の中で、それが活性化されるとき、同時に活性化され、授乳活動が停止するとき（志向―充実の連関の継続後）、それに継起して、他の本能志向性の活性化（例えば睡眠）を通しての時間化の変転が経過することになります。

これらすべての本能志向性の覚醒と衝動志向性の習慣の形成は、フッサールの発生的現象学において、現象学的分析の可能性に開かれていますが、この領域における触発の分析がいかなる原理的特質をもつかをまとめておきましょう。
（1） 時間の自己触発は、超越論的自我の自己触発という形而上学的前提以前に働いています。時間の自己触発は、モナドとしての先自我が作動する先触発の領域において、受動的綜合を通して働いていることが解明されました。こうして、触発は、自我の対向を受ける場合の触発と、それ以前の段階の先触発に区別されます。
（2） 受動的志向性は、能動的志向性と異なり、自我的作用志向性の関与はみられないので、時間化即（能動的）志向性の働きとするレヴィナスやアンリの時間化の理解（両者が志向性を能動的志向性と理解する限り）の枠組みの外において、触発の現象の解明が可能となっています。無論、志向性を受動的志向性を含めて考えるものである限り、時間化即志向性という理解は成立するものです。
（3）本能志向性と衝動志向性は、その発生の起源からして、匿名的－間身体的に働いており、この先自我的な先触発の領域においてこそ、身体中心化を通して自他の身体の区別が構成されてくるのであり、この経過こそ、相互主観性の当根源性が獲得されるなかで、他者の他者性の生成の場が確定されうるのです。
（4）このような間身体的な本能と衝動であるからこそ、容易に個別的実存の自由と決断に統合できない、感性に根ざした、感性の形成に固有な規則性の領域が、現象学的分析の課題領域として確定されうるのです。
（5）この間身体性に根ざさない触発論は、精神病理の現象の解明に至る射程を欠くものとなります。なぜなら、ブランケンブルクの指摘にあるように、精神病理の病因論の主要な観点として、フッサールによって解明された受動的構成、先述定的で先反省的綜合の領域こそ、方向づけられなければならない重要な視点だからです[20]。

第二節　感覚野の生成と過剰な触発の侵入

ここで、幼児の原共感覚の事態から、各感覚野が分岐派生してくる仕方を解明するなかで、フッサールにおける本能の覚醒と衝動の形成における触発の働きを明らかにしたいと思います。このとき、原理的な照準となりうるのが、空虚な形態の形成と、空虚表象の直観という契機です。形態と表象を区別しなければならないのは、フッサールも言うように、表象の概念には、対象の概念が対応するからであり、対象化以前の感覚位相の感覚的意味のまとまりを表現するのに適切ではないからです。このこともあって、フッサールは、空虚表象という働き以前の本能の「本能的予感」の領域を新たに指摘していました[21]。

また、この際、触覚とキネステーゼと感情とのつながりが重要な論点となります。「ゼロのキネステーゼ」の意識と授乳における授乳本能の覚醒と、覚醒した授乳本能の志向とその充実／不充実、さらに、不充実の際の擬似的知覚とその動機連関の〝直観化〟という二つの視点が、解明の導きの糸となるでしょう。

ゼロのキネステーゼの意識については、幼児の喃語を母親が真似るという事例に示されたものです。このとき、聴覚野とキネステーゼの野が未分化に融合している事態から、両野の分岐的派生が論ぜられました。しかし、飢えの意識の〝直観化〟は、授乳本能という大きな枠組み中で生じるものです。そこでは、授乳という動機連関が、つまり、意識の〝こうなら、こうなる（Wenn-so）〟という連関として直観化されるのであり、事実連関としての因果連関とは区別され、内在的意識に与えられる連合の連関として理解されます。事実連関としての因果連関そのものは、そのままでは、そこで働く時間意識の解明に至っていないのであり、内在的時間意識の解明を通して、意味が意味を覚醒しあう連合の働きが理解され、ある感覚位相の意味内容が他の感覚位相の意味内容と対化を通して、相互の結び付き合いとして意識されるというのが、動機連関の直観化を意味します。そしてこのとき重要なのは、対化の原理に即して、意味はそのつど新たに意味となっているのであって、特定の意味として相互に覚醒される以前は、空虚な形態であるか、空虚表象であるかのどちらかの様態を持っていることです。

とりわけ、幼児期の感覚野の形成期には、空虚な形態が本能志向性の覚醒とその志向と充実として働きはじめている時期であることは重要です。授乳という本能の全体的展開において、全体的原共感覚から個別的な感覚領野の形成が生じつつあります。このとき、この形成の生成的原理として働いているのが、連合と時間の原理であるとフッサールは主張します。連合と時間との関係は、同時的源泉をもつそのつどの出来事であり、生き生きした現在の原連合として作動しているというのが、基本テーゼとして妥当します。そして、最終的には、この原連合は、本能志向性の覚醒と衝動志向性の形成をその原連合の内実としているとされます。つまり、授乳という本能の全体的展開は、連合という時間化に即した展開であることが主張されているわけです。

このとき、原共感覚の働きは、時間の規則性である、原印象と過去把持と未来予持との構造的連関による分析を通して明らかになります。生き生きした現在の時間構造が明らかにされた際、音を聞く例が示されました。その際、音の原印象の過去把持的変容が示されましたが、この音の原印象が音としての感覚質を獲得する以前において、音、キネステーゼ、嗅覚、視覚、味覚、触覚が明確な個別的感覚質として確立されずに、不可分離に働いています。このとき、発生的現象学の脱構築の観点からして、フッサールが、共感覚の現象を「光信号のリズムと心臓のリズム」が感覚質の境界を越えて連合しているという指摘に注目することができます。[22] このとき、注意しなければならないのは、視覚野とキネステーゼと聴覚の三つの感覚野から共通するリズムが抽象されるという理解の仕方、いわゆる抽象の方法が、脱構築なのではないこと、つまり、五感が単位として前提された上で、それを抽象して獲得されるのが、共感覚としてのリズムなのではないことです。

幼児の原共感覚において、いまだ視覚、聴覚、キネステーゼの感覚質は個別的分岐を果たしていません。しかし、この原共感覚は、形而上学的に措定された、基礎原理なのでもなく、上記の「光信号のリズムと心臓のリズム」のような連合の例にあるように、日常、意識に直接経験される連合の直接的明証性に依拠しているのです。連合は、時間構成を成立させている、いわば、時間の自己構成の基礎原理です。ということは、ここで立ち現われている「リズム」は、原印象と原過去把持（両者の原は、表象以前の形態という次元を示唆するものです）が、原融合として生じることとして、すなわち、原印象が与えられるとき、リズムという律動性が、胎児期から、リズムとして生きられ、形成されてきている空虚な形態との原融合として理解されます。この律動は、生命そのものの律動ともいえます。この原律動性としての原リズムを幼児の身体性の原様式として、脱構築を通して、すべての感覚の差異化に通底する原現象と想定しえるのです。

原共感覚の時間化の働きを明確にするために、音の持続を時間構成の構図で分析したときの、その分析の仕方を、原共感覚の次元に引き戻して、活用してみましょう。音T1の代わりに、原共感覚の次元の原共感覚的原印象〈G1〉を置き、それに相応する本能志向性を〉G1〈とします。〈G1〉と〉G1〈との対化を通してG1が成立するという特定の遺伝資質（例えば「授乳」）の生起に、〈G1〉と〉G1〈の対化が働いている、とされますが、もちろん、この対化の現象そのものが、直観されたあり方で、私たち成人の記憶に残っているわけではありません。成人の私たちに直観されうるのは、精々、哺乳瓶が正常に機能するかどうか、試しに吸ってみるとか、やけにのどが渇いて哺乳瓶のミルクを飲んでみるときの感触ぐらいで、そのときの授乳という感覚の成立をそのまま記憶しているわけではありません。

しかし、発生的現象学の行われる考察の原理的制約と思える記憶の限界は、実は、発生的現象学の方法である脱構築の限界なのではありません。記憶の射程は、自我の活動をともなう生き生きした現在の意識生であるか、自我の活動をともなわない意識生の活動の段階であるかによって、大きく区分されます。例えば、異なった与えられ方をしているさまざまな玩具（車、積み木など）を同一の玩具としての対象認識が成立するためには、さまざまな自我の活動性である、さまざまな能動的志向性の機能が前提されています。この場合、時間構成に関していえば、生き生きした現在における受動的志向性としての過去把持による過去の契機のみではなく、再想起（Wiedererinnerung）が機能していなければならず、空間構成の領域では、受動的志向性としての受動的キネステーゼだけでなく、「わたしが動く」という能動的キネステーゼが働いていなければなりません。当然、その際、それらに即した、自我極の極化の形成が促進しているわけです。こうして、自我の活動が盛んになるにつれ、記憶の射程は拡大してくる、と一般的に述べることはできるでしょう。なぜなら、形成されつつある自我極に発する能動的志向性が発動する際、その発動に即して、その発動そのものが随伴的に原意識（原意識（II））されうるからです。

しかし、この原意識は、何か高次の特別な意識といったものではなく、通常、自分が物を現に知覚しているのか、「それがあればよい」、と想像しているのか、まさに、見ているのか、探しているのか、自分の意識作用（ノエシス）の違いに気づいている、この意識を原意識（原意識（II））と呼んでいるのです。この原意識によって直観された意識作用と意識内容は、過去把持され、空虚表象として過去地平に沈殿してゆきます。例えば、昨日、「現にそれを見たのか、探したのか」が記憶されていくわけです。しかも、この能動的志向性の繰り返しが習慣として形成されていきます。そして、ここで重要な区別は、それ以前の段階である、受動的志向性のみ働く受動的綜合のみの段階では、例えば、「ゼロのキネステーゼ」や「ゼロの聴覚」や「ゼロの視覚」等々が一時、直観化され、原意識（原意識（I））されても、その原意識そのものは、空虚表象の志向と充実の直観をその内容とするのではなく、空虚な形態が空虚な表象として〝直観化〟されるときの原意識（原意識（I））を意味するのであり、自我が対向することという能動的志向の充実としての直観がその原意識の内容になっているのではありません。空虚な形態が受動的志向とその充実というあり方で、近接覚起され、生成し、その意味で先構成が成立しているとき、その先構成が過去地平に沈殿していくことが考えられますが、その先構成された空虚な形態は、表象となっていないことと同時に、遠隔覚起としての再想起の対象ともなりえないのです。

先構成の次元での連合という受動的綜合による空虚な形態の形成は、その連合の仕方そのものが、表象間の意味のつながりという連合としては、直観されることなく、表象間のつがなりとして、直観的に与えられません。事後的に連合のつながりを手繰り寄せて想定することも可能ですが、つながる瞬間を、自動車が他の自動車に追突した瞬間を見ることができるように、見定めることはできません。

空虚な形態が形成されて、能動的志向性が働き出し、先構成としての空虚な形態が次第に形成されつつある自我の対向を受けて構成されたものとしての空虚表象になるとき、それぞれの感覚領域の空虚な形態に対応する空虚表象が、それぞれの感覚領域の感覚質として成立してきます。仮に、この時期に、幼児虐待というあり方において、その意識生の周囲世界との相互覚起の形成の枠組みをはるかに超えた暴力が行使されるとき、意識生の対応の仕方は、「過剰な触発」という原状況において、そこに備わっている先構成という空虚な形態と、生成しつつある空虚表象によっては、対応しきれない、無形態の感覚素材の侵入という事態が生起せざるをえません。過剰な触発という規定は、その時期までに形成されている空虚な形態と空虚表象の生成が基準となります。その際、個別的感覚野の感覚質の形成は、次第に生成してはいますが、完全な形成には至っていない場合が考えられます。その際、自閉といった、本能志向性の覚醒が通常のあり方で活性化されない場合さえあります。この、いわば、尋常でない場合を事例に挙げる中で、自閉症に見られる限界的状況を通して、通常の触発の原状況のあり方が、より明瞭になると思います。

第三節　自閉の現象の発生的現象学による解明と過剰触発としての暴力

ここでは、自閉の事例を考察して、過剰な触発がパニックを起こし、身体的暴力や自虐行動に移行してしまう機構を、前節での分析を活用して、明らかにしてみたいと思います。自閉症の現象学的分析の試みにあたって、主要な観点となるのは、次のような諸点です。一つは、自閉の行動障害にみられる自傷や他傷といったパニック状態における暴力の状況が、その生成の起源を間身体性の未熟性にもつこと、二つには、この間身体性の未熟性は、胎児期から生成する原共感覚、原身体感覚の共有が、本能志向性の覚醒と衝動志向性の形成を通じての基盤として、十分に形成されなかったこと、三つに、本能の覚醒と衝動の形成が欠如する主要な要因は、遺伝資質の異常にあると考えられるという、主に三つの論点です。この三つの論点を自閉の諸事例と対応づけながら詳論してみたいと思います。

3-3　原触発としての衝動と自閉

（1）　自閉症にみられる行動障害は[23]、「固執、常同行為、精神運動、興奮（パニック）、多動、自傷[24]」が主なものとされていますが、小林隆児氏は、その生成の基盤を、対人関係という関係障害に起因するとみて、関係障害臨床の立場から考察します。対人関係は、小林氏によれば、情動的コミュニケーションと象徴的コミュニケーションの二層に分かれるとされ[25]、象徴的機能をもつ媒体を介した象徴的コミュニケーションが成立するためには、その基盤として常に働いている情動的コミュニケーションの成立が前提とされるという見解です。この見解は、鯨岡峻氏の立論[26]と共通の見解ですが、現象学の相互主観性論と自閉を厳密に関係づけた、松尾正氏の分析が、これまで最も精

緻な立論となっています。(27)

松尾氏は、沈黙における間身体的コミュニケーションをフッサールの受動的相互主観性論による論証と結びつけました。フッサールの後期思想の根本原理である受動性が能動性を基づけることが、受動的相互主観性、ないし、情動的コミュニケーションの領域を理論的に確定しています。ここで確定される受動性の領域は、能動性として働く現実態に対比させられるような、単なる可能態としての受動性という意味を、持つのではありません。この受動性の領域のもつ固有な力動性は、自閉症の場合、次のような機構にその積極的役割を提示しています。すなわち、通常の場合、欲求の間身体的な表出が、象徴を介した意図の表現となり、対人関係における相互主観性が形成されるのに対して、自閉にあっては、愛着欲求が特有な知覚様式による侵入不安、迫害不安との葛藤、すなわち、「接近・回避動因的葛藤（approach-avoidance motivational conflict）(28)」を生じさせてしまうという熾烈な現実に、受動性の領域のもつ力動性が明確に現われているのです。

この葛藤は、自閉症児の愛着形成をめぐって、異常な過敏さや強い不安感があって、接近欲求が強く潜在的に働いているにもかかわらず、あるいは、接近行動を起こしても、例えば、いざ親から抱きかかえられそうになると、即座に拒絶反応として回避行動が誘発され、それによって親から放置されると、再び、接近行動が誘発されるという悪循環をその内実としています。この悪循環が高じると、自虐や物をすさまじい勢いで破壊したりする他傷の暴力となって発現することになります。この葛藤構造は、通常の象徴的コミュニケーションの場合の、欲求充足や欲求の抑制の構図を通して、「しっかり話せば了解できる」といったように、表象として直観されている言語運用の際の観念内容の分析によって、認識可能になるのではありません。表象としての空虚表象そのものの形成が、問題になるのですから、すでに形成済みの表象をいくら分析しても、先構成されている表象以前の空虚な形態には届きません。つまり、いずれ明確な特定の表象認識にもたらされる可能態として、先構成される空虚な形態を考えることはできず、その先構成の領域に働く特有な欲求充足の諸原理によってのみ考察可能になるのです。そして、この考察に寄与するのが、上述の発生的現象学の連合と触発の原理なのです。

（2）　情動的コミュニケーションの基盤である間身体性の未熟性は、フッサールのいう「原地盤」の形成期で問題とされます。この時期を生きる意識生は、周囲世界を原共感覚の世界を通して、形成していきますが、この原共感覚が、自閉症の行動治療の現場で、「無様式知覚」として理論化されていることは、興味深いことです。小林氏は、無様式知覚を「通常われわれが感覚器官を通して刺激を知覚する五感（視覚、聴覚、味覚、触覚、嗅覚）とは異なり、どのような感覚器官でもって知覚されたとしても、その刺激のもつ共通のリズム、動き、活性水準などを共通に感じ取るという独特な知覚様態で、胎児期から乳幼児期にかけて非常に活発に働いていることが分かっている。われわれ自身でもこのような知覚様態は潜在的には常に働いている」[29]と説明しています。
この現象に関して、先に言及したように、フッサールが『受動的綜合の分析』で、光信号の視覚的リズムと心臓のキネステーゼのリズムとの連合を指摘し、原共感覚の領域の現象学的分析可能性を開示している点が重要です。生命の律動性（リズム性）は、音楽治療にとって、根本的な意義をもつだけでなく、自閉児のパニック状態が緩和される際に、リズムの果たす決定的役割が、さまざまに記述されています。ドナ・ウイリアムズの『自閉症だったわたしへ』は、いわゆる高機能自閉症といわれるアスペルガー症候群に属する当事者が、自閉症を一人称の立場から、自己の直接体験として記述した著作であり、大変豊かな記述内容を、現象学的分析の課題として提示しています。その記述の中で、内面にたまった不安や緊張がパニックとして発現する際（自閉症の女の子アンが恐怖に取り憑かれて金切り声で泣き叫ぶ状態)、それを緩和するために取られている〝方法〟の記述は大変興味深いものです。ウイリアムズは、そこで、「わたしは昔自分でよくやったように、単調な繰り返しのメロディーを口ずさみながら、それが催眠術のようになるよう、メロディーに合わせてアンの腕をやさしく叩いた(30)」と述べ、それは、「しっかり自分でしがみつくことができ、やがて両方の目を開けて世の中をちらりと見ることができるまで、おだやかに自分自身を落ち着かせる方法(31)」であるといいます。

腕をやさしく叩くことが、生の律動性という原共感覚の根底に再び包まれ、安定感を生じさせるといえるのですが、この方法をめぐって、フッサールの連合の原理と対応させると、その構造上の類似点と実質的な差異が驚くほど明確に与えられます。ウイリアムズは、強い緊張とフラストレーションから開放してくれる方法をあげる中で、まず第一に、「物をふたつずつペアにすること」をあげ、「これは、物どうしの関係をはっきりさせ、ふたつ、あるいはそれ以上の物の間につながりが存在しうるということを確認しているのだ。……繰り返し繰り返しこの作業をしていると、こうした物のつがなりが可能ならば、いつの日か自分も、「世の中」とのつながりを感じ、そのつながりを受け容れることができるかもしれないという希望が、わいてきたものだ(32)」と述べています。フッサールの連合との構造上の類似は明らかであり、フッサールは、「ペアになる」現象を、「対化《ついか》現象」と呼び、受動的綜合の基本形式としています。しかし、連合の基本形式である対化は、能動的に「ペアにすること」なのではなく、受動的に、意識されずに、気づかずに「ペアになっていること」であり、ペアにするという能動的志向性の働きによるのではありません。そして、まさに、つながりを努力してつけなければならないということには、通常、意識の努力を介することなく、すでにできあがって与えられている、つまり、受動的綜合によって与えられているはずの連合が、しっかりしたものとして与えられていないということを、実は逆に、はっきり、示唆しているのです。さらに、ではなぜ、連合が成立していないのかという問いは、連合の生成を可能にしている原触発としての衝動志向性との連関の究明にわれわれを導くことになります。頭を壁に繰り返し打ち付けるという自虐的にみえる行動には、「心が金切り声を上げている時、その緊張と闘い、頭に物理的リズムをあたえるために行う[33]」というリズム獲得のために必死になって物のつながりをつけなければ、物がつながらないという現実が露呈しており、この現実こそ、解明されねばならないのです。

情動的コミュニケーションは、身体間の「共鳴」とか「共振」という言い方で、例えば、「治療者の存在全体がことばとともに応答し、共鳴しているといえる。それは間身体的、間情動的、間主観的関係の成立した状態ということができる。そこでは身体と情動そのものが共鳴し、治療者は自らの存在によって彼らの心の動きを体現しているとでもいえる状態になっている[34]」と説明されています。しかし、この共鳴という概念は、そこで生じている、リズムの共感覚という事態を解明するには不十分であり、どうして、共鳴そのものが生じ、どうして生じないのか（このことは、治療にあたって決定的に重要な違いです）の解明にはつながらないと思われます。いったい「身体と情動が共鳴する」というのはどのようなことなのでしょうか。共鳴といえば、音叉とか、音響とか、周波数の規則性による数的、物理的連関をイメージしてしまいますが、そのような物理的因果関係ではないはずです。小林氏は、それを「意識が介在しない」とか、鯨岡氏の「成り込み」という概念を使用して、「思わず彼らと一体になってまるで子どもになったかのようにして彼らの気持ちを感じ取り、応答している[35]」と述べています。したがって、子供になるということが、音叉になったり、反響板になったりするのではないことは明らかであり、共鳴というのは、当然、比喩的な言い方であるはずです。

3-3　原触発としての衝動と自閉

では、子供になるにはどうすればよいのでしょうか。フッサールが発生的現象学の方法として行う、成人の場合に働く高次の諸志向性が働いていないとしてみる、脱構築してみることが考えられます。松尾氏が沈黙による治療で実行していたのは、通常の意識作用である能動的志向性が働かない、睡眠という状態において、親が子どもに添い寝をするように、(36)気づかず、意識しないという、受動的で身体的な間身体性に働く受動的志向性による受動的綜合の働くままを生きるということだったのです。能動的志向性を脱構築して、受動的志向性が働く原地盤が活性化する状況が成り立っていたのです。

子供になっての行動治療に際して、子供になることは、単に、自閉症児の行動をそのまま受容するという意味での受動性を通して子供になることではないことを、小林氏は強調しています。(37)受動性の領域とは、当然ですが、そのような受容を意味するのではないことは、そのような受容する自我の働きを前提にしないのが、フッサールの言う意味での受動性であることからも明らかです。えてして、共鳴という概念は、受容といった受動性として誤解される危険に曝されることは明らかであり、その意味でも、受動性の領域の的確な確定と理解が必要とされているのです。

ここで働くとされる共鳴は、フッサールが身体論で論じている「物理−生理学的条件性（Konditionalität）」(38)という意味で、物理−生理学的意味の因果性を含みこんでいるとはいえ、本来、受動的綜合の解明を通して超越論的規則性として開示されている、感覚質の意味内実相互の関係である以上、連合と触発の原理が、間身体性に働く情動的コミュニケーションを、新たな認識論ともいえる精緻さと普遍性に目的づけられた構成論の枠組みで、解明可能となっているのです。
（3） この解明は、原共感覚の律動性が共通の体験となるときの連合のあり方の解明です。リズムは、受動的綜合として、自我意識の関与なく、成立しています。リズムは、原共感覚の根底を通底しており、原共感覚そのものは、本能志向性の覚醒と充足に発する衝動志向性の形成に即して、原触発という、諸々の触発が、例えば授乳本能に大きく方向づけられながら活動していきます。したがって、自閉症者の異常な過敏さや、侵入不安、迫害不安の成立は、この原共感覚の活動と、原共感覚からの個別的感覚質の形成に決定的な影響を与えている本能や衝動、愛着欲求の充足という観点から考察されねばなりません。

フッサールは、授乳を考察して、授乳志向とその充実を連合の関係として分析するとき、授乳本能の覚醒を、この本能の方向づけに相応したヒュレー的素材（感覚素材）との相互に働き合う対化として、相互覚起という構成原理によって説明します。授乳本能が覚醒され、授乳が繰り返されるなかで、授乳志向とその充実の繰り返しを通して、空虚な形態〈授乳志向－充実〉として形成されてきます。その形成のプロセスをフッサールは、充実されない、つまり授乳志向に相応するヒュレー的素材が相互覚起にもたらされないそのときにこそ、その相互覚起がいかなる相互覚起（すなわち、授乳志向とその充実という相互覚起）であるかが、〝直観化〟されるのだ、と分析しています。しかし、ここでいわれる直観化は、能動的志向とその充実の場合の直観とは異なります[39]。それは、自我の対向が生じる以前の、受動的志向とその充実であり、通常、気づきとされる意識に上ることはありません。ちょうど、気づかずに、意識されずに、感覚素材と空虚表象の間に相互覚起を通して連合が生じているように、意識に上らない志向と充実が、そのような意味で、〝直観化（結合化）〟されているのです。これが先構成としての、空虚な表象以前の空虚な形態の形成です。

したがって、自閉症やＰＴＳＤで指摘される、暴力的状況が急に立ち戻ってきてしまうフラッシュバックの現象は、その時間化の構造として、能動的志向性としての再想起を介さない、受動的構成層として常に基盤として臨在している空虚な形態と、そのつどの感覚素材との過敏な相互覚起によるのだ、といえます。乳幼児の虐待の場合、暴力的状況を再想起によって対象化できるように、自我極が形成されているか、あるいは、それ以前か、ということが重要です。それ以前の乳幼児の虐待は、虐待された後、周囲世界というあらゆる感覚素材がすべて、フラッシュバックへの契機となってしまうような痛ましい状態が想定されます。(40)能動的志向性を行使しうる成人の場合のPTSDにおけるフラッシュバックは、能動的志向性の介在の可能性があることからして、かえって、受動的構成層の積極的臨在性、すなわち、遍時間的に、絶えずすべての現在に臨在している遍時間的臨在性を、明らかに示しうるものです。なぜなら、能動的志向性が介在して、自己制御できるはずであるにもかかわらず、暴力によって侵害された身体性を担う受動的構成層の触発的力が強大であるため、周囲世界との相互覚起を介して、絶えずフラッシュバックに陥る危険に曝されているという現実が、露にされるからです。(41)

しかし、授乳の際に抱かれるとき、その基本的な原共感覚に開かれていないような、基本的本能の覚醒と欲求の形成が、不十分な場合さえありえます。遺伝資質の異常に現われる物理－生理学上の条件性が考慮されなければなりません。とはいえ、ウイリアムズの場合でも、記憶にない時期に授乳の際、あたりまえのように、母親の腕の中で抱かれて授乳されていたと考えることはできます。しかし、抱かれるということが、初めて彼女に強く意識される場面は、大変印象的です。抱かれるということに関して、彼女の記憶に残っているのは、まずもって、両親のうちのどちらにも抱きついたり、抱きしめられたりしたことはなかったということです。そんな彼女が、七歳のときに同じ年代の女の子トリッシュのベッドで、彼女に抱きしめられたときのことを次のように描写しています。「とたんにわたしの体には、激しい衝撃が突き上げてきた。それはまるで、長い間忘れ去られて、埋もれたままになっていたわたしの心の奥深くから、突然とめどもなく涙があふれ出したような感じだった。……一人はもう一人を、当たり前のように抱きしめて慰め、もう一人はそれに驚き、おののきながら、身を硬くして耐えている」[42]。さらに、興味深いのは、数年後、多動障害と診断された弟のトムを彼女が自分の方から抱いて慰めている描写です。弟がパニック状態で泣き叫んでいるとき、「わたしは、泣いている弟を抱いて、たんすの中に入る。そして手で弟の口をふさぎ、腕で頭を抱き抱えるようにして、耳もふさいでやる。やがてわたしの手は、おとうとの涙と鼻水で濡れてくる。わたしの目からは涙はでない。ただ弟がいると、わたしは自分の中に感情が存在することを、気づかされた。そしてそれが揺さぶられているのを意識させられた。弟は、自分の感情をわたしに向かって表している。それは本物の感情だ。現実のものだ。わたしは次第に、自分の現実の手ざわりを感じさせる弟が、怖くなっていった」[43]。抱かれることと自分から抱くことが違った様相で捉えられる中で、抱かれる弟の本物の感情と自分の感情を分離しがたく、体験していることが分かります。トリッシュに抱かれたとき体を突き上げてきた、涙があふれだすような衝撃は、まさに、弟の本物の感情の動き、突き動かす情動であり、自分の体を流れる自分を揺さぶる情動に他ならないのです。情動的コミュニケーションの現実の様相がありありと表現されています。

情動的コミュニケーションの基礎を築くのは、原共感覚を生きる幼児の愛着欲求が偏りのなく自然に充足されることです。とりわけ情動といわれる感情の動きは、肌の接触による触感覚や身体の運動感覚であるキネステーゼと、そして、無様式的知覚とも呼ばれる生命の律動性（リズム）と密接につながっています。それらの基盤に心臓のリズム感が通底していると考えられますが、フッサールは、この原共感覚が――「無様式知覚として成人においても潜在的に働いている」という言い方にもあるように、――受動的な間身体性として相互主観的に常に働いていることを相互主観的条件性の超越論的分析を通して根拠づけることができました。この分析の超越論的明証性は、時間構成の際の時間内容に他ならない感覚内容の受動的綜合の明証性によって確証されているものです。リズムがリズムとしての意味をもちうるためには、そのつどの感覚素材と空虚な形態との相互覚起が前提として生じているのでなければなりません。このリズムの連合は、視覚の光信号のリズムと連合します。腕を軽く叩く触覚の（圧感）のリズムとも連合します。また、廊下を歩く足音にもなり、いってみれば、五感のどこを入り口にしても、地下の根源的リズムに通じているといってもいいでしょう。リズムがリズムになる生成は、フッサールにおいて、時間化の相互覚起という受動的同一化（passive Identifikation）(44)――判断作用における論理上の能動的同一化を基づけており、いわば、同一律を成立させる基礎という基づけとして働いていて、その逆ではないことをフッサールは主張します――を通してであり、この時間化の構造は、すべての感覚野に妥当するという普遍的特性をもっています。このことこそ、感覚野の形成が衝動志向性という本能の働きによる時間化においてなされることからして、情動的コミュニケーションの間身体性の連合の伝播を裏づけているのです。ということは、成人の間身体性において働く、原共感覚的伝播の働きが、例えば、他の人が手を動かすときの運動の視覚像の変化が、自分の側に潜在的に臨在する感覚内容と連合し、時間内容の変化、変転として発現し、時間化され、根源的リズムとして与えられることを通して、他の感覚内容である運動感覚のリズムを覚起し、キネステーゼを誘発しうることが考えられるのです。したがって、他の人の体の動きに自分の体が共鳴したり、共振したりするという喩えが、超越論的規則性である連合と触発によって、このような厳密な理論的裏づけを獲得しているといえます。この理論的裏づけは、単に、こうも説明できるといった新たな理論の提示にとどまらず、そのような共鳴の現実に即しつつ、現実のあり方を規定し、その現実が現実になる隠れた規則性の提示となっており、治療の実際と現実に厳密に関わる解明なのです。

本能や衝動における間身体性の働きについてのフッサールの言及を取り上げ、いわゆる受動的相互主観性、ないし情動的コミュニケーションといわれる事態が、超越論的独我論をその根底からつきくずし、それが幻覚にすぎないことを論証しえたこと、すなわち、フッサールの相互主観性論は、超越論的自我の「我あり」の絶対的明証性から出発しても、その他我はその超越論的自我が構成した〝他我〟にすぎないとする超越論的独我論に陥らずに、受動的相互主観性こそ、超越論的自我と超越論的他我の等根源性並びに絶対的差異性の根拠になっていることが、論証できているのです。

一九三〇年代に入って、フッサールのモナド論（Monadologie）の記述には、本能（Instinkt）や無意識（Unbewußtsein）に関する記述が頻出してきます。発生をたどるという根本動機のもとで、時間化そのものに含まれている含蓄的志向性（implizite Intentionalität）の志向の内実が遡及的に解明にもたらされます。ある論稿では、そこで潜在的に構成された世界の無限性を視野にいれるなかで、次のようなモナドロギーの体系的な構図が描かれます。まずは、根源的に本能的なコミュニケーション内の諸モナドの全性（Allheit）、において、すべてのモナドは、その個別的な生において絶えず生きつつ、かくして、すべてのモナドは、沈殿した生を伴い、隠れた歴史であると同時に〝普遍の歴史〟を内に含む歴史を伴う眠れるモナドの段階であり、次に、モナド的歴史の展開、覚醒する段階、第三番目の段階として、世界を構成しつつ、その世界のなかで、モナドの宇宙が、自己客観化に方向づけられた形式において広がり渡っていて、モナドが理性的な自己、並びに人間性の意識と世界了解に至るようなものとしての人間のモナドの展開がみられるというのです[45]。

初めの段階で述べられている眠れるモナドとは、生誕以前のモナドを指し、自我としての覚醒以前のモナドを意味しています。自我としての覚醒とは、触発の概念の説明にあるように、自我の作動ないし活動は、自我の対向と同一の事態を意味しており、「われあり」の絶対的明証性と同一次元に位置しています。したがって、「超越論的自我が覚醒せずに眠って働いている」とは、語義矛盾に他ならず、フッサールがカントのいう「超越論的統覚の自我」を形而上学的残余として退けるのは、この理由からでもあります。

この眠れるモナドが本能的コミュニケーションにおいて生きているという指摘が決定的に重要です。しかし、ここで言われている「個別的生」とはいかなる意味をもつのでしょうか。眠れるモナドの次元ですので、個我の個別性ではありえません。個別性（Individuell）という言葉は、時間構成の分析の際には、客観的時間構成以前の、内在的時間において位置づけられていることに注意しなければなりません。(46) しかも、眠れるモナドの無意識の時間化での個別性は、通常の「今」の時間意識（客観的時間点の根拠）に依存しません。(47) それは、すべての時間に行き渡っているという意味で遍時間的といえます。

この個別的生が沈殿した生、隠れた歴史を伴うということは、含蓄的志向性に含まれる歴史性が、眠れるモナドの本能的コミュニケーションを作動させているということができるほどの構成能作を担ったものであることを意味しています。フッサールが、「系統的発生や個別的発生」を語り、遺伝資質について論じるのは、この含蓄的志向性の次元においてなのです。

第二の段階における覚醒するモナドの展開において、眠れるモナドが、「絶えず基づけとして背景に働いている」という指摘も重要であり、受動性が能動性を基づけるという基礎原理の別の表現に他なりません。先に述べられた「無様式知覚が成人においても常に背景に働いている」、あるいは、「情動的コミュニケーションが成り立つことによって初めて、それを基盤にした象徴的コミュニケーションが可能になっていく(48)」ことが衝動志向性の働きによる裏づけを獲得しうるのです。だからこそ、自閉症の行動治療にあたって、情動的コミュニケーションの再構築、ないし、形成がなにはともあれ、もっとも重要な課題となるのです。

第三の段階でいわれる「人間のモナドの展開」が自己客観化に方向づけられているというのは、フッサール現象学の後期に明確になってくる「理性の目的論」を指しており、眠れるモナドの本能的コミュニケーションという原初が世界了解に方向づけられた位置づけにおいて提示されているといえます。

以上の考察を振り返って、まとめとして、次の主要な論点を挙げておきたいと思います。
(1) 触発の観点から暴力を考えるということは、従来、意識主体の行動責任という視点のみから、暴力が考察されてきたことに対して、自我の超越論的統覚以前に働く受動的綜合の先構成の次元を確定することにより、暴力的状況を本能志向性や衝動志向性に関連づけて考察することができることを意味します。
(2) 本能や衝動が原触発や連合として解明されるということは、その原触発や連合を通して本能や衝動が時間の流れを規定するのであって、本能や衝動が、単なる主観の形式というカントの場合の時間形式を通して時間軸にそのつど与えられるのではないということです。時間は、超越論的自我が構成するのではなく、本能と欲求の繰り返しの充足が空虚な連合の形態を形成することを通して、時間が留まり流れることの超越論的条件となっており、この空虚な形態の先構成が、通常の自我の対向による意識作用―意識内容の相関関係に先行しています。
(3) 愛着欲求が充足されずに、受動的綜合を通しての空虚な形態が十分に形成されない場合、象徴的な媒介を介する表現になる以前の欲求表出に特有な、「接近・回避動因的葛藤」という構造が、形成されてくると想定されます。

第四部　相互主観性論と間文化哲学

第一章　汝の現象学にむけて

人が他の人に出会って本当の人間になるという対話哲学の根本主張は、マルチン・ブーバーの『我と汝』で哲学的表現をえました。現象学で、「汝の現象学」を描く試みは、さまざまに行われてきましたが、必ずしも、問題のありか、すなわち、「我－汝－関係」を生きるということそのものが、明らかになってきているとはいえません。しかし、現象学にとって、このことを厳密に、現象学的分析に即して、批判的に考察する良い機会が与えられています。それは、レヴィナスのブーバーが主張する「汝」に対する批判、すなわち、「汝」に対する「他者の他性」の主張という見解です。以下、ブーバー、レヴィナス、フッサールを対照させることにより、汝の現象学の方向性を明らかにしてみたいと思います。

第一節　少年期の「我－汝－関係」と受動的綜合

a　ただただ、ふれること

まず初めに、「人はそもそも、他の人に触れることができるのか」、言いかえると、他の人の肌に触れるとき、それは、私の受けるあなたの肌の私の感じになってしまってはいないのか、それは、結局のところ本当の「あなた」

に触れることのない「私の感じ」にすぎないのではないのか、という問いを立ててみましょう。

こんなおかしな問いは、普段の生活で生じることはないかもしれません。触れる触れられるといった状況を通り越した、スシ詰の満員電車の中では、できるだけ早くその状況から開放されるのを待つのであって、そんな問いに関わずらう余裕があろうはずもありません。このような奇妙な、しかし、後のブーバーにとって決定的な意味をもつ問いが、子供のブーバーを訪れました。それは、その当時オーストリア領の祖父の農場で夏休みを過ごしていたときでした。十一歳のブーバーは、馬小屋にこっそり忍び込んで、飼葉を食む馬のたてがみをなぜました。そのときの体験を後になってブーバーは、次のように回想しています。

「力強く、とてもなめらかで、ときには驚くほど荒々しかったりするたてがみをなで、何か生々しく生きているものを手に感じるとき、生そのもののエレメントが、まさに私でない何か、まったく私でない何か、不慣れな何か、他なるもの、しかし単に他のものというのではない、本当に他なるものそのものが、私に直接接しているかのように思えた。しかも、そのまったく他なるものが私をいざない、親しく、率直に私に向かって、「あなたと向き合う関係」を立てているかに思えた。……けれどもあるとき、――なにが少年の私に起こったのか分からず、いずれにしても子供っぽいことに違いなかったが――ふと、なぜることってなんて面白いんだろう、と思った。そして、そのとき突然、私は私の手を感じた。なぜる遊びはいつものように続いた。しかし、何かが変わっていた。それは、もはやあのことではなかった(1)。」

いったい、馬のたてがみをなぜる少年のブーバーに何がおこったのでしょうか。ブーバーの対話哲学の用語でいうと、「汝」が「それ」になったのです。ブーバーが、その同じ回想で述べている、反省に似た「翻転(Rück-biegung)」を通して、「汝」が「それ」になってしまったのです。「我-汝-関係」を生きる「我」は、馬をなぜているとき、ことさら「私」を意識してはいませんでした。「自分の手で馬をなぜている」という思いもありませんでした。ただただ、「他性」にふれつつ、なぜていたのです。本当に他なるものが、生のエレメントのようにそこに生きていたが、それは、私の「面白さの対象」ではありませんでした。しかし、突然の「翻転」を通して、感じる主観である「私」とその所有格をともなう「私の手」が到来し、それと同時に、感ぜられる対象である「私の面白さ」が所持されたのです。

ここでいわれている「あなたと向き合う関係」というのは、そう感ぜられたという、つまり、少年のブーバーの心にただそう映ったという単に主観的な性格をもつものではありません。その関係の現実性は、その翻転のあと、馬をなぜても、もはや馬は、飼葉桶につっこんだまま頭をもたげて少年に応ずることがなかったことに、はっきりその欠如態として表現されています。もはや「あのこと」は生じなかったのです。もちろん、それでもなお、このような幼児の関係に汝の本質を確証することはできないという立場を取ることは、可能です。しかし、そのような立場が何を意味しているのかが、本書で明らかにされるはずです。

さて、ここで、「我―汝―関係」の中で「触れている」ということと、翻転を通して、感じることと感じられたものとの間に分裂が生じること、この二つの事態を詳細に、現象学に即して分析することによって、汝の現象学への準備としましょう。

b　感覚と「他の受容」としての原印象との峻別

レヴィナスの場合、汝との直接的な接触の可能性について、いかなる哲学的立場をとるのか、明確に答えるのは容易ではありません。レヴィナスが他者との「近しさ」、すなわち、「触れること、端的な接近と近しさ、近しさの経験には還元できないこと(2)」を語るとき、その近しさにおいて「根源的なことば、語と文章のないことば、純粋なコミュニケーション(3)」が可能であるように述べています。しかし他方、彼にとって、汝は決して、直接与えられることなく、間接的に、本当の他者の「痕跡」を通して、「顔」を通してしか語りかけてくるものではなく、感じる何人《なにびと》の現在においても、直接立ち現われない、つまりいかなる人の感覚にも与えられない、とされます。なぜなら、レヴィナスは、感覚を志向性による対象化とみなし、まさにブーバーの語る「翻転」による主客の分裂をそこに見出すからであり、それに対して、触れることや近しさは、非-志向性である「原印象」の形式でのみ体験され、生きられる、とするからです。レヴィナスにとって、原印象は、「まったくの受動性、他なるものの受容(4)」です。しかし、他方、感覚は、「志向性であり、したがって、感覚することと感覚されたものとの間のわずかな隔たり、まさに時間的な隔たりなのだ(5)」とされます。では、レヴィナスの主張する「まったくの受動性」としての原印象と志向性としての感覚との違いはいったい、どんな違いで、どうしてそうみなければならないのでしょうか。

志向性の概念は、現象学の基礎概念であり、意識が方向づけられていること、何かについての意識であることを意味します。この基本的な意味は、しかし、時間分析、受動的綜合の分析を経て奥の深い重層的意味を含むようになり、後期においては、自我極を通しての自我の働きとしての自我の能動性をまったく含まないような、先自我的な受動的志向性が解明され、そのもっとも根底の層で働く超越論的衝動志向性が明らかにされました。この先自我性は、厳密な原理的意味として理解されねばなりません。つまり、僅かでも自我の活動をともなう志向的性格が残っているか、いないか、残っていれば能動的、残っていなければ受動的というように原理的に区別されているのです。

このような志向性の分析の展開をみれば、レヴィナスがここで感覚の「志向性」といっているのは、実は、フッサールが『イデーンI』の時期に規定した――受動性に対して表現すれば――能動的志向性の意味に相応してはいても、それ以後に展開した受動的志向性の意味には対応していないことを、まずは、明記しなければなりません。

この受動的志向性としての感覚が明確に記述されるのは、時間分析を経てであり、とりわけ、二〇年代、三〇年代の受動的綜合の分析と並行して、はっきりした規定を得ることになります。『時間講義』の時期に、過去把持が通常の「意識作用－意識内容」の相関関係で分析できない、非－志向的な体験としての「原意識」に相当することが明らかにされ[6]、『受動的綜合の分析』では、過去把持的変化の分析を通して、内容的な連合的－受動的融合、すなわち、自我の関与をまったく欠いて働く、その意味で通常の「志向性をいっさい含まない」過去把持が現象学的に記述されています。また、その受動的志向性としての過去把持の空虚表象と原印象との間の融合の働きが詳細に解明され、この事象が、三〇年代の時間論をめぐるＣ草稿では、「原印象と原過去把持との同時性における内容的原融合」[7]というように、そのあり方が明確な表現をえることになるのです。

ここでフッサールが示しているのは、能動的志向性による対象化の次元以前に働く、生き生きした現在の先－対象的な感覚位相の意味内容のヒュレー的先構成です。この感覚位相の意味内容は、たえず新たに、原印象と過去把持の空虚表象との間の相互覚起を通して生じています。この連合的な融合の統一としての生き生きした現在について、他のＣ草稿では、「再度構成されたものが原初的な留まり、流れる現在の内部の経験の根源性において連合する。（1）この原初的な現在は、連合的な融合の統一であり、その融合において、すべての時間化の形式である唯一の時間が自己自身を時間化し、時間的諸対象（存在者）を、そのそれぞれの時間と共に、時間化し、ないし、構成する」[8]というように大変明確に述べられています。つまり、単なる形式ではない、内容をともなった生き生きした現在は、受動的綜合の連合的融合によって統一されていて、その連合の仕方は、対化（Paarung）として解明さ

れているのです。(9)

レヴィナスは、この先－反省的で、先－述定的な意味の構成の次元、すなわち自我極を通しての自我の能動性を欠く、受動的に働く先構成の領域を現象学的分析として取り上げようとはしません。受動的綜合の分析に向かうことなく、時間の流れを考察しようとするレヴィナスに残されるのは、絶対的受動性としての原印象を、それとともに同時に内容的原融合を形成しているはずの過去把持の空虚表象から原理的に峻別し、「絶対的に受動的」と規定すること、すなわち、上で述べられている受動的綜合による過去把持の空虚表象との融合を見落とすことにより、原印象を原融合から解き放ち、分離し、孤立させることに他ならないのです。そして、その分離は、レヴィナスにとって、志向性によるあらゆる種類の対象化（フッサールが志向的ではないという過去把持をレヴィナスはあくまでも志向的対象化とみなしている）から「まったくの受動性、他なるものの受容」、「他者の他者性」を救うためなのです。

つまり、レヴィナスにとって、この乖離は、他者を否応無しに対象として同一化し、対象化してしまう志向的な意識流から、他なるものの受容を救い上げることを意味しています。彼にとって、原印象は、生き生きした現在にたえず、内容を新たにもたらしているはずではあるが、その原印象そのものは、内容としては姿を現わすことなく、痕跡のかなたに自らを隠し、他者の他者性をそのようにしてこそ保証しているとするのです。したがって、レヴィナスは、受動的に先構成された他者のヒュレー的内容を認めません。というのも、原印象の変容した内容であるはずの、過去把持を通した他者のヒュレー的内容は、他者の他者性を、反省を通して志向的に対象の中の対象に変化し、ブーバーのいう「我－それ－関係」の「それ」にしてしまう、とみるからです。

このような感覚の志向性についての考えのもとで、レヴィナスがブーバーの「我－汝－関係」の「汝」を、あらゆる内容から離れた「形式主義」によって初めて可能になると誤解するのも、当然のことといえます。なぜなら、レヴィナスは、汝を、すべての内容から自由な、身体の具体性をもたない純粋な形式とみなし、いかなる内容もすべて志向されたものとして、「それ」の領域に属さねばならないとみるからです[10]。そうすると、やはり、レヴィナスにとって、他の人の肌に触れるという通常の意味での感覚は、不可能であり、そもそも感覚は、常に「他者についての私の感覚」だ、ということになります。

しかし、そのような形式主義という理解は、ブーバーの「我－汝－関係」の「汝」には、まったく妥当しないことは明らかです。これは、完全な誤解であり、汝が身体をになう具体的な現実性をもって、この世界で出会われるのであることは、疑えないばかりか、「汝」の世界性と具体性の核心を形成しているのです。子供のブーバーにおける馬との体験には、「生そのもののエレメントが、まさに私でない何か、まったく私でない何か、不慣れな何か、他なるもの、しかし単に他のものというのではない、本当に他なるものそのもの」が、具体的内容として与えられていたのでした。しかも、注意しなければならないのは、このような明瞭な誤解が、レヴィナスに限らず、広く行き渡っており、対話哲学と現象学を統合しようとして詳細な考察を進めるトイニッセンの解釈にさえ見られることなのです[11]。

c　少年期の「我－汝－関係」における感覚と成人の「我－汝－関係」における感覚

では、少年のブーバーは、馬をなぜたとき、いったい何を感じたのでしょうか。回想するブーバーに、「まったく私でない何か」、「本当に他なるものそのもの」と語らせるようなものは、どのように与えられていたのでしょうか。この「まったく私でない何か」は、触れているそのさなかには、それが何であるのか、どう呼んだらいいのかといった関心を呼び起こしてはいませんでした。それにもかかわらず、ある原初的な何かが感ぜられていて、しかもその何かは、対象化されていませんでした。何かとして考えられたのではなく、ただただ感ぜられ、体験されたものでした。しかし、注意しなければならないのは、そのような感覚は、いかに完全に受動的とされようとも、フィルムの感光のような、単なる機械的変化による受容というような、印象の完全なる受け容れといったものではなく、また、カントのいう「物自体の触発」とも異なるということです。

ここでブーバーのいう「ただただ感じる感じ方」は、上に述べたフッサールの受動的連合において生じる、印象と過去把持の感覚位相の意味内容が同時に生じることとしての原融合、つまり、対象化以前に生じている受動的綜合によって先構成されているものに、十一歳の子供の全関心が注がれていると理解するのが、最も適切であると思います（詳しい論拠は後述される）。いわば、意識生と周囲世界との、特定の自我極を介さない原交通（Urkommunikation）を集中的に生きているということがいえます。意識生の過去把持の空虚表象と周囲世界の原印象との間の原交通を生きることです。

ここで注意しなければならないのは、ここで述べられている十一歳の少年であるブーバーの馬との「我－汝－関係」と、いわゆる、幼児期の「生得的汝との我汝関係」とを明確に区別する必要があることです。十一歳の少年は、幼児とは異なり、当然、自我の形成を経た「我－それ－関係」をも生きていますが、自我の形成以前の幼児の「生得的汝との我汝関係」の場合、いまだ、完全な「我－それ－関係」は生成していません。この区別を前提にした上で、「我－汝－関係」における感覚を次のように段階づけ、性格づけることができるでしょう。
（1）感覚には、いまだ「私の」感覚と「あなたの」感覚とを区別する以前の、匿名的な意識生と環境世界との原交通といえる感覚の層があります。この原交通は、フッサールのいう受動的綜合、それも、過去地平の過去把持の経過をへて沈殿している空虚表象と、環境世界のヒュレーとして与えられる原印象との間の原融合の領域として、原理的に分析されています。この原融合は、当然、機械的－因果的に働くのではなく、また、自我の機能を媒介にして働いているのでもなく、環境世界の原印象と生き生きした現在を根底で統一化している衝動的な空虚表象との間の先－自我的、没自我的対化現象なのです。いわゆる、幼児期の「生得的汝との我汝関係」において生じている感覚といえます。
(2)　この受動的綜合としての感覚は、普通の自我の活動をともなう志向性を生きる成人の場合、与えられるやいなや、感覚素材の活性化（Beseelung）により、志向的対象として把握するという対象化の性格を帯びます。それによって、私の感覚と私の感覚により感覚されたものという二元性が成立しています。ここで与えられているのがいわゆる「私の感覚」、「我－それ－関係」としての感覚です。
(3)　生得的な汝に向かう幼児期の「我－汝－関係」で生じる自他の区別以前に働く感覚は、必然的に自他の意識をともなう感覚へと展開しますが、それは、成人になると、そのような原初の感覚の層が消失してしまうことを意味するのではありません。ちょうど、受動的綜合（感性の綜合）と能動的綜合（知性の綜合）の関係と同様に、受動的綜合は、能動的綜合が働くときはいつでも、その地盤として、前提として働いており、能動的綜合は、反省による受動的綜合の対象化にすぎません。能動的綜合は、受動的綜合によって先構成されたものを反省する視に収めることをその出発点とします。
(4)　自我の活動をともなう能動志向的な感覚は、「我－それ－関係」で働く感覚です。その「我－それ－関係」を超えて成り立つ成人の「我－汝－関係」において、感覚は再度、高次の次元で、自他の区別から開放されます。その際、自我の活動をともないますが、少年のブーバーの馬との体験におけるように、自我は、自己を振り返ることなく、自己に無関心に、自己中心化から解放され、汝としての馬に集中しきっている、いわゆる「我－汝－関係」における「われ」が成立しているのです。この点は、次節で考察されねばなりません。

第二節　発生的現象学における汝の現象学の可能性

a　発生的現象学の脱構築による受動的先構成の解明と対象化

意識生と周囲世界との間の原交通を通して、身体をともなう原事実性における意識生において、「汝に触れる」ということが可能になっています。この次元は、フッサールの受動的綜合という本質規則性を通して現象学的に分析し、描写することができます。しかし、レヴィナスは、意識生の受動性の領域が現象学的に分析可能であるとはみません。なぜなら、受動的で先反省的な、そして非－志向的な意識は、レヴィナスにとって疚《やま》しい意識(mauvaise conscience)[12]として非－志向的なものの内密性に他ならず、それは、あらゆる種類の志向的反省の支配に対抗して庇護されるべきものであって、そうしてこそ、対象化の暴力から救われるのである、とするからです。

この見解にみてとれるのは、実は、レヴィナスが、フッサールの二〇年代からの進展を見せる発生的現象学の解明の可能性と、それが実際に活用されている「受動的綜合の分析」を、現象学の考察に含みこもうとしないことなのです。レヴィナスは、フッサールの発生的現象学の方法を通して、意識生の受動性の領域が、対象化の暴力をへない、非－志向的な受動的綜合の分析によって解明されていることを、認めようとはしません。この方法は、脱構築(Abbauen)の方法といわれます。そこではまず、さまざまな存在領域の意識内容と意識作用の相関関係を分析するなかで、それぞれの領域存在の本質直観が行使され、それによって明らかにされた意識全体の構成連関が静態的現象学の成果として与えられます。次に、この静態的現象学の分析の成果が前提とされ、その構成層全体の特定の一部が「働いていない」として括弧にいれられる、そのような方法が脱構築と呼ばれます。

例えば、ここで問題にされている「相互主観性論」において、いわゆる「第一次領域」への還元は、内容的に自他を区別する意識を前提にして働いていると思われるあらゆる志向性を括弧にいれ、働いていないとして、自他を区別する意識の生成する場に遡ろうとすることを意味します。実は、このような括弧いれを通して、隠れて働いている自他の区別が発生する場に辿ろうとする点で、すでに、ここで脱構築の方法が活用されている、とみることができるのです。したがって、脱構築は、単に構成層の一部を括弧にいれて、構成層間の基づけ関係を明らかにし、発生の秩序を明確にするだけでなく（もちろん、この秩序を解明することの重要性は疑いないが）、構成層の分析にとってより重要であるのは、脱構築して初めて、すでにそこで隠れて働いていた動機（無意識の動機づけをも含めた広い意味で）として、例えば、他者に向かう衝動志向性が、受動的綜合である触発をさらに深層から動機づけている「原触発」として働いていることが、露呈されることになるという点です。つまり、発生的現象学においては、そこで、匿名的に隠れて働いている超越論的規則性が露呈されるということこそ、強調されねばならないことなのです。

しかし、この方法を行使することとは、レヴィナスのいうように、受動的綜合が志向的な反省によって支配されたり、対象化されることを意味しているのではありません。この受動的発生は、自我の活動性による志向的反省が働き出す以前に、つまり、対象化する反省が生じる以前に、すでに先構成されてしまっている、この先構成の層が露呈するのであり、この露呈された先構成が、あらゆる種類の自我の活動性に先行しているのです。この受動的先構成は、反省によって歪められることはあっても、その反省に先行する以上、つまり、対象化する反省が受動的－連合的に先構成されたものに向かい、「何か」として把握する以前に、この先構成はすでに成し遂げられているのであり、その先構成に固有な構成的制約性をもち、前章で示唆された、情動的コミュニケーションを規則づけるよう働いていたり、PTSDの先構成能作として発現したりしているのであり、対象化を受けるだけのひ弱なものではありません。レヴィナスのいう対象化のはるか以前に、受動的先構成は、非対象的構成をなしとげており、その働き方が上に述べた原融合として生き生きした働きに即して露呈され、分析されうるのです。

この受動的先構成は、本来、能動的反省が主要な働きをなすことによって成立するとされる本質直観においてさえ、決定的な役割を果たしています。フッサールは、本質直観の成立について、「純粋に受動的に綜合的な統一にもたらされた」ある同一のものが、「それ自身、受動的に先構成されていて、エイドス（形相）の観取とは、そのように先構成されたものを能動的に観る把握にもとづいているのだ」[13]と述べています。上に述べた受動的に先構成されたものの能動的反省という事態が、ここで明確に表現されているのです。

したがって、意識生の受動性は、決して、単に能動性の材料として消化されていくにすぎない能動性の前段階なのではありません。受動性は、単に、能動性がそれに形を与えるため、ないし対象化のために、質を持たないままの材料を提供しているのでもありません。受動的綜合は、それに固有な働きをもち、個別的な感覚野のそれぞれの感覚質を質として綜合する統一化を果たしており、そのような機能としてのヒュレー的先構成を意味しているのです。

この発生的現象学を通して辿られた、意識生のもっとも根源的な受動的−先反省的な構成層は、当然なことですが、現象学的に分析されている構成層であり、単に匿名的な働きとして想定されているのではありません。しかし、すでに述べたように、現象学的に分析されたからといって、その分析によってこの構成層の働きそのものが対象化されたり、物象化されたりするのでもありません。匿名的な生が体験されるとき、その体験そのものは、自我の反省の活動に無関係に生じ、その体験のまま原意識に与えられています。「受動的とは、自我の作為（Tun）がないことであり、自我が覚めていようと、作為する自我であろうと、流れは生起するのであり、流れは、まるで自我が自我を実現することに向かっているかのように、まるである作為から自我が自己自身を実現するかのように、そのように自我の作為からなっているのではない」[14]のです。したがって、その原融合を通して先構成されている体験の流れが、自我の対向を通して、何かとして志向的に把握されるか、あるいは把握されずに、そのまま過去地平に沈殿していくかは、触発の条件に左右されるのであり、その二つの可能性に開かれているという事態を指しているのに他なりません。

b　共有する現（Da）への間身体的衝動志向性の明証性

脱構築による発生的現象学の方法は、受動的先構成が能動的構成に先行するという生成の基づけ関係を明らかにしていきました。フッサールは、この発生現象学の展開に際して、他のテーマに関してもそうであったように、その発生的分析のもつ現象学的明証性を常に問題にしていました。ランドグレーベは、そのような明証性の考察に関係づけつつ、フッサールの記述に即しながら、「徹底して先-自我的なもの」[15]による絶対的時間化を制約するのは、超越論的衝動志向性であることを主張します。この主張は、超越論的衝動志向性の明証性が、超越論的自我の原事実性の必当然的明証性に対応する「絶対的現（Da）」の明証性によって根拠づけられていることを明示するものです。[16]
これに対して、ヘルトも同様に、この原事実性における超越論的自我の必当然的明証性と彼の主張する「作動する自我の自己分裂と自己共同化」という形而上学的構築の〝明証〟性格との対応関係を主張しているのですが、この対応関係はいかなるものであるか、批判的に考察してみなければなりません。それを考える際、まず第一に確認しなければならないのは、ヘルトが、生き生きした現在の逆説に際して、「作動する自我」に時間化を生起させる根源をみて、これまで問題にされている原印象である「非－自我的なヒュレー」をはじめから、時間化の問題から排除していることです。しかし、フッサールのいう超越論的自我の原事実性は、時間化を通して、原本質と不可分離なあり方で、ヒュレー的先構成によって成立しているのであって、ヒュレー的先構成を認めずに、超越論的自我の原事実性を主張することはそもそも不可能なのです。

ヘルトは、この「ヒュレー的先構成」と同様、ヒュレーの自我に対する触発なしに、そもそも自我が作動すること、自我が働くことがありえないことをも、見落としてしまっています。フッサールはこのことについて、「自我の存在化は、機能における自我を前提とするが、その自我は、作動するために、つまり、自我の存在化が作動するために、触発を必要とする」(17)と明確に述べ、自我の能動性とヘルトによって原受動的とされる「自我の作動」そのものでさえ、非自我的なヒュレー的「先－存在」による触発を通してのみ可能になると主張しているのです(18)。

超越論的自我の「われ有り」の原事実性における必当然的明証性は、衝動志向性の充実において直観的に与えられ、体験されていることをランドグレーベは主張します。この主張は、そもそも衝動志向性そのものの働きと同様、単なる論理的推論による帰結なのではありません。つまり、ここでの論証は、「根源的経験に与えられたものから与えられていないものへと向かう遡及的推理による」のではなく、直観に与えられる「経験の内容に関係づけられ」ています。また、衝動志向性による先自我的な流れは、「他者のうちに衝動の応答と充実とをもっている」ことによって、「絶対的現」の必当然的明証性をにない、しかも、この「絶対的現はその個別化が廃棄されることとなく、もともと初めから、他者の衝動志向性、したがって共通の現を指示している[19]」のであるとされます。

この経験内容の明証性は、衝動志向性の志向と充実の直観において体験されますが、重要なことは、その志向と充実そのものには自我の活動が関与していないことです。それは、受動的志向とその充実だからです。もちろん、その志向が充実されていることとそのことは、成人の場合、幼児期と異なり、自我によって反省にもたらされることは可能であり、「自分の空腹」なり、「自分の異性への関心」などとして、自他の区別をともなう衝動や本能として直観されています。しかし、それは、上に述べたように、受動的に先構成されたものの自我による能動的構成による反省を経た意識内容となっているものです。そして、この衝動志向性の志向と充実の明証性は、その由来を「原意識」としての過去把持の明証性にもち、意識作用の志向とその充実とは、原理的に区別され、その違いが明証的に「直観可能[20]」なのです。

まさに、この自我の能動的志向性としての反省をともなわない先反省的原意識が、本書の文頭に上げられた、少年のブーバーが馬をなぜるときの体験にともなわれていた原意識に他なりません。この原意識である体験が、成人したブーバーをはっきりした再想起として訪れ、言葉による表現を促していたのです。少年期の原意識は、自我の活動にともなう原意識ですから、この原意識は、正確に言うと、原意識（II）にあたりますが、この場合、「我－汝－関係」が原意識されているのであり、その時の「我」は、自己中心的であることから解放されている、「我－汝－関係」の「我」であることに注意しなければなりません。そして、重要なのは、第二部、第四章で述べられたように[21]、原意識は、胎児の段階からはじまっているといえることです。この場合、この原意識は、本能志向性の覚醒と習慣的な衝動志向性が充実したり、充実しなかったりすることの原意識（I）であり、生き生きした現在の近接覚起にとどまり、再想起による遠隔覚起が働いている自我の活動に随伴する原意識（II）とは区別されます。このような衝動志向性の志向と充実の原意識（Ｉ）は、フッサールによって、「身体中心化」の生成が記述されるなかで、つまり、自分の身体と他の人の身体が分割されるという意識の生成に際しても、それらにともなう原意識（Ｉ）として分析されています。また、発生的に先自我と先存在に次ぐ段階とされる自我極の合一ないし、極化そのものが、身体中心化を前提にしながら成立することが、それらの分析を通して示されているのです。(22)

c　自己中心化から開放された集一性と全体性、無我ということ

先－自我と先－世界との原交通という原地盤で、非志向的な受動的綜合を通して「共有の現」に関係づけられていることは、当然のことですが、対象化の次元では語りえません。この関係はまずもって、幼児期の生まれながらの、自我の意識をともなわない「我－汝－関係」における周囲世界への匿名的な「対向（向かうこと）」として直接体験されます。しかし、成人の「我－汝－関係」は、自我の意識をともなった「我－それ－関係」の只中で生じうるのです。その際、「我－それ－関係」の自我は、自然、人間、精神という「汝」に全身全霊で向かうことを通して、その自我中心性を消失し、ブーバーの用語でいえば、いかなる属性ももたない「純粋な主観性」としての、いわゆる「我－汝－関係」における「人格としての我」を生きることになります。もちろん、この純粋な主観性とはいっても、これまで述べたように、それが、身体の具体性と世界の現実性から分離したり、遊離するのではなく、それをそのまま、「我－汝－関係」の中で生きるのであり、同時にそこで、自我と世界の具体性と現実性の真の「意味」が直接体験されるのです。(23)

フッサールの場合の「我－汝－関係」でも、その関係が生じるとき、自分自身に反省が向けられていないことが、原理的な重要性として指摘されています。共に感じ、共に求め合うものとして、「私は、その際、自分を反省して、

自分の関心を述べるときのように、自分自身には向いていない」[24]のです。また、この世界の現実性の中での自己意識を乗り越えた「我－汝－関係」における汝への対向は、ブーバーやフッサールの場合のみではなく、現象学と東洋の哲学、例えば大乗仏教の哲学との対比的考察に際して、最も重要な解明すべき共通の課題であり、同時に最も核心的な問題である、と思えます。

大乗仏教の「無我」ないし「無心」といわれるものは、ブーバーの場合に「我－汝－関係」が、自然、人間、精神的世界に対して実現可能であるように、この世界の人間のなすあらゆる活動領域で実現可能とされます。江戸時代の著名な禅師である鈴木正三の場合、百姓、商人から諸芸に携わる人々まで、生業の違いに無関係に、すべての仕事を通して仏行が成り立ち、「無我」が実現されることを説き、指導しています。また、鈴木大拙の『禅と日本文化』で描かれている無心の世界も著名であり、ブーバーの「我－汝－関係」のもつ「何ということではなく如何にということが問題になる世界」の共通点が説得力をもって描かれています[25]。それらに共通し、前提となっていることは、人間が集中してその人の全体が注ぎ込まれ、その事柄とまったく一つになるということ、人間の全体性と集一性が実現することです。自我の意識が乗り越えられるというのは、そのことを通して、自我主観を中心に考える自己中心化が、完全に、最も徹底して克服されるということを意味します。

この自己中心化の克服ないし否定は、徹底したものであり、自我の意識と自我中心化が否定されるだけでなく、その根底となっている自己の意識生の「身体中心化」から開放されるのです。しかし、そのとき注意しなければならないのは、この身体中心化からの開放とは、決して、ある種の禁欲主義の禁欲とか肉体否定ないし蔑視ではないことです。この解放は、主客二元の枠組みにおける表象化され、対象化された実在的な客体としての身体の否定を意味しないことです。ブーバーがいうように、「我－汝－関係」の成立のために「我－それ－関係」そのものが否定される必要はありません。「その樹との専一的関係に入るために、……その樹のことで私があえて無視せねばならないようなものは何ひとつなく、また忘れねばならぬ知識も何ひとつない。むしろ、形象も運動も、種族性も標本価も、法則も数も、すべてがその樹のなかで分かちがたく合一しているのだ(26)」といえるのです。対象化が克服されるということは、反省された諸対象そのものの否定を意味しません。それは、意図的にではなく、自然にということが、意図によっては実現できないのと同じであり、対象化の克服を、その対象化されたものを反省としての対象化によって否定はできないのと同様です。対象化による否定は、いわば、血で血を洗ってきれいにしようとするようなものです。この対象化の克服の過程はそれとして、詳細に現象学的に分析されねばならない課題です。

d 「我－汝－関係」を対称的と見るレヴィナスの誤解(27)

さまざまな事柄や他者の人格へと完全に向き合うことは、ブーバーでは、出会いという概念で表現されています。この出会いは、各自が汝との関係へと全存在をもって立ちいることによって初めて可能になります。レヴィナスはこの関係に立ち入るということを十分に理解せずに、ブーバーの出会いを均衡性（シンメトリー）として批判します。

人が集中して、全存在となって関係に立ち入ることを通して成立する「我－汝－関係」において、我は、汝にそのように語りかけることによって「我－汝－関係」の「我になる」といわれますが、そのことをレヴィナスは、「私は、私の立場を、語りかける汝から獲得し、かくして、〝我－汝－関係〟は、通常述べられる関係に似たものになってしまい、傍観者が第三者の立場で、我と汝について外から眺めて語るかのようになってしまう(28)」と批判します。これに対してブーバーは、我が自分の立場を獲得するのは、レヴィナスの場合に初めから想定されてしまっている、語りかけられる汝からではなく、関係そのものから獲得するのであり、関係そのものから、汝と我が獲得されることをレヴィナスがみていないと、きっぱり反批判しています。[29]「我－汝－関係」そのものから我と汝がそれぞれ獲得されるということは、通常、人と人との関係を考えるとき、関係の両項としての二人の人が前提にされるのとは異なり、「我－汝－関係」を通して、我が我に、そして、汝が汝になることが主張されています。したがって、汝を語りかけることによって、我が我になるといっても、当然ですが、関係において互いに向き合うその相互性を、その関係に立ち入る人それぞれの立場が相互に交換できるかのように、交換可能な相互性と理解することはできないのです。

それだけでなく、レヴィナスは、個々の「我－汝－関係」が「永遠の汝」（ここでは、我との相互的シンメトリーはまったく不可能である）に本質的に結び付けられていることを見落としているだけでなく、「我－汝－関係」の向き合うという意味での「関係性」を志向性の場合の意識作用と意識内容の相関関係とみる、というさらに大きな誤解を重ねているのです。

能動的志向性の志向的相関関係という枠組みは、「我－汝－関係」においては、二方向において完全に解消されています。この枠組みは、下方において、意識生の受動的発生を通して、衝動志向性の無底に開かれ、上方において、意識生のなす、自我を離れた、最も創造的で集中した活動において突破されています。

上田閑照氏は、ブーバーの「永遠の汝」と「我と汝が脱化（Entwerden）する」場としての「無」ないし「間」との対応関係を示唆しています。[30]「我－汝－関係」において志向性の相関性は初めから妥当していないだけでなく、永遠の汝への関係においてその非対称性は、幾重にも明確に記述されているのです。

第三節　フッサール相互主観性論批判の反批判と汝の現象学

以上の考察を通して、「汝の現象学」への方向づけが明確になったと思いますが、この考察を通して指摘されている諸論点に関連づけながら、これまでフッサールの「相互主観性論」について論じられてきた諸々の解釈を批判的に振りかえることによって、「汝の現象学」の方向性を、よりはっきりしたものにしてみたいと思います。

a　他者の他者性を「生き生きした現在」の外部に位置づけることに対する批判

まずは、原印象を生き生きした現在の流れから分離するレヴィナスの立場に依拠する他者論の批判的検証です。このような立論の多くは、ヘルトの『生き生きした現在』の分析を基礎にしながら、レヴィナスの「他者の他者性」の次元に対応する原印象を強調し、他者論の中核にすえています。その際、実は、ヘルトが、原印象、並びに、ヒュレー的構成を、そもそも「生き生きした現在」の領域から締め出していることを見逃してはなりません。

現象学の時間論において、フッサールの場合、現在と過去に重点がおかれるのに対して、ハイデガーの場合、未来の次元が強調される、とよくいわれますが、ヘルトは、未来の完全な未知性、不連続性と、レヴィナスの主張する「死の未来」とされる「絶対に新たなもの」「不意打ち的に訪れるもの」である未来とを中軸にして、時間を考察しています。

レヴィナスの場合、超越論的領野の外部とされる「絶対的に他なるもの」の未知性は、「顔」を介して姿を現わすと同時に、絶対に到達することのできない「絶対的な過去」、「一度も現在であったことのない過去」という両義性をもち、「無始元的過去」、「どんな受動性よりも受動的な受動性」、「絶対的受動性」として表現される、とされています。[31] 実は、このとき述べられている「どんな受動性よりも受動的な受動性」、「絶対的受動性」は、レヴィナスが「まったく新たなもの」、「あらゆる理念性から純粋であるもの」といった規定と並んで、「全き受動性」、「〝自〟を貫徹する〝他なるもの〟の受容」とされる原印象の性格づけ[32]に対応しているといえるのは、明らかだと思います。

現在に与えられているはずの原印象が「生き生きした現在」から、時間内容として、締め出され、絶対的未知性としての未来と絶対的過去という時間の外部の次元に位置づけられています。したがって、ここで明らかなことは、生き生きした現在において、原印象である時々刻々の感覚位相の意味内容が、衝動志向性による時間化の制約を通して、常に新たに生成している、というフッサールの時間化の記述が、完全に無視されていることです。

この無視は、これまで明らかにされてきた、次の四つのフッサールの後期思想の原理的見解を了承しないところに、その由来が解明されるといえましょう。その見解とは、
(1) 受動的志向性としての過去把持の先自我性、(2) 受動的綜合の原理である触発をその根底で統一化し、根源的時間流の流れの制約でもある、原触発としての衝動志向性の先自我性、(3)「原印象と過去地平の空虚表象との相互覚起」という生き生きした現在の原連合的統一という基礎原理、(4) 現象学の根源的反省といえる「原意識」、「内的意識」、「内在的知覚」の必当然的明証性の領域と、この必当然的明証性を出発点と同時に目的とする発生的現象学の方法論的射程、ということができます。
ヘルトのいう未来の未知性、レヴィナスのいう、未来という「不意打ち」と絶対的過去の両義性をになう原印象は、(4) の原意識の必当然的明証性を共有しないことから、(4) を出発点にする (3) でいう相互覚起において、そもそも原印象が原印象になるということを関知せず、したがって、原印象が、相互覚起において、先自我性にお

いて働く（1）の過去把持と（2）の衝動志向性との不可分離な関係にあることを認めることができません。

このようなレヴィナスの「他者の他者性」に依拠する場合、自他の区別を媒介せずに、他者と感じ合うという領域が成立しえないことは、すでに上に述べましたが、それでもなお、他者との「応答」が主張されるとしたら、いったいその「応答」とはいかなるものになりうるのでしょうか。他者の「顔」に面して、「いかなるあり方であれ、すでに応答してしまっている」、という応答の仕方とは、いったい、どのようにありうるのでしょうか。それは、「言語」による応答、とされますが、正確には、上に述べた「近しさ」とされる「根源的なことば、語と文章のないことば、純粋なコミュニケーション」であるはずです。

この「近しさ」を根拠にして、レヴィナスの場合に「原印象の原意識」が語られていると主張する立論も可能です。「他者との出会いは、原印象とその対象との出来事ではなくて、原印象とそれについての原意識との間で生起している」[33]というように「原印象の原意識」という見解が可能となります。ここで山形頼洋氏は、レヴィナスの理解する志向性としての感覚とは異なった、他者との「接触（contact）」[34]を指摘し、それは、まさに、「近しさ」に他ならず、「現在という時間の構成作用である原印象が原意識において自分自身を根源的に受け取り甘受する、そのかぎりにおいて私は他者とはじめて遭遇している」[35]と述べています。となると、問題は、原印象がどのように原意識に与えられているのか、しかも、超越論的自我の自己性の受容とされる、「内在における超越の自己受容に自己性とともに他性も根を張っている」[36]というときの、その「いかに（Wie）」なのです。しかし、これまで、原印象の内容は、決して自己自身において存在するのではなく、過去把持の志向性との相互覚起において原印象として生成することを論証したことに加えて、この「いかに」が、山形氏においては、フッサールに即して展開されていないといわねばなりません。これまで、十分に論述されたように、『時間講義』の時期に開示されたこの原意識の概念は、その原意識の原意識される仕方が、さらに、『受動的綜合の分析』を経て、最終的に衝動志向性と周囲世界との間の、対化による原融合に展開している、というのが、後期フッサールの見解に対応するものなのです。

同じく原意識に依拠しつつも、「世界実質が先自我に浸入してくる……。これが原初の相互主観性を可能にする」[37]という見解は、これまでの（1）から（4）の論点とどのような関係にあるといえるでしょうか。この「侵入」という言葉で語られている、原初の世界が一方的に、先自我に世界形式を、原身体に世界実質を贈与するという見解は、次の記述に明確に表現されています。それは、「父母と超越論的な子供の身体ヒュレーは、相互浸透（相互内在）する」としながらも、「対等な癒合状態ではない」とされ、「超越論的子供にとって顔の先行像＝模範は父母から浸透してくる」[38]という表現です。

この場合、上に述べた（1）、（2）、（3）の点でフッサールの見解に対立しており、とりわけ、（3）の相互覚起において働く原印象と空虚表象という見解と原理的に対峙することになります。本能志向性の覚醒の際、原ヒュレーと覚醒される本能志向性との相互覚起の相互性は、どちらか一方の先行を原理的に許容しえないものです。父母の顔の先行像は、先行して与えられるのではなく、幼児の原身体を生きる原触発として本能志向性に即した生き生きした現在の留まりを通して、初めて、与えられてくるものです。本来、原意識は、単なる受容性ではなく、「内的意識」「内在的知覚」とも呼ばれ、生き生きした現在における相互覚起による原融合として原理的に解明されているものですから、原理的に、一方的な世界の側からの「侵入」とする理解は成立しえないと思います。

b　発生的現象学の方法と相互主観性論

上に述べた（4）の発生的現象学の方法という視点から、他者論の展開に関して、これまでいかなる議論がなされているか、改めて考察する必要があると思います。発生的現象学の方法についての探求に即した考察であるかないか、批判的にみることなく、それらの議論の射程を明確にできないからです。

発生の諸規則を明らかにするということは、「根源的時間意識の規則、再生産の原規則、連合と連合的予期の原規則[39]」の原規則を明らかにすることです。したがって、この領域に探求が及んでいない議論は、フッサールの超越論的意味での発生的現象学を取り扱っているとは言えないことを、まずは、確認しなければなりません。また、再確認しておかなければならないのは、発生的現象学の脱構築の方法というのは、すでに解明されている意識の構成層の全体から、特定の層を働いていないものとして括弧にいれ、基づけをめぐる発生の秩序を解明するだけなのではなく、そのままでは、隠れて匿名的に働いているままである超越論的規則性の露呈につながる方法であることです。

静態的現象学と発生的現象学との関係は、上で再確認した脱構築の方法の内容を吟味するとき、フッサール自身が述べるように、実は、発生的方法が静態的現象学の内部ですでに活用されている、という錯綜した様相をみせています。フッサールは、他者の意識の形相的叙述を試みて（静態的現象学の試み）、人間の物的身体から動物の物的身体へと変様化してみる場合、実は、その変様化に際して、発生的分析がすでに遂行されていることを、「まずもって人間の物的身体であったものを、動物の物的身体の類型へと考えられる限り変転させて、いかにして、感情移入が決して偶然にではなく、必然的に立ち現われるかということを見取ることができる。他方、必然的に明らかなことは、〝物的身体〟という類型が経験されない限り……感情移入そのものが、人間の経験に導かれるということはありえないことである[40]」と述べています。

つまり、静態的現象学の形相的な叙述において、動物の物的身体から人間の身体への「構成的な意味づけの必然的な変転」を通して、感情移入が「動機づけられたものと動機づけるもの」との関連において、発生の秩序において可視的になる、というのです。すなわち、「感情移入の必然的立ち現われ」が、動機連関の必然性として探求されるとき、相互主観性の発生的分析が実際に問題となっている、ということなのです。しかも、そのような分析を通して、必然的に明らかになって発生の秩序において、本来的な意味での「感情移入」[41]が生じる場合、「物的身体」の経験が前提になることが解明された、としている点にも注意を向ける必要があるでしょう。

このことに気づいているのは一九二七年であるということは、一九三〇年代の『デカルト的省察』で述べられている、第五省察の論述が「いまだ静態的現象学の領域をでない」という記述は、厳密に二つの方法論を区別したうえでの『デカルト的省察』の論述の性格づけというよりも、発生的方法の契機が『デカルト的省察』の論述の表面に出てきていないことについての判断とみるのが適切でしょう。したがって、この論述を論拠にして、第五省察の分析内容を一義的に静態的と規定することは適切ではない、といわなければなりません。

また、静態的方法とは異なった発生的現象学の方途を通して、自我と他我の区別が生成してくる、いわば「等根源的」領域に辿っていくことは、単なるそのような領域の「想定」を意味するのではないことが、強調されなければなりません。それればかりか、「自他の差異がわずかでもある限り」[42]といった仮定を原理的に許さない領域に辿ってゆくことを意味していること、また、この遡及が単なる「想定」でないことは、等根源的領域とは、本能志向性の覚醒してくる先自我と先世界の原交通が生じている原地盤の領域が、実際に、相互覚起による原融合という超越論的規則性に即して分析され、明証的に提示されている領域であることからしても明白なことです。

また、この領域の分析は「脱構築」という発生的現象学の方法を通して露呈されてきた領域であり、このことを認めないのであれば、中期から後期にかけて展開されている、受動的綜合の連合と触発、また原触発としての衝動志向性という超越論的規則性を規則として認容しないことと同一のことを意味することになるでしょう。原地盤の領域は、想定といった領域設定とは無縁な、自我と他我の差異そのものが生じてくる「身体中心化」が超越論的条件として必然的に働いている領域です。しかも、このような等根源性の領域は、完全に過去の記憶として現在において機能していないのではなく、生き生きした現在の根底に流れている相互主観性の基底層として、常に働きつつ臨在しているのです。

したがって、この領域に「自他の差異がほんのわずかでもある」可能性が原理的にありえないのは、この等根源性の超越論的根拠となっているのが、衝動志向性の先自我性だからであり、先自我性とは、繰り返しになりますが、いかなる意味での「自我も作動していない」ことを意味するからです。触発されてはいても、いまだ覚醒する以前であるということです。そこに自他の差異があろうはずはありません。あくまでも衝動志向性の先自我性を、先自我であるとフッサールが描述し、原理として明記するにもかかわらず、その先自我性をみとめまい、ということであれば、そこで主張される衝動志向性は、フッサールの衝動志向性ではない、といわれねばならないでしょう。またこの等根源性を保証する衝動志向性こそ、フッサールが原初的領域（primordiale Sphäre）について、「原初性とは衝動のシステムである」[43]というときに、原初的領域に働いているのであり、この等根源性の主張が、そのまま、他者の他者性の喪失に直結するはずはありません。「他者の他者性」は、この等根源性による衝動的相互主観性の層の上に、間身体性が身体の自己中心化へと変転するとき、自我の自我性の生成と軌を一にして、その生成の起源をもっているのです。

したがって、超越論的－匿名的身体性にその原初から自我性、私性が属するとする見解は、正面から批判されなければなりません。

（1）その自我性の根拠としてあげられるのが、原初的領域での原身体性の絶対的「ここ」性ですが、この規定は、最終的で決定的な規定ではなく、発生的現象学の問いにおいて、さらにその発生が問われる性質のものです。フッサールは、発生的現象学の枠組みで、幼児期の身体性や時間意識の形成を問い、匿名的で間身体的な原交通を主張しますが、その際、とりわけ、本能志向性や衝動志向性の役割が強調され、「ここ」性の形成は、身体の自己中心化を前提にして初めて、形成されうるとされています。身体の「ここ」性は、ちょうど自我そのものが「発展」という視点からとらえられ、身体の自己中心化を前提にして初めて、自我極の極としての生成が明らかにされているように、すでにそのような発生をへた生成済みの「ここ」性に自我性の根拠をみることはできないのです。ここで決定的な意味をもつ、自我極の合一と身体の「ここ」性に先行する身体の中心化について、フッサールは次のように明確に記述しています。
「とすると、問題は、自我中心化をどう理解するべきかということであり、恒常的に構成された全-原初的（all-primordialen）で原的な生き生きした現在、共同化したモナドの衝動の、直接的ないし、間接的な、相互の超越による、すべてのモナドの、絶対的〝同時性〟における、つまり、志向的含蓄性の普遍性における自我中心化が問題である」[44]。そしてこの問いに対する解答として、フッサールが見ていたものは、「身体中心化」なのです。「よく述べられている自我の合致（合一）、〝自我極〟の合致はどこにあるのだろうか。ここで私は、次のように言いたい。それは、二重の意味でのすべての〝行為〟の身体中心化に他ならない」[45]。しかも、この観点からすると、「ここで問題になるのは、知覚の現在の変転の持続、想起の持続的変容の持続であり、この持続において、私の身体が同一のものであり、この同一性の綜合が、周囲の現出を通しても、背景的なものとして、これら背景的諸対象を顕現化させるものとしての身体的機能の潜在性を意味するものとして、経過している」と記述されるのです。[46]
もちろん、「ここ」と「そこ」に分岐した身体に先行する「間身体性」を現象学の主題として、明確に展開しえたのが、メルロ＝ポンティであることは、明白であるといわねばなりません。彼によって、間身体性の領域が、確定されえました。しかし、その間身体性の分析の際、メルロ＝ポンティが依拠する原理は、フッサールの「対化（Paarung）」概念であり、「志向的越境（intentionale Übertragung）」でもあり、中後期のフッサール現象学の重要概念がそのほとんどなのです。このことは、彼の最晩年の『見えるものと見えないもの』においても明確に確認されることであり、メルロ＝ポンティの間身体性の解明の具体性と内容の豊かさを原理的に基づけているのが、後期フッサールの諸原理であることは、疑いなく、また、それだからこそ、間身体性の議論をフッサールの発生的現象学という方向づけにおいてさらに、メルロ＝ポンティ以上に、進展させ、拡充させていく可能性が明確に提示されているといえるのです。
（2）したがって、原初的領域そのものが超越論的「自我」性の領域であるとする解釈は、多くの問題点を含んでいるといわねばなりません。この解釈が、他の根拠としてあげるのが、『デカルト的省察』で述べられている原初的領域の規定そのものであり、そこでは、「デカルト的コギトの明証性、内在的意識流、物理‐心理的相関関係」とが述べられています。しかし、身体の「ここ」性と同様、この規定は、決して最終的で、決定的な記述ではなく、さらに受動的発生の分析を通して、その発生が詳細に辿られています。例えば、原初的領域には、いまだいかなる意味での感情移入や相互主観性がはたらいていないとする『デカルト的省察』での原理的規定が、上に述べたように、「原初性は衝動のシステムである」というように、原初的領域ですでに衝動志向性による受動的相互主観性が働いていることをフッサール自身、明らかにしていったのです。

このような事態をフッサールは、『デカルト的省察』執筆後の一九三二年、「私が抽象的に設定せねばならない原初性の存在の意味の構成が、どのような射程を持つか、問われねばならない。もっとも私は、延長を持つ自然の存在の意味が、純粋に原初的領域において構築されているのではなく、他者がいわば絶えず私を援助していることを——他者として私にとって経験可能であり、経験されているように——認めているし、熟慮して十分に確信してはいるのだが(47)」というように、『デカルト的省察』における原初的領域の記述の暫定的性格を明記しているのです。このことは、とりわけ、原初的領域に属するとされる、「内在的時間流」そのものが、間身体的衝動志向性によって構成されていることからしても、間身体性を含まない領域の主張が不可能なことは明らかなのです。したがって、超越論的原初的領域そのものに、超越論的自我性の根拠を、そして、その原初的領域の超越に他我の根拠をみるとする主張は成立しえない、と思います。

さて、発生的現象学は、先にも述べたように、「根源的時間意識の規則、再生産の原規則、連合と連合的予期の原規則」を解明するという課題をもっています。そのことだけからも明らかなように、発生をたどるとはいっても、単に発達心理学の成果を取りまとめることなのではありません。そこで、「一種の発生論的還元(48)」によって、発達心理学の「相互行為論の観点」によるとする考察が、フッサールのいう発生的現象学から見る観点とどんな点で異なっているのか、明確にする必要があります。

発達心理学の場合、その方法は、外から幼児の行動を観察し、実験によって確認するというものです。そして、そこで明らかにされる事例の一つとして「意図的行動の出現の原初的な形態(49)」を心理学者とともに見出すというとき、いったい何が主張されているのでしょうか。発生的現象学にとって、根本的問いは、いわゆる「原初的領域（固有領域）」から、いかにして、自他の差異、自我と他我の分岐が生じてくるのか、いいかえれば、衝動志向性による匿名的で等根源的な間身体性の領域から、いかにして、自我の意識と他我の意識の差異が生成してくるのか、という問いです。それは、「わたしの意図の志向性」の発生と表現してもよいのですが、そのような意味での「意図的行動の出現」こそ、発生的現象学の最も重要な事態をさしています。しかし、その意味の発生を、ただ単に外からの観察に依拠しようとするのであれば、それは、発生的現象学のとる方法とは、かけ離れたものであるといわなければなりません。

意図をともなう志向性は、受動的志向性と能動的志向性の区別に照らすと、まさに、受動的ではない、通常の能動的志向性に他なりません。そして、この能動的志向性は、自我の活動、自我極をへた自我の作用という性格をもち、この性格をもたない受動的志向性と峻別されます。匿名的間身体性に働く衝動志向性は、先自我的であり、意図の志向性として働いているのではありません。いかなる志向的性格ももたずに過去把持されていたものが、触発による対向を通して、覚起され、志向性を担うようになるという受動性から能動性への転換は、現象学的分析のもとに明証的に描出されていることに他なりません。このような明証的な志向性の働きの原意識、すなわち、志向作用の有無を原意識することなくして、そもそも、受動的志向性と能動的志向性の意味の違いは認識されえません。そのようにして現象学的に解明された意味の違いを、幼児の行動の変化に外からあてがう、すなわち、意味づけることは、もちろんできますが、その意味の違いそのもの、つまり「意図の志向性という意味の生成」を外的観察に基づく行動の変化そのものから説明することはできないのです。ヴァレラのいうように、第三人称の視点から提供できる見解と、現象学の直接的な意識所与から出発する明証的意味連関に関する見解とは、相補的ではあっても、その原理的相違が見失われてはなりません。(50) さらにヴァレラの見解に即しても、相互主観性の原理的基礎を与えているのは、現象学なのであって、いわゆる第三人称的な考察を前提にする客観的学問は、現象学的還元による徹底した反省を通さずには、この相互主観性の原理的基礎を共有することはできないのです。

意味の生成を問い、解明する発生的現象学と、単に意味を利用し、あてがう発達心理学の考察の違いは、あくまでもそれとして、明確に区別されなければなりません。その区別を欠くと、「行為の動機は先行的欲求を前提し、欲求の志向性はその充実過程である最適状況を前提にしている。そしてこの場合には、それらの欲求ないし欠乏状態は相互主観的にのみ充足される以上、動機と見なされる空腹、寒さ、痛みも、最初から相互主観的意味をもっているのである」(51)という、一読して、衝動志向性の充足や不充足による間身体的相互主観性の描写と類似しているかにみえる記述の表現する真意を、見誤ってしまうことになります。

この文章で描かれている相互主観性は、母と子の実在的な意味での行為主体を、初めから前提にしています。「欠乏状態の相互主観的充足」とは、授乳する母がいなければ、ということを意味しているのに他ならず、「乳幼児にとっての母親」を意味しているのではありません。授乳する母親がいるかいないかを見ているのは、外から観察している観察者に他なりません。発生的現象学が遡る乳幼児にとって、観察者が外から観察する母親が、そのような母親として存在しているのではありません。そもそも、自分と他人の区別がついていないのであり、乳幼児にとって、本能志向性の覚醒と衝動志向性に相関する原地盤である先世界として〝母親〟が現出しているだけなのです。

その衝動志向性が充足される「最適状況」といってもよいのですが、幼児にとって、どうしてそれが充足されたり、充足されなかったりするのか、外から見る観察者のように、理解できるわけではありません。乳幼児は、母親が自分の泣くのを聞いて、自分が授乳を欲しているのだと理解して、授乳されるのだというふうに、理解しようにも、そのような理解はできません。母親の意図を理解することはできず、自分の意図の志向性もまだ、出現していないのです。このような原状況こそ、まさに、衝動志向性による間身体性の世界に他ならないのです。それに対して、初めから相互行為の二項の行為主体とその動機を前提にする以上、そのような発達心理学的な考察は、発生的現象学の立論となりえないことは、明白であり、現象学的相互主観性の成立の根拠づけにはなりえない、と思います。

発達心理学の成果を発生的現象学に統合できるのは、静態的現象学の本質直観や、超越論的還元を経た時間論、受動的志向性、衝動志向性等、また、超越論的構成論の脱構築による方法論を通して初めて可能になる、ということをここで、改めて明記しなければなりません。

最後に、まとめとして、汝の現象学に向けて、述べておきたかったことを、次の諸点として挙げておきたいと思います。
（1）「生まれながらの汝」への関わりに関して、フッサールの受動的綜合は、その超越論的条件性と規則性を明らかにしうる。自我主観と世界客観が対峙する分割が生じうる以前に、意識生と環境世界、先自我と先世界との間に原交通が生じているのである。これを受動的相互主観性の領域ということもできる。
（2）この領域の発生的現象学の分析をそれとして承認しないことから、原印象の形而上学的論定、自我の自己分裂と自己共同化という形而上学的構築という方向性が提示される。この方向に提起される「他者の他者性」は、純粋な形式性のために、時間化、身体化、世界化による原事実性を犠牲にし、汝との出会いが不可能になるか、それとも、孤立する実存に展開する「生と死」という情態性が、偶然に相克して生起する両義性の世界(52)に直面する他にない。いずれも、他者との出会いは、原事実的現われの世界から締め出されてしまう。
（3）受動的相互主観性において成立しうる「生得的な汝」への関係は、その生起の重なりと共に「我―それ―

関係」の必然的生成をもたらす。根源的な他者の他者性は、自我の活動をともなう能動的志向性が働き出すことによって、癒合的な間身体性が、自他の身体へと分割することにその淵源をもつ。それによって成立する自我－他我の区別は、受動的相互主観性を土台とする受動的綜合による先構成が成立するそのつど、その自我の関心に即して自我の対向を促し、能動的綜合を通して働きかけ、受動的綜合としての感覚を、そのつど、「自分の感覚」あるいは「他者の感覚」へと感じ分ける。通常の能動的志向性の分析領域とその構成論の領域がここに開けている。
(4)　自分の身体と他者の身体で感じ分けられている感覚は、「我－汝－関係」において、身体の自己中心性から開放されることを通して、自他の区別を超えた共有感覚となる。そのような「我－汝－関係」が成立しているときに、我が我となり、汝が汝となる際、その人格とされる我と汝は、通常考えられる自我と他我とどう異なるのだろうか。その違いが明確になるのは、「我－汝－関係」に入るということ、そのことの現象学的分析が遂行されるときである。「個我」とされる「我－それ－関係」の自我が、「自己中心化」を離れて集中が生じ、その全体が実現し、「我－汝－関係」へと立ち入るときの意識生が分析されるときである。[53] そこには、メルロ＝ポンティにおいて、画家と森との間の、能動と受動が一つになることを通しての「存在の呼吸」の次元が生起し、禅における無心の次元が生起している。
(5)　このような意識生の分析は、静態的現象学と発生的現象学が相互にその成果を統合しながら、理性の目的論に即して発展してゆく構成論の全体の展開という枠組みの中に、位置づけられる。この枠組みにおいて、等根源的な間身体的衝動志向性による受動的相互主観性の領域から、自我と他我の分岐という原状況が、分析可能となり、さらにこの分岐をも克服する高次元の等根源性が達成される「汝」の領域において、すべての対象性を統合しながら、それ自身対象性に陥ることのない真の「他者の他者性」、すなわち「汝の汝性」が解明しうるのである。したがって、「汝の現象学」に向けて、相互主観性論の概要を、一、幼児期における「生得的汝への関係」の領域　二、自我と他我の区別が前提とされる相互主観性の領域　三、成人における「我－汝－関係」の領域、というように、三つの領域に分けて概述することができる。(54)

第二章　文化差の生成学にむけて

間文化哲学という名称を聞く機会が増してきている現今ですが、間文化、ないし国際文化に関する哲学の領域は、論理学、認識論、倫理、言語哲学等々の哲学諸分野ほど明確な、領域確定は、いまだなされていないようです。一般にいえることとして、事柄についての哲学的反省は、事柄が問いとして意識される具体的な経過に即しつつ展開しているということがあります。ある特定の問題は、それぞれの生活世界において、多少なりとも問題として意識され始め、問題との格闘のなかから、それについての体系的で方法論的な考察が続くようです。わたしたちは、今日、地球規模で、人権、経済の過当競争、地球環境、民族主義とテロといった解決の難しい問題に直面しています。仮に、それらの諸問題の根底に、他国の民族と文化を自覚しつつ、あるいは無自覚的に、自国の文化価値を通して即断し、行動をおこすことが主要な原因として、絶えずうずき、活動しているのであるとした場合、哲学は、そのような根本的な態度と行為の条件性を解明することに、貢献できるのでなければなりません。では、その貢献が実際に可能であるとすれば、そのような哲学上の方法は、いかなるものでなければならないのでしょうか。

ここで考察してみたいのは、人は、異国の文化のなかに生きて、異国の人々の見方（知覚の仕方）、考え方にどのように接し、可能であれば、それを学んでいけるのか、という問いです。この学びの過程を明確にするために、現象学の考察の仕方が適用されます。その際、この現象学の方法が相互主観性（間主観性）の成り立ちの解明にあたって、どのように適用されたのかを振り返り、この方法が、間文化哲学の方法論的考察にいかなるものを提供することができるのか、また、間文化哲学の有効な方法論たりえるのかを、明らかにしてみたいと思います。

第一節　フッサールの相互主観性論はどのようにして解明されたのか

a　超越論的－現象学的還元と過去把持的明証性

現象学的還元とは、個々人の直接的な意識所与に立ち返り、意識作用（ノエシス）と意識内容（ノエマ）の相関関係を解明しようとする方法であり、現象学の根本的方法として、相互主観性の解明に際しても、縦横に活用されています。その際、他者の意識は、その働くままに括弧にいれられ、まずは、他者意識のノエマ的内容が分析されます。この分析は、この意味構成のもっとも根底になる領層にまで及び、究極的には、意識流の最も根源的な深層が露呈されていきます。

意識流の構成という問題領域は、近代哲学の反省理論の頂点に至った領域であるといえます。逆説的な言い方かもしれませんが、意識活動としての反省の射程と限界が、反省されていないものを反省の光にもたらす方法論と同時に明らかにされてきました。フッサールは、内在的時間意識の構成の問題にぶつかることを通して、この問題領野を開示し、受動的志向性としての過去把持の層を解明しました。この受動的志向性こそ、実は、意識作用としての、通常、使用される志向性の概念を指す能動的志向性には属さず、ノエシス－ノエマの相関関係ではとらえられない、つまり、能動的志向としての反省に直証的に与えられることのない反省の限界、ないし臨界を行き来している特有な志向性なのです。過去把持の解明に当たって重要なのは、過去把持に関して、時間の形式と内容という二元的分割が妥当することなく、過去把持することと過去把持されたものというように分岐できないということです。このことは、感覚という意識にもあてはまり、感覚することと感覚されたものに分割することはできないのです。

この過去把持の明証性は、一九一〇年から一一年にかけての冬学期の講義では、原初的な「超越」[1]の明証性とされますが、ここで重要なのは、ここで「超越」といわれるのは、狭い意味での対象構成の際の超越的対象の構成に直接関わるのではなく、そのような能動的志向性による対象構成の際の超越の基礎として、受動的志向性としての「過去把持そのものと過去把持の内容が一つである」そのような、形式と内容に分割しうる構成を意味する超越ではないありかたで、先構成的超越が生じているということなのです。

この過去把持の層の開示は、受動的な、自分と他者という自他の区別の意識以前に働く、匿名的な連合による志向性と、そのような志向性による感覚の意味内容を形成する受動的綜合を、露呈することになります。というのも、過去把持は、原印象と不可分に、連合と触発という本質規則性に即して、相互覚起を通して働いていることが解明されたからです。「流れると同時に留まる」という意識流のパラドクス、あるいは、「意識流がより早くもなく、遅くもなく、まさにその通りに流れる」と表現される意識流の謎は、過去把持、未来予持、今の現在という形式的構造によってではなく、厳密な意味で過去把持的明証性において、すなわち、形式－内容的統一である先触発的－連合的綜合において解明されたのです。

したがって、先反省的な受動性の領域の解明にあたって、反省の限界という問題は、「意識（－存在）」か「存在」かというハイデガーの存在論的意味において定題化されているのではなく、超越論的－現象学的還元を伴う現象学的反省そのものを通して解明されていることに注意しなければなりません。[2]また、大切なことは、反省の限界を見極めることは、「厳密な学としての哲学」を断念することを意味するのではなく、適切な方法論をともなう超越論的反省によって露呈しうる、先反省的意味形成の領域をそれとして確定することを意味するのです。

b　静態的現象学における本質直観の方法

本質直観とは、事例化と自由変更を通して不変更な一般的本質を直観にもたらす方法のことです。その際、時々刻々進展する個々の諸科学の研究成果を、事例として積極的に取り入れる「事例化」という諸科学に対する根本的開きと、後期に展開する本質直観されたものの「超越論的相対性」に注意する必要があります。この後者に関しては、フッサールの『経験と判断』に明確な論述がみられ、フッサールは、本質的なものの非絶対性について次のように述べています。「任意にそこに横たわる、変化しない物を見て、理念視（Ideation）にもたらそうとするとき、われわれは、端的に、まずもって、ノーマルな身体性とそのような身体性のみをともなう共同体にだけ注視する。しかしそのときは、その成果は、露呈されることなく、顧慮されることのないある相対性が付着していることになる。すべての相対性が解析され、本質の考察に結び付けられるときはじめて、ある物の領域存在的本質の理念が成長するのである。……そのときはじめて、完全な具体化における本質視（Wesenseinsicht）を獲得する」(3)。フッサールは、当然のことながら、この本質直観における相対性を、まさに、本質直観に本質的なこととして認めています。そして、この相対性は、事例化と自由な想像による自由変更のときに、直接反省に上らない先反省的な受動的綜合によって生成しているとみなされています。「模像から模像への、また類似したものから類似したものへの移行に際して、ありとあらゆる個別的な要因が、それが立ち現われるに応じて、重なり合う合致に至り、純粋に受動的に綜合的な統一へと至る。……このように経過する合致において初めて、純粋に対自的に現われになりうる、あるそれ自身が収斂してくる。それは、すなわち、それ自身としては受動的に先構成された（vorkonstituiert）ものであり、形相の観取とは、そのように先構成されたものを能動的に、見取る把捉に基づいているのである」[4]。フッサールは、このような相対性と「ノーマルな身体性」の受動的な先構成自身、実は、相互主観的に先構成されてきていることを主張しています。となれば、完全で具体的な本質直観の分析の際、決定的な役割を果たす、この相互主観的で受動的な先構成が、一体どのようにして生成しているのかが、ますます必須の事態として問い詰められてくることになります。

c　発生的現象学の方法

発生的現象学の方法は、当然のことながら、本質直観の場合と同様、厳密に考察された哲学的方法です。それは、妥当性と事実性を混同、ないし混合したような方法ではなく、また、ハーバーマスがとるような、単に諸科学の成果を論理的整合性のみ考慮して、合理的に再構成する方法、すなわち、それら諸科学の問うことのない客観的時間や空間の概念の構成を問う姿勢をまったく欠くような方法でもありません。それに対して、発生的現象学の方法にあっては、個別科学と現象学の関係は、発生的現象学が静態的現象学を導きの糸、ないし、先行する前提としているという点において明らかにされています。というのも、発生的現象学は、静態的現象学の方法としてとられている本質直観の成果を前提にするということにおいて、元来、個別科学の成果への開きを前提にしているからです。発生的現象学は、「もし～なら〔Wenn-So〕」の規則、ないし、「共存可能性の本質的規則（事実的には、ともに同時にあるか、または、互いに継起してあるか、そしてありうるか）についての規則」[5]を解明するとされます。「もし～なら」の規則が経験論的な因果律と誤解されることを避けるためにフッサールは、それを、「すべてを結合し、すべての個別性にあってその特殊性を統率している動機の形式」[6]と特徴づけています。相互主観性の構成問題に関連づければ、発生現象学の問いは、「どのような意味で一つのモナドの発生が他のモナドの発生に関与し、発生の一つの統一が、モナドの数多性を規則に即して結合できるのか(7)」という問いを意味するのです。

この発生に関する問いは、その「再構成的方法」ないし「脱構築の方法」によって、実際に探究されます。それは、本質直観によって獲得された、領域的存在論の各領域に対応する構成層の体系的まとまりを全体として、その全体としての構成層の時間的生成秩序を、もし特定の構成層がそこに機能していないとすると、他の構成層にどのような影響をあたえるか、つまり、Aの構成層なしに、Bの構成層は機能することができるのか、できないのか、を問うことによって、すべての構成層の時間的生成秩序を確定したり、あるいは、特定のAの構成層が働いていないとしてみることによって（これを脱構築と呼びます）、隠れて働いていたCの領域の先構成が反省にもたらされるといった経過をたどります。例えば、幼児期の知覚に関して、「われわれが考察できるのは、ある特定の経験を幼児の発生の歴史から取り除くとすると、……例えばキネステーゼを制限するとするとき、知覚はその地平としてどのようなあり方をもたねばならなくなるかという考察である。そのときわれわれは、視覚的には、眼球運動的事物世界を構成したものとしてもつといえることになろう(8)」と述べています。このような脱構築の方法によって、幼児や動物の身体性や時間意識が発生的分析にもたらされるのです。このような方法は、しかし、決して、断片的であったり、思いつきというあり方で展開されているのではなく、体系的に遂行されており、そのことは、フッサール『デカルト的省察』第三八節の「能動的及び受動的発生」の記述に簡潔に、また、明確に表現されているものです。

このような発生的現象学の方法の見地から、『デカルト的省察』の相互主観性論の論述を読むと、これらの論述は、いまだ静態的現象学の記述にとどまっているというフッサール自身の指摘にもかかわらず、そこに発生的現象学に即した記述を読み取ることができます。この静態的と発生的現象学の輻輳した関連に関して、イリバルネは、超越論的理論の全体のなかで明確な位置づけを行っています。ここでは、次のフッサールのテキストを引用してみましょう。「われわれが、構成的根源に立ち戻るとき、同様のことが、妥当の基づけのすべての階層に類比的に遂行可能なことが明らかになる。私の原初的存在と原初的に還元された世界、私の原初的世界所持を抽象的に際立たせるとき、私は、それによって高次の諸動機を遮蔽して、いったい何が〝他者〟としてそこから統覚的に動機づけられ、何が志向的な下層として、しかも妥当の層として、私のエゴと私の具体的に先所与されている世界と、私にとっての人間という他者という具体化に入り込んでいるかを考察する」[10]。ここで明らかであるのは、『デカルト的省察』で展開されている原初的世界への還元が、発生的現象学の脱構築の視点から、ある特定の動機の層の遮蔽と志向的な下層の露呈として把握され、同時に、モナドの数多性の構成に関する発生的問いが、まさに発生的方法の遂行によって解明される方向性が述べられていることです。

この静態的方法と発生的方法のこのような輻輳した関係は、相互主観性の構成の問題においてだけでなく、連合的－触発的綜合の分析において、具体的には、身体性と原触発としての衝動志向性の分析においても（すでに内在的時間構成の分析において）明らかにされています。これらの論述の全体をみていえることは、次のような構成論全体の大きな運動といえます。すなわち、まず、ある特定の領域存在で遂行された本質直観を通して解明された、諸統覚を内実とする構成層は、その発生の秩序が問われます。その際、多くの場合、特定の動機連関を括弧に入れることを通して、初めに行った本質直観の際には、意識に上ることなく隠れて作動していた受動的で先述定的－先反省的な先構成の層（超越論的相対性の層）の働きが、「もし～なら〔Wenn-So〕」の規則のもとで、必然的に確定される動機の層として反省の光のもとにもたらされます。この発生的問いによって露呈される隠れて働いている先構成の層は、露呈されたことによって、全体の構成論に、全体の構成連関に及ぶ、基づけ関係に関わる影響をあたえます。新たに露呈された層は、次に、同一の領域存在に関する再度の本質直観に際して、顕現化した構成層として顧慮され、その本質直観を通して、改めて獲得される構成層全体の構造の拡張された把握に寄与するのです。このようにして拡大深化する、静態的現象学という構造連関としての構成層全体が、再び発生的問いのもとで探求され、より深められた探求を通して、超越論的相対性が次第にその詳細を明らかにし始めます。このような静態的現象学と発生的現象学の力動的な行き来の運動こそ、「ジグザグ」とか、「遡及的問い」という言い方でも表現される、全体としてのフッサールの構成論全体の探求運動なのです。[11]

第二節　フッサール相互主観性論の再構築の概要

こうして、フッサールの発生的現象学の問いは、根源的意識流の最も深層の構成層に至ります。この遡及的探求が明らかにした構成領域は、触発、原触発としての衝動志向性、対化、受動的キネステーゼといった受動的―連合的綜合の領域でした。この脱構築を中心にした発生的現象学の方法を通して、フッサールに対する超越論的独我論という批判を、根拠のない批判として完全に退けることが可能となりました。超越論的規則性としての衝動志向性が解明され、間身体性の匿名的先構成という根底的構成層に働く本質規則性として作動していることが必当然的明証性のもとに開示されたのです。それが匿名的に作動するとは、原触発としての衝動志向性が完全に受動的に、すなわち、いかなる自我の活動の関与もなく、したがって、自我と他我の区別の意識も働くことなく作動しているからです。この身体性の先反省的匿名性は、相互主観性の等根源性を根拠づけるとともに、その等根源性のただなかには、次第にはっきりと働き出す、〝自己〟―身体中心化の潜在的傾向性が含まれています。[12]この身体中心化は、自我と他我の区別の根底をなすものであり、その意味で、相互主観性の等根源性には、自他の差異の萌芽が含まれているといえるのです。他者の他者性は、その根源をこの先反省的な身体中心化にもっています。ヴァルデンフェルスが強調するように、他者の他者性は、意識生自己自身のなかに、「匿名性の先反省的核」[13]における自己分裂、ここで身体中心化といわれる事態に具体化されているのです。つまり、自我と他者の意識された区別や他者の意識についての反省を通して区別、例えば、他者の痛みは直接感じられないという事態が発現する以前に、すでに無意識的で先反省的な、自他の原差異化が、流れる現在のそれぞれの身体中心化としての匿名的間身体性の次元で、生成しているのです。独我論克服の根拠として求められた自他の等根源性は、この次元において、超越論的自我の活動以前に、対化という受動的綜合の契機として作動する、内的身体性と外的身体性という感覚位相の意味連関の綜合として、先構成されているのであり、それと同時に、次第に、自我と他者の両側面に、心理－生理学的な人間存在の意味が成立するのです。

自分に固有な身体と他者の身体への匿名的な分岐的展開の後にはじめて、自分に固有な原初的身体性と原初的世界の構成が生成します。この構成には、反省を通した自我への関係性の層が伴われます。ここで、間文化哲学というテーマにとって重要とおもえる論点として、次の点を指摘しておきましょう。フッサールは、幼児の身体性が特定の伝統的な周囲世界において形成されてくるときの、その形成の必然的な生成の規則性を探求しました。本能志向性の覚醒と衝動志向性の志向との充実連関の形成は、それぞれの文化で、自覚しつつ、能動的活動性を生きる成人の働きかけなしに不可能なことは、当然のことです。また、繰り返しになりますが[14]、この相互の関係は、決して、第三者的視点から獲得される関係としてではなく、幼児の発生の視点から、発生的現象学において確定される、受動と能動の関係であることが、見落とされてはなりません。また、身体性の生成は、受動的綜合と能動的綜合の相互の基づけ関係において生じるという論点は、衝動志向性の超越論的－発生的明証性において根拠づけられているということだけでなく、それだからこそ、衝動志向性の本質規則性が意味するのは、あらゆる形での生物学的決定論とは異なり、そのような因果論的決定論の正面からの批判ともなっているのです。

第三節　異他的な生活世界において異他的な知覚の仕方を学ぶこと

以上、再構築された相互主観性論の主要な見解が論述されましたが、この見解を間文化哲学に直接持ち込んで、間文化哲学の問題が、直ちに解決するわけではありません。なぜなら、文化の等根源性と独自性（異他性）を根拠づけることが、間文化哲学の主要な問題ということはできないからです。間主観性の「主観」と間文化性の「文化」を入れ替えれば、それら両領域の主要問題が解決するのではありません。例えば、それぞれの文化で、そもそも「文化と自然」がどのように区別されているのかという問題に向き合わなければ、その文化圏での文化の意味しているところが明確になりません。はたして、そのような異文化における文化と自然の区別の仕方を解明するというとき、その課題に適切な考察の端緒はどこにあり、どのように考察していくことができるのでしょうか。ここで私が考察の端緒にしたいのは、異文化のなかに生きる個々人のその文化に対する違和感や誤解、極端な場合には、「カルチャーショック」という形態をとる異他性の経験です。

大人の日本人が海外で、例えば、ドイツでの生活を始めるとき、ドイツという生活世界の日常において、ついドイツ人の応対の仕方を誤解したり、自分の行動が誤解されたりする経験をもつことでしょう。それはほとんどが、他の人との人間関係に関するものが多いようです。技術の問題であれば、ほとんどの場合、必要な情報とそれに即した操作によって解決できます。ここで問題になる人間関係とは、毎日の人との挨拶の仕方とか、話す時間の作り方、約束の仕方、食事の仕方、身の回りの掃除の仕方など、日常生活での他の人々との生活における応対の仕方を意味します。母国においては問うことのなかった、このような自分の日常生活での人との応答の仕方が、それこそ、毎日の日常の問題となってしまうのです。

一つの典型的な例をだせば、さまざまな状況で自然に浮かんでくる「微笑」の例があります。日本ではよくあることですが、議論が進展して、厳密で真剣な討論になるとき、その緊張した雰囲気をほぐそうとする無意識的な反応として、当時者同士の間で、微笑を浮かべながら言葉を和らげるようなことがあります。しかし、このほとんど自覚することのない微笑みが浮かぶとき、ドイツ人にその微笑が、「嘲笑の笑い」と誤解されることがほとんどなのです。議論が真剣になればなるほど、その問題の事柄に即した（sachlich とドイツ語でいいます）分析に徹するべきであり、そこに笑いにともなわれる個人の感情（persönlich という言葉が妥当します）がはさまるのは、場違いであり、そのような状況での笑いは、相手の言動を嘲るものと理解されてしまうのです。したがって、そのような状況で微笑む日本人に対するドイツ人の反応は、急に語気が強くなり、攻撃的になり、日本人の方は、怒られたり、なじられているような気持ちになり、相手のドイツ人の急変した態度に戸惑ってしまい、どうしてそうなったのかその理由が分かりません。そのような経験を何回となく重ねるうちに、また、大学のゼミで議論がどう進展するかに慣れてくるにつれ、どうも、急変の原因は、自分の微笑みにあるらしいことに気づきます。また、親しくなったドイツ人の友人にそのことを話すと、「そのような状況でなぜ日本人が笑うのか、まったく不可解だ」と逆に、微笑の理由を尋ねられたりもします。このとき、自分の微笑の、それまで自覚されることのなかった隠れたままであった「動機」を問う問いかけがはじまります。

このとき、隠れた動機を求めるのは、自分の「微笑」にかぎりません。自分の感情表現の全体が問いとなります。しかし、問いとなるということは、その自分の身についた現在の感情表現を、誤解の種になるので、すべて止めてしまうこと意味するのではありません。現象学の判断停止という態度の取り方が、この問いを問い詰めるのにもっとも適した方法であることは、特に現象学を専門的に研究しなくても、おのずととられる態度になってくるものです。というのも、何らかの感情表現なしに人間関係は成立しません。したがって、判断停止というのは、それぞれの状況において感情表現を控えることなのではなく、自分の感情表現による全体の状況の変化に遭遇するとき、その状況変化に対する判断、つまり、「こんなことに怒るのは、相手の性格が悪いからだ」とか、「どうせ、ドイツ人／日本人は～～なんだ」といった判断が生じてきたとき、その判断に即して、すぐさま行動したり、その判断に次の判断を付け加えて、「相手の性格が悪いのは、どこからくるのか」と推量したり、「ドイツ人／日本人だから～～だ」と一般化したりすることを控えるということなのです。つまり、浮かんできた判断をそれとして受け止めるが、それに更なる判断を加えることなく、生じた判断そのものがどのようにしてそのような判断として生成したのか、その生成の由来を考える態度が、判断停止にもとづく現象学的考察の態度であるわけです。

第四節　生活世界論と異文化理解

判断停止の問題は、フッサールの生活世界論において、自然的態度から現象学的還元を通して超越論的態度に変更することが定題化されるとき、重要な考察課題となるものです。異文化理解において、この自分の自然的態度が他の文化における自然的態度と遭遇して、そこから生じる誤解を解明しようとするとき、必然的に各自の自然的態度の成り立ちをその生成に即して遡及的に解明しなければならないという、いわば、誰もが現象学的考察に向かわざるをえなくなるという事態が出現します。したがって、自国の文化に生きることにおいて自己の自然的態度を哲学的に考察する必要がまったくなかった状況から、自己の自然的態度に判断停止を加え、自分の意識活動の作動を、実践上のさまざまな関心から開放された、中性的で、特定の関心から自由な視点で考察する必要が生じてくるのです。

フッサールはこの判断停止を世界内部的存在に関わる、超越論的主観による世界構成を問う以前の段階と、人間の主観の逆説に覚醒して、世界構成そのものに関わる判断停止の段階にわけて、考えています。この後者の真の徹底した還元においては、世界内部の主観のみならず、他者経験をも含んだ、相互主観性の構成が含蓄されている世界構成そのものに関わっており、異文化理解に関していえば、それぞれの生活世界の相対性が意識されたうえでの普遍的な生活世界の構造を求める方向性が、定められてきます。このことは、フッサールの次のテキストに読み取ることができます。「われわれ各人が、その生活世界をもっており、それが万人のための世界として志念されているのである。つまり、各人が、主観的－相対的だとみなされている諸世界の統一極という意味をもった世界をもっているわけであり、それら諸世界の方は修正の過程で世界そのもの、つまり万人にとっての生活世界の単なる現われに変じる(15)」。

ここでいわれている普遍的世界そのものとは、普遍的な生活世界のアプリオリを意味するものであり、徹底した還元としての世界地平そのものの還元が問題になる次元に属しています。この次元を共有するということと、上に問題にされている諸生活世界の自明性が、自明性として通用しない場合に、他の生活世界の規則性を規則性として露呈できるかどうかという問題とは、次元が異なっています。いわば、民俗学や、社会心理学など、諸文化の生活様式の違いなどの、いわば世界内部的な実在的事物と、それを活用する生活様式の研究は、他の生活世界の規則性の解明に役立つことはあっても、その研究領域においては、いまだ、世界構成の問題をあつかう、純粋心理学ともよばれる超越論的哲学の研究領域とは重なってきません。フッサールが発生的現象学の研究領域を確定するのは、当然のことながら、超越論的哲学における、世界地平の構成と生成を問題にする領域の確定に他なりません。この世界内部的研究と超越論的主観の研究領域との関係は、ちょうど、発達心理学と発生的現象学の関係に対応します。フッサールにおいて生活世界のアプリオリとされる、知覚、時間－空間構成、身体、心、人格等の構成の解明が、具体的には、受動的綜合による先構成の解明領域として、確定されてくるのです。

第五節　間文化哲学の方法論としての発生的現象学の視点

間文化哲学の方法論的考察の際、発生的問いが、中心的役割を果たします。なぜなら、文化と称する意味の構成は、文化差の発生学という視点を通してはじめて、すなわち、含蓄された先反省的意味の層を徹底して、つまり、差異化する意味の構成の根底を探求してこそ、解明されうるものだからです。この視点の主要な論点は次の論点として挙げられます。
(1)　発生的現象学がその端緒とする文化的差異の経験は、それを直接経験する当事者の経験なのであり、その当事者は、その場で自分の身体を生きる現在において、その経験を直接体験しているということです。この具体性と直観性は、現象学の出発点であると同時に、現象学的分析がその具体性と直観性の解明に至るかどうか、という意味で、目的点でもあり、それを目的にするのが、フッサール現象学の理性の目的論といわれる現象学的モナドロギーの持つ根本性格でもあります。この当事者のもつ文化的差異の経験の具体性と直観性は、往々にして、「カルチャーショック」という深刻なものであり、各人の原意識（正確に言えば、自我の活動を伴う成人の原意識（II））に、思い違いなどとは思えない、そうとしか与えられようのない必然性において与えられます。しかも、この原意識の体験に与えられるのは、必当然的な内在的知覚（諸感覚）に、一体、当の出来事は「何である」かという解釈と判断の加わった、意識作用（ノエシス）と意識内容（ノエマ）の両側面であり、それは、あとから思い起こせるように、過去把持を通して、空虚表象として過去の地平に保持されていきます。だからこそ、他の同種のカルチャーショックの体験を重ねることを通して、まさにその特定の必当然的に与えられた内在的知覚が与えられる（この与えられ方そのものに習慣性が伴いますが、それが受動的綜合である以上、そのまま意識に上ることはありません）と同時に、特定の対象把握が働いてしまうのです。また、そのときの意識作用の働き方が、つまり、どのようにして、諸感覚を知覚の解釈に、すなわち、自分に特有な対象的把握の仕方に直結してしまうのか、その直結の仕方が考察の対象になりうるのです。
（2）　さまざまな文化現象には、その現象がそもそもその現象になるときの規則性があります。この規則性の解明は、静態的現象学の方法と発生的現象学の方法が、相互に進展と深化をみせることを通して、展開していきます。文化に関わるさまざまな個別的テーマ（例えば、衣食住の形態とその生成の仕方）は、まずは、静態的現象学における本質直観を求める中で、諸個別科学の成果を、事例化を通して積極的に統合することによって解明されます。複数の文化の食事作法、服装文化、住いの文化、等々の対照的考察の領野は、限りない広がりをみせるなかで、静態的現象学が寄与しうるのは、まずは、『イデーンII』で展開されている「領域的存在論」の視点からの、「時間、空間、事物、身体、感情移入、人格と社会性、精神と自然」といった各領域的存在の本質を観取して、文化を形成し、文化を生きる人間の本質に迫ることです。その際、カルチャーショックの主内容である、人間関係にまつわる、感情移入や身体、人格と社会性といった具体的な問題が、その国の人々がその国の人間関係をどう生きているのかという問いとして、解明すべき本質的な問いとなります。そして、この問いが、異国でカルチャーショックを体験する当事者の自分の国での人間関係のあり方を、その生成と形成について問わざるをえない状況に追いやります。なぜなら、ショックとして体験される不可解な状況に陥っているのは、自分であり、自分の見方、考え方、生き方なのであり、それらは、そのような体験をするまで、ほとんど自覚することなく、自国の社会で獲得していたものだからです。先の例でいえば、「どのような状況でどのように笑うのか」、もし、それが、他国での人間関係に直接的障害となるのであれば、その笑い方は、どうしてそのようなものとして生じ、どのように獲得されてきたかを、真剣に問わざるをえないことになります。こうして、どうして笑うのか、その笑いにどんな意味があるのか、ドイツ人はどんなとき、どう笑うのか、といった、笑いの本質に関わる静態的現象学の問いが、自分は、どのようにして、自分の笑い方を、まさにそのようなものとして獲得してきたのか、という発生的現象学の問いに展開するのです。この展開の仕方は、「他者の意識」とはいかなるものか、という相互主観性の静態的現象学の問いが、いかにして、他者の意識が構成されてくるのかという発生的現象学の問いへと展開することと類似しています。このような、自国では問うことのなかった、自分の笑いの発生についての問いが、それまで無自覚だった、自分の感情表現の仕方や、人間関係の取り方などの自覚に至り、そもそも「笑いとは何か」という静態的問いの内実の解明を拡充させることにつながり、それだけでなく、この解明が、再び、さらに深層にうごめく無意識的な自己の本性の自覚へと哲学的考察が進行していくのです。このような全体的運動を、静態的考察と発生的考察の相乗的進展と性格づけることができるでしょう。
（3）他の文化を自分の文化との類似性や類推を通して、第三者的視点から観察し、判断することの限界は、（1）で述べた当事者性に対比させれば、大変明瞭になります。例えば、他者の身体表現の理解という場合に、興味深いのは、自分の身体がその場に居合わせることによってのみ、身体表現の誤解が、はじめて誤解として経験されうるという単純な事実です。そのとき当事者としての本人は、当然ですが、まさに、当のその身体を生きているのであり、自他の身体を外から観察して、眺めているのではありません。そして、他でもない、当の身体を生きる当人に降りかかったショックを通してはじめて、その身体が被る、その身体的表現であるからこそ生じた誤解と、その自分の身体的表現の生成への問いが真剣な問いとなるのです。フッサールはこのことについて、「具体的な類似化は、破綻させられる。――人間性は、〝異他的な〟人間性とのつながりに入り込む」[16]と述べています。つまり、「ある特定の状況ではある特定の身体行動をとる」というその特定性を規定する一般的類似化（例えば、文化様式の類型化）は、個別的身体を伴うさまざまな具体的状況に当てはめようとすれば、現実には、誤解を生み、破綻をきたすことが明らかになるというのです。そして、その破綻の中にこそ、真に異他的な人間性との接触が生きているのであり、それを理解しようとする「異他的な人間性」への歩みが可能になっているのです。もちろん、一般的類似性についての、いわば、外から確定されるタイプとしての行動様式についての知識の獲得は、それとして無駄だというのではありません。異文化理解の方向性を定めるのに役立つことは明らかです。しかし、すでに明らかにされ、顕在的であるようなさまざまな文化価値を前提にした文化比較という研究方法は、発生的視点を通してのみ明確になる潜在的文化価値に対して、たえず、相対的でしかないこと、並びに、文化価値そのものが、常に変化していることを自覚するのでなければなりません。まさに、この顕在的なものと潜在的なものの絡み合いこそ、静態的方法と発生的方法の相乗的活用を通して解明されうるといえます。
(4) 自己の文化と異他的文化の相違は、決して、必然的に、自国文化中心主義としての相対主義に導くことにはなりません。自国文化中心主義が、自覚せずに、その前提としていることは、当国の人間が、自国文化について、その顕在性と潜在性の総体をすでに了解しているという前提（「これが日本の文化だ」といった確信）です。この総体をもって、他の文化との違いを判定できると妄信していることです。それだからこそ、自己を他の文化の只中に立たせ、違和感の中にとどまりつづけ、自分の文化についての判断を支えている自分の知覚の仕方が、変化することに耐え切れず、それらを拒絶するのです。自分の知覚の変様をそれとして受容することなく、自国文化中心主義者が行うのは、差異の経験という亀裂を、自国文化に一般的な類似化と類推によって即座に埋めふさぎ、他者を理解したものと誤解し続けるのです。そのような自国文化中心主義から開放されている真の文化相対主義は、自己と他者の文化の先反省的構成層と、超反省的な宗教性の構成層に根本的に開かれています。
(5) 発生的現象学の方法によって、能動的志向性としての判断を括弧にいれ、脱構築を通して、無自覚的に習得されてきた自分の間身体性を問うとき、次第に、間身体的行動の動機連関が、明らかになっていきます。このことと並行して、異文化に働く、独自の間身体性の動機連関も、違いと共通性の側面を通して、次第に身についてきます。つまり、幼児期に活発に働いていた、本能的な模倣の能力が活性化しつつ、間身体性の多様な類型が、〝自分〟の間身体性を舞台にして躍動し始めます。このとき、いままで不慣れだった、異文化の間身体性を生きることを通して、コミュニケーションの受動的基盤である、情動的コミュニケーションの土壌が拡充することになるのです。こうして、身についた異文化の間身体性の獲得は、真の意味での文化理解の基礎を意味し、具体的には、さまざまな誤解や思い違いが、いわば、身をもって解消していくプロセスにおいて、身についた文化理解の真価がそのつど、身をもって、確証されていくことになります。当然ですが、脱構築による間身体性の了解は、単に理論的な考察にとどまるのではなく、常にその脱構築の成果が、試され続けていくわけです。
(6)　フッサールの目的論が、あらゆる関心から自由な超越論的傍観者を前提にするとするなら、すべての世界の現実から距離をとりうる第三者的視点からすべてを比較し、計量しうるとする点で、いわゆる普遍的な科学主義と共通しているといわねばならないことになります。しかし、一般的なもの、普遍的なものとは、すべての学知がそこを土壌にしているそれぞれの生活世界を生きる、それぞれの文化を生きる人々との出会いを通してのみ、生成してくるものなのです。このことについてのフッサールのテキストを引用して、この考察を結びたいと思います。「ただ、他者との現実の感情移入、現実のつながりからしてのみ、また、現実の共同の自然の構成、現実の人間化からしてのみ、――限定性において、現実の結びつきにおいて――地平の無限定性が成育し、自然と人間化された自然、それ自体すでに地平的に与えられている人間性のための諸地平としての人間性が、構成されうるのであり、構成されるのでなければならない[17]」。

第三章　人間存在の全体性における技術

今日、人間の宗教性と技術との関係を究明することは容易なことではありません。その困難さの主要な原因は、われわれの現在生きる時代状況において、自然科学的世界観が全世界を覆い尽くしているかにみえることにあります。すくなくとも、近代から現在への西洋文化の発展に即した世界観に立つ限り、現在は、カントが自然科学の哲学的基礎づけを行うと同時に、人間の宗教性の領域を確保していった時代状況とは、根本的なところで異なっているといわねばなりません。カントは、人間の宗教性を確保するのに、個々人の良心の奥かにその源泉をもとめました。しかし、カントは、そのように宗教性を救い出すために、個々人の完全な孤立化、哲学的に言って、完全な独我論と引き換えになっていることに気づかなかったのではないでしょうか。ところが、今日の、たとえば深層心理学の分析は、そのような哲学的に理解される独我論など、まったく現実に通用しない幻想であって、このような人間の心理の完全な孤立化とおもえる現象は、まさに病理的事例という意味しかもたないと主張しています。しかし、人間存在とは、単に心理学や社会学の領域の中で、個別的主観の共在を意味するだけでなく、他の人々とともに生き死にする共同主観という存在性格をもっています。哲学的人間学や宗教哲学でいわれる共存する人間が、それとして明確に理解されなければならないのです。

共存在としての人間がもつ宗教性の現実は、二〇世紀にあっては、いわゆる実存主義との関わりの中で指摘されてきました。しかし、実存主義とはいっても、ハイデガーに即した「共現存在」で主張されている「配慮」の概念では、先に述べた「超越論的意味での独我論」は克服できず、(1)ブーバーのいう「我－汝－関係」に照準を合わせることによって、事態は解明されうるように思われます。

ここで明らかにしたいのは、この「我－汝－関係」が、「汝の現象学」として提示されるとき、単に技術と宗教性の関係の問題に解答をあたえることができるだけでなく、東洋と西洋の哲学的考察の相違点を明瞭にすることによって、両哲学を媒介する役割を果たしうる可能性なのです。

第一節　技術の基本的前提である客観的時間と客観的空間の起源への問い

まず、ブーバーの『我と汝』の一節を引用します。そこでは、「祈りは時間の中にあるのではなく、時間が祈りの中にあるように、犠牲は空間の中にあるのではなく、空間が犠牲の中にあるのであり、この関係を逆にする者は、現実性を廃棄してしまう。かくして人は、汝を語りかける人間をあるときどこかで見いだすのではないのだ(2)」と述べられています。今日、はたして、何人の人がここでいわれていることを本気にするでしょうか。ここでいわれているのは、今日の自然科学で、実験するときや、データや統計を取って自然科学の規則性を導き出すときに前提になっている客観的な時間と空間は、汝の現実性を測る基準とはなりえない、ということです。そればかりか、逆に、時間と空間は、「我－汝－関係」にこそ、それらの起源をもち、そこから、客観的時間や空間が派生してくるのだ、ということなのです。しかし、この主張は、このままでは、芸術家や神秘家が、技術化する世界に抗してたてる徹底的な主観主義の叫びと誤解されたり、卑下されたりする危険にさらされています。この主張は、しかし、厳密な論証を経た、哲学的主張であって、その哲学的根拠づけが可能なのです。ブーバー自身、そのような哲学的根拠づけを試みましたが、「我－汝－関係」といった事態を、まったく予感すらしない、はじめから受けつけようとしない人々に対しての説得には、成功することはなかったといえます。それには、多くの理由が挙げられますが、最も根本的には、フッサールのめざした厳密な学としての現象学という哲学の方法的配慮と厳密な分析が欠けていたからといわねばならないでしょう。

時間と空間を人間同士の関係から解明しようとする他の可能性は、フッサールの現象学にあります。フッサールは、客観的時間と空間を、匿名的で相互主観的な時間化を通して、超越論的－現象学的に根拠づけようとします。他の人の自我、他我を、カントのように、単に抽象的普遍的に、自分の同様な機能としての自我を持っていると倫理的に要請することではなく、感じ、考え、個別的な歴史を担った具体的自我として、自分の具体的自我の中に直接感じられうる、自分の「われ思う」とおなじような疑いのなさで直証しうると考え、発生的現象学の方法を通して、現象学的に根拠づけることができました。

フッサールは、「超越論的探求は、超越論的発生の問題にいたり、その超越論的発生に属しているのが、超越論的目的論の根本概念である超越論的諸本能である」(3)とし、すべての超越論的自我は、「生得的な諸本能をもち、それは、〝受動的な〟〝自我を欠く〟、原地盤を構成する時間化の流れの中で覚醒してくる諸本能である。それらは、〝順番に〟覚醒してくる。つまり、その原地盤に構成されてくる諸統一から自我極に諸触発は発する。本能とは、原初的な本質一般的に、すべての発展を規定するような原衝動であり、原触発である」(4)と述べるのです。

この原初的な先－自我的な時間化は「匿名的に相互主観的」です。なぜなら、個別的な自我の構造はいまだ形成されておらず、それればかりか、〝自分〟の身体と〝他の人〟の身体の区別が出来上がるための前提である「身体中心化」すら、生じていないのですから、この区別を前提にする自我と他我の区別が起こりようがないのです。母親と乳幼児との間には、共通の現在が流れていますが、その時間化は、乳幼児からすると純粋に本能的に生じており、母親からしてもまた同様に、乳幼児の本能に即応した本能的に応ずることを通しての時間化が根底に流れていると いえます。その根底の流れの上に、それぞれの文化の伝統による育児法に即して時間の流れが規定されている、といえます。個別主観の等根源性とは、個々の個別的な主観がこのような本能的な時間化の流れを、それ自身がそこから生成しきたった同一の根源であることを意味します。個別主観は、その「匿名的で相互主観的な」時間化、超越論的－本能的に規定された時間化にその根底をもっているのです。そして、「他者の他者性」とは、幼児が、本能的な運動感覚（キネステーゼ）を基盤にして、〝自分の〟身体と〝他の人の〟身体の違いを体験しなければならないとき、つまり、本能的キネステーゼの土台の上に意図的に自分の身体を動かし、それに伴うキネステーゼを感じることはできても、他の人の身体では、それができない、という根本的違いを体験するときにこそ、自他の身体の根底的相違として生じるのです。

フッサールの発生的現象学の探求は、匿名的－間モナド的時間化の次元を提示し、その時間化からこそ、自分の身体を流れる時間流と運動感覚によって基底づけられた空間意識と、他の人の身体の中の時間流と、自分の身体のように能動的キネステーゼを伴わない空間意識との差異が、常に生じてきているのです。

しかし、ここで注意しなければならないのは、ここで述べられているフッサールの匿名的時間化の次元は、先に引用したブーバーの祈りや犠牲という事例で示されている「我－汝－関係」における時間と空間と、直接結び付けることはできないということです。むしろ、この匿名性の次元は、ブーバーの言う幼児期の「生得的な汝」との関係に相応しており、この生得的な汝との関係からこそ、主観としての自我の意識と客観としての世界の意識が

「我－それ－関係」における個我と世界の対立として生じて来るのです。成人が出会いとして体験する「我－汝－関係」は、個我とそれに対峙する客観的世界の対立である「我－それ－関係」をすでに生きていて、それが前提にされています。

ブーバーにあって、技術とは、「我－それ－関係」とそれに応じた適切な価値づけをもつものです。そこでは、技術は、ある特定の目的－手段連関という、客観的な時間－空間の中で因果的に確定される連関のなかでこそ、その意味をになっています。この技術の絶対的前提といえる客観的時間－空間性は、その起源と発生を、フッサールにあっては、匿名的－間モナド的時間化において、そしてブーバーにあっては、幼児の生得的汝との幼児期の「我－汝－関係」において解明されているのです。そして、成人の「我－汝－関係」にあっては、この客観的時空は、「我と汝の間にはいかなる目的もいかなる欲望、いかなる先取りや見越しもない。憧れそのものも、自己を変様する。憧れが夢から現出へと落ち込むからである。すべての手段は障害である。すべての手段が崩壊するときにだけ、出会いが生じる(5)」とあるように、目的－手段の連関の基礎として、完全に度外視されます。

ブーバーの「目的－手段－連関」に対してとる態度は、大変過激なものであり、あらゆる種類の神秘主義的な瞑想や修行の類は、手段として拒絶します。というのも、そのような手段化を通して、「我－汝－関係」の神秘化が行われ、「我－汝－関係」そのものを、神秘主義で主張される特別な体験と誤解される危険を、完全に排除しようとするからです。しかし、他方、ブーバーは、「全体となりきった人の活動、それを人は無為となづけた。……そこでは人間は、本当の一つの全体になったのである」、つまり、こうして、「最高度の出会いに向かうことができるのだ(6)」とも主張しているのです。ここで使われている「無為」という言葉は、道教の基本概念であり、ブーバー自身、道教を研究し、中国人とともに「荘子」の語録をドイツ語に翻訳し、『道の教え』という論文において、無為

について の見解を述べているのです。他方、このような道教の「無為」における、人が全体になるという事実の指摘にもかかわらず、ブーバーは、禅仏教の座禅（無為が実現される修行の一形態）を「多少なりとも問題を含む補助手段」(7)と規定しているのです。
このブーバーの禅仏教に対する批判は次の二点によって、妥当しないものであると思います。まず第一点として、座禅は、いかなる意味でも神との一致といった神秘体験を求めるものではないこと、まさに禅仏教ほど、このような「目的－手段－関係」を徹底して拒絶している宗派はみられないことです。また、次に、東アジアの哲学は、その根源を宗教の実践的修行にもっており、純粋に理論的反省を強調する傾向のある西洋の哲学に対して、他の哲学上の発展の可能性を担っていることです(8)。

第二節　集一化した「無私性」と目的意識

座禅という実践に基づく禅の哲学への導入として、現在で最もふさわしい書物として、オイゲン・ヘリゲルの『禅と弓術』をあげることができます。この書物で、ヘリゲルが「技術」ということの原理に直面し、技術による目的達成という考え方の限界と格闘している大変興味深い箇所があります。ここでヘリゲルは、同時に自我の概念が生きられる限界にもぶつかります。ヘリゲルは、自分の呼吸に完全に集中して自分が全体として一つになる、いわば、呼吸との集一性に至る長い練習の後、弓を精神的に引くことの源泉であり、同時に禅の修行の中核的内容を次第に体現するにつれ、「問題なのは、この呼吸であった。どうにかものにしようと求めあぐねたいかなる技術的なコツといったものではなかった。そうではなく、私を完全に自由にする新たな可能性を開く呼吸であったのだ」(9)

とあるように、技術を超えた精神的なものの所在を直接、呼吸に体験していくのです。

しかし、彼は、ここまで達してはいても、それはいまだ途上の一段階にすぎませんでした。阿波範師は、正しいときに正しく張った弓を放つことができずに苦闘するヘリゲルに対して、ヘリゲルの手は、頑是無い子供の手のように開かない、「ちょうど熟した果物の皮が自然にはじけるようにはじけない」と指摘します。それに対して、ヘリゲルは、「なんといっても、私が弓を張って矢を放つのは、的をいるためです。弓を張るのは、的を射るという目的のための手段です。この関係が私の注意から失われることはありえません。子供は、この関係については何も知りませんが、私は、この関係を度外視することができません(10)」と答えます。このヘリゲル自身に深く根ざしている「目的－手段」という関係が克服されるためには、実は、さらに呼吸への集一性が徹底して練習されることになります。他に方法はなかったのであり、必要なのはそれだけだったのです。

しかし、この「それだけ」、と言うのは容易と思えますが、それが実際に成就するのは、大変な努力が必要とされました。禅の老師は、練習に励む弟子に対して、その弟子が困難にさしかかるとき、常に励ますのは、座るという修行、練習をさらに深めよという指示だけであり、ほんのわずかでも、「悟り」といった目的やそのための手段としての座禅といった言葉や表象が浮かぶ間は、いまだ、呼吸への集一性が実現していないことに他ならないと戒めます。

では、一体この呼吸への集一性とは何を意味しているのか、厳密に考察してみなければなりません。つまり、この呼吸への集一性は、やはり、目的のための一種の手段ではないのか、という疑問に答えなければならないのです。というのも、ある目的をもって始めたが、それができるようになって、その行為そのものを無意識的に遂行できる、つまり、目的を忘れてもそれができる、例えば、自転車に乗り始めは、意識的に自転車をこがなければならないが、一端乗れるようになると、そのことを意識しなくても、自転車がこげるといった行動の自動化と同じではないのか、という疑問にどう答えるか、という問題があります。

ここでいう呼吸は、よく知られている腹式呼吸のことであり、長い呼気と短目の吸気となります。腹式呼吸そのものは誰でもできますが、問題は、特定の行為、たとえば弓を張るといった行為の只中で、なおこの呼吸だけに完全に集中しているという課題です。ヘリゲルは、この練習の過程を次のように述べます。「私は、無頓着に自分自身を呼吸のなかに失うことを学んだ。時として、呼吸しているのは自分ではないという感じが持たれ、奇妙に響くかもしれないが、呼吸されているような感じをもった(11)」。ここでいわれている自分が呼吸しているのが、呼吸されているように感じるという逆説的な表現は、『我と汝』で述べられているブーバーの記述と酷似するものです。ブーバーは、「我－汝－関係」の集一性にあって、人間の最高度の活動性、ないし能動性が、その当の本人にとって、受動的であるように感ぜられると述べ、「全存在をかけた能動は、すべての個々の行為が止揚され、その限界性においてのみ基づくすべての行為感覚も、それとともに止揚され、受動に似たものになる必然性がある(12)」といいます。

弓を射るとか、さまざまなスポーツや芸術活動など、特定の行動において、個々の部分的動作とか、動きとかいった、行為とそれに結びついた、「こうしたらいいとか、そうしてはならない」とかいう考えにまったく惑わされることなく、気が散らずに、ただただ呼吸に集中するということが、どんなに難しいことであるか、想像するのは容易なことだと思います。ヘリゲルは、この難しさについて、「弓を張るとき、ある瞬間が訪れ、弓を放たないと、張ったままではいられないと、そのとき感じる。そのとき、否応無しに決まって起こるのは、唯一、呼吸困難が私を襲うということだ(13)」とも述べています。

禅の老師である沢庵が武士に指南するときの言として、「注意を相手の動きに注げば、そこに留まってしまう。

相手の太刀に注意を置けば、そこに留まり、相手を倒そうという思いに意を置けば、その思いに留まり、相手にたおされまいという思いに意を置けば、その思いに留まり、……どこに心を置くべきかまったく考えなければ、心は身体全体に広がり、指や足先にまで満ちる」[14]という言明はよく知られています。

事態がまさにこのようであるのだとすれば、技術による自動化ないし、意識せずに、無意識的に働く目的にかなった行動という考えの限界が明瞭になります。ある練習の自動化とは、練習を重ねることによっていちいち意識せずに、いわば「我知らず」なにかができてしまうことを意味します。しかし、少し考えてみれば分かることですが、自分の生存をかけて刀をもち戦った武士が、深く無意識の領域に根づいている「死にたくない」という思いから完全に自由になって、心を身体に充満していることなど、どうやって可能になるというのでしょうか。自分を殺す太刀が目の前にかざされているとき、「生きるんだ」という身体全体を包み込む欲求からどうやって自由になれというのでしょうか。戦いで生き延びたい、勝ちたいという根本的動機や目的づけは、より早くとか、より正確にとか、より強くといった個々の目的を果たすための技術の習得にあたっても、たえず、意識され、習慣づけられ、いわば練習を通して、身についていくものです。いわば我知らずといった、単に自動的になったと思えるような技の練習は、この根本的動機や目的づけから自由になっているはずがないではないですか。そんなとき、自分の思いから自由になろうとする意志でさえ、意図的な思いであることを思い知らねばならないのです。

第三節　間文化的哲学の領野における技術

しかし、無私的な集中した行為の実現である「我－汝－関係」の主張は、経験と利用の世界といわれる、したがって、技術も当然そこに属す「我－それ－関係」の単なる否定を意味するのではありません。そればかりか、ブーバーは、「我－それ－関係」の発展は、人類の歴史の発展そのものであり、それによって、人間のもつ個別的な関心に関わる目的－手段－連関の発展なのであるといい、この目的－手段－連関において働いている技術が「我－汝－関係」において適切な位置づけをもつということは、しかし、当然、技術そのものの否定ではなく、技術化された世界そのものの否定や回避を意味しているのでもありません。むしろ、技術の改良や進展ないし、完成、つまり、技術化された世界に正面から向き合い、技術を通して、技術に徹して、技術から自由になることを意味します。

ブーバーは、このことについて、汝の光の下において、「見るために目をそむけなければならないものは何もなく、忘れねばならないようないかなる知識もない。むしろ、像、運動、類、事例、法則、数のどのすべてが、その中で分離することができないほどに結びついている[15]」のであり、「汝の天空が私の上を張り渡っている限り、因果性の風はうずくまり、宿命の渦巻きは、静まっている[16]」と述べています。

ブーバーの「我－汝－関係」において、禅仏教の場合と同様、技術そのものが否定されるわけではありません。個々の部分的技術のまとまりである労働や仕事が複雑なものになればなるほど、その行動に完全に集中することは困難にはなりますが、その人間の集一性が実現し、自分のすべての関心を忘れきり、自分をも忘れてそのことになりきるということが実現するとき、実は、幼児期に形成された、自分と他人の身体の区別が生成する以前の遍在的身体性から自他の身体の区別が生じる「身体の自己中心化」と、それを前提にする自我－他我の区別が、解消するということが生じうるのです。まさにこの身体の自己中心化と自我－他我の区別こそ、「我－それ－関係」の源泉といわねばなりません。

禅の老師は、すべての人への教えとして、そのような集一化を強調します。著名なこととして、鈴木正三は、実際に座禅の修行をすることのできないさまざまな職業につく人々に、自分の職業を行使する中で、禅の境地に到る方途として、ヘリゲルが学んだとおなじような気を込めた腹式呼吸を奨励しています。(17)

このようにして、ブーバーの「我－汝－関係」における〝技術〟と禅仏教における〝技術〟とを対比して、驚くべき共通点を見出すことができます。この共通点とは、両者に共通の次元があり、そこでは、技術に本質的な目的－手段－関係が、人間の宗教性の全体性において、すなわち、人間の実存の意味が明らかになる中で、止揚されるということです。

この共通点は、「存在と当為」が峻別されるカントの道徳哲学とは対峙する関係にあります。存在の領域に属する技術は、当為に属する道徳とは、永久に二元的な緊張関係にとどまります。このカントの「存在と妥当」という時代錯誤的（フッサールがこう批判しています）二元性が、その生成を開示するような領域こそ、フッサールの展開している発生的現象学の探求領域であることが、これまでに示されました。(18)原創設が生起し、ヒュレー的先構成と生命体との相互覚起を通して間身体性そのものが生成する発生の土壌とは、本質と事実、形式と内容、主観と客観、存在と妥当といった二項構造そのものの生成の土壌を意味しているのです。

こうして、「何」が問題ではなく、「如何に」が、つまり、如何に自我が集一性を通して全体となるかが問題になるとき、個別的な孤立した個人の内部での、神の前での自己の良心という当為の問いは、自己が全体となって汝に語り掛けるとき、汝の光の下で、存在と当為が一致し、共存しうるという「我－汝－関係」の中でこそ、つまり、発生の原創設の中でこそ、存在として技術との適切なつながりを獲得しうるのです。(19)

他方、この「我－汝－関係」に基づく倫理は、重要な決断にさいして、各個人に法外とも言える要求を課すことになります。個々の具体的な重要な問題に直面して、各個人は自分の全体をもってそれに応答するべきであり、それが可能であるとするのです。ブーバーは、「いつも言うことだが、人は全体となった魂（心）で決して悪いことをすることはできない。つまり、悪い事ができるのは、それに抵抗する諸々の力を暴力的に抑圧することによってのみである。しかし、それらの諸力は決して窒息死されることはないのだ。私はこれまでの人生で、幾度となく、まったくその通りだという頷きを、「悪いことをしてしまった」と私にもらす親密な人々に確認してきた[20]」というのです。

ブーバーの主張は、例えば、生命工学といった領域での、困難をともなう倫理的決断において、一貫して個々人の全体性と集一性を通しての決断を正面から要求するものです。ブーバーに即せば、生命工学に携わる専門家は、重要な倫理的問題につながる可能性のある技術の開発に際して、開発の是非の決断にあたって、単に当該の倫理諮問委員会の解答を持って、それに従えばよいというのでは、すまされません。それでは、自分の全体性と集一性で責任をとったことにはならないからです。問題が重要である場合、さまざまな具体的な問題状況にあって、科学者も、状況の全体性と具体性、現実と可能性の全体を自分に担い、決断の可能性をめぐって、ありとあらゆる可能性、つまり、自分にさえ隠れていて、自覚できずにいるかもしれないような利害への関心や無意識的な自己中心的傾向さえ、反省の明るみにもたらす努力を重ね、例えていえば、三日三晩、考え尽くすことを通してはじめて自己の全体性が実現し、それを通しての決断が実現するのです。人間の存在にかかわる重要な問題の決断に当たって、この全存在をかけた決断をさけて、倫理的決断は不可能であるとブーバーはみなします。それが実現しない限り、決断の後に、自己の良心にさいなまされるという現実を通して、倫理的決断の真実（全存在がかかっていなかったという真実）が、つきつけられるのだ、というのです。

このような禅における集一性と「我－汝－関係」の集一性の決定的な共通点にもかかわらず、両者の間の相違を見落としてはなりません。その違いの一つは、禅の場合、集一性が実現するように座禅という修行の道を提示するが、ブーバーにとって、出会いという「我－汝－関係」は、人間が意図的に、意志によって実現可能なのではなく、向こうから訪れる「恩寵」のようなものであり、意図的に、瞑想の技術といった手段を用いることを拒絶するのです。

しかし、この違いについて考察してみると、まずいえることは、禅仏教の立場は、瞑想を絶対者との神秘的な一致のための手段として座禅を用いるのでないことは、明らかなことです。また、仏教の根本原則として、霊と肉といった二元論の立場をとらないということがあります。中道としての仏教は、精神と物質の対立を基本原理とするような禁欲の立場を拒否します。禁欲とはあくまでも、自覚と意志という意識の自立的働きによって、無意識的欲望の坩堝である身体を制御することとされます。心（意識）と身体（無意識の欲望）の二元性を禁欲は前提にします。しかし、座禅の場合、座す身体を重視します。修行は、例えば呼吸に集中するという課題を通して、まさに、この二元性から自由になり、二元性の根源である自他の身体の区別の根底に働く身体の自己中心化とそれに基づく自我中心化から次第に自由になることを意味しているのです。

とくに唯識では、意識活動の根源がアラヤ識における種子（潜勢的能力）の蓄積にあるとみなされ、意識を中心にする理論的反省に先行する無意識と意識との相互の働きかけが大変鋭く、また興味深く描出されています。この点、フッサールの発生的現象学の衝動志向性の分析に内容上対応する諸分析がみられ、いずれも、意識（心）に対する無意識の欲望（身体）という対立の図式は、その図式が如何にして生じるのかという根底の解明を通じて、図式の原理性を失っているのです。

ブーバーの「我－汝－関係」の現象学、厳密にいうと、「我－汝－関係」の生成の現象学は、ここでいわれている身体の修行が、心と身体、理論と実践、精神的活動と物質的受容性、主観と客観といった対立原理においては正しく理解することができない、という哲学的理解を通してはじめて、原理的に可能となっています[21]。つまり、そのような身体性についての反省は、そのような二元性そのものの根源を分析できる発生的現象学という観点から可能となり、また、身体中心化と自我中心化の脱主観化のプロセスを考察できる唯識の識の転変の分析を通しても解明できるのです[22]。

方法論的にみて、唯識の場合の実践の強調は、フッサールの現象学的方法に比べて、次のような特徴をもちます。現象学で言われる判断停止は、意識作用－意識内容の相関関係を分析するための方法ですが、判断一般を停止するというのではありません。しかし、唯識の瞑想や、座禅の場合の、思慮を重ねない、一種の判断停止は、思慮そのものを停止する、判断そのものをなさないという実践的性格をもちます。いわば、現象学の場合の理論的脱構築に対して、座禅の場合の実践的脱構築と名づけることもできるでしょう。実際的な判断停止は、身体を動かさずに座ることを通して、すなわち運動感覚（キネステーゼ）を実際に、停止します。それによって、その分だけ、身体中心化の機能の働く機会が少なくなり、運動感覚と密接に繋がっているすべての意識活動のもつ自我中心化の発現する機会が制限され、削減されてくるのです。それを通して、修行するものは、匿名的な意識生（生命体）と周囲世界との直接的な原コミュニケーションが、すべての対象化（主観化と客観化）以前に生き生きと生じている領域に到ります。そして、そこにいたり得た、そのような領域において、ある特定の対象化が起こるとき、その対象化の起こり方そのものが、疑うことのできない必当然的明証性において直覚されるのです。たとえて言えば、活動性が完全に消え去った暗闇の背景に活動が生じるとき、その活動は、稲妻のように闇に浮きあがり直視されるといえましょう。

もしここで、あくまでも、このような集一性の出来事を外から眺める純粋な理論的傍観者の位置を確保しようと、例えばフィンクのいう「超越論的傍観者」を主張しようとすれば、その要求は、「我－汝－関係」の全体性と集一性の実現、つまり自我中心化から自由になった没自我的な世界への関わりを阻害することになってしまうでしょう。その真実は、オイゲン・ヘリゲルが先にわれわれに示してくれている通りです。

さて、最後に、異文化の理解に関していえば、自分の生き方や考え方がいったいどんなものなのかということは、他の文化に生きる人々の生き方や考え方に接してはじめて、それとして理解されてくるものです。したがって、この論稿で試みた、技術を人間の宗教性という全体性に位置づけ直すこと、ないし、人間の全体性と集一性が実現する没自我的な世界への関わりへと位置づけようとすることは、まさに一方での、ユダヤ教、キリスト教と他方の仏教、道教といった大きな文化的伝統の違いの中で行われる試みであればあるほど、共通点のもつ普遍的性格が強く確信されてくるのだ、といえましょう。

序　論

（１）Ｅ・フッサール『経験と判断』の副題に使われている用語です。
（２）E. Husserl, Hua.（以下、Husserliana の略とする。）VI. S. 379.
（３）E. Fink, Husserls Spätphilosophie, in Edmund Husserl 1859-1958, S. 113. を参照。
（４）Ｅ・フッサール『受動的綜合の分析』邦訳、一〇七頁（強調は筆者による）。
（５）同右、四一頁。
（６）E. Husserl, Hua. XXXV, S. 410.
（７）E. Husserl, Hua. XI, S. 326.

第一部　時間と感覚

第一章　感覚からの時間への接近

（１）中島義道『時間を哲学する』二五頁。
（２）同右。
（３）中島義道『時間論』六七頁以降を参照。
（４）同右、九八頁。
（５）同右、一〇〇頁を参照。
（６）中島義道『カントの自我論』五六頁。
（７）同右、五七頁。
（８）同右。なお、カントの構想力の解明の際、生産的構想力の本質は、謎のまま定題化されないままにとどまっており、ハイデガーの解釈においても、結局、自我の超越論的統覚と概念把握が中心になる予認に偏った解釈になっています。それに対して、フッサールは、受動的綜合による生産的構想力の本質を明確に開示しています。この点に関して、本書、第三部第三章を参照。

(9) 同右。
(10) 同右。
(11) 同右、五八頁。
(12) E・フッサール『ヨーロッパ諸学の危機と超越論的現象学』（以下、『危機書』と表示）邦訳、四五八頁。
(13) 同右、特に一八五頁以降を参照。
(14) 中島義道『時間論』一一〇頁。
(15) 植村恒一郎『時間の本性』八七頁。
(16) 同右、七九頁参照。
(17) 同右、九七頁。
(18) 同右、九八頁。
(19) 同右。
(20) 同右、一〇四頁。
(21) 同右、一〇二頁。
(22) このような意識の縁暈（fringes）構造に関して、フッサールは、すでにウイリアム・ジェームズがこの構造を指摘していると述べています。E・フッサール『危機書』邦訳、四七〇頁参照。
(23) E・フッサール『受動的綜合の分析』邦訳、二五五頁を参照。
(24) 植村恒一郎、同右、一七二頁。
(25) 同右。

第二章　改めて時間の逆説を問う

(1) R. Bernet, "Die ungegenwärtige Gegenwart, Anwesenheit und Abwesenheit in Husserls Analyse des Zeitbewußtseins", Phänomenologische Forschungen Bd. 14, 1998 を参照。
(2) R. Bernet, (Hg.) Edmund Husserl, Texte zur Phänomenologie des inneren Zeitbewußtseins, Hamburg, 1985.

（3） E. Husserl, Hua. X,（以下フッサリアーナは、Hua. と巻数の表記で記する）S. 118.
（4） 同右、S. 119.
（5） 同右、S, 126.
（6） 同右、S. 118.
（7） 同右、S. 119
（8） 同右。
（9） この「原意識、内的意識、内在的知覚」の概念の事態に即した理解に至るのが如何に困難なことであるかは、加藤尚武氏の『意識の意識とは何か』（『現代思想』二九巻一二号、二〇〇一年、二〇〇－二〇五頁）におけるフッサールに向けた「意識内在主義」批判に明白にあらわれています。氏は、フッサールの現象学的記述を「「第三の人」論法による無限背進が発生する」（二〇一頁）と論難しますが、この論難がまったく的を外れた指摘であることは、上記の論述にあるように、フッサールにとって、まさに原意識において無限後退の問いは、無意味な問いとなっている、ということからして、明白なことなのです。それだけでなく、氏が述べる「意識と意識の関係の記述はすべて想像の産物なのであって、客観的に妥当な記述はありえない」（二〇五頁）という表現は、「意識の意識」と表現された場合の原意識の絶対的明証性のもつ意味（デカルトの自己意識の明証性に端を発し、その点的明証性が克服されていることが、過去把持と原意識の必当然的明証性の内実です）と相互主観性の確立を経て初めて獲得される客観的普遍性の理念（カント及びドイツ観念論の枠組みにおいて、相互主観性の問いは、解決されずじまいであることを、忘れてはなりません）の二点に関して、大きな隔たりを痛感せざるをえません。
（10） E. Husserl, Hua. X, S. 127. なお、この『論理学研究』の時期の感覚の非志向的特性と『時間講義』の感覚の「志向的特性」というように対立させる理解は、記述的根拠を欠くといわねばなりません。
（11） 同右、S. 119f. なお、過去把持と原意識の不可分離性について、後に詳論されますが、次の『時間講義』のテキストにも明確に述べられています。「そしてこの原内容は、原統握〔原意識の別名です〕の担い手であり、この原統握〔原意識〕は、その流れる関連において、内在的内容の時間統一を過去への後退のなかで〔過去把持の働きを通してということ〕構成する。」（同右、S. 92. 強調は筆者による）。
（12） 同右、S. 119.

(13) R. Bernet, Die ungegenwärtige Gegenwart, Anwesenheit und Abwesenheit in Husserls Analyse des Zeitbewusstseins, Phänomenologische Forschungen Bd. 14. S. 54.
(14) E・フッサール『受動的綜合の分析』邦訳、二二四頁。
(15) E. Husserl, Hua. III, S. 112.
(16) E・フッサール『受動的綜合の分析』邦訳、二二四頁。なお、フッサールはすでに、『ベルナウ草稿』を記述する一九一七年に、ここで描かれている事例と同様の事態を「注意」の現象学的分析のテーマとしていることがうかがえます。「私は、ある出来事、例えば一つのメロディが経過したあとに、空虚な総体の過去把持を通して、そのメロディーのさまざまな部分に自分の注意を向けることができる」、E. Husserl, Hua. XXXIII, S. 5.
(17) E. Husserl, Hua. XXXV, S. 128.
(18) E. Husserl, Hua. VI, S. 473.
(19) 注の16で述べたように、『ベルナウ草稿』の時期には、「注意や関心、原感性、自我極の極化」など、発生的現象学の課題となる諸テーマの萌芽的分析が展開してきています。これは、まさに、時間の問題を介して、発生的現象学の定題化が確立してくることを明確に指摘するものです。
(20) E. Husserl, Erfahrung und Urteil, S. 414.
(21) このデリダの『声と現象』で展開されている批判は、よく言及されますが、明確な反批判もみられます。例えば、T. M. Seebohm, The Paradox of subjektivity and the idea of urtimate Grounding in Husserl and Heidegger, in: Phenomenology & Indian Philosophy, p. 162 を参照。
(22) R. Bernet, Derrida-Husserl-Freud. Die Spur der Übertragung, in: Einsätze des Denkens, hrsg. Gondeck/Waldenfels, S. 99-123.
(23) 同右、S. 106.
(24) E・フッサール『受動的綜合の分析』邦訳、二四〇頁。
(25) E・フッサール C3VI, S. 10, 一九三三年。
(26) E・フッサール『受動的綜合の分析』邦訳、一一七頁及び次頁を参照。

（27）　E・フッサール『受動的綜合の分析』邦訳、二五二頁を参照。ヘルトは、過去把持を批判して、フッサールの場合には過去把持の経過が無限に継続し、再想起の可能性を作り出すはずの忘却が考察されていないと主張しますが、その批判が的を射ていないことは、上記の『受動的綜合の分析』の論述でも明らかです。
（28）　E・フッサール、D19, 8b.
（29）　E・フッサール『受動的綜合の分析』邦訳、二五五頁及び次頁。下線による強調は筆者によるものです。なお、和田勉氏は、『ベルナウ草稿』の解明にあたって、すでに『内的時間意識の現象学』において、「顕在的な今へ注ぎ込む種々の想起の系列」（Hua. X, S. 105）や「現在は常に過去から生まれる、もちろん一定の過去からは一定の現在が生まれる」（Hua. X, S. 106）というテキストを指摘し、「現在の出来事に及ぼす過去の影響力」について、意識の自発性の観点から、積極的な言及をしています。和田勉「分水領としての『ベルナウ時間意識草稿』」『フッサール研究』第三号、一〇五頁を参照。
（30）　E. Husserl, Hua. XI, S. 398.
（31）　E. Husserl, Hua. XIV, S. 531.（強調は筆者による。）
（32）　E. Husserl, Hua. XI, S. 420ff.
（33）　A. a. O., S. 420.
（34）　A. a. O., S. 378.
（35）　M・メルロ＝ポンティ『見えるものと見えざるもの』邦訳、四〇〇頁以降を参照。
（36）　E. Husserl, Hua. XI, S. 416. したがって、触発の力を原印象にのみ起因するとする見解は、フッサールの無意識と触発力についての適切な解釈とはいえません。水野和久氏は、フッサールの「無意識」を解釈するにあたって、「「触発力」（affektive Kraft）の源泉は、あくまでも「原印象」（Urimpression）自身の「生動性」に求めざるを得ないであろう」（水野和久『他性の境界』七二頁）と述べますが、そもそも、フッサールの「無意識」は、本能の覚醒と衝動志向性の形成という発生的起源をもつものであり、この起源を含まずに、そこに発する触発力を論ずることはできないと思います。
（37）　E. Husserl, Hua. XXXV, S. 438.（強調は筆者による。）
（38）　フッサール『受動的綜合の分析』邦訳、二一七頁。
（39）　同右、二五三頁。

(40) 同右、二六八頁。
(41) 衝動志向性が原触発として超越論的に規定づけられていることについて、拙書『他者経験の現象学』一〇八－一一二頁を参照。並びに、本書、第三部第一章を参照。
(42) E. Husserl, EIII9, 4a. また、この衝動志向性による時間の根源層の構成と唯識のアラヤ識と現行識との交互関係の逆説との驚くべき対応関係について、筆者の Ki als leibhaftige Vernunft の第六章四（『文化を生きる身体』第六章Ⅳ）を参照。
(43) E. Husserl, Hua. XV, S. 605.
(44) A. a. O., S. 595. なお、この論点の詳細な論証は、第三部第一章を参照。
(45) M. Merleau＝Ponty, Le Visible et L'invisible, Das Sichtbare und das Unsichtbare, dt. S. 301. 邦訳、三九一頁参照。
(46) A. a. O., S. 308. 邦訳、四〇一頁参照。
(47) 同右、参照。
(48) A. a. O., S. 307.
(49) A. a. O., S. 308.
(50) A. a. O., S. 281.（強調は筆者による）。なお、メルロ＝ポンティのいう「内部存在論」は、外部をもつことについて、「襞、ないし根本的に外部を持つ存在の空洞化」(a. a. O., S. 288) と述べており、メルロ＝ポンティの時間論には、水野和久氏の主張する、デリダの贈与論の基盤となっている「根源的受動的時間化」という見解が、すでに十分に含有されているのは、明らかなことといえます。したがって、「「根源的時間性」の「今」の空虚性として「意識」の下層において積極的に作動している「他性」は、「内なる他性」として示された「無意識（das Unbewusste）を指す」（水野和久、同右、二〇九頁）のである限り、メルロ＝ポンティの「「内部存在論」の「裂開における肉」という構造が真に開放系を示しえていない」（同右、一七五頁）という氏の帰結は、メルロ＝ポンティの無意識、及び時間の理解からして、必然的とはいえない、と思います。
(51) A. a. O., S. 298.
(52) ヘルトが『生き生きした現在』で述べている超越論的自我の自己分裂と自己共同化は、ヘルト自身のいうように、ヘルトによる「構築」であることに注意すべきでしょう。K. Held, Lebendige Gegenwart, S. 80. これに対して、フッサールは、「自我の源泉」からではない「時間的原生起」を、次のC草稿で記述しています。「原的に流れるものと原構成する非‐我は、ヒュレー的宇宙をそれ自身の内に構成し、絶えず構成して所持している。自我の源泉からではなく、したがって、自我の関心なしに生じている」。(C10, S. 25.)
(53) E. Husserl, Hua. XV, S. 173.
(54) これらの現象について、『受動的綜合の分析』邦訳、二七三頁以降を参照。
(55) E. Husserl, C16V, S. 15.
(56) K. Held, Phänomenologie der Zeit nach Husserl, in: Perspektiven der Philosophie, Bd. 7. 1981, S. 200.
(57) 同右、S. 204.
(58) 同右、S. 214.
(59) 同右、S. 217.
(60) K・ヘルト、「フッサールとハイデガーにおける本来的時間の現象学」、『思想』、七九頁から九一頁を参照。
(61) 超越論的事実性の概念については、本書、第三部第一章、二七〇頁以降を参照。
(62) K・ヘルト、同右、八七頁。
(63) 通常の意味での自我の不死性が不可能であることについて、本書、三〇六頁を参照。
(64) E. Levinas, Die Spur des Anderen, S. 271.
(65) R. Bernet, Derrida-Husserl-Freud. Die Spur der Übertragung. S. 106.
(66) E. Levinas, 同右、S. 170.
(67) 同右、S. 172.
(68) 同右、S. 173.

第三章　「生き生きした現在」の感覚位相に働く衝動志向性

(1) 感情といった体験や感覚が、射映という提示を通さないことについて、E. Husserl, Hua. III, S. 81, 邦訳、一六〇頁以降、並びに、拙著『他者経験の現象学』六〇頁以降を参照。
(2) フッサール『受動的綜合の分析』邦訳、三一一頁。

(3) このことについて、フッサールは、「当の統一は、おのおのの位相の未来予持が持続的に次に隣接する位相の原印象において充実することによって継続的に成立する」と述べていることを参照。フッサール、同右、邦訳、一〇二頁。
(4) E・フッサール『受動的綜合の分析』邦訳、二七五頁を参照。
(5) E. Husserl, Hua. X, S. 129.
(6) E. Husserl, Hua. XIII, S. 162. なお、この過去把持的明証性の哲学史上、画期的な重要性とその意義について、ブルーメンベルクとゾンマーは、大変明確に述べています。H. Blumenberg, Lebenwelt und Weltzeit, 1986, S. 303, M. Sommer, Evidenz im Augenblick, 1987, S. 250ff. 382f. を参照。
(7) E. Husserl, Hua. X, S. 127. このような体験としての感覚について、村田純一『知覚と生活世界』、三一頁を参照。
(8) フッサール『受動的綜合の分析』邦訳、四〇頁を参照。
(9) E. Husserl, C3VI, S. 10.（強調は筆者による）。
(10) メルロ＝ポンティ『見えるものと見えざるもの』二九七頁、邦訳、四〇一頁以降を参照。
(11) メルロ＝ポンティ『知覚の現象学』邦訳、二〇九頁を参照。また、この点について、本書、一七八頁をも参照。
(12) E. Husserl, Hua. XI, S. 416.
(13) フッサール『受動的綜合の分析』邦訳、二五三頁。
(14) E. Husserl, AVII, 13, 20a.
(15) E. Husserl, C10, S. 20.
(16) E. Husserl, EIII9, 4a.
(17) E. Husserl, Hua. XIV, S. 333.
(18) 同右、S. 334.
(19) E. Husserl, AVII13, 20a.
(20) 詳細については、拙著『他者経験の現象学』一〇七頁以降、及び本書、第二部第四章を参照。
(21) E. Husserl, Hua. XV, S. 606.
(22) E. Husserl, KIII11, 3a.

（23）E. Husserl, Hua. XV, S. 636. このテキストの周到な分析は、本書、第三部第一章で展開されます。
（24）同右、六四三頁。
（25）これらの問題について、拙著『文化を生きる身体』、主に第四章と第八章を参照。
（26）K. Held, Phänomenologie der Zeit nach Husserl, "Perspektiven der Philosophie, Bd. 7, S. 214f. を参照。
（27）同右、S. 214.
（28）「現われと隠れ」の媒体性の構造について、重要な著作は、新田義弘『世界と生命』、特に第三部であり、また、解釈学的方法の限界について、新田義弘『現象学と近代哲学』六一頁、一一五頁以降を参照。

第四章　フッサールの時間化と神経現象学の時間論

（１）Ｆ・ヴァレラ『現在－時間意識』邦訳、一七〇頁。
（２）同右、一七一頁。
（３）同右。
（４）同右、一七五頁参照。
（５）同右、一七五頁。
（６）同右、一七六頁。
（７）同右、一七六頁及び次頁を参照。
（８）同右、一七七頁。
（９）同右、一八〇頁。
（10）同右、一八二頁及び次頁参照。
（11）同右、一八二頁。
（12）この点について、「経験的問いは、一人称的明証性によって先導されなければならない」というヴァレラの指摘を参照。Ｆ・ヴァレラ『神経現象学』邦訳、一三三頁。
（13）この論点の詳細については、本書、三二九頁以降を参照。

(14) F・ヴァレラ『現在－時間意識』邦訳、一八五頁。
(15) 同右、一八六頁。
(16) 同右、一八八頁。
(17) 同右。
(18) 同右、一九一頁。
(19) 同右、一九二頁。
(20) E. Husserl, XV, 385: "dass in der Rückfrage sich schliesslich die Urstruktur ergibt in ihrem Wandel der Urhyle etc. mit den Urkinästhese, Urgefühlen, Urinstinkten."
(21) 野家伸也「知の変貌と現象学」、『現代思想』二〇〇一年、二九巻一七号、三一二頁。なお、氏は、ヴァレラに多大な影響を及ぼすメルロ＝ポンティの身体論が、フッサールの受動的綜合の理論から決定的な影響を受けている点を示唆しています。野家伸也、「認知論的転回－認知科学における現象学的思惟－」、『思想』二〇〇〇年、九一六号、二一二頁及び次頁参照。また、複雑系／自己組織性／オートポイエーシス論と現象学についてのこれまでの諸論文を概観し、フッサールの構成概念と対応づけた論文として、浜渦辰二「フッサールと自己組織性」、『フッサール研究』第三号、二〇〇五年、七九－八七頁を参照。
(22) F・ヴァレラ『現在－時間意識』邦訳、一九五頁。
(23) F・ヴァレラ『神経現象学』邦訳、一二二頁。
(24) 同右、一二九頁。
(25) 同右。
(26) 同右、一二五頁。ヴァレラは、「認識の認識」という概念で、構造的カップリングを機軸にした生物学的認識論を展開しており、現象学的考察との見解の一致は、大変興味深いものです。F・ヴァレラ、『知恵の樹』、特に、第一章と第十章を参照。
(27) 同右、一三〇頁。
(28) F・ヴァレラ『知恵の樹』三〇三頁及び次頁を参照。
(29) 同右、一三三頁。
(30) 同右、一三三頁を参照。

(31) 同右。
(32) 同右、一三三頁。
(33) 同右、一三四頁。
(34) 同右。
(35) 同右、一三四頁及び次頁。
(36) 同右、一三三頁を参照。
(37) 同右、一三七頁。
(38) G・ドゥルーズ『差異と反復』邦訳、一三三頁参照。
(39) 同右、邦訳、一二三頁。
(40) 同右、一八五頁。
(41) 同右。
(42) 同右、三三四頁。
(43) 同右、一一二頁。
(44) M・ハイデガー『カントの純粋理性批判の現象学的解釈』邦訳、三五〇頁。
(45) この論点の詳細については、本書、第三部第三章を参照。
(46) G・ドゥルーズ『差異と反復』邦訳、一八四頁。
(47) 本書、九二頁参照。
(48) G・ドゥルーズ、同右、一四三頁。
(49) 同右、一四四頁。
(50) 同右。
(51) 同右、一二〇頁
(52) 同右、一二四頁。
(53) 同右、一四三頁（強調は筆者による）。

(54) 江川隆男『存在と差異―ドゥルーズの超越論的経験論―』二一三頁以降を参照。
(55) 同右、二一四頁。
(56) G・ドゥルーズ『差異と反復』邦訳、一三三頁参照。
(57) 同右、一三一頁。
(58) 同右、一二〇頁及び次頁。同様の表現は、「持続の本質としての生ける現在つまり受動的総合において、それら四つの音を縮約してひとつの内的な質的印象にしたてあげる」（同右、一二一頁）をあげることもできます。
(59) 同右、一三七頁。
(60) 同右、三四二頁。
(61) 同右。
(62) 同右、三四四頁及び次頁。
(63) 同右、三四五頁。
(64) 同右、一八七頁。
(65) 江川隆男『存在と差異―ドゥルーズの超越論的経験論―』二二一頁以降を参照。
(66) 同右、二〇一頁。
(67) F・ヴァレラ『知恵の樹』三〇四頁を参照。
(68) 同右、二九頁。

第二部　受動的発生

第一章　発生的現象学からみた構成の問題

(1) E. Husserl, Hua. III, S. 212.
(2) 同右、S. 244f.
(3) E. Husserl, Hua. VI, S. 169, 注1を参照。最近の研究として、浜渦辰二氏は、フッサールの構成概念を、「構成する

(konstituieren)」「構成される／ている（konstituiert werden/sein)」「構成する（sich konstituieren)」という用法に即して、その使用頻度を摘出し、三番目の再起動詞としての「構成する」が主要な用法として、ノエシス―ノエマの相関関係という大枠において、システム論の「自己組織化」の概念との接点をもつことを明らかにしています。浜渦辰二、「フッサールと自己組織性」、『フッサール研究』第3号、所収、七九―八七頁参照。
（4）E. Husserl, Hua. III, S. 364 を参照。
（5）E. Husserl, Hua. X, S. 119 を参照。
（6）同右、S. 119.
（7）同右、S. 83.
（8）同右、S. 81.
（9）E. Husserl, Hua. XXXIII, S. 244f. 数ある『ベルナウ時間草稿』についての研究論文において、もっとも明確に、この無意識の原プロセスの重要性を浮き彫りにしているのは、和田勉氏の「分水領としての『ベルナウ時間意識草稿』」、『フッサール研究』第三号、所収、一〇三頁から一一四頁です。
（10）E. Husserl, Hua. XXXIII, S. 275f.
（11）A. a. O., S. 282.
（12）同右。
（13）E. Husserl, Hua. XV, S. 385 を参照。
（14）E. Husserl, Hua. XXXIII, S. 276.
（15）A. a. O., S. 389.
（16）A. a. O., S. 276.
（17）時間流の、とりわけ生き生きした現在の逆説を、作動する自我の自己分割と自己共同化という形而上学的構築によって解決しようとするヘルトの試みは、フッサールのヒュレー的構成の発生的現象学による分析をまったく省みないものとなっています。この点の批判に関して、本書、第一部第二章、および、第二部第二章を参照。
（18）E. Husserl, Hua. XXXIII, S. 281.

(19) E. Husserl, Hua. XV, S. 598, このテキストは、ランドグレーベが、『目的論と身体性の問題』、B・ヴァルデンフェルス他編『現象学とマルクス主義II　方法と認識』邦訳、三〇四頁において引用しているテキストです。
(20) 倪梁康氏は、時間意識と発生的現象学との関係を論じて、時間意識をあくまでも、時間形式の探求と規定しますが、この見解は、すでに、過去把持の理解において内容と形式が不可分離であることを重視しない一面的な理解と思われます。倪梁康、「フッサールの時間理解における原意識と無意識」、『フッサール研究』創刊号、二五八頁を参照。
(21) E. Husserl, Hua. XV, S. 172f.
(22) E. Husserl, Hua. XV, S. 597 を参照。
(23) 同右、S. 173.
(24) E・フッサール『受動的綜合の分析』邦訳、一八三頁及び次頁を参照。また、Hua. XI, S. 275 以降では、明確に、生産的構想力の綜合は、「われわれの理解では、われわれが受動的構成と名づけるものに他ならない。……カントは、受動的生産の本質を志向的構成と認識することはできなかった」と批判しています。
(25) 同右、一八四頁。
(26) 周知のように、フッサールは『危機書』において、カントの「物自体」と「自我の超越論的統覚」を形而上学的構築物として批判し、「カントのすべての超越論的概念、自我の超越論的統覚の概念、様々な超越論的能力の概念、〝物自体〟(物と心の根底に位置するとされる) の概念は、構築的諸概念であり、究極的な解明に原理的に抵抗する諸概念である」(E. Husserl, Hua. VI, S. 203) と明言しています。
(27) 同右、一〇七頁。
(28) 同右。ここには、さらに、「この中心的な課題〔論理的な明証化の解明〕を前にして無能でないようにと思えば、まず第一に、すべての能動的な確証の根底にある受動的な確証綜合の基底層を解明しなければならない」と述べられています。受動的な確証綜合こそ、『受動的綜合の分析』の中心テーマであり、自我の関与なしの確証綜合が解明されているのです。
(29) このような記述は、枚挙にいとまがないが、例えば、『受動的綜合の分析』邦訳、三二六頁を参照。
(30) E. Husserl, Hua. IX, S. 209、なお、触発と自我極の関係について、第四部第一章第二節を参照。
(31) E. Husserl, Hua. XV, S. 670.

（32）同右、S. 337を参照。
（33）同右、S. 595.
（34）この「間」の原理が現象学研究で展開されてきた経緯を振り返る記述として、B・ヴァルデンフェルスの近著 “Bruchlinien der Erfahrung”, 2002, S. 173f. を参照。
（35）E. Husserl, Hua. XV, S. 609.
（36）同右、五九八頁以降を参照。
（37）このテーマについては、第四部第一章、および、拙著『文化を生きる身体』第四章を参照。

第二章　受動的発生からの再出発

（1）E・フッサール『受動的綜合の分析』邦訳、一二八頁、なお、以下、Husserliana の場合、巻数の番号と頁数を、草稿の場合記号と頁数を、それぞれ、本文にカッコで記載し、注にはいれません。
（2）E. Husserl, Erfahrung und Urteil, S. 122.
（3）もともと、一九三三年に書かれた草稿 EIII9, S. 65 がフッサリアーナ一五巻に記載されたテキストであり、その原文を記しておきます。“Die Strukturanalyse der urtümlichen Gegenwart (das stehend lebendige Strömen) führt uns auf die Ichstruktur und die sie fundierende ständige Unterschichte des ichlosen Strömens, (...) auf das radikal Vor-Ichliche zurückleitet.” また、フッサールが一九三三年、時間論の発展を振り返って、時間構成上の自我的な志向性が没自我的な受動性によって、基づけられていることを、次のように、明記しています。「後にわたしは、自我的志向性を没自我的な（〃受動性〃）において基づけられたものとして導入した」（XV, 595 強調は、筆者による）。
（4）E・フッサール『デカルト的省察』邦訳、一四三頁。
（5）K・ヘルト『生き生きした現在』邦訳、一三五頁。
（6）同右、一三四頁以降参照。
（7）ヘルトは、ディーマーの指摘する先時間性や先構成、先存在の問題系を、それらは、感覚主義的な「印象」概念のなごりとして、早急に拒否してしまい、時間性を自我の能作とすることによって生じる無限後退の問題に、自我の自己分裂と自己同一化という形而上学的構築をあてがうことになってしまっています。K・ヘルト、同右、一三六頁以降参照。
(8) B. Waldenfels, Arbeit an den Phänomen, Fischer, 1993, S. 230.
(9) フッサールは、この論稿において、共在性における対化現象を分析していて、「一つの同一のものと他の同一のもの——感性的配置（Konfiguration）。継走すること（Durchlaufen）は、そこでどんな役割を果たすのか。それはそもそもどのように成立するのか。本能的に経巡るキネステーゼ——諸統一の数多性を本能的に予料することといえよう——数多的触発——野生的キネステーゼ——最適性をともなう諸〔感性〕野にあって、そのキネステーゼが立ちとどまる——結びつき、諸キネステーゼの〝類似化（Verähnlichung）〟その他」（Hua. XV, S. 660f. 強調は筆者による）と述べ、対化という受動的綜合における類似化を遂行する本能的キネステーゼが、感性野の共在性における原連合として働いていることを記述しています。
(10) K・ヘルト『生き生きした現在』邦訳、四三頁。そもそも「機械的出来事」という意味構成は、自然主義的態度における自然の因果論的解明の次元に相応するのであり、相互主観性の構成を前提にする客観的時間や空間の構成を前提にしているのは、明白です。
(11) E・フッサール『受動的綜合の分析』邦訳、二二二頁参照。
(12) E. Husserl, Erfahrung und Urteil, S. 79ff. を参照。
(13) E・フッサール『受動的綜合の分析』邦訳、二三三頁。
(14) E・フッサール『受動的綜合の分析』邦訳、二七五頁。
(15) K・ヘルト『生き生きした現在』二〇八頁。
(16) 同右、二二四頁。
(17) E・フッサール『受動的綜合の分析』邦訳、一一六頁。
(18) M・メルロ＝ポンティ『知覚の現象学』邦訳、二〇九頁
(19) このことに関しては、E. Holenstein, Phänomenologie der Assoziation, S. 275ff. を参照。
(20) M. Merleau-Ponty, Das Sichtbare und das Unsichtbare, S. 250.
(21) E・フッサール『受動的綜合の分析』邦訳、一一五頁。
(22) E・フッサール『デカルト的省察』邦訳、一四七頁。

(23) この相互覚起については、第一部第二章、七九頁以降を参照。
(24) E・フッサール『受動的綜合の分析』邦訳、三六四頁を参照。また、例えば、C草稿では、乳幼児の授乳の際、母乳の匂い、唇の触覚、授乳のキネステーゼ、等が「本能的方向性」にまとめられた「第一の諸触発」(C16 IV, 11) として記述されています。このことについて、最近のドゥプラズの論文「内的感覚の超越論性」、『思想』九一六号、一四七及び次頁を参照。
(25) この事例は、身体の自己中心化にとって多くの示唆に富む事例であり、すでに、拙著『他者経験の現象学』で挙げていた例ですが、改めてここで考察してみます。
(26) この重要な区別については、拙著『他者経験の現象学』一〇六頁を参照。
(27) J. Derrida, Husserls Weg in die Geschichite am Leitfaden der Geometrie, S. 160. を参照。
(28) R. Kühn, Husserls Begriff der Passivität, S. 36.
(29) E. Husserl, Hua. XXXV, S. 410.（強調は、筆者による）。
(30) 詳細については、本書、第二部第四章、二五一頁以降を参照。
(31) E. Husserl, Hua. XI, S. 292 を参照。
(32) E・フッサール『デカルト的省察』邦訳、二〇一頁。なお、最近刊行されたフッサリアーナ（『フッサール全集』）第三五巻、一九二二年から二三年に渡る冬学期の講義では、過去把持の必当然的明証性が、明確に記述されています。特にその七章を参照。
(33) 前注で言及された一九二二年から二三年の冬学期に行われた講義『哲学入門』では、まさにここで問題にされている必当然的明証性の射程が、超越論的主観性の必当然的還元を通して考察され、過去把持の必当然的明証性が確証されています。Hua. XXXV, 第四部を参照。
(34) K・ヘルト『生き生きした現在』邦訳、一九一頁を参照。
(35) 同右、一一〇頁。
(36) 同右、一六八頁を参照。
(37) 同右、一三四頁。
(38) この経過については、第一部第二章、六六頁以降を参照。

(39) K. Held, Phänomenologie der Zeit nach Husserl, in: Perspektiven der Philosophie, Bd. 7. S. 204.
(40) 当然、感覚素材も同様に、生成してくるものなのであり、「具体的な時間的統一である現在の素材（Datum）は、この原プロセス〔時間化〕において育って〔生成して〕くる」（C3VI, 79b）と述べられています。
(41) E. Husserl, Erfahrung und Urteil, S. 24 を参照。
(42) フッサール『受動的綜合の分析』邦訳、一八七頁
(43) 同右、一八八頁
(44) E. Husserl, C16V, S. 15. 原文を引用すると、“Von da aus ist das Aufgabensystem vorgezeichnet. 1) Wir müssen in der urmodalen Gegenwart uns zunächst umtun und sie in ihrer doppelten bzw. dreifachen urmodalen Wandlung verstehen lernen, der urmodalen nichtichlichen Wandlung, der Urzeitigung, in der eine ichfremde hyletische Quasiwelt ihr “Vor”-Sein hat; 2) dann das Ich, für das diese “Vor”-Welt ist und durch dessen oder Funktionieren in Affektion und Aktion die eigentliche Welt zur Schöpfung kommt in einer Vielheit von Schöpfungsstufen, deren relative “Welten” entsprechen.”
(45) E. Husserl, Hua. XXXIV, S. 181.
(46) A. a. O., S. 462f. 強調は筆者によります。
(47) A. a. O., S. 469.
(48) 榊原哲也氏は、流れることに居合わせる、現象学する自我を強調し、絶対的時間化は、常にすでに「自我」として時間化されている、と解釈しますが、（榊原哲也「フッサール後期時間論と歴史の問題」、『フッサール研究』創刊号、一〇〇頁以降を参照）自我の覚醒する以前の眠れるモナドの間モナド的共同体における「本能的コミュニケーション」という時間化に、覚醒した自我がなおも居合わせていると考えるのは、不可能ではないでしょうか。また、氏の普遍的衝動志向性についての解釈（同右、一〇四頁）によれば、衝動志向性は、反省によって捉えられる「自我」の「展開」から、時間化の根源を遡及的に問うたとき、「そうとしか考えられないという必当然的な仕方で」の前提であるとしていますが、前提という言葉には、受動性が能動性を基づけるという内実が意味されている以上、現象学する自我が、衝動志向性による生き生きした流れを前提にするのであり、現象学する自我が生き生きした流れそのものに介在している、という主張には、つながらないと思います。これでは、原触発としての衝動志向性の本質、すなわち、覚醒する自我以前の間モナド的コミュニケーションにおいて根源的に作動

している衝動志向性を、適切に理解するのは、難しいのではないでしょうか。衝動志向性についての詳細な考察は、本論の次の節、並びに、本書、第三部第一章を参照。
(49) K・ヘルト『生き生きした現在』邦訳、一八七頁。
(50) 同右。
(51) 時間化を移行綜合としての受動的綜合とみなしたメルロ＝ポンティでさえ、この図式をもってフッサールの時間論を論じています。その解釈の限界について、Ki als leibhaftige Vernunft, S. 136、『文化を生きる身体』一八九頁を参照
(52) 詳細については、本書、第一部第二章、八〇頁以降、第一部第四章、一三二頁以降を参照。
(53) M・ブーバー『我と汝、対話』邦訳、二二八頁、なお、この問題に関して、第四部第一章、三七〇頁以降を参照。
(54) R. Kühn, Husserls Begriff der Passivität, S. 414.

第三章 存在から生成へ

(1) E・フッサール『危機書』、Hua. VI, を参照。
(2) フッサールは、『危機書』で、当時の支配的ドグマ（当時だけでなく、今日でもハーバーマスの議論に生きつづけているドグマです）に対置される発生的現象学の考察の独自性を述べる中で、「支配的なドグマは、認識論的な解明と歴史的な、精神科学的‐心理学的説明の原理的な分離、ないし、認識論的な起源と発生的起源の原理的な分離であるが、それは、〝歴史〟と〝歴史的説明〟、並びに〝発生〟という諸概念が普通以上に不当に限定される限り、全く誤ったものである」と主張しています。(Hua. VI, S. 379)
(3) 周知のように、E. Husserl, Erfahrung und Urteil（『経験と判断』）の副題は、Untersuchungen zur Genealogie der Logik（「論理の発生学の研究」）となっています。
(4) E. Husserl, Hua. VI, S. 383. いわゆる『幾何学の起源』と題した論稿内の文章です。なお、強調は筆者によります。
(5) E. Husserl, Hua. XXXV, S. 410.
(6) E. Husserl, Hua. VI, S. 385.
(7) デリダが、フッサールの論稿である『幾何学の起源』の解釈をする際、時間の問いの根源性を先学問的アプリオリの世界

がもちえない、といった断定を下しているのは、その典型的一例です。デリダは、先学問的アプリオリそのものを解明する発生的現象学の発生の根本的諸規則が「時間意識、再生産、連合の諸規則」であることにまったく考えが及んでいないのです。J. Derrida, Hussels Weg in die Geschichte am Leitfaden der Geometrie, Übergänge Bd. 17, S. 159f. を参照。
(8) フッサール『受動的綜合の分析』邦訳、三二八頁。
(9) E・フィンク、Entwürfe zu den cartesianischen Meditationen, S. 239.
(10) E・フッサール『内的時間意識の現象学』(以下、『時間講義』と略す)。
(11) E・レヴィナス「志向性と感覚」、『実存の発見』所収、邦訳、二三五頁以降を参照。
(12) E・レヴィナス、Die Spur des Anderen, S. 167.
(13) E・レヴィナス、同右、邦訳、二四四及び、次頁参照。
(14) E・レヴィナス、Die Spur des Anderen, S. 270f.
(15) E. Husserl, Hua. X, S92.
(16) E. Husserl, C3VI, Bl. 17 (強調は筆者による)。
(17) E. Husserl, Hua. XXXV, S. 121.
(18) 同右、S. 120 参照。
(19) E. Husserl, Hua. XV, S. 595. このテキストは、すでに第一部第二章、八六頁で引用されています。
(20) E. Husserl, EIII9, S. 4a.
(21) E. Husserl, Hua. X, S. 332f.
(22) R. Bernet, Einleitung in: Edmund Husserl, Texte zur Phänomenologie des inneren Zeitbewusstseins, XLVII頁。なお、ベルネは、無意識の現象学的分析を論じた際、原印象と過去把持の及び未来予持との関係を原印象の「志向的入れ子状態」として、次のように述べています。「あらゆる原印象は、〈志向的入れ子状態〉において、同一の生き生きした意識流の、すでに過去に沈んだ原印象ならびに、これから到来する原印象と関係づけられる把持及び予持と〈不可分〉である」(「フロイトの無意識概念の基礎づけとしてのフッサールの想像意識概念」、『思想、現象学の一〇〇年』所収、一八八頁)。また、感覚位相としての原印象に潜む志向の含蓄について、本書、第一部第三章、一一〇頁参照。

(23) E. Husserl, Hua. X, S. 127f., Logische Untersuchungen., Bd. II/1. S. 383f.
(24) この点について、第一部第二章、八〇頁以降を参照。ここで重要なのは、原印象が間隔をとりながら次々に立ち現われ、ある新たな内容をもたらし、それがそのつど過去把持的に変容しているのではない、ということです。つまり、原印象が過去把持に転化することなしには、次の原印象が原印象の内容を持ちえません。過去把持に転化しない原印象、そして、その過去把持となった空虚表象と次の原印象の融合なしの原印象、その意味で過去把持とむすびついていない原印象はありえないということです。この同一の事態が、『受動的綜合の分析』の時期には、「過去把持をすでに所持していないようないかなる今も考えることはできない」（Hua. XI, S. 378）とも表現されています。
(25) E. Husserl, Hua. XVII, S. 319.
(26) E・フッサール『受動的綜合の分析』において、「覚起するものと、空虚表象すなわち覚起されたものとの現勢的に意識された類似性「相互に想起させる」という本質的なノエマ的様相における類似性」。だが、「なお生き生きしている空虚表象（空虚な過去把持）が目覚めると考えても、すでに眠り込んでいた空虚表象が目覚めるとみても、すでにこれまでに述べられたように、どちらの場合も同じである」（同右、邦訳、二五三頁）とあるように、再想起の場合だけでなく、現在野の原連合においても同一の事態が妥当します。
(27) 対化による類似綜合について、『受動的綜合の分析』一九二―一九五頁、二〇九頁、二一二頁、三三五頁を参照。
(28) L・ランドグレーベ『目的論と身体性の問題』、ヴァルデンフェルス他編著『現象学とマルクス主義II』所収、邦訳、三〇五頁。
(29) E・フッサール『受動的綜合の分析』邦訳、二五三頁。
(30) E・レヴィナス、Die Spur des Andereu, S. 279f.
(31) E・レヴィナス、a. a. O., S. 274.
(32) E・レヴィナス『われわれのあいだで』邦訳、二〇四頁。
(33) 同右、二〇五頁を参照。
(34) ハイデガーは、フッサールの志向性を「対象認識とその反省」という狭い意味での認識論的関心として捉えています。ハイデッガー全集、第二〇巻、邦訳、一二九頁以降を参照。

(35) レヴィナスの現象学解釈上、重要な著作に『フッサール現象学の直観理論』があり、そこでは、明確に、「直観の本質的特質は、志向性の特質である」(邦訳一〇五頁)と述べられており、志向性に受動的志向性の側面があることは、注視されていません。
(36) 本書、二五一頁以降を参照。
(37) 対象極が極として形成されるのは、再想起という志向性が働き出して初めて可能になることを、フッサールは明確に述べており、幼児期には再想起は働いていない、としています。
(38) E・フッサール『受動的綜合の分析』邦訳、一〇四頁。
(39) K・ヘルト『生き生きした現在』邦訳、一六八頁。
(40) K・ヘルト、同右、一九一頁、「自我の〈立ちとどまり性〉が、その中核において、滑り去るにまかせる取り集めであるのはどのような仕方でなのかが、理解されねばならない。しかしことのことは、フッサール的な意味での現象学においては、行われることができない。というのも、その場合には思惟は、根底的な自己省察および自己内省の道を離れ、流れることの運動に対する「きっかけの一撃」(Anstoß)を、非自我的な領域のなかに探し求めることになるからである」。まさに、非自我的領域こそ、原印象と過去把持の融合が問題になる領域であり、受動的綜合において分析されている領域です。それを、受動的綜合は、やはり、自我論的領域に属するとみなすことはできません。
(41) K・ヘルト、同右、二〇八頁。
(42) E. Husserl, Hua. XV, S. 385、このヒュレーの原事実をめぐる世界の原現象解釈の可能性について、新田義弘『世界と生命』二一六頁及び次頁を参照。なお、このヒュレーの原事実は、発生との関係で、『受動的綜合の分析』における「結び」の考察で、次のように、ヒュレー的契機が意識流の発生を規定していることを、明確に語っています。「意識が本質規則性、したがって絶対に破棄されない規則に即しながら、ヒュレー的要因のなす素材による、それに相応した発生を成し遂げることなくしては、いかなるものも、意識流ないしは自我において意識されることはないのであり、その発生の現われがそれに該当する客観の意識であって、その沈殿が当の過去把持的システムであり、このシステムのうちに、志向的客観性のそのようなタイプの即自存在、およびその規範化のための先行条件が根ざしている」(E・フッサール『受動的綜合の分析』邦訳、三一一頁、強調は筆者による)。

（43） フッサールは、超越論的原事実について、次のように述べます。「原質料的なものが、世界性以前の本質形式がそうあるように、統一の形式において経過する。それによって全体の世界の構成が、私にとってすでに〝本能的に〟先行描出されているようにみえるのであり、その際それを可能にしているような諸機能自身が、その本質のＡＢＣを、その本質文法を前もってもっている。したがって事実には、まえもって目的論が起こっていることがそなわっている。完全なる存在論は目的論であり、それはしかし事実を前提にする。私は必当然的だ、そして世界を信ずるなかで必当然的だ。私にとって、事実性において世界性があるのであり、目的論を露呈できるのである、それも超越論的に。」（Hua. XV, S. 385. 強調は筆者による。）
（44） ヘルトの「生き生きした現在」の「留まりと流れ」の解釈に対する批判として、新田義弘『世界と生命』一二五頁以降を、また、西田哲学の「生の自覚」と現象学の「世界出現」との近接する関係について、新田義弘「知の自証性と世界の開現性」、『思想』九六八号、九頁以降を参照。なお、「現われと隠れ」の差異化の運動は、フッサール後期思想にあっては、発生的現象学を通して開示された、決して顕現化することのない、ヒュレー的先構成（先触発）の超越論的事実性における意識生の無意識的抑圧と増進の力動性として理解されると思います。それによって、仏教哲学における宗教的体験の内実が、衝動志向性を通して無意識に働く身体の自己中心化を土壌とする、自我への固執の実践的脱構築の過程として、現象学的分析にもたらすことができる、と考えられます。修行における実践的脱構築については、拙著『文化を生きる身体』第七章、三二〇頁以降を参照。
（45） E. Husserl, Hua. XV, S. 594.
（46） E. Husserl, Hua. XV, S. 642.
（47） E. Husserl, Hua. XV, S. 643:「しかし、まずは、（原初的段階の）過去把持が、持続的変様にあってその変様において身体と身体中心化がたえざる変化と合致の中にあるのではないのか」を参照。
（48） ただし、ライプニッツのいう「眠れるモナド」は、地上の生を終え、死したモナドとして復活を待つと言うキリスト教的背景と関連した理解がされていることに注意しなければなりません。この「眠れるモナド」についての言及は、Hua. XV, S. 609. 及び本書、一六八頁を参照。
（49） 松尾氏が『沈黙と自閉』で描く「受動的相互主観性」の次元の記述、つまり、母と子のうた寝に似た、T氏と医師との非志向的な間身体的原交通は、レヴィナスのいう時間化即能動的志向性とした場合、完全に除外されることが注意されるべきだと思います。この間身体的原交通において、衝動志向性による時間化が生成しているのは自明であり、この時間化をレヴィナスのいう意味での、能動的志向性と理解することはできないのです。
(50) W・ブランケンブルク『自明性の喪失』邦訳、九三頁。
(51) E・フッサール『受動的綜合の分析』邦訳、二五三頁。
(52) 松尾正氏は『存在と他者』において、ヘルトの自我論的呪縛(「現象学的自我論的白内障」)を指摘し、「他者を自己の未来として」解明しようとするレヴィナスの不適切な試みが自我論的相対化に陥っている、(同右、二八九頁参照)と指摘していますが、二つの指摘は、正に当を得た指摘です。しかし、発生的現象学でいう「内的意識」ないし「原意識」で生きている、〝反省〟は、ヘルトのいう自我の反省ではなく、志向的でない時間化、先-反省的で先-述定的な時間化のありのまま、「不安の感触」や、生命が生命を支え合う「沈黙の感触」をその感触そのものの成り立ちを問う可能性の広大な領野を開いている、ということができると思います。もし、「超越論的主観性の外部」というとき、その境界線をどこに引いているというのでしょうか。能動的志向性と受動的志向性を含めての内部とするような境界線であるならば、その線引きによって、非志向的である過去把持の「内的超越」である外への開け、つまり、原交通の只中に、志向性と非志向性の境界線を引き、その線引きによって、非志向的なるものが自我論的志向性に変転してしまうことになる、と思えます。
(53) 浜田寿美夫氏、鯨岡峻氏は、メルロ=ポンティの間身体性に即した、発達心理学の考察を展開しています。浜田寿美夫(編著)『「私」というもののなりたち』、鯨岡峻『両義性の発達心理学』を参照。
(54) E. Husserl, Hua. XIV, S. 480.(強調は筆者による)。
(55) 拙著『他者経験の現象学』一一七頁以降を参照。
(56) R・ベルネ「フロイトの無意識概念の基礎づけとしてのフッサールの想像意識概念」、『思想、現象学の一〇〇年』所収、一八八頁。
(57) R・ベルネ、同右、一九七頁及び次頁参照。あらゆる超越性を断定的に拒否するアンリの生の自己触発という見解は、フッサールの衝動志向性が、非志向的過去把持と原印象との融合における相互覚起という内的意識の印象的自己触発である、という事態に、至りえていません。
(58) E・フッサール『受動的綜合の分析』邦訳、二五三頁

(59) 同右、一五〇頁
(60) 同右、二四一及び次頁。
(61) 同右、二四六頁。
(62) E. Husserl, Hua. XV, S. 480.

第四章　非直観的なものの直観化

(1) この「志向と充実」の関係が明瞭に記述されているテキストとして、『論理学研究』第二巻、第二篇第六章「感性的直観と範疇的直観」及び『受動的綜合の分析』を挙げることができます。特に、その構造的連関について、後者、邦訳、一〇一頁以降を参照。
(2) この点について、特にフッサールのシェーラーに対する生得的表象に対する批判として、本書、二八六頁の注(36)を参照。
(3) この事例に関して、本書、一八一頁以降を参照。
(4) ヴァルデンフェルスは、近世哲学の特徴として個別的単位から全体を説明しようとする基本的考え方を指摘し、経験論のみならず、カントにおいても、いかなる根拠づけもなしに「多様性は端的に与えられたものであり、問題なのはただ、そこから統一がいかに生じるか」が問題にされるだけである、と性格づけています。B・ヴァルデンフェルス『講義・身体の現象学』邦訳、九二頁以降を参照。また、カントにあって、この単位が端的に前提されていることについては、本書、第一部第一章、三二頁を参照。
(5) E. Husserl, Hua. IV, S. 379.
(6) ヴァルデンフェルスは、この過程を構造化、ないし差異化のプロセスととらえます。B・ヴァルデンフェルス『講義・身体の現象学』邦訳、六五頁以降を参照。
(7) E. Husserl, Hua. XXXIII, S. 389.
(8) E・フッサール『デカルト的省察』浜渦辰二訳、一四四頁以降を参照。
(9) E. Husserl, C13I, S. 8.
(10) E. Husserl, Hua. XI, S. 326.

(11) 空虚表象の充実と空虚な本能的予感の充実の区別について、拙著『他者経験の現象学』一〇六頁を参照。
(12) E. Husserl, Hua. XV, S. 604.
(13) E. Husserl, Hua. XV, S. 385, を参照。
(14) 詳細については、次の第三部第三章を参照。
(15) 超越論的目的論について、拙著『他者経験の現象学』二四〇頁以降を参照。
(16) E・フッサール『デカルト的省察』浜渦辰二訳、一九九頁。
(17) この点に関して、拙著『文化を生きる身体』三五〇頁以降を参照。
(18) 自然存在の間身体的構成について、拙著『他者経験の現象学』二二〇頁を参照。
(19) E. Husserl, Hua. XV, S. 643.
(20) M・ブーバー『我と汝』田口義弘訳、三八頁。
(21) M・メルロ＝ポンティ『知覚の現象学』二、竹内芳郎他訳、一五頁。
(22) この点に関して、「我-汝-関係」についてのレヴィナスの誤解に対する批判を含めて、第四部第一章、及び、拙著『文化を生きる身体』一四八頁以降を参照。
(23) M・ブーバー、同右、一二頁。

第三部　触発と衝動

第一章　原触発という受動的綜合としての衝動志向性

(1) E. Husserl, Hua. XV, S. 378.
(2) A. a. O., S. 383（強調は、筆者による）。
(3) A. a. O., S. 385.
(4) E・フッサール『危機書』邦訳、三六四頁。
(5) E. Husserl, Hua. XI, S. 377.

（6） E. Husserl, C10, S. 25.
（7） E. Husserl, C10, S. 4b.
（8） 榊原哲也氏は、この居合わせる自我のあり方を「自己触発による目覚めたあり方」（榊原哲也「フッサール後期時間論と歴史の問題――歴史の目的論へのアプローチのために――」、『フッサール研究』創刊号、一〇三頁）と理解し、この自我の自己触発に「〈己れ自身において己を時間化する絶対者〉が、この時間化において常にすでに「自我」として時間化されていることを明確に示しているといえるだろう」（同右）と述べています。絶対的時間化において、「自我」として時間化される絶対者を想定するという解釈の形而上学的内実の是非を別にしても、この「目覚めた自我」が、「作動する自我」と「現象学する自我」と同一と捉えられている以上、作動を促すヒュレー的構成、すなわちヒュレー的原事実の必当然的明証性の役割が軽視されているといわねばなりません。フッサールは、今問題にしている草稿においても、明確に、「ヒュレー的原事実なしに超越論的主観性は働きえない」と述べています。
（9） E. Husserl, Hua. XV, S. 385（強調は筆者による）。
（10） E. Husserl, Hua. XXXIV, S. 469.
（11） この点についての言及として、新田義弘氏は、この世界信憑の絶対的事実性を的確に、「意識生の機能の全域を構造化する原点としての「現」そのものの存在論的存在性格を刻された、生きられた意識生の自己意識ともいえるものであろう」（新田義弘『世界と生命』五九頁）と述べています。
（12） E・フッサール『デカルト的省察』第九節、邦訳、五〇頁以降を参照。
（13） ここで問題にされている再想起の必当然的明証性について、フッサールは、一九二五年から二六年にかけた冬学期の講義を振り返って「しかしわれわれは、必当然的明証をもつのは、過去把持的近接領域の再想起に関しては、再想起されたものの具体的内実についてのズレや取り間違いに対立する確固さに関して、それ相応の完全性においてもつのである」と述べています。E. Husserl, Hua. XI, S. 382. また、一九二二／二三年冬学期の『哲学入門』では、過去把持と再想起の必当然的明証性について、周到な分析が展開されています。E. Husserl, Hua. XXXV, Kapitel 7. を参照。
（14） E. Husserl, Hua. X, S. 119f. を参照。
（15） E. Husserl, Hua. XI, S. 368. また、「内在的に構成された存在は、その生き生きした現在において、単に存在するものとして自己所与されているだけでなく、この存在は、抹消することができないのである」（同右、S. 110）。さらに、「内在的に構築された生き生きした現在は、……抹消されえず、疑いは、ここでは不可能である。したがって、このことは、そこに生き生きと属する過去把持にも該当するのだ」（同右、S. 111）をも参照。
（16）A. a. O., S. 370.
（17）A. a. O., S. 126、邦訳、一八四頁参照（強調は筆者による）。このことに関し、「生き生きした現在のもつ必然的な構造を分析することによって、類似性と対照という大まかな原理が、大変奥深い、また内容の豊かな意味をもつものであることがわかる。内容のもつすべての連合的前提条件は、この構造に依拠している」（同右、邦訳、二五五頁）と述べています。
（18）E. Husserl, Hua. XV, S. 385.
（19）静態的現象学と発生的現象学の違いは、全体としての構成の層構造に関連して、次のように表現されています。「この区別は、存在し前所与されている世界構成の開示としての第一の現象学、すなわち、そこでは、そうやって前所与されているものは視野にもたらされることがない〔場合〕と、その前所与されている（能動的でない）構成に関わる現象学の深い層との区別である」（E. Husserl, Hua. XV, S. 613）。こうして、発生的現象学とよばれる現象学の深い層は、前所与の受動的構成に関わっていることが示されています。
（20）E. Husserl, Hua. XV, S. 598 を参照。ランドグレーベが、すでに、この問題に関連してこのテキストに言及しています。ランドグレーベ「現象学とマルクス主義における目的論と身体性の問題」、『現象学とマルクス主義II　方法と認識』所収、三〇四頁を参照。
（21）受動性に原義について、本書、第二部第二章、一七二頁以降を参照。
（22）E. Husserl, C17IV, S. 2. 受動的志向性としての衝動志向性について、「受動性と能動の様相における志向性　〝受動性〟・本能と連合」（E. Husserl. Hua. XV, S. 148.）をも参照。
（23）E. Husserl, C10, S. 25. ないし、「われわれは、こうして、どのようにして意識が、すべての自我の能動性以前に自己自身を客観化することになるのかを理解したことになる」（Hua. XI, S. 210）、また、「〝連合的に〟……すべては、（あらゆる能動的な自我の参画なしに）根源的な受動性から構成される諸対象から発生する」（A. a. O., S. 386）とも記述されています。
（24）第二部第二章、一九六頁以降を参照。

(25) E. Husserl, Hua. XXXIV, S. 181.
(26) E. Husserl, Hua. XV, S. 580-588. 以下、このテキストの主だった論述の展開をあとづけます。
(27) A. a. O., S. 584.
(28) A. a. O., S. 584f.（強調は著者による）。
(29) A. a. O., S. 587.
(30) E. Husserl, Hua. X, S. 119f.
(31) E. Husserl, Hua. XIV, S. 291.
(32) E. Husserl, Hua. XV, S. 670.
(33) 過去把持的な空虚表象と原印象との間の相互に対化が生じる覚起については、本書、八〇頁以降を参照。
(34) E. Husserl, Hua. XI, S. 189.
(35) E. Husserl, C 3VI, 75a.（強調は筆者による）。
(36) E. Husserl, Hua. XIV, S. 333. このことについて、より詳細な論述として、拙著『他者経験の現象学』一〇六頁を参照。
(37) 本書、一八一頁以降を参照。
(38) 共感覚の現象については、フッサール『受動的綜合の分析』S. 179f. 邦訳、二五五頁、メルロ＝ポンティ『知覚の現象学』260ff. 邦訳『知覚の現象学 2』三五頁以降を参照。
(39) 山形頼洋氏は『声と運動と他者』において、ランドグレーベの解明するフッサールのキネステーゼの概念について論じて、「自ら動くことのただ中におけるこの自己自身の元にあること、ないしは自己自身の元に留まることとしての先-反省的で受動的な統合（Einigung）こそ、アンリが内在の概念において指し示そうとしたものにほかならない」（同右、一一九頁）と述べています。しかし、ここで使用されている「受動的な統合」は、フッサールの受動的綜合としての受動的キネステーゼとは異なり、ランドグレーベのいうキネステーゼ的自我が出発点になる能動的キネステーゼに留まっています。受動的キネステーゼには、自我の活動は関与していないのであり、ここでいわれる「受動的な統合」は、先反省的とはいえ、自我の自己触知という意味で自我の活動であることに違いはない、と思われます。
(40) 本書、二五一頁を参照。

(41) E. Husserl, C 13 I, S. 8.
(42) 阻害の概念に関して、U. Kaiser, Das Motiv der Hemmung in Husserls Phänomenologie. を参照。彼は、しかし、発生的現象学の方法論、とくに、脱構築の方法に関して、「直観性にまつわる困難さ」(vgl. S. 114, Anm. 2.) を見るだけで、連合的綜合の阻害を通して開示される直観化のプロセスそのものに注視することはないのです (A. a. O., S. 167)。
(43) K. Held, Lebeindige Gegenwart, S. 80ff. を参照。なお、この見解に対する批判は、本書、第一部第二章、第二部第二章で展開しています。
(44) K. Held, a. a. O., S. 119. また、ヘルトが一面的であるのは、生き生きした現在の考察にあたって、時間の流れの内容の契機としてヒュレー的構成を、その自我論的解釈を通して、完全に排除していることです。K. Held, Phänomenologie der Zeit nach Husserl, を参照。
(45) E. Husserl, Hua. X, S. 120f. 原反省としての過去把持について、拙著『他者経験の現象学』五三頁以降を参照。
(46) E. Husserl, C16I, S. 14 (強調は、筆者による)。
(47) N. Lee, Edmund Husserls Phänomenologie der Instinkte, 1993, S. 123.
(48) A. a. O., S. 214.
(49) E. Husserl, Hua. XV, S. 615. また、この論点に関して、拙著『他者経験の現象学』四〇頁をも参照。
(50) N. Lee, a. a. O., S. 115.
(51) A. a. O., S. 157.
(52) K. Mertens, Zwischen Letztbegründung und Skepsis, 1996.
(53) E・フッサール『受動的綜合の分析』邦訳、三二四頁 (強調は、メルテンスによる)。メルテンス、同右、二三五頁で引用されています。
(54) E・フッサール『受動的綜合の分析』邦訳、三二五頁。
(55) K. Mertens, a. a. O., S. 238.
(56) E. Husserl, Hua. XIV, S. 115. なお、フッサールとナトルプの再構成論の相違については、拙著『他者経験の現象学』三七頁、及び四〇頁から四二頁を参照。

（57）E. Husserl, Hua. XIV, S. 335
（58）R. Kühn, a. a. O., S. 98.
（59）同右。
（60）E・フッサール『受動的綜合の分析』邦訳、一一六頁。
（61）E. Husserl, Hua. XV, S595.
（62）E. Husserl, a. a. O., S, 329.
（63）E・フッサール『デカルト的省察』邦訳、一二五頁。
（64）E. Husserl, Hua. VI, S. 191.（強調は、筆者による）。同じ主旨の見解は、「エゴの必当然性において、したがって、馴染みのある周囲世界に発する私の世界における、私の人間存在の必当然性が、含蓄されている。したがって、私の、そして、〔その開かれた地平における〕共存する人間の誕生と死が妥当するもの、〔すなわち〕相関においてある」（Hua. XXXIV, S. 474）と述べられています。
（65）同右、一九二頁及び次頁を参照。
（66）E・フッサール『受動的綜合の分析』邦訳、二五三頁。なお、フッサール後期思想と西田哲学の身体論との関係を、目的論の視点から理解する興味深い指摘に関して、佐藤康邦『カント『判断力批判』と現代－目的論の新たな可能性を求めて－』一七七頁以降を参照。
（67）E. Husserl, Hua. XV, S. 609f.
（68）E・フッサール『デカルト的省察』邦訳、二七九頁。
（69）E. Husserl, Hua. XV, S. 609f.
（70）E. Husserl, Hua. XV, S. 642.
（71）E. Husserl, Hua. XIV, S. 170ff. を参照。
（72）「我－汝－関係」の現象学については、第四部第一章及び、『文化を生きる身体』第四章を参照。
（73）R. Kuhn, a. a. O., S. 356.
（74）A. a. O., S. 413.

(75) A. a. O., S. 413f.（強調は筆者による）。
(76) A. a. O., S. 449.
(77) A. a. O., S. 414.
(78) E. Husserl, C10, S. 4b.

第二章 触発の過剰としての暴力

(1) この先構成と構成との関係について、フッサールは、本質直観を問題にする中で、「この継続する〔受動的綜合の〕合致において初めて、ある同一のものが収斂し、いまや純粋に対自的に見えてくることができるようになる。つまり、それはそれ自身受動的に先構成されていて、形相の観取は、そのように先構成されたものの、能動的な見る把捉に基づいている」（E・フッサール『経験と判断』S. 414）と明確に述べています。
(2) 本書、一一〇頁を参照。
(3)「自我の極化（Ich-Polarisierung）」というテーマは、すでに『ベルナウ草稿』において、「自我を欠く受動的志向性」が開示されると同時に、定題化されています。E. Husserl, Hua. XXXIII, S. 276 を参照。
(4)「原共感覚」という言葉を使うのは、通常の成人の共感覚の場合、すでに完成済みの個別的感覚野（例えば、色や形などの視覚と味という味覚）の間の繋がりを意味するのに対して、乳幼児の場合、いまだ個別的感覚野の分岐的派生に達していない、未分化な全体的身体性の連合の地平を意味しているからです。原共感覚についての詳細は、第二部第四章を参照。
(5) この点に関して、本書、三九四頁を参照。
(6) B. Waldenfels, Bruchlinien der Erfahrung, S. 196.
(7) 同右。また、ヴァルデンフェルスは、パトスの性格づけにおいて、理論（認識）と実践という区別に先行し、その区別以前に働いている臆断的世界信憑（世界があるという確信）の受動的特性について、十分な考慮が払われていないように思えます。フッサールは、受動性の概念について、「この世界信憑の普遍的地盤は、すべての実践がそれを前提にしているものなのであり、それは、生の実践であれ、認識の理論的実践にせよ、すでに前提にしている」（Erfahrung und Urteil, S. 25）また、「この概念は、純粋に触発的な先所与性の概念であり、認識の能作が見受けられない受動的な存在の信憑の概念である。……

例えば犬の鳴き声が、いちいち注意することなく、定題化の対象として対向する以前に、耳に飛び込んでくるように」(a. a. O., S. 61) とも述べているのです。
(8) B. Waldenfels, a. a. O., S. 178. また、この点について、「先行する触発と事後的な答えの間の時間的なズレ」(a. a. O., S. 116.) とか、「時間的ズレにおいて、答えから事後的なことが、また、遭遇から、先行的出来事が成立する」(a. a. O., S. 60.) とも述べています。
(9) E. Levinas, Die Spur des Anderen, S. 167f (強調は筆者による)。
(10) この同時性の逆説について、詳しくは、本書、八〇頁以降を参照。
(11) B. Waldenfels, Bruchlinien der Erfahrung, S. 196 を参照。
(12) E. Husserl, C16IV, S. 11.
(13) 多くのテキストを参照できるが、例えば、「すべての感覚所与〔素材〕は、……偶然である」(E. Husserl, Hua. XIV, S. 36) を参照。
(14) ヴァルデンフェルスは、区別されるものが初めてそこで生起する差異化のプロセスをディアスターゼと呼びます。これは、フッサールにおける乳幼児における原共感覚からの感覚野の分岐に対応しているように思えます。B. Waldenfels, Bruchlinien der Erfahrung, S. 174 を参照。
(15) 本書、二一二頁参照。
(16) E. Husserl, C3VI, S. 75a.f.
(17) この現象に関して、M. Merleau-Ponty, Keime der Vernunft, S. 316. を参照。
(18) Meltzoff & Moore, Newborn infants imitate adult facial gestures. Child Development, 54, 1983, 702-709, を参照。このことについては、池上貴美子、「模倣することの意味」、正高信男編『赤ちゃんの認識世界』七六頁を参照。
(19) フッサールにおいて論ぜられている喃語の現象については、すでに、I. Yamaguchi, "Passive Synthesis und Intersubjektivitat bei Edmund Husserl, 1982, S. 116f. で分析を行ったが、さらに詳細な分析は、本書、一八一頁以降で展開しました。
(20) E. Husserl, C13I, S. 8.
(21) 思念する作用としての「〜についての意識」と、時間構成の分析において「内的意識」とも呼ばれる原意識との区別が立てられたことは、フッサール現象学の反省論の連関で、画期的な事柄でした。これによって、特有な、受動的綜合としての過去把持の分析の領域が開示され、過去把持は、受動的綜合を通して、時間内容の自己合致が成立し、先構成が生起していることが、示されました。E. Husserl, Hua. X, S. 118f, 126f. を参照。
(22) E. Husserl, C16IV, S. 13, 1932.
(23) このことに関連して、自閉症の幼児にみられる、叫びながら自分の声を聞くことを繰り返す常同行動の事例がみられることに注目することができます。幼児は、叫ぶという能動的キネステーゼを自由に行使でき、それと同時に、自分の声を聞くことができ、それを好きなように繰り返すことができるのです。ここで問われるのは、はたしてこの幼児は、自分のキネステーゼを伴わない声（他者の声）に驚くことができたのかどうか、つまり、キネステーゼと聴覚の完全な分岐が成立しているのか、他者のキネステーゼ、他者の声、他者の身体は如何なる分岐をなしているのか、ということです。
(24) この点について、フッサールは、「知覚そのものにおいて、それのみで構成している一なるものは、すべての再想起とすべての能動的認識以前には、純粋な受動性において構成される場合と同様、いまだいかなる〝対象〟でもない。〝対象〟は、認識の相関者であり、総合的な同一化に根源的に位置するあらゆる認識は、再想起を前提にする」(E. Husserl, Hua. XI, S. 327) と述べています。
(25) フッサールの連合と触発の分析にとって、そこに基づきながらこれらの超越論的規則性が発生的に探求されうる内的意識、ないし、原意識の必当然的明証性が決定的です。これに関して、本書、六七頁以降を参照。
(26) I. Yamaguchi, Ki als leibhaftige Vernunft, S. 68ff.『文化を生きる身体』八九頁以降を参照。
(27) 本書、三五五頁以降を参照。
(28)「先構成、先自我、先存在、先世界、先述定的、先反省的」等々の「先」という接頭語は、単なる準備段階とか、未熟な段階とか、いずれ現勢化される潜在性という完成度の低い現実態と理解されてはなりません。そうではなく、この段階が先行せずには、高次の段階、現実態そのものが成立しえない、創造性、活動性の基盤なのであり、その基づけ関係の典型的な事例は、受動的相互主観性の能動的相互主観性への関係、受動的野性的キネステーゼの能動的キネステーゼとの関係に明瞭にみられるものです。フッサールは、先触発的–連合的覚起の力について、「空虚な過去把持の領域において、それらの力は貯えられたり、阻止されたりしており、それとともにそれらの予期の力も同様に、ちょうど盲目的な衝動のように変化している」

（『受動的綜合の分析』二六八頁）と述べています。また、ブランケンブルクは、無意識的な触発のプロセスについて、昨今の"brain mapping"による神経学の研究により、「無意識的な触発や情動や感情を語ることができる」と主張しています。W. Blankenburg, "Affektivität und Emotionalität", in: Affekt und affektive Störungen Phänomenologische Konzepte und empirische Befunde im Dialog, T. Fucks, Ch. Mundt (hrsg.), S. 21. を参照。
(29) ヴァルデンフェルスは、フロイトの分析に言及し、両親の性行為を知覚した幼児が、その意味を事後的に了解するという例に関して、「ウォルスマアンの幼児ノイローゼは、トラウマの出来事が、事後的な理解によって、その意味を獲得し、この理解がまた、事後的に結果しているものにその根拠をもっている」と述べています。同右、S327.

第三章　原触発としての衝動と自閉

(1) M. Heidegger, Kant und das Problem der Metaphsik, 原文を示すと、"Das "zugleich" drückt vielmehr denjeneigen Zeitcharakter aus, der ursprünglich als vorgängige "Rekognition" ("Vor-bildung") zu aller Identifizierung als solcher gehört. Diese liegt aber sowohl der Möglichkeit als auch der Unmöglichkeit des Widerspruches fundierend zugrunde." (S. 177)
(2) A. a. O., S. 174.
(3) M・ハイデッガー『カントの純粋理性批判の現象学的解釈』ハイデッガー全集、第二五巻、邦訳、三八二頁。
(4) 同右、三八五頁。
(5) E. Husserl, Hua. XVII, S. 216. また、以下のテキストをも参照。「明証的判断の理論における即自的に第一のもの（したがって、判断論一般における第一のもの）は、述定的明証性の述定的でない明証性、すなわち経験への発生的遡及である」（同右、二一七頁）。
(6) E. Husserl, Hua. XIV, S. 291.
(7) 中島義道氏も同様の指摘をしていますが、フッサールの過去把持の適切な解釈には至っていません。中島義道『時間論』九三頁以降を参照。なお、中島氏の時間論に対する批判に関しては、本書、第一部第一章を参照。
(8) M・ハイデッガー『カントの純粋理性批判の現象学的解釈』邦訳、三五六頁。

(9) 同右、三五七頁。
(10) 同右、三六五頁。
(11) 同右、三六七頁。
(12) 同右、三八一頁。
(13) 同右、三八二頁。
(14) 同右。
(15) 同右、三九八頁。
(16) 同右、一七二頁。
(17) 山形頼洋『感情の自然』一五二頁。
(18) 本書、一七三頁以降を参照。
(19) このヘルトのハイデガー的時間解釈に関して、K. Held, Phänomenologie der Zeit nach Husserl, in: Perspektiven der Philosophie Bd. 7, を参照。
(20) W・ブランケンブルク『自明性の喪失』邦訳、一八三頁以降を参照。
(21) 拙著『他者経験の現象学』一〇六頁以降を参照。
(22) E・フッサール『受動的綜合の分析』邦訳、二五五頁を参照。
(23) この点に関して、小林隆児『自閉症と行動障害　関係障害臨床からの接近』を主に参照しました。
(24) 小林隆児『自閉症と行動障害』四頁参照。
(25) 同右、九頁以降参照。
(26) 鯨岡峻『原初的コミュニケーションの諸相』を参照。
(27) 松尾正『沈黙と自閉』を参照。
(28) 小林隆児、同右、一六頁以降を参照。この概念は、Richer, J. M. (1993). Avoidance behavior, attachment and motivational vonflict. によるとされます。
(29) 同右、四六頁、注7（強調は筆者による）。小林氏は、その際、Stern D. (1999) Vitality contour（『力動的輪郭』）にも言及しています。
(30) ドナ・ウイリアムズ『自閉症だったわたしへ』邦訳、二五五頁。同様の事態を小林は、リズミカルな世界を「ともに体験することでもって、われわれの存在が彼〔B男〕にとって脅威的な存在ではなくなっていく可能性があるように思われる」（同書、一二八頁）と述べています。
(31) 同右、二五四および次頁。
(32) 同右、二七三頁。
(33) 同右、二七六頁。
(34) 同右、一三四頁。
(35) 同右。
(36) 親子の添い寝にみられる間身体的コミュニケーションについて、渡辺富夫「エントレインメント〔引き込み〕と親子の絆」、正高信男編『赤ちゃんの認識世界』五二頁以降を参照。
(37) 小林隆児、同右、一三一頁参照。
(38) この点に関して、拙著『他者経験の現象学』一四〇頁以降を参照。
(39) 受動的志向性の〝直観化〟について、本書、第二部第四章を参照。
(40) この点の詳細について、本書、三三二頁を参照。
(41) フラッシュバックの問題を論じる際、村上靖彦氏は筆者の時間論の一部を批判していますが、この批判は、肝心なところで妥当性を欠くものになっています。氏は、筆者が「連合における同一化の意識の反復を時間の長さの感覚と見なし、ヒュレーの同一化が繰り返せば繰り返すだけ時間がゆっくり流れると考えている」（村上靖彦『自己意識の現象学的分析および精神病・神経症における自己意識の異常の構造分析』、平成一三・一四年度科学研究費補助金研究成果報告書、六三頁）としていますが、これはまったくの誤解であり、連合における同一化は、受動的綜合の同一化であり、筆者が繰り返しを主張した「繰り返し」は、連合という受動的綜合の同一化の繰り返しではなく、受動的綜合の同一化を前提にする能動的同一化（バスを待つ事例も、自分に向かって飛んでくる矢を見据える事例も）の繰り返しに他なりません。したがって、ヒュレーの同一化（受動的綜合の同一化）の繰り返しが、そのまま、ゆっくり流れる時間意識を意味することはありえません。なぜならヒュレーの同一化そのものは、対象化できず、繰り返そうにも繰り返すことはできないからです。また、何かに没頭しているときの時間意識は、我―汝―関係における時間意識として定題化していますので、拙著『文化を生きる身体』一三〇頁、三三二頁以降を参照してください。
(42) ドナ・ウイリアムズ、同右、五五頁。
(43) 同右、六一頁(強調は筆者による)。
(44) E. Husserl, Hua. XXXIII, S. 389.
(45) E. Husserl, Hua. XV, S. 609.(強調は筆者による)。
(46) 内在的時間内の個別化について、時間構成に関する『ベルナウ時間草稿』、E. Husserl, Hua. XXXIII, S. 299ff. を参照。
(47) この点については本書、一六八頁を参照。
(48) 小林隆児、同右、九頁。

第四部　相互主観性論と間文化哲学

第一章　汝の現象学にむけて

(1) マルチン・ブーバー『著作集1』「我と汝」二二七頁及び、次頁を参照。訳には、筆者による変更があります。
(2) E・レヴィナス、Die Spür des Anderen, S. 278.
(3) 同右、S. 280.(強調は筆者による)。
(4) 同右、S. 173.
(5) 同右、S. 167.
(6) このことに関しては、本書、六五頁以降を参照。
(7) E. Husserl, C 3VI, 75a からの引用。詳細については、本書、二一三頁以降を参照(強調は筆者による)。
(8) E. Husserl, C15 の三頁からの引用(強調は筆者による)。
(9) 生き生きした現在に働く対化現象について、本書、八二頁以降を参照。

(10) E・レヴィナス、Martin Buber und die Erkenntnistheorie, in: Martin Buber, hrsg. P. A. Schilpp/M. Friedman, S. 127 参照。
(11) この誤解について、詳しくは、拙著『文化を生きる身体』第四章を参照。
(12) E・レヴィナス『われわれのあいだで』一八一頁以降を参照。
(13) E・フッサール、Erfahrung und Urteil, S. 414.
(14) E・フッサール、C草稿、C17, IV, S. 2からの引用（強調は筆者による）。
(15) E. Huserl, Hua. XV, S. 598.
(16) L・ランドグレーベ「目的論と身体性の問題」、『現象学とマルクス主義II』所収、三〇二頁以降を参照。また、本書、第三部第一章、二七〇頁以降をも参照。
(17) E・フッサール、C10, S. 4bからの引用。なお、同旨の内容を述べているフッサリアーナ第九巻の『現象学的心理学』では、「すべての作用は、自我極から由来するという性格をもち、自我極から受動的に流れ出てくるのではなく、それ独自の能動的なあり方で自我極から到来してくる。しかし、そのようなあらゆるエゴ・コギトは、まえもって、自我が触発されたという前提と結びついており、すなわち、まえもって、自我が支配していない受動的志向性が自己自身の内に対象を構成しているのであって、その対象から、自我極は触発され、作用へと規定されたのである」（E. Husserl, IX, S. 209、強調は筆者による）を参照。
(18) さらに、同一の事柄について、次のC草稿の記述が参考になります。それは、まず初めの段階で、根源的な先－自我とそれに対応する先－世界が、次の段階で、自我が触発されるというように、根源性の階層性がはっきり、記述されているからです。「われわれは、原初的現在において、まずもって問うているのであり、それを二重、三重の原初的変転において理解することを学ばねばならない。まずは、原時間化の原初的で非自我的変転では、自我に疎遠なヒュレー的擬似世界がその〝先－世界〟を所持している。（2）次に自我であり、この〝先－世界は自我のためにあるのである。この自我を通して、ないし、触発と作用の機能を通して、固有の世界が創設され、創設の諸段階の多様性にあることになり、その段階に相対的な〝諸世界〟が相応する」。（C16V, S. 15、強調は筆者による。なお、原文が第二部第二章注(44)に示されています。）
(19) L・ランドグレーベ『目的論と身体性の問題』、『現象学とマルクス主義II』所収、三〇四頁（強調は筆者による）を参照。

(20) E. Husserl, Hua. X, S. 119.
(21) 原意識（Ⅰ）と原意識（Ⅱ）の区別について、本書、第二部第四章、二五四頁を参照。
(22) E. Husserl, Hua. XV, S. 642f.
(23) M・ブーバー『著作集1』一二五頁参照。
(24) E. Husserl, Hua. XV, S. 513. この点について、拙著『他者経験の現象学』一三二頁以降を参照。
(25) 拙著『文化を生きる身体』第七章を参照。
(26) M・ブーバー『著作集1』一二頁。
(27) 以下の記述は、拙著『文化を生きる身体』の論述の第四章、第八章の要旨の一部です。
(28) E・レヴィナス、Martin Buber und die Erkenntnistheorie, in: Martin Buber, hrsg. P. A. Schilpp/M. Friedman, s. 131.
(29) M・ブーバー、Antowort, in: Martin Buber, hrsg. P. A. Schilpp/M. Friedman, S. 596. レヴィナスは、他の箇所でも、「ある〈私〉、ある自我にこの私が、〈きみ〉と語りかける場合、ブーバーによると、〈きみ〉と語りかけられる自我は、私に〈きみ〉と語りかける自我としてこの私の前にいることになる。つまり、対称的な関係があることになる」（『われわれのあいだで』一四七頁）と述べていますが、汝は、関係が成立することを通して、初めて、「我－汝－関係」における「我」に「汝」として現前するのであり、初めから「この私の前にいる」のではないことは、明らかです。
(30) 上田閑照、“Vorüberlegungen zum Problem der All-Einheit im Zen-Buddhismus”, S. 141.
(31) 斎藤慶典『思考の臨界』二九八頁参照。斎藤氏は、レヴィナスの絶対的受動性の主張にあたって、フッサールの受動性という概念が、何かを受け容れる者（の成立）を暗に含んでいる（同書、二八〇頁参照）と述べますが、この指摘は、当を得ていないと思います。上に述べたように、自我の作動が生じる以前を受動性というからです。
(32) E・レヴィナス、Die Spur des Anderen, S. 173.
(33) 山形頼洋『感情の自然』一九〇頁。
(34) 同右、一八六頁。
(35) 同右、一九〇頁。
(36) 同右、一九二頁（強調は筆者による）。

（37）谷徹『意識の自然』六一八頁および次頁。
（38）同右、六二七頁。
（39）E・フッサール『受動的綜合の分析』三二八頁。
（40）E. Husserl, Hua. XIV, S. 480. このテキストは、本書、第二部第三章、二三三頁でより、詳細に分析されていますので、それを参照してください。
（41）他の自我に関わる、本来的な意味での感情移入については、Hua. XIV, S. 479、また、Hua. XIII, S. 455 を参照。広義の意味での感情移入の場合、受動的相互主観性においては、「物的身体」の経験が前提されることはありません。
（42）浜渦辰二『フッサール間主観性の現象学』三〇〇頁。
（43）E. Husserl. Hua. XV, S. 594.
（44）A. a. O., S. 595.
（45）A. a. O., S. 642f.
（46）A. a. O., S. 643.
（47）A. a. O., S. 270f.
（48）村田純一『知覚と生活世界』一七八頁。
（49）村田純一、同右、一八二頁。
（50）本書、一三五頁以降を参照。
（51）村田純一、同右、一八九頁。
（52）K・ヘルト、Phänomenologie der Zeit nach Husserl, Perspektiven der Philosophie, Bd. 7, S. 215 を参照。
（53）このような意味での「汝の現象学」は、拙著『文化を生きる身体』、特にその第四章で中心的に展開されています。
（54）同右、第八章を参照。

第二章　文化差の生成学にむけ

（1）E. Husserl, Hua. XIII, S. 162. この過去把持の明証性については、H・ブルーメンベルク "Lebenszeit und Weltzeit, S.

303とM・ゾンマー “Evidenz im Augenblick”, S. 250f. 382f. を参照。
（2） これに関して、T・ゼーボーム “The Paradox of Subjektivity and the Idea of ultimate Grounding in Husserl and Heidegger, in: Phenomenology & Indian Philosophy, S. 161ff. を参照。
（3） E. Husserl, Erfahrung und Urteil, S. 441.
（4） 同右、四一四頁。
（5） E. Husserl, Cartesianische Meditaitonen, S. 77. 邦訳、『デカルト的省察』一三七頁を参照。
（6） 同右。
（7） E. Husserl, Hua. XI, S. 342f.
（8） E. Husserl, Hua. XIV, S. 115.
（9） J. v. Iribarne, Husserls Theorie der Intersubjektivität, 1994, S. 130ff.
（10） E. Husserl, Hua. XV, S. 136.（強調は筆者による。）
（11） この点に関して、拙著『他者経験の現象学』三七頁から四六頁、一五七頁から一五九頁を参照。
（12） この自他の区別の根源に働く身体中心化について、E. Husserl, Hua. XV, S. 642ff. を参照。
（13） B. Waldenfels, Der Stachel des Fremden, S. 67.
（14） 本書、第四部第一章、三九八頁以降を参照。
（15） E・フッサール『危機書』邦訳、四五四頁。
（16） E. Husserl, Hua. XV, S. 531.
（17） A. a. O., S. 439.

第三章　人間存在の全体性における技術

（1） このことについて、トイニッセンは、ハイデガーもフッサール同様、構成する主観の独我論を克服できていない、と主張し、ヴァルデンフェルスも同様に、真の意味で実存的なエゴ中心化を免れていない、と述べています。M. Theunissen, Der Andere, S. 180, B. Waldenfels, Das Zwischenreich des Dialogs, S. 52 を参照。また、フッサールの相互主観性論については、

本書、第四部第一章、三八八頁以降を参照。
（2）M・ブーバー『我と汝』一五頁。
（3）フッサールの残した諸草稿の中で、相互主観性論の草稿をまとめているE草稿の、EIII9, 6aからの引用です。
（4）E・フッサール、EIII 9, 4aからの引用。
（5）M・ブーバー、同右、一九頁。
（6）同右、九三頁
（7）M・ブーバー『著作集1』八八四頁。
（8）以上、ブーバーの禅仏教批判の不適合性、東洋哲学における理論と実践の関係等について、拙著『文化を生きる身体』第七章を参照。
（9）E. Herrigel, Zen in der Kunst des Bogenschiessens, S. 33.
（10）A. a. O., S. 41.
（11）A. a. O., S. 32.
（12）M・ブーバー、同右、一八頁。
（13）E. Herrigel, a. a. O., S. 33.
（14）D. T. Suzuki, Zen und Kultur Japans, S. 53.
（15）M・ブーバー、同右、一四頁。
（16）同右、一六頁。
（17）大森曹玄『禅の発想』三四頁以降を参照。
（18）本書、二〇八頁を参照。
（19）ブーバーの考える「存在と当為」の関係について、M・フリードマン「ブーバー倫理の基底」、ブーバー著作集、第十巻、五九頁以降を参照。
（20）M・ブーバー、Antwort, in: Martin Buber, P. A. Schilpp/M. Friedman, S. 617.
（21）この点につき、拙著『文化を生きる身体』特に、第四章を参照。

(22) 同右、第六章を参照。

あとがき

本著は、昨年出版した『文化を生きる身体』の序で書きましたように、ほぼ、一〇年来、日本で公表してきた諸論文を基礎に、あらたな論文を加えて、「フッサール発生的現象学研究」としてまとめた書物です。これらの論文の成り立ちを部と章に即して振り返ってみると、次のような経過をたどったことがわかります。

第一部第一章「感覚からの時間への接近」と第四章「衝動志向性による時間化と神経現象学の時間論」は、本著で新たに書き加えられた論稿です。第二章「改めて時間の逆説を問う」は、当初、『現象学会年報』一五号、一九九九年に掲載された論文でしたが、それに補足を加えて、ドイツ語論文Die Frage nach dem Paradox der Zeit, in: Recherches Husserliennes, vol. 17, 2002、として公表し、さらにそれに大幅な拡充がなされ、成立したものです。第三章「「生き生きした現在」の感覚位相に働く衝動志向性」の初出は、『感覚——世界の境界線』河本英夫他（編）、白菁社、一九九九年、所収においてでした。

第二部第一章「発生的現象学からみた構成の問題」は、はじめにマイナー社のWörterbuch der phänomenologischen Begriffe（『現象学概念辞典』）(Hg) H. Vetter PhB 555. 2005. のKonstitution（「構成」）の項目としてドイツ語で書いたものに大幅な補足を加えて、『フッサール研究』創刊号、二〇〇三年、に掲載された論文が土台になっています。第二章「受動的発生からの再出発」は、『現代思想』二九巻一七号、青土社、二〇〇一年において掲載されました。第三章「存在から生成へ——発生的現象学とその可能性」は、『媒体性の現象学』（新田義弘・河本英夫他共著）青土社、二〇〇二年に収められた論文が基礎になっています。第四章「非直観的なものの直観化」は、『白山哲学』三七号、二〇〇三年に補足を加えて執筆しました。

第三部第一章「原触発という受動的綜合としての衝動志向性」は、フランスの国際現象学研究雑誌ALTER, Nr. 9, に、Triebintentionalität als uraffektive passive Synthesis in der genetischen Phänomenologie, 2001として掲載されたものを邦訳し、それに補足を加えたものです。第二章「触発の過剰としての暴力」は、チェコのプラハで開催されたPhänomenologie und Gewalt, XI. Internationales Kolloquium, 5. -7. Mai 2003で、Gewalt vom Aspekt der Affektion Husserlsとして発表した論文を、邦訳し、『白山哲学』第三八号、二〇〇四年に掲載されたものが基礎になっています。第三章「原触発としての衝動と自閉」は、東洋大学哲学講座2『哲学を使いこなす』二〇〇四年、が初出です。

第四部第一章「汝の現象学にむけて」は、二〇〇〇年、チェコのOlomouc大学で開催されたZukunft Phänomenologieと題する国際シンポジウムでZur Phänomenologie des Duと題して発表した論文に大幅な補足を加え、『他者の現象学III』河本英夫・谷徹・松尾正（編）北斗出版、二〇〇四年に掲載された論文が初出です。第二章「文化差の生成学にむけて」は、一九九六年仙台で開催された日米現象学会での発表論文The Phenomenological Method of Cross-Cultural Philosophyを基礎として、修正と補足により成立しました。第三章「人間存在の全体性における技術」は、マールブルグ大学との共同研究「技術化・制度化と人間」において二〇〇一年に東洋大学で開催されたシンポジウムでの発表論文が土台になっています。

以上、諸論文の成立の経過をみていえることに、多くの論文は、諸国の現象学研究者に向けて執筆され、それらの研究者との討論を経て成立してきたということがあります。また、初めに日本語で書き、それをドイツ語に直している論文もあることから、何語で書きはじめるか、ということよりも、むしろ、研究課題の問いの内実とその問いの解明の努力が、研究そのものを突き動かしているのだ、ということもできるでしょう。

他方、フッサール現象学研究に関して、ドイツ語を母国語にしない私たち日本の研究者にとって、ドイツ語を外国語として学び、テキストの厳密な訳読と講読を研究の基礎としなければならないことは、いくら強調しても強調しすぎることはありません。しかし、そのことに習熟してきて、第一文献のみならず、課題解明のために必要となる、多くの二次文献の解読が進むにつれ、ドイツ語原文の内容の解釈の際、ドイツ語のテキストそのものが考察対象となり、原文テキストそのものが、わざわざ母国語への翻訳を介することなく、考察に直接組み込まれていくことが自明のこととなります。第二次文献のほとんどは、問題設定、諸見解の対立点と類似点の提示、結論による立場表明といった構成の中で、原文テキストをそのような解釈の妥当性の論証の対象にしているのです。研究の進展につれ、ドイツ語のテキストが解釈の考察対象となるとき、ドイツ語二次文献にみられるように、地の文としてドイツ語を使用する方が、論証の際、効率的であることがはっきりしてきます。こうして、ドイツ語テキストを考察対象にしたドイツ語による論文が成立してきます。ただし、そのようにして出来上がったドイツ語論文は、ドイツ人研究者の修文を経なければならないこともまた、当然のことです。

現在の大学院での哲学教育を考えるに、大学院後期の学生が、博士論文提出の時期に、当該外国語での論文を作成することは、充実した研究の進展を前提にして、十分可能であるといえます。これからの研究は、若い研究者が、当然のように、積極的に、欧文国際学術雑誌に寄稿し、多くの諸国の研究者との間の研究共同体に参画していくという形態をとることになるでしょう。

何語の表現であっても、研究課題そのものの適切な提示と検討こそが肝要なことであるということは、事柄そのものに徹する研究態度を促進することになります。日本語では、「そこまではっきり批判はできない」といったことが、二次的な問題、どうでもよい問題となります。学問と芸術の世界に年齢による先輩、後輩といった人間関係の配慮は、無用であり、事柄の解明そのものにすべてをあずけることの進展と深化のみ大切なこととなります。最終的には、誰が語ろうと、何語で語られようと、根本的なことは、そこにはないのです。フッサールが現象学で目指していたのは、まさに „Zur Sache selbst"（「ことがらそのものへ」）なのであり、そうあり続けています。

上記の論文の内容を振りかえっていえることは、日本に戻った一九九六年以来、多くの論文発表の機会に、フッサールのテキストに語られている真意をめぐって、「事柄に即す」というモットーのもとにとはいえ、国の内外を問わず、多くの優れたフッサール現象学研究者の諸見解に、直接、繰り返し、率直な批判を重ねていることです。敬愛する恩師の研究の弱点を突くことが、その恩師の学恩に報いる、最も優れた真摯な方途であるという、ドイツで学んだ習性が、日本でそのまま表出してきた結果ともいえるでしょうか。かのカント研究者として著名である、ベルリン大学ヴァイシェデル（Weischedel）教授が、ミュンヘン大での講演の際、ミュンヘン大のバウムガルトゥナー（Baumgartner）教授をはじめ、最前列に座した愛弟子の教授達は、ヴァイシェデル教授の講演が終わるや否や、われがちに、嬉々として、教授に質問と批判の砲火を浴びせました。教授は、嬉しそうな顔つきで、一つ一つのコメントに答え、まとを得た鋭い批判には、必ず、「すばらしい質問だ」と前置きして、丁寧に答えていきます。討論を重ね、事柄を明らかにしていく楽しみ、まさに、饗宴（シンポジウム）の醍醐味でした。

そもそも批判とは、批判に値しないことは批判しないという前提に立脚するものです。批判の質とは、批判の対象をいかに的確に把握した上での批判であるかいなかに掛かっています。だからこそ、質の高い批判は、批判を受ける各自の考察内容のより徹底した自覚に導きうるのであり、研究者にとって、批判する人からの最もすばらしい贈り物といえます。本書がそのような批判の書になりえたかどうか、また、反批判に値する書物になりえたかどうかは、すべて読者の方々のご判断に帰することではありますが、筆者の立場として、読者の皆さんのご批判を、心よりお願いする次第です。
本著の出版にあたって、先回の『文化を生きる身体』の出版の際と同様、知泉書館の小山光夫氏の広大な包容力とご理解、また、髙野文子さんのご助力に、心底より感謝申し上げます。

二〇〇五年八月、さわやかな夏の朝に

山口一郎

山口 一郎（やまぐち・いちろう）
1947年宮崎県に生まれる．1974年上智大学大学院哲学研究科修士課程終了後，ミュンヘン大学哲学部哲学科に留学．1979年ミュンヘン大学にて哲学博士（Ph. D.）取得．1994年ボッフム大学にて哲学教授資格（Habilitation）取得．1996年以来，東洋大学文学部教授．
〔著書〕Passive Synthesis und Intersubjektivität bei Edmund Husserl, Phaenomenologica Bd. 86. 1982,『他者経験の現象学』（国文社，1985年），Ki als leibhaftige Vernunft, Übergänge Bd. 31, 1997,『現象学ことはじめ』（日本評論社，2002年）.『文化を生きる身体－間文化現象学試論』（知泉書館，2004年）.
〔論文〕Bewußtseinsfluß bei Husserl und in der YogācāraSchule, 1984,「改めて時間の逆説を問う」（『現象学会年報15号』北斗出版，1999年），「原触発としての衝動と暴力」（『哲学を使いこなす』知泉書館，2004年）.
〔訳書〕エドムント・フッサール『受動的綜合の分析』（共訳，国文社，1997年），ベルンハルト・ヴァルデンフェルス『講義・身体の現象学－身体という自己』（共監訳，知泉書館，2004年）.

〔存在から生成へ〕 ISBN4-901654-58-6
2005年10月10日 第1刷印刷
2005年10月15日 第1刷発行
著者 山口一郎
発行者 小山光夫
印刷者 向井哲男
発行所 〒113-0033 東京都文京区本郷1-13-2
電話 03(3814)6161振替 00120-6-117170
http://www.chisen.co.jp
株式会社 知泉書館
Printed in Japan
印刷・製本／藤原印刷

人 名 索 引

事項索引

ア行

カ行

サ　行

タ　行

ナ　行

ハ　行

マ　行

ヤ～ワ　行

参 考 文 献

Bernet, R. : (Hg.) Edmund Husserl, Einleitung in: Edmund Husserl, Texte zur Phänomenologie des inneren Zeitbewusstseins, XLVII, Hamburg, 1985.
———, Derrida－Husserl－Freud. Die Spur der Übertragung, in: Einsätze des Denkens, (Hg.) Gondeck/Waldenfels
———, Die ungegenwärtige Gegenwart, Anwesenheit und Abwesenheit in Husserls Analyse des Zeitbewußtseins, Phänomenologische Forschungen Bd. 14, 1998.
———,「フロイトの無意識概念の基礎づけとしてのフッサールの想像意識概念」,『思想，現象学の100年』所収，岩波書店，2000.
Blankenburg, W. :『自明性の喪失』木村敏他訳，みすず書房，1978.
———, Affektivität und Emotionalität, in: Affekt und affektive Störungen Phänomenologische Konzepte und empirische Befunde im Dialog, T. Fucks, Ch. Mundt (hrsg.)
Blumenberg, H. : Lebenwelt und Weltzeit, Frankfurt a. M. 2001.
Buber，M. : ブーバー著作集，全10巻，所収，みすず書房，1967-1970.
———, Antwort, in: Martin Buber, (Hg.) P. A. Schilpp/M. Friedman, Stuttgart, 1979.
Derrida, J. : Hussels Weg in die Geschichte am Leitfaden der Geometrie, Übergänge Bd. 17,
ドゥルーズ，G. :『差異と反復』財津理訳，河出書房新社，1992.
江川隆男『存在と差異――ドゥルーズの超越論的経験論』知泉書館，2003.
Fink, E. : Husserls Spätphilosophie, in Edmund Husserl 1859-1958, den Haag, 1959.
フリードマン，M.「ブーバー倫理の基底」，ブーバー著作集，第10巻，所収，みすず書房，1970.
Heidegger, M. : Kant und das Problem der Metaphsik (『カントの純粋理性批判の現象学的解釈』), Frankfurt. A. M. 1991.
———,『カントの純粋理性批判の現象学的解釈』ハイデッガー全集，第25巻，石井誠士他訳，創文社，1997.
Held, K. : Lebeindige Gegenwart, Den Haag 1966.（『生き生きした現在』新田義弘他訳，北斗出版，1997.）
———, Phänomenologie der Zeit nach Husserl, in: Perspektiven der Philosophie, Bd. 7. 1981.
Herrigel, E: Zen in der Kunst des Bogenschiessens, München 1955.
Husserl, E: Husserliana (Hua. と略) Bd. 1～Bd. 35. Den Haag, Martinus Nijhoff, Dordrecht/Boston/London, Kluwer Academic Publischers.
———, Erfahrung und Urteil, Hamburg 1985.

――――,『受動的綜合の分析』山口一郎・田村京子訳，国文社，1997.
池上貴美子「模倣することの意味」，正高信男（編）『赤ちゃんの認識世界』ミネルヴァ書房，1999.
Iribarne, J. v. : Husserls Theorie der Intersubjektivität, Freiburg/München 1994.
浜田寿美夫（編著）『「私」というもののなりたち』ミネルヴァ書房，1992.
浜渦辰二『フッサール間主観性の現象学』創文社，1995.
――――「フッサールと自己組織性」，『フッサール研究』第3号，2005,
Kaiser, U. : Das Motiv der Hemmung in Husserls Phänomenologie. Übergänge Bd. 9, München, 1986.
加藤尚武『意識の意識とは何か』『現代思想』vol.29-12，青土社，2001.
小林隆児『自閉症と行動障害――関係障害臨床からの接近』岩崎学術出版社，2001.
ランドグレーベ，L.「目的論と身体性の問題」，『現象学とマルクス主義II』（新田義弘他訳）所収，白水社，1982.
鯨岡峻『両義性の発達心理学』ミネルヴァ書房，1998.
Kühn, R.: Husserls Begriff der Passivität, München 1998.
Lee, N. : Edmund Husserls Phänomenologie der Instinkte, Kluwer Academic Publischers. 1993,
Levinas, E. : Die Spur des Anderen (dt.) Freiburg/München 1983.
――――, Martin Buber und die Erkenntnistheorie, in: Martin Buber, (hrsg.) P. A. Schilpp/M. Friedman, Stüttgart 1963.
――――,『フッサール現象学の直観理論』佐藤真理人他訳，法政大学出版局，1991.
――――,『われわれのあいだで』合田正人他訳，法政大学出版局，1993.
正高信男（編）『赤ちゃんの認識世界』ミネルヴァ書房，1999.
松尾正『沈黙と自閉』海鳴社，1987.
――――『存在と他者』金剛出版，1997.
Meltzoff & Moore, Newborn infants imitate adult facial gestures. Child Development, 54, 1983,
Merleau = Ponty, M. : Phenomenologie de la Perception, Paris, dt. Phänomenologie der Wahrnehmung, Berlin 1966.（『知覚の現象学』竹内芳郎他訳，みすず書房，1967）
――――, Keime der Vernunft (dt.), München 1993
――――, Le Visible et l'Invisible, Das Sichtbare und das Unsichtbare, (dt.) München 1986.（『見えるものと見えざるもの』中島盛夫監訳，法政大学出版局，1994.）
Mertens, K. : Zwischen Letztbegründung und Skepsis, Freiburg/München, 1996.
水野和久『他性の境界』勁草書房，2003.
村上靖彦『自己意識の現象学的分析および精神病・神経症における自己意識の異常の構造分析』平成13・14年度科学研究費補助金研究成果報告書
村田純一『知覚と生活世界』東京大学出版会，1995.

中島義道『時間を哲学する』講談社，1996.
――――『時間論』筑摩書房，2002.
――――『カントの自我論』日本評論社，2004.
倪梁康「フッサールの時間理解における原意識と無意識」，『フッサール研究』創刊号，258頁を参照。
新田義弘『現象学と近代哲学』岩波書店，1995.
――――『世界と生命』青土社，2001.
――――「知の自証性と世界の開現性」，『思想』No.968，2004.
野家伸也「認知論的転回――認知科学における現象学的思惟」，『思想』No.916，岩波書店，2000.
――――「知の変貌と現象学」，『現代思想』vol.29-17，青土社，2001.
大森曹玄『禅の発想』講談社，1983.
斎藤慶典『思考の臨界』勁草書房，2000.
榊原哲也「フッサール後期時間論と歴史の問題――歴史の目的論へのアプローチのために」，『フッサール研究』創刊号，2003.
Seebohm, T. M. : The Parodox of subjektivity and the idea of urtimate Grounding in Husserl and Heidegger, in: Phenomenology & Indian Philosophy, New Delhi 1992.
Sommer, M. : Evidenz im Augenblick, Frankfurt. a. M. 1987,
Suzuki, D. T. : Zen und Kultur Japans, 1959.
谷　徹『意識の自然』勁草書房，1998.
Theunissen, M. : Der Andere, Berlin 1977.
Ueda, Sh.: Vorüberlegungen zum Problem der All-Einheit im Zen-Buddhismus“, in: All-Einheit, Wege eines Gedankens in Ost und West, hrsg. von D. Heinrich, Stuttgart 1985.
植村恒一郎『時間の本性』勁草書房，2002.
ヴァレラ，F.『知恵の樹』管啓次郎訳，筑摩書房，1997.
――――,「現在――時間意識」，斉藤人『現代思想』vol.29-12，所収，青土社，2001.
――――,「神経現象学」，『現代思想』vol.29-12，所収，青土社，2001.
Waldenfels, B: Das Zwischenreich des Dialogs, Den Haag 1971.
――――, Bruchlinien der Erfahrung, Frankfurt. a. M. 2002.
――――,『講義・身体の現象学――身体という自己』山口一郎・鷲田清一監訳，知泉書館，2004.
ウィリアムズ，ドナ『自閉症だったわたしへ』河野万里子訳，新潮社，1993.
山形頼洋『感情の自然』法政大学出版局，1993.
――――『声と運動と他者』萌書房，2004.
山口一郎『他者経験の現象学』国文社，1987.
――――『現象学ことはじめ』日本評論社，2002.
――――『文化を生きる身体――間文化現象学試論』知泉書館，2004.

Yamaguchi, I. : Passive Synthesis und Intersubjektivität bei Edmund Husserl, Den Haag 1982.
———, Ki als leibhaftige Vernunft, München 1997.
———, Triebintentionalität als uraffektive passive Synthesis in der genetischen Phänomenologie, in: ALTER, Nr. 9, 2001.